새내기를 위한 최신 컴퓨터 개론

컴퓨터 사이언스

개정판

이동명, 권오현, 고정국 지음

HB 한빛아카데미
Hanbit Academy, Inc.

지은이 이동명 dmlee@tu.ac.kr

숭실대학교 전자계산학과를 졸업하고 동 대학원에서 박사 학위를 취득했다. 1982년부터 18년 동안 한국전자통신연구원(ETRI)에서 유선통신 시스템 및 CDMA 이동통신시스템 프로젝트의 책임연구원으로 근무했다. 현재는 동명대학교 컴퓨터공학과 교수로 재직 중이며, 2015년부터 한국공학교육학회 부회장직도 수행하고 있다. 주요 강의로 컴퓨터 네트워크, 네트워크 프로그래밍 등을 담당하고 있으며, 역서로 『소프트웨어 아키텍처 입문』(홍릉과학출판사, 2010)이 있다.

지은이 권오현 ohkwon@tu.ac.kr

해군사관학교를 졸업하고 미 NPGS 대학원에서 컴퓨터시스템관리 석사 학위를 취득했으며, 중앙대학교에서 박사 학위를 취득했다. 해군에서 오랜 기간 소프트웨어 개발 관련 업무에 종사했으며, 현재는 동명대학교 컴퓨터공학과 교수로 재직 중이다. 주요 강의로 소프트웨어 공학, 소프트웨어 설계 및 개발 등을 담당하고 있으며, 저서로 『우리들의 자화상』(지식공감, 2012), 역서로 『소프트웨어 아키텍처 입문』(홍릉과학출판사, 2010) 등이 있다.

지은이 고정국 jgkoh@tu.ac.kr

부산대학교 컴퓨터공학과를 졸업하고 동 대학원에서 박사 학위를 취득했다. 현재 동명대학교 컴퓨터공학과 교수로 재직 중이며, 운영체제와 시스템 프로그래밍 등을 강의하고 있다. 저서로 『운영체제』(정익사, 2008), 『기초 문법을 위한 C# 프로그래밍』(홍릉과학출판사, 2010) 등이 있고, 역서로 『소프트웨어 아키텍처 입문』(홍릉과학출판사, 2010)이 있다.

컴퓨터 사이언스 개정판 : 새내기를 위한 최신 컴퓨터 개론

초판발행 2015년 12월 31일
7쇄발행 2022년 1월 20일

지은이 이동명, 권오현, 고정국 / **펴낸이** 전태호
펴낸곳 한빛아카데미(주) / **주소** 서울시 서대문구 연희로 2길 62 한빛아카데미㈜ 2층
전화 02-336-7112 / **팩스** 02-336-7199
등록 2013년 1월 14일 제2017-000063호 / **ISBN** 979-11-5664-242-8 93000

책임편집 김성무 / **기획** 변소현 / **편집** 김희정 / **진행** 이해원
디자인 표지 더그라프, 내지 여동일
영업 김태진, 김성삼, 이정훈, 임현기, 이성훈, 김주성 / **마케팅** 길진철, 김호철, 주희

이 책에 대한 의견이나 오탈자 및 잘못된 내용에 대한 수정 정보는 아래 이메일로 알려주십시오.
잘못된 책은 구입하신 서점에서 교환해 드립니다. 책값은 뒤표지에 표시되어 있습니다.

홈페이지 www.hanbit.co.kr / **이메일** question@hanbit.co.kr

지금 하지 않으면 할 수 없는 일이 있습니다.
책으로 펴내고 싶은 아이디어나 원고를 메일(writer@hanbit.co.kr)로 보내주세요.
한빛아카데미(주)는 여러분의 소중한 경험과 지식을 기다리고 있습니다.

1시간 강의를 위해
3시간을 준비하는 마음!

군더더기 없는 핵심 원리 + 말랑말랑 쉬운 콘텐츠

핵심 원리 하나만 제대로 알면 열 가지 상황도 해결할 수 있습니다.
친절한 설명과 명확한 기승전결식 내용 전개로 학습 의욕을 배가시켜줍니다.

핵심 원리 → 풍부한 예제와 연습문제 → 프로젝트로 이어지는 계단 학습법

기본 원리를 다져주는 예제, 본문에서 배운 내용을 촘촘하게 점검해볼 수 있는 연습문제,
현장에서 바로 응용할 수 있는 프로젝트를 단계별로 구성해 학습의 완성도를 높였습니다.

학습욕구를 높여주는 현장 이야기가 담긴 IT 교과서

필드 어드바이저의 인터뷰와 주옥 같은 현업 이야기를 담았습니다.
강의실 밖 현장의 요구를 접하는 기회를 제공하고,
학생들 스스로 필요한 공부를 할 수 있도록 방향을 제시합니다.

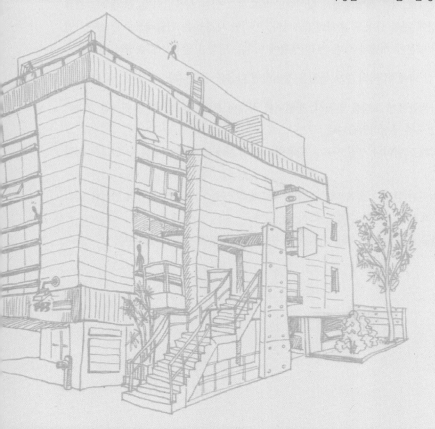

IT시대 컴퓨터 전문가로서
전인적 인재상을 제시하는 책

『컴퓨터 사이언스』 초판이 출간된 지도 벌써 4년이 지났습니다. 그동안 예상외로 이 책에 대한 독자들의 관심이 높아 상당히 놀랐습니다. 아마도 컴퓨터 과학의 기초적인 이론과 최신 트렌드를 알고 싶어 하는 독자들의 요구에 조금이나마 부응한 결과가 아닌가 싶습니다.

초판이 출간된 후 지금까지 IT 분야에는 많은 변화가 있었습니다. 그러한 변화들을 보면서 더 이상 개정 작업을 미룰 수 없다는 판단을 하였습니다. 이번 개정판에서는 크게 두 가지 사항에 중점을 두었습니다. 첫째, 초판의 내용 중 컴퓨터에 처음 입문하는 독자들이 이해하기 어려운 내용을 선별하여 일부는 삭제하고, 일부는 이해하기 쉽게 다듬었습니다. 그 과정에서 관련 사례와 그림 자료를 추가하여 가능한 직관적으로 이해할 수 있도록 하였습니다.

둘째, 초판에서 미처 다루지 못했던 내용과 초판 이후 변화된 기술에 관한 내용을 추가하였습니다. 예를 들면 교육용 프로그래밍 언어, 무선 네트워크 기술, 최신 모바일 기술 등을 추가하였습니다. 그리고 무엇보다도 최근 산업계에서 핫이슈로 떠오르고 있는 사물인터넷, 클라우드 컴퓨팅, 빅데이터 컴퓨팅에 관한 내용도 추가하였습니다. 이러한 내용들은 기술적으로만 접근하면 다소 어려울 수 있기 때문에 개념과 사례, 우리 생활에 미치는 영향을 중심으로 설명하였습니다.

개정판에서 달라진 점 외에 이 책의 주요 특징을 정리하면 다음과 같습니다.

① 대학교 저학년 학생들에게 초점을 맞춰서, 광범위한 컴퓨터 관련 지식 중 필수 내용만 효과적으로 공부할 수 있도록 구성하였습니다.
② 다양한 사례와 함께 그림이나 사진 자료를 활용하여 학습 내용을 쉽게 이해할 수 있도록 정리하였습니다.
③ 사물인터넷 등 최신 컴퓨터 기술을 대폭 반영함으로써, 학생들이 컴퓨터 산업의 현실을 정확하게 이해하고 문제점을 정리할 수 있도록 하였습니다.
④ 실습이 필요한 학습 주제의 경우 직접 따라해 볼 수 있도록 실습을 추가하였습니다.

Stay Hungry, Stay Foolish! _ 끊임없이 갈망하고 혁신하라!

_스티브잡스

이 책이 앞으로 미래 사회를 이끌어갈 모든 학생들에게 든든한 초석이 되기 바라며, 이를 기반으로 기술만 갖춘 전문가가 아닌 전인적 인재로 성장하길 바랍니다.

감사의 글

이번 개정판에서는 나름대로 최신의 내용을 담고자 노력하였습니다. 관련 문헌을 하나하나 찾아보고 그 내용의 진위를 일일이 확인하였습니다. 그러나 책이 출간된 후에도 독자들의 추가적인 조언과 질책이 있다면 겸허한 마음으로 받아들일 것입니다. 또한 그 내용을 다음 개정판에 반영하여 컴퓨터 개론서로서 제 역할을 다 할 수 있도록 하겠습니다.

마지막으로 필자와 함께 집필에 참여해주신 권오현 교수님과 고정국 교수님께 감사드립니다. 그리고 이 책이 나오기까지 많은 부분에서 도움을 주신 한빛아카데미㈜의 변소현 과장님께도 진심으로 감사의 마음을 전합니다.

지은이를 대표하여
이동명

이 책의 사용 설명서 ---

누구를 위한 책인가

컴퓨터 과학의 전반적인 내용을 교양 수준에서 설명하는 책으로, 이제 막 대학에 입학한 신입생과 이 분야에 관심이 있는 일반 독자를 대상으로 합니다. 컴퓨터의 가장 기본인 0과 1의 비트 표현에서부터 모바일, 빅데이터, 사물인터넷까지 IT 기술의 최신 동향을 다양한 사례와 적절한 그림으로 설명합니다. 자칫 딱딱해지기 쉬운 컴퓨터 이론이나 기술을 읊어주는 것에 머물지 않고 누구나 쉽게 이해할 수 있도록 설명하여 향후 전공 공부를 할 때나 사회생활을 할 때 배경지식으로 삼을 수 있게 했습니다.

연습문제 해답 안내

본 도서는 대학 강의용 교재로 개발되었으므로 연습문제 해답은 제공하지 않습니다.

강의 보조 자료

한빛아카데미 홈페이지에서 '교수회원'으로 가입하신 분은 인증 후 교수용 강의 보조 자료를 제공받으실 수 있습니다. 한빛아카데미 홈페이지 상단의 〈교수전용공간〉 메뉴를 클릭해 주세요.
http://www.hanbit.co.kr/academy

이 책의 구성요소

프리뷰
각 장의 내용에 대한 맥락을 짐작할 수 있도록 해당 장의 주제가 고안된 동기나 필요성 등을 설명합니다.

여기서 잠깐
본문에 대한 보충 설명이나 참고 사항 등을 정리합니다. 본문을 학습하면서 참고하면 많은 도움이 될 것입니다.

그림과 표
본문에서 언급한 사례나 개념을 그림과 표로 정리하여 보여줍니다. 다소 추상적일 수 있는 내용을 그림과 표를 통해 명확히 이해할 수 있습니다.

무엇을 다루는가

대부분의 공학 기술은 해당 분야의 근본 개념을 형성하는 기초 학문, 기초 학문을 바탕으로 해당 분야에 직접적으로 적용되는 기반 기술, 기반 기술을 응용한 응용 기술로 분류됩니다. 이 책도 이러한 논리체계에 따라 컴퓨터의 기초, 컴퓨터 기반 기술, 컴퓨터 응용 기술의 3부로 구성되어 있습니다.

1부 컴퓨터의 기초(1~4장)

컴퓨터의 발전과 역사, 활용 분야를 알아보고, 컴퓨터 내부의 정보표현 및 처리 방법에 대해 공부합니다. 그리고 컴퓨터 시스템의 구성과 동작 원리, 프로그래밍 언어의 종류와 실행 과정에 대해서도 알아봅니다.

2부 컴퓨터 기반 기술(5~9장)

컴퓨터 시스템과 사용자 간의 중개자 역할을 하는 운영체제의 개념과 동작 원리, 자료를 체계적으로 관리하기 위한 데이터베이스, 컴퓨터 통신망인 네트워크와 인터넷에 대해 공부합니다. 또한 소프트웨어를 효율적으로 개발 · 운영하기 위한 소프트웨어 공학과, 사이버 공간에서 각종 컴퓨터 범죄에 대처하기 위한 정보 보안 기술과 정보 윤리도 공부합니다.

3부 컴퓨터 응용 기술(10~12장)

멀티미디어의 구성 요소와 활용 분야, 멀티미디어 콘텐츠 관리 및 보호 기법에 대해 알아보고, 21세기 기술 혁명으로 불리는 모바일 기술의 동향과 SNS에 대해 공부합니다. 그리고 마지막 장에서는 미래 컴퓨팅 분야를 이끌어 나갈 4대 기술인 유비쿼터스, 사물인터넷, 클라우드 컴퓨팅, 빅데이터 컴퓨팅의 개념과 활용 사례를 알아봅니다.

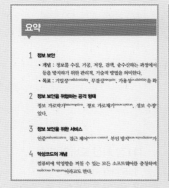

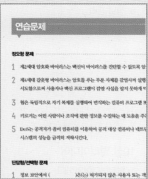

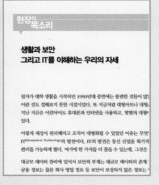

요약

해당 장이 끝날 때마다 핵심적인 내용을 요약해서 정리합니다. 본문에서 익히 세분화된 지식을 전체적으로 조립하여 완성해 볼 수 있습니다.

연습문제

본문에서 익힌 내용을 문제를 통해 정리합니다. 정오형, 단답형, 선택형, 주관식 문제 등 다양한 문제 형식을 통해 배운 내용을 확인할 수 있습니다.

현장의 목소리

현업에 종사하는 전문가들의 분야에 대한 전망, 당부의 말 등을 칼럼 형식으로 정리했습니다. 전문가들의 생각을 통해 해당 분야의 시야를 넓힐 수 있습니다.

학습 로드맵

'*' 표시는 심화내용으로 비전공자에게는 어려울 수 있습니다. 해당 부분은 생략하거나 개념만 이해하고 넘어가도 됩니다.

1부 컴퓨터의 기초

1장 컴퓨터의 개요
1. 컴퓨터의 발전과 역사
2. 컴퓨터의 구성
3. 컴퓨터의 활용 분야

2장 정보의 표현
1. 수의 체계
2. 진법 변환
3. 정보의 표현
4. 문자 표현
5. 정수 표현
6. 실수 표현 *

2부 컴퓨터 기반 기술

5장 운영체제
1. 운영체제의 개요
2. 범용 운영체제
3. 프로세스 관리
4. CPU 스케줄링 *
5. 기억장치 관리
6. 정보 관리

6장 데이터베이스
1. 데이터베이스의 개요
2. 데이터 모델
3. 관계형 데이터베이스
4. SQL *
5. 모바일 데이터베이스

3부 컴퓨터 응용 기술

10장 멀티미디어
1. 멀티미디어의 개요
2. 멀티미디어의 구성요소
3. 멀티미디어의 활용분야
4. 멀티미디어 콘텐츠의 관리와 보호 기법 *

11장 최신 모바일 기술
1. 모바일 기술 동향
2. 모바일 플랫폼 *
3. 모바일 웹 *
4. 소셜 네트워크 서비스
5. 모바일 기기의 사회적 영향

3장 컴퓨터 구조

1. 컴퓨터 시스템의 구성
2. 중앙처리장치 *
3. 기억장치
4. 입출력장치

4장 프로그래밍 언어

1. 프로그래밍 언어의 개요
2. 프로그래밍 언어의 실행 과정
3. 절차 지향 언어의 프로그래밍
4. 객체 지향 언어의 프로그래밍 *
5. 교육용 프로그래밍 언어

7장 네트워크와 인터넷

1. 네트워크의 개요
2. 프로토콜과 OSI 참조 모델
3. 네트워크 구조
4. 네트워크 교환 방식 *
5. 인터넷의 개요
6. 인터넷 활용 서비스
7. 무선 네트워크 기술 *

8장 소프트웨어 공학

1. 소프트웨어 공학의 개요
2. 소프트웨어 개발 생명주기
3. 소프트웨어 개발 방법
4. 소프트웨어 유지 보수
5. 소프트웨어 품질관리
6. 소프트웨어 공학의 발전 동향

9장 정보 보안

1. 정보 보안의 개요
2. 악성코드
3. 해킹
4. 정보 보안 기술 *
5. 컴퓨터 범죄와 정보 윤리

12장 미래 컴퓨팅 기술

1. 유비쿼터스 컴퓨팅의 개요
2. 유비쿼터스 컴퓨팅 기반 기술 *
3. 유비쿼터스 컴퓨팅 응용 기술
4. 사물인터넷 *
5. 클라우드 컴퓨팅 *
6. 빅데이터 컴퓨팅 *

목차

PART 01 컴퓨터의 기초

CHAPTER 03 컴퓨터 구조   079

목차

PART 02 컴퓨터 기반 기술

CHAPTER 05 운영체제 155

목차

목차

목차

목차

PART 01

컴퓨터의 기초

컴퓨터의 기초

CHAPTER 01

컴퓨터의 개요

컴퓨터의 역사와 발전_미래 전망을 위한 과거와 현재의 고찰

학습목표

- 컴퓨터의 발전 과정과 세대별 분류에 대해 알아본다.
- 컴퓨터의 처리 성능에 따른 종류를 알아본다.
- 컴퓨터의 주요 구성 요소를 알아본다.
- 컴퓨터의 활용 분야를 사례를 통해 살펴본다.

---

01 컴퓨터의 발전과 역사

02 컴퓨터의 구성

03 컴퓨터의 활용 분야

요약

연습문제

컴퓨터는 1990년대 이후부터 수요가 급격히 증가하면서 누구나 사용하는 기기가 되었다.

최근에는 유무선 통신과 결합한 각종 모바일 기기가 출현하면서

더욱 다양한 분야에서 여러 모습으로 쓰이고 있다.

이 장에서는 컴퓨터의 초기 모습부터 현재까지의 역사적 발전 과정,

컴퓨터의 분류와 구성, 활용 분야에 대해 살펴본다.

01 컴퓨터의 발전과 역사

최근 컴퓨터 사용의 두드러진 특징은 유무선 통신과 결합하여 쓰인다는 점이다. 대표적인 예가 스마트폰$^{smart\ phone}$을 비롯한 모바일 기기이다. 모바일 기기를 이용하면 언제 어디서나 통신 환경에 접속하여 필요한 정보를 얻을 수 있다. 최근에는 스마트폰 가입자가 큰 폭으로 증가하면서 더 정교하고 우수한 모바일 기기가 개발되고 있다.

이 절에서는 컴퓨터가 현재의 모습에 이르기까지 어떤 과정을 거쳤는지 발전 과정을 살펴본다. 또한 기본 소자의 발전에 따라 컴퓨터는 어떻게 변화해 왔는지 살펴보고 컴퓨터의 세대별 분류도 함께 알아본다.

1 컴퓨터의 발전 과정

컴퓨터는 수많은 시행착오를 거쳐 발전해 왔다. 간단한 주판에서 시작하여 파스칼의 계산기, 라이프니츠의 계산기, 배비지의 차분기관과 해석기관, 천공카드시스템, 튜링기계, ABC, 마크원$^{MARK-I}$, 에니악^{ENIAC}, 에드삭^{EDSAC}, 에드박^{EDVAC} 등으로 발전했다. 이것들은 모두 현재 컴퓨터의 기반을 만든 중요한 계산기라 할 수 있다.

1.1 주판

주판^{abacus}은 문헌에 따르면 동양에서는 기원 전 26세기경에 중국에서 썼다고 하고, 서양에서는 기원 전 3~4세기경에 바빌로니아에서 고안했다고 한다. 주판은 수차례 개량되어 현재까지 쓰이고 있다.

1.2 파스칼의 계산기

프랑스의 수학자 파스칼$^{Blaise\ Pascal}$은 1642년에 톱니바퀴를 사용해 덧셈과 뺄셈이 가능한 최초의 기계식 계산기를 만들었다.

그림 1-1 **주판(왼쪽)과 파스칼의 계산기(오른쪽)**

1.3 라이프니츠의 계산기

독일의 수학자 라이프니츠^{Gottfried Wilhelm von Leibniz}는 1671년에 파스칼의 계산기를 개량하여 덧셈과 뺄셈은 물론 곱셈과 나눗셈까지 가능한 계산기를 만들었다.

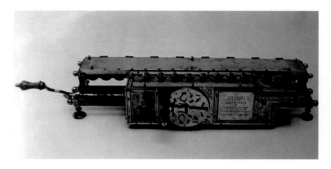

그림 1-2 **라이프니츠의 계산기**

1.4 배비지의 차분기관과 해석기관

영국의 수학자 배비지^{Charles Babbage}는 1822년에 다항함수를 계산할 수 있는 기계식 계산기인 차분기관^{difference engine}을 고안했고, 1833년에 좀 더 일반적인 계산까지 할 수 있는 해석기관^{analytical engine}을 설계했다. 두 가지 모두 배비지가 살아 있는 동안에는 제작하지 못했지만 오늘날 우리가 쓰고 있는 컴퓨터 구조와 매우 유사하다. 해석기관은 제어 기능, 연산 기능, 기억 기능, 입출력 기능을 가진 장치를 모두 포함하며, 프로그램까지 사용할 수 있다.

그림 1-3 **배비지 사후 제작된 차분기관(왼쪽)과 해석기관(오른쪽)**

여기서 잠깐

차분기관

차분기관(差分機關)은 다항함수를 계산할 수 있는 기계식 계산기로 로그함수와 삼각함수의 근사치를 계산할 수 있다. 배비지가 차분기관을 설계만 하고 제작하지 못한 것은 그 당시의 공학 기술로는 차분기관 같은 정교한 기계를 제작하기 어려웠기 때문이라는 설이 많다.

1.5 천공카드 시스템

미국의 통계학자 홀러리스$^{Herman Hollerith}$는 1889년에 종이 카드에 구멍을 뚫어 자료를 처리하는 천공카드 시스템$^{punch card system}$을 개발했다. 이 시스템은 수백 장의 카드를 읽고 기억하는 데 1분도 채 걸리지 않는 당시로써는 매우 획기적인 시스템이었다. 실제로 당시 7년 이상 소요되던 인구조사 통계를 천공카드 시스템을 이용해 3년 이하로 단축할 수 있었다.

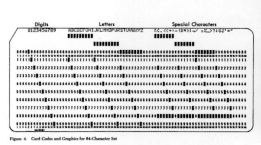

그림 1-4 천공카드(왼쪽)와 홀러리스의 천공카드 시스템(오른쪽)

1.6 튜링기계

영국의 수학자 튜링$^{Alan Mathison Turing}$은 1936년에 컴퓨터 설계의 수학적 논리에 대한 논문에서, 컴퓨터의 실행과 저장에 관한 추상적인 모델인 튜링기계$^{turing machine}$를 제안했다. 튜링기계는 다음 그림과 같이 테이프가 있고 이 테이프에 부호를 기록할 수 있으며, 기록한 부호는 다시 읽거나 변경할 수 있다. 튜링기계는 오늘날의 컴퓨터 과학 이론에 널리 사용되고 있다.

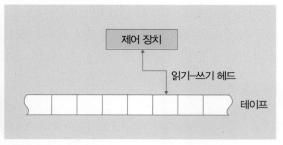

그림 1-5 튜링 박사(왼쪽)와 튜링기계 개념의 도식(오른쪽)

1.7 ABC

ABC$^{Atanasoff Berry Computer}$는 1942년에 미국의 아이오와주립대 교수인 아타나소프$^{John Atanasoff}$와 조교인 베리$^{Clifford Berry}$가 개발한 컴퓨터이다. 기계식 계산기로는 불가능한 복잡한 수학 계산을 수행할 수 있는 세계 최초의 전자식 계산기이다.

1.8 마크원

미국의 하버드대 교수 에이킨$^{\text{Howard Aikin}}$은 1944년에 IBM의 후원을 받아 세계 최초의 전기 기계식 계산기인 마크원$^{\text{MARK-I}}$을 개발했다. 마크원은 배비지의 해석기관을 개발하여 만든 것으로 미국 해군의 탄도 계산에 사용되었으며, 수많은 수학과 과학 계산 문제를 해결하는 데도 사용되었다.

그림 1-6 **ABC(왼쪽)와 마크원(오른쪽)**

1.9 에니악

미국의 펜실베니아대 교수 모클리$^{\text{John Mauchly}}$와 공학자 에커트$^{\text{Presper Eckert}}$는 1946년에 전자식 계산기인 에니악$^{\text{ENIAC, Electronic Numerical Integrator And Calculator}}$을 개발했다. 에니악은 제2차 세계대전(1939~1945년) 중에 탄도 거리를 계산하기 위해 개발되었지만 실제로 쓰기에는 여러 가지 결함이 있었다. 그럼에도 불구하고 에니악은 상업용 컴퓨터의 가능성을 확인할 수 있는 기회를 제공했다(실제 모클리와 에커트는 1951년에 최초의 상업용 컴퓨터인 유니박원$^{\text{UNIVAC-I}}$을 개발했다). 에니악은 진공관을 약 18,000여 개 사용했고, 무게가 무려 30톤에 이르렀다. 처리 속도가 기존의 전기 기계식 계산기보다 1,000배 정도 빨랐지만, 평균적으로 7분에 한 번 가량 오류가 발생했다.

그림 1-7 **에니악**

세계 최초의 전자식 계산기

아타나소프는 자신이 만든 ABC와 모클리와 에커트가 만든 에니악을 두고 '누가 세계 최초인가'를 두고 1950년대 초반에 논쟁을 벌였다. 이 논쟁은 결국 법정 소송으로 이어졌고, 법정은 1973년 10월에 아타나소프의 ABC가 세계 최초의 전자식 계산기라고 손을 들어줬다. 그러나 아직도 많은 사람들이 세계 최초의 전자식 계산기를 에니악으로 알고 있다.

1.10 에드삭과 에드박

에드삭EDSAC, Electronic Delay Storage Automatic Calculator은 프로그램 내장 방식stored program을 최초로 적용한 계산기이다. 영국의 케임브리지대 교수인 윌키스Maurice Wilkes의 개발팀은 1949년에 프로그램 내장 방식 이론을 적용하여 에드삭을 개발했다. 한편 모클리와 에커트 역시 폰 노이만John von Neumann의 제안을 받아들여 1950년에 프로그램 내장 방식을 적용하여 에드박EDVAC, Electronic Discrete Variable Automatic Computer을 개발했다. 이후에도 이들은 에드박을 더욱 발전시켜 1951년에 세계 최초의 상업용 컴퓨터인 유니박원을 개발했다.

그림 1-8 **프로그램 내장 방식을 최초로 적용한 에드삭(왼쪽)과 에드박(오른쪽)**

프로그램 내장 방식

미국의 수학자 폰 노이만은 1942년 8월 맨해튼 프로젝트에 참여해 〈전자계산기의 이론 설계 서론〉이라는 논문에서 프로그램 내장 방식이라는 아이디어를 처음으로 언급했다. 그리고 3년 후인 1945년에 프로그램 내장 방식의 컴퓨터 개념을 발표했다.

당시의 컴퓨터는 어떤 작업을 할 때마다 설치된 스위치를 다시 세팅해야 해서 번거로웠다. 프로그램 내장 방식은 이 문제를 해결하기 위해 제안된 방식으로, 데이터를 외부에서 받지 않고 내부의 기억장치에 저장한 후 프로그램의 명령을 순서대로 꺼내 해독하고 실행하는 개념이다. 이 방식은 1949년에 에드삭을 개발할 때 적용되었으며, 오늘날 모든 컴퓨터를 설계하는 데 기본이 되고 있다.

그림 1-9 **폰 노이만**

1.11 현재의 컴퓨터

1950년대부터 현재까지 전자 기술이 급속히 발달하면서 프로세서 및 메모리가 진공관에서 트랜지스터, 집적회로, 마이크로프로세서로 대체됐다. 또한 컴퓨터의 크기는 작아진 반면 성능은 더욱 향상되었다. 1970년대부터는 통신 기술의 발달로 네트워크를 통해 자원을 공유할 수 있게 되었고, 1990년대에는 월드 와이드 웹WWW, World Wide Web 기술이 적용되면서 인터넷 사용자가 폭발적으로 증가했다. 2000년대 이후에는 무선 통신 기술이 발달하면서 와이파이Wi-Fi 모듈을 장착한 휴대용 컴퓨터가 등장했고 현재 다양한 분야에서 활용되고 있다.

2 컴퓨터의 세대별 분류

1940년대 이후부터 70년이 넘는 기간 동안 컴퓨터는 많은 발전을 이뤘다. 이 시기에 나온 컴퓨터는 기억소자, 프로세서, 사용 언어, 운영체제에 따라 제1세대부터 제4세대 컴퓨터까지로 나눌 수 있다. 1990년대부터는 제5세대 컴퓨터에 대한 연구도 진행 중이다.

2.1 제1세대 컴퓨터(1951~1958년)

제1세대 컴퓨터는 기억소자로 진공관vacuum tube을 사용한다. 진공관은 진공 상태의 유리관 안에서 전자 운동을 조종하여 신호를 증폭시킨다. 이러한 이유로 전력을 많이 소모하고 발열이 심해 수천 개를 사용하면 계산기가 과열되어 수시로 타버리는 문제가 있다. 이 시기에 사용한 프로그래밍 언어는 저급 언어이다. 저급 언어는 2진 코드로 이루어진 기계어machine language로 프로그램을 작성하기 때문에 작성하는데 시간이 많이 걸리고 이해하기 어렵다.

2.2 제2세대 컴퓨터(1959~1963년)

제2세대 컴퓨터는 기억소자로 트랜지스터transistor를 사용한다. 트랜지스터는 진공관과 유사하지만 크기가 작고 전력을 적게 쓰며 발열도 적다. 이러한 이유로 제1세대 컴퓨터보다 신뢰도가 높다. 제2세대 컴퓨터에서 사용한 프로그래밍 언어는 포트란FORTRAN, 코볼COBOL, 알골ALGOL 등과 같은 고급 언어이다.

그림 1-10 **진공관(왼쪽)과 트랜지스터(오른쪽)**

2.3 제3세대 컴퓨터(1964~1970년)

제3세대 컴퓨터는 기억소자로 집적회로[IC, Integrated Circuits]를 사용한다. 집적회로는 수백 개의 트랜지스터와 여러 부품을 하나의 칩[chip]으로 통합한 전자회로이다. 직접회로는 컴퓨터의 크기는 줄이면서 성능은 향상시키는 데 크게 기여하였다. 직접회로 사용을 계기로 여러 작업을 동시에 수행할 수 있는 다중 프로그래밍 시스템[multiprogramming system]과 여러 사용자가 입력한 작업을 시간을 나눠서 수행하는 시분할 시스템[time sharing system]이 적용된 운영체제가 개발되었다.

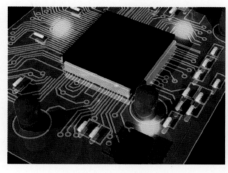

그림 1-11 집적회로(왼쪽)와 제3세대 컴퓨터 IBM 360(오른쪽)

2.4 제4세대 컴퓨터(1971년~현재)

제4세대 컴퓨터는 기억소자로 고밀도집적회로[LSI, Large Scale Integration] 또는 초고밀도집적회로[VLSI, Very LSI]를 사용한다. 고밀도집적회로는 수만 개의 전자회로 소자를 작은 칩에 통합한 것이다. 1970년대 초에는 고밀도집적회로를 사용한 단일 칩 마이크로프로세서[microprocessor]가 출시되었고, 1975년에는 MIT[Micro Instrumentation and Telemetry Systems]에서 인텔의 마이크로프로세서 8080을 탑재한 최초의 상업용 개인용 컴퓨터인 알테어[Altair]를 출시했다.

애플[Apple]은 1977년에 매킨토시 컴퓨터를 출시했고, 1983년에는 그래픽 사용자 인터페이스[GUI, Graphical User Interface] 개념을 적용한 리자[Lisa] 컴퓨터를 발표했다. IBM도 개인용 컴퓨터 시장에 뛰어들어 인텔[Intel]이 제조한 마이크로프로세서와 마이크로소프트[Microsoft]가 개발한 MS-DOS를 장착한 IBM PC/XT(1982년) 및 IBM PC/AT(1984년)를 출시했다.

개인용 컴퓨터가 많은 사람에게 매우 큰 호응을 얻자, 1990년대 이후부터는 컴팩[Compaq] 등 여러 컴퓨터 제조사가 인텔의 마이크로프로세서를 장착한 IBM 호환 기종을 만들어 시장에 진출했고 판매량도 IBM을 추월하였다. 그러나 이후 개인용 컴퓨터 시장의 주도권은 인텔, AMD[Advanced Micro Devices] 등과 같은 마이크로프로세서 제조사와 운영체제를 독점하고 있는 마이크로소프트에게 넘어갔다. 마이크로소프트는 1991년에 윈도우 3.0, 1995년에 윈도우 95를 출시했고, 1980년대 주류를 이루었던 16비트 도스 방식의 개인용 컴퓨터를 32비트 윈도우 방식으로 변모시켰다.

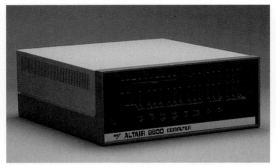 

그림 1-12 제4세대 컴퓨터 알테어 8080(왼쪽)과 IBM PC/XT(오른쪽)

1990년대 중반에는 넷스케이프와 인터넷 익스플로러 등의 웹 브라우저가 등장했다. 이때부터 고성능이지만 가격은 저렴하고 인터넷까지 가능한 개인용 컴퓨터가 대중화되었다. 개인용 컴퓨터의 성능 지표로 활용되는 CPU의 클록 속도clock speed는 1989년 IBM 80486이 25메가헤르츠MHz, MegaHertz였고 1993년 펜티엄Pentium이 75~200메가헤르츠 수준이었다. 2000년 펜티엄4가 2.26~3.4기가헤르츠GHz, GigaHertz였고 2015년 인텔코어 i7이 4.0기가헤르츠 수준이다.

2.5 제5세대 컴퓨터

제5세대 컴퓨터에 대한 연구는 1990년대부터 일본을 중심으로 진행되어 왔지만 아직까지 실용화 단계에는 이르지 못했다. 제5세대 컴퓨터의 개념은 학문적으로 정확하게 정립되어 있지 않으나 '비 폰 노이만형 컴퓨터'로서 학습, 추론, 판단 등을 기반으로 사용자와 대화가 가능한 인공지능을 갖춘 컴퓨터로 알려져 있다. 즉, 컴퓨터 내부 및 외부에 있는 데이터를 사용하여 컴퓨터 스스로 논리적인 추론을 수행하여 문제를 해결하거나 체계적으로 정리한 데이터를 시스템 내부에 기억하여 필요할 때마다 검색하여 활용하는 등의 지식 기반 시스템 형태이다.

3 컴퓨터의 종류

컴퓨터는 규모와 처리 성능에 따라 슈퍼컴퓨터super computer, 대형컴퓨터mainframe, 미니컴퓨터minicomputer, 워크스테이션workstation, 개인용 컴퓨터personal computer, 휴대용 컴퓨터portable computer 등으로 나눌 수 있다. 그러나 2000년대를 지나면서 미니컴퓨터와 워크스테이션의 성능 차이가 거의 없어져 구분이 무의미해졌다. 최근에는 미니컴퓨터라는 용어를 쓰지 않으며 미니컴퓨터를 워크스테이션에 포함시키고 있다.

3.1 슈퍼컴퓨터

슈퍼컴퓨터는 일기예보, 핵 실험 등 계산할 양이 많은 작업을 빠른 속도로 처리하기 위해 설계된 컴퓨터이다. 주로 과학기술용 또는 군사용으로 사용되며 다중 파이프라인pipeline이나 벡터 처리 기능을 갖고 있다. 최근에는 고성능 마이크로프로세서를 수백에서 수십만 개까지 연결하여 병렬로 처리하는 초병렬프로세서^{MPP, Massively Parallel Processor} 형태의 슈퍼컴퓨터가 개발되어 사용 중이다.

그림 1-13 아르곤국립연구소(핵물리학연구소)에 있는 IBM의 슈퍼컴퓨터 [01]

3.2 대형컴퓨터

대형컴퓨터는 주로 대기업, 은행, 연구소 등에서 사용되는 컴퓨터로 다수의 사용자가 동시에 업무를 처리할 수 있도록 설계되었다. 주로 전산실에 설치되며 각 단말기를 통해 입력되는 자료를 처리한다. 개인용 컴퓨터가 널리 보급되면서 중요성이 줄어들었지만 대규모 업무를 처리하는 경우에는 여전히 사용된다.

그림 1-14 대형컴퓨터인 IBM System z10

3.3 워크스테이션

워크스테이션은 대형컴퓨터보다는 작고 느리지만 개인용 컴퓨터보다는 크고 빠른 중형 규모의 컴퓨터이다. 대형컴퓨터와 마찬가지로 다수의 사용자가 단말기를 이용해 업무를 처리하기 때문에 주로 과학기술 분야의 연구개발용으로 쓰인다. 최근에는 고성능의 개인용 컴퓨터가 출시되면서 워크스테이션의 수요는 감소하는 추세이다. 워크스테이션의 외형은 다음 그림과 같이 개인용 컴퓨터와 유사하다.

그림 1-15 오라클(구 선 마이크로시스템즈)의 Enterprise 250 Ultra SPARC Server E250

3.4 개인용 컴퓨터

개인용 컴퓨터[PC, Personal Computer]는 마이크로프로세서를 탑재하여 만든 컴퓨터이다. 마이크로컴퓨터[microcomputer] 또는 데스크톱 컴퓨터[desktop computer] 또는 줄여서 데스크톱이라고 부른다. 개인용 컴퓨터는 일인용 컴퓨터지만 기본 성능은 물론 네트워크의 연결 성능도 좋아 대부분의 업무를 처리할 수 있다.

그림 1-16 개인용 컴퓨터

여기서 잠깐

컴퓨터의 대중화 배경

사실 1980년대만 하더라도 컴퓨터 시장은 IBM의 대형컴퓨터 위주였다. 그러나 마이크로소프트에서 개발한 윈도우가 시장에서 크게 성공하면서 개인용 컴퓨터가 급격히 대중화되었다. 이는 성능이 우수한 마이크로프로세서의 가격이 낮아지고 윈도우를 비롯한 소프트웨어가 크게 발전했기 때문에 가능한 일이었다.

3.5 휴대용 컴퓨터

휴대용 컴퓨터[portable computer]는 원하는 작업을 이동하면서 할 수 있도록 만든 컴퓨터이다. 가방에 넣고 다닐 수 있는 노트북 컴퓨터[notebook computer], 노트북 컴퓨터보다 작은 개인 휴대 정보 단말기[PDA, Personal Digital Assistant], 이동통신 네트워크의 발전으로 수요가 급증하고 있는 스마트폰[smart phone] 등이 휴대용 컴퓨터에 속한다.

그림 1-17 **노트북, PDA, 스마트폰** [02]

스마트폰은 Research In Motion^{RIM}이 2004년에 출시한 블랙베리^{Blackberry}가 미국 대도시의 사무 종사자를 중심으로 각광받으면서 보급되기 시작했다. 이후 애플이 2008년 7월에 사용자 편의성이 높고 앱 스토어^{App Store}를 통해 다양한 콘텐츠까지 사용할 수 있는 아이폰을 출시하면서 수요가 급격히 늘어났다. 국내에서도 2009년 12월에 애플의 아이폰이 출시되면서 스마트폰에 대한 관심이 급증했고, 국내 제조사들이 구글의 안드로이드 운영체제를 탑재한 스마트폰을 잇달아 출시하였다.

애플은 2010년 4월에 아이패드^{iPad}라는 태블릿 컴퓨터^{tablet computer}도 출시했다. 아이패드는 아이폰과 같은 운영체제를 쓰기 때문에 아이폰에서 구동되는 모든 응용 프로그램을 사용할 수 있다. 또한 전자책 ^{e-book}과 애플에서 개발한 업무용 프로그램인 아이워크^{iWork} 같은 보강된 기능도 담고 있다.

그림 1-18 **애플의 아이폰(왼쪽)과 아이패드(오른쪽)** [03]

TIP 아이워크(iWork)는 iOS에서 사용할 수 있는 오피스 프로그램이다. 워드프로세서 프로그램인 페이지(Pages), 스프레드시트 프로그램인 넘 버스(Numbers), 프레젠테이션 프로그램인 키노트(Keynote) 등을 포함하고 있으며, 아이폰, 아이패드, 맥북 등에서 무료로 사용할 수 있다.

02 컴퓨터의 구성

컴퓨터란 전자회로를 이용하여 입력된 데이터를 자동으로 처리한 후 결과를 즉시 출력하거나 이후에 사용할 수 있도록 저장하여 관리하는 기계이다. 컴퓨터는 종류나 크기 또는 성능에 상관없이 하드웨어 hardware와 소프트웨어software로 구성된다. 하드웨어는 컴퓨터를 구성하는 기계적 장치를 말하고, 소프트웨어는 하드웨어의 동작을 지시하는 명령어 집합인 프로그램을 말한다.

1 하드웨어

하드웨어는 모니터, 하드디스크, 프린터 같은 컴퓨터와 관련된 모든 물리적 장치로 입력 기능, 출력 기능, 처리 기능, 저장 기능을 담당한다. 이에 따라 하드웨어는 입력장치, 출력장치, 중앙처리장치, 기억장치로 구분할 수 있다.

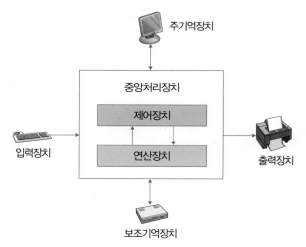

그림 1-19 **하드웨어의 구성 요소**

1.1 입력장치

입력장치는 외부로부터 문자, 소리, 그림, 영상 등의 데이터를 전달받는 장치이다. 키보드, 마우스, 스캐너가 대표적이다.

1.2 출력장치

출력장치는 수행된 결과를 문서나 그림 형태로 사용자에게 전달하는 장치이다. 모니터와 프린터가 대표적이다.

그림 1-20 **입출력장치**

1.3 중앙처리장치

중앙처리장치$^{\text{CPU, Central Processing Unit}}$는 프로세서^{processor}라고도 불리는데, 입력된 데이터를 연산하여 결과를 얻기 위한 장치로 컴퓨터에서 가장 핵심적인 역할을 한다. 중앙처리장치의 내부는 제어장치$^{\text{control unit}}$와 연산장치$^{\text{ALU, Arithmetic Logic Unit}}$로 구성된다. 제어장치는 중앙처리장치와 기억장치 사이에서 프로그램 명령과 데이터 입출력을 제어하고 연산장치는 산술연산과 논리연산을 수행한다.

1.4 기억장치

기억장치는 입출력 데이터와 연산 처리 결과를 저장하는 장치로 주기억장치$^{\text{main memory}}$와 보조기억장치$^{\text{secondary memory}}$로 나눌 수 있다. 주기억장치에는 RAM$^{\text{Random Access Memory}}$과 ROM$^{\text{Read Only Memory}}$이 있고, 보조기억장치에는 하드디스크, CD-ROM, DVD, 플래시메모리$^{\text{flash memory}}$ 등이 있다.

그림 1-21 **중앙처리장치인 인텔코어 i7(왼쪽)과 주기억장치인 램 DDR3(오른쪽) [04]**

여기서 잠깐

산술연산과 논리연산

- 산술연산 : 수치 데이터를 대상으로 하는 덧셈, 뺄셈, 곱셈, 나눗셈을 말한다.
- 논리연산 : 2진 데이터 0과 1을 대상으로 하는 논리합(OR), 논리곱(AND), 부정(NOT), 배타적 논리합(XOR) 등을 말한다.

2 소프트웨어

소프트웨어는 하드웨어를 구성하는 각 장치의 동작을 제어하는 명령어의 집합으로 프로그램이라고도 부른다. 컴퓨터 사용자는 소프트웨어를 통해 하드웨어를 제어하기 때문에 소프트웨어가 없으면 컴퓨터를 사용하기 힘들다. 물론 하드웨어적으로 컴퓨터를 제어하도록 설계할 수도 있지만 그럴 경우 하드웨어가 복잡해지고 개발 비용도 많이 든다. 이에 비해 소프트웨어는 컴퓨터를 매우 정교하게 제어할 수 있고 융통성까지 뛰어나기 때문에 하드웨어로 컴퓨터를 제어하는 것보다 훨씬 편리하다. 소프트웨어는 시스템 소프트웨어system software와 응용 소프트웨어application software로 나뉜다.

2.1 시스템 소프트웨어

시스템 소프트웨어는 운영체제, 컴파일러compiler, 어셈블러assembler, 각종 유틸리티utility 등과 같이 컴퓨터 시스템을 운영하는 데 필요한 프로그램을 말한다. 사용자가 하드웨어를 쉽고 편리하게 사용할 수 있도록 돕는 역할을 한다.

2.2 응용 소프트웨어

응용 소프트웨어는 문서 작성, 그림 편집, 동영상 제작, 인터넷 검색 같은 특정 업무를 할 때 사용하는 프로그램을 말한다.

표 1-1 **시스템 소프트웨어와 응용 소프트웨어의 비교**

구분	시스템 소프트웨어	응용 소프트웨어
개념	컴퓨터 시스템을 쉽고 편리하게 사용할 수 있도록 도와주는 소프트웨어	사용자가 특정 업무를 수행하기 위해 사용하는 소프트웨어
종류	운영체제, 컴파일러, 어셈블러, 유틸리티, 장치 드라이버 등	워드프로세서, 스프레드시트, 웹 브라우저, 회계 처리 프로그램 등
제품	윈도우, 유닉스, 리눅스 등	MS Office, 아래아한글, 포토샵, Visual C++ 등

03 컴퓨터의 활용 분야

컴퓨터는 과학기술, 산업, 의료, 금융, 교육, 국방 등 매우 광범위한 분야에서 활용되고 있다. 실제로 얼마나 다양한 분야에서 활용되고 있는지 사례를 통해 살펴보자.

1 과학기술 분야

과학기술 분야에서는 매우 복잡한 수식이나 알고리즘의 수행 결과를 얻기 위해 컴퓨터를 사용한다. 컴퓨터를 쓰기 전에는 시간이 많이 걸려도 사람이 하나하나 계산해서 답을 구했지만, 컴퓨터를 활용하면서 매우 빠르게 답을 얻을 수 있게 되었다. 또한 가상 환경을 모델링하여 시뮬레이션 할 수 있어 시스템을 만들지 않고도 성능을 예측할 수 있게 되었다.

1.1 클라우드 컴퓨팅

클라우드 컴퓨팅cloud computing은 2006년 9월에 세계적인 검색업체인 구글의 직원 크리스토프 비시글리아Christophe Bisciglia가 에릭 슈미트Eric Schmidt 최고경영자와 회의를 하면서 처음 제안한 개념이다. 클라우드 컴퓨팅은 사용자가 자신의 컴퓨터에 저장해 둔 자료와 소프트웨어를 중앙 시스템인 대형컴퓨터에 저장해 두고, 원격으로 인터넷에 접속하여 작업을 수행하는 컴퓨팅 환경이다. 따라서 언제 어디서든 사용자가 필요할 때마다 인터넷에 접속하여 자신의 정보를 꺼내 쓸 수 있다. 클라우드 컴퓨팅 기술을 이용하면 수백수천 대의 컴퓨터를 한 대의 컴퓨터로 묶을 수 있고, 한 대의 컴퓨터를 수백수천 대의 컴퓨터로 나누어 사용할 수 있다.

그림 1-22 **클라우드 컴퓨팅 개념도** [05]

클라우드 컴퓨팅 기술은 처리하는 작업의 요구사항에 맞게 맞춤형으로 컴퓨터 자원을 할당받는다. 즉 단순한 작업을 수행할 때는 낮은 사양의 CPU와 최소한의 메모리만 할당받고, 3D 그래픽 작업 같은 복잡한 작업을 수행할 때는 높은 사양의 CPU와 수십 기가바이트가 넘는 메모리를 할당받는다.

클라우드 컴퓨팅 서비스의 특징은 다음과 같다.

- 모바일화 : 스마트폰, 태블릿 PC 같은 휴대용 기기에서도 클라우드 컴퓨팅 환경에 접속하여 업무를 볼 수 있다.
- 개인화 : 기존 포털 사이트를 중심으로 제공되던 음악, 게임 등의 콘텐츠를 개인화된 웹 서비스로 제공받을 수 있다.
- 개방화 : 리눅스 또는 자바 등의 개방형 플랫폼을 기반으로 서비스를 제공하여 플랫폼 간 상호 호환성 문제를 해결한다.

(a) 네이버 클라우드　　　　(b) 구글 드라이브　　　　(c) 아이 클라우드

그림 1-23 **대표적인 클라우드 서비스**

1.2 항공우주

항공우주 분야에서는 우주로 쏘아 올리는 발사체를 정교하게 제어하고, 발사체와 종합관제실 사이의 원활한 통신 시스템을 개발하기 위해 컴퓨터를 이용한다.

■ 우리별

우리나라가 최초로 개발하여 발사한 인공위성은 우리별KITSAT, Korea Institute of Technology Satellite 1·2·3호이다. 우리나라는 1989년에 소형 인공위성의 핵심 기술을 확보하여 실용 위성 개발에 활용했고, 위성을 개발하는 데 필요한 전문 인력을 길러 내기 위해 우리별 위성 사업을 시작했다.

우리별 1호는 기술 지원 파트너인 영국의 서리대가 만든 UoSAT-5University of Surrey Satellite-5 위성 본체를 바탕으로 새로운 실험 장치를 탑재하는 것은 물론, 이에 맞게 본체를 일부 개량하는 형식으로 제작되었다. 한국과학기술원KAIST 인공위성연구센터와 한국항공우주연구원KARI의 학생과 연구원이 참여하여 영국에서 만들었다. 무게는 48.6킬로그램이고 크기는 352×356×670밀리미터로 태양 전지판을 통해 전력을 최대 30와트까지 생성할 수 있다. 우리별 1·2·3호는 각각 1992년, 1993년, 1999년에 남미 기아나 쿠루 기지에서 우주 궤도에 올려졌다.

그림 1-24 **지구를 돌고 있는 우리별 1호** [06]

■ **나로호**

나로호는 우리나라 최초의 우주발사체로 한국항공우주연구원이 2003년에 개발을 시작했다. 본체는 1단 액체 엔진과 2단^{상단} 고체 킥모터로 이루어져 있는데, 1단 로켓은 러시아 기술로 개발했고 2단 로켓은 국내 기술로 개발했다. 나로호는 2009년 8월 첫 발사에 성공했으나 목표 궤도까지 진입하지는 못했고, 2010년 6월에 2차로 발사했지만 아쉽게도 비행 중 폭발하였다. 그리고 마침내 2013년 1월에 3차로 발사하여 성공하였다.

그림 1-25 **우리나라 최초 우주발사체인 나로호** [07]

여기서 잠깐

우리나라 최초의 우주인

대한민국 최초로 우주 비행에 참가한 사람은 이소연 박사이다. 이소연 박사는 2008년 4월에 국제 우주 정거장에서 11일 동안 머무르면서 열여덟 가지 우주과학 실험을 했다. 임무를 마친 이 박사는 소유스 TMA-11로 갈아타고 카자흐스탄 국경 부근의 오르스크시 남동쪽 초원 지대에 착륙하여 돌아왔다.

그림 1-26 **이소연 박사의 우주 부종 실험**

1.3 이동통신

통신시스템에 필요한 소프트웨어를 개발하고 시험할 때도 컴퓨터가 활용된다. 실제로 우리나라는 1995년에 세계 최초로 CDMA 이동통신시스템을 개발하여 상용화했다. CDMA 이동통신시스템은 상용화를 위해 먼저 실험실에서 개발한 시스템을 시험하고 기지국의 동작을 점검한다. 다음으로 개발한 실험용 휴대장치를 이동하는 차량에 탑재시켜 핸드오프^{handoff}와 호 처리^{call processing}가 제대로 동작하는지 시험한다. 컴퓨터는 이러한 일련의 개발 과정에 활용된다. 다음 그림은 CDMA 이동통신시스템의 상용화 서비스를 개시하기 위해 시연회를 하는 장면이다.

그림 1-27 **세계 최초의 CDMA 상용화 시연회 장면**

2 산업 분야

컴퓨터는 산업 분야에서도 활발하게 활용된다. 여기에서는 지능로봇, 스마트 가전 및 디스플레이, 해양·조선 IT, 공정 관리를 중심으로 살펴본다.

2.1 지능로봇

최근 출산율이 낮아지고 고령화 사회로 진입하는 등 사회 환경이 빠르게 바뀌고 경제적 여건이 좋아지면서 로봇의 수요가 급증하고 있다. 더욱이 통신과 컴퓨팅 기술이 로봇 기술에 접목되어 로봇의 기능과 형태도 획기적으로 진화하고 있다. 이러한 흐름 속에서 국내에서도 정부가 로봇 산업을 신성장동력 산업으로 선정하여 지원하고 있다.

과거의 로봇 산업은 자동차, 선박, 반도체 등의 제조 분야나 위험하거나 작업이 어려운 환경에서 인간의 노동력을 대신하는 자동화된 공정 분야에 치중되었다. 그러나 최근에는 광대역 통신 및 컴퓨팅 기술의 발전으로 서비스 로봇의 형태로 전환되고 있다. 정보통신[IT], 생명공학[BT], 문화관광 콘텐츠[CT] 분야 등 다양한 첨단산업과 융합하여 우리의 삶을 더욱 편리하게 만들고 있다. 다음 그림은 미국항공우주국[NASA, National Aeronautics and Space Administration]의 산하 연구소인 제트추진연구소[JPL, Jet Propulsion Laboratory]에서 연구하고 있는 화성 탐사 로봇인 Mars Rover 1의 모습이다.

그림 1-28 **미국 화성 탐사 로봇 Mars Rover 1**

2.2 스마트 가전 및 디스플레이

2015년 9월에 독일 베를린에서는 유럽 최대 가전 전시회인 IFA[Internationale Funkausstellung] 2015가 개최되었다. 당시 행사에서는 여러 글로벌 가전기업이 사물 인터넷[IoT, Internet of Things] 기반 가전제품을 선보였다. 특히 LG전자는 일반 가전을 스마트 가전으로 바꿔주는 스마트씽큐 센서[SmartThinQ Sensor]와 사물인터넷 오픈 플랫폼인 올조인[AllJoyn]을 적용한 스마트 가전을 선보였다. 스마트씽큐 센서는 원형 모양으로 탈부착이 가능한 기기로 세탁기, 냉장고, 에어컨 같이 기존에 쓰던 가전제품에 붙여서 사용한다. 스마트씽큐 센서가 부착된 가전제품은 스마트폰으로 작동 상태를 확인하고 원격으로 제어할 수 있다.

그림 1-29 기존 가전제품에 붙여서 사용하는 스마트씽큐 센서 [08]

스마트 가전 시장의 성장세가 가속화될수록 휴대하기 편하고 품질이 우수한 디스플레이 제품의 수요도 늘고 있다. 특히 플렉서블flexible 디스플레이에 대한 수요가 급증할 것으로 예상된다. 플렉서블 디스플레이는 기존 디스플레이보다 가볍고, 종이보다 질기며, 깨지지 않으며, 휠 수 있어 다양한 디자인의 화면을 제공한다. 다음 그림은 국내 터치스크린 전문기업인 멜파스Melfas가 개발하고 있는 플렉서블 디스플레이 시제품이다.

그림 1-30 멜파스가 개발 중인 플렉서블 디스플레이 [09]

2.3 해양 · 조선 IT

조선 산업은 노동 집약적이고 기술 집약적인 대규모 산업으로 건조 공정이 복잡하고 다양하여 자동화하는 데 많은 어려움이 따른다. 대부분 주문 생산이라 대량으로 생산할 수도 없고, 단일 시장적인 특성이 강해 국제경쟁력을 확보하는 게 매우 중요하다. 또한 바다라는 특수한 환경 때문에 건조 비용이 고가일 뿐만 아니라 인명과 직결되므로 고도의 안전성과 신뢰성 및 정밀성이 요구된다.

우리나라는 선박 건조 분야의 설계 및 새로운 건조 공법 부문에서 세계 1등으로 발돋움하였지만, 항해 운항 시스템과 자동화 시스템의 고부가가치 기자재는 여전히 외국에 의존하고 있는 형편이다. 실제로 선박용 이동 · 위성통신 기술과 무선항법 레이더 기술 분야의 핵심 기술 대부분은 미국과 유럽 제조사가 독점하고 있으며, 우리나라는 특정 부분에 대한 부품을 개발하고 시험하는 수준에 머물러 있다. 따라서 이러한 부문에 IT 기술을 융합하여 국가적인 역량을 강화하도록 시도해야 한다.

현재 조선 및 해양 분야에 IT가 접목되어 활발히 연구가 진행되고 있는 분야는 통신 및 레이더 기술 분야이다. 이 분야에서는 e-내비게이션에 연관된 선박 내의 항해 장치 네트워크 기술을 개발 중이다. e-내비게이션은 선박, 육상, 통신이 연계된 하나의 자동화 시스템으로 선박 내의 센서를 통합해 정보를 지원하며, 표준화된 사용자 인터페이스를 제공한다. 이러한 항해 시스템은 높은 무결성을 지닌 전자 측위 시스템, 전자해도, 인적 실수를 분석하는 시스템 등을 구축하여, 항해자의 부주의를 예방하고 업무 과중을 해소함으로써 항해자가 항해 업무에 전념할 수 있도록 돕는다.

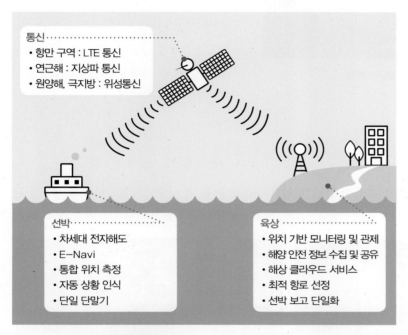

통신
• 항만 구역 : LTE 통신
• 연근해 : 지상파 통신
• 원양해, 극지방 : 위성통신

선박
• 차세대 전자해도
• E-Navi
• 통합 위치 측정
• 자동 상황 인식
• 단일 단말기

육상
• 위치 기반 모니터링 및 관제
• 해양 안전 정보 수집 및 공유
• 해상 클라우드 서비스
• 최적 항로 선정
• 선박 보고 단일화

그림 1-31 e-내비게이션의 기대 효과 [10]

2.4 공정 관리

컴퓨터는 공장의 공정 프로세스와 제품 생산 기계를 제어하는 데 필수적으로 활용된다. 공정 관리에 컴퓨터를 이용하면 제품 생산의 전 과정을 모니터링할 수 있으며 필요한 사람에게 원격으로 보고할 수 있다. 산업 분야에 컴퓨터를 활용하면 단위 시간에 처리할 수 있는 작업량을 늘릴 수 있을 뿐만 아니라 제품의 신뢰도를 높일 수 있다. 다음 그림은 공장에서 컴퓨터를 이용하여 공정 프로세스를 모니터링하는 장면이다.

그림 1-32 컴퓨터를 이용한 공정 프로세스 모니터링

3 의료 분야

■ 컴퓨터를 이용한 진료

병원에서는 컴퓨터를 MRI 촬영, 초음파 검사, 레이저 수술 등을 할 때 사용하고 환자의 진료 정보를 관리할 때도 사용한다. 의사는 가상현실 기술을 이용하여 환자를 수술하기 전에 미리 연습해 볼 수도 있다.

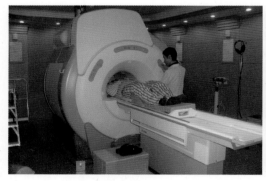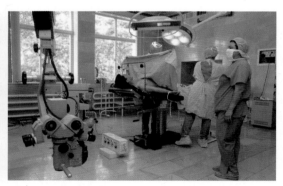

그림 1-33 컴퓨터를 이용한 진료

■ 햅틱 기술을 이용한 수술

햅틱haptic 장치는 사용자의 움직임과 위치 등을 입력받아 가상현실 속에서 입력에 상응하는 인공 촉감을 출력하는 장치이다. 의료계에서는 정교한 수술을 할 때 사람 대신 로봇을 활용하는 사례가 늘고 있는데 이때 쓰는 기술이 햅틱 기술이다. 햅틱 장치는 이른바 로봇닥터나 수술용 로봇으로 불리는 로봇을 의사가 원격으로 조정하여 작동시킨다. 주로 뇌, 심장, 뼈 조직을 파고드는 정형화된 수술에서 인간보다 더 정밀하게 동작한다. 햅틱 기술은 의료용 훈련기로 불리는 의료 시뮬레이터, 세포조작기, 재활장비 등에 이용되어 가상공간에서 실제감을 느끼게 함으로써 의료 기술 수준을 한 차원 끌어올리고 있다.

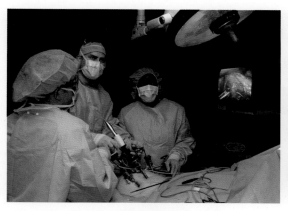
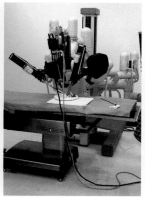

그림 1-34 햅틱 기술을 이용한 수술 장면 [11]

4 금융 분야

금융 분야에서는 고객 예금의 입출금 업무, 여신 업무, 쇼핑몰을 이용한 전자상거래 및 상품 정보 검색을 할 때 컴퓨터를 사용한다. 최근에는 직접 은행을 방문하지 않고 가정에서 컴퓨터를 이용하여 은행 업무를 보는 인터넷뱅킹 수요도 증가하고 있다.

그림 1-35 컴퓨터를 이용한 인터넷뱅킹

5 교육 분야

컴퓨터를 이용하면 굳이 학교에 가지 않더라도 집이나 카페에서 인터넷으로 강의를 수강할 수 있고 강의 자료를 게시판에 올려 공유할 수도 있다. 최근에는 대학에서 누구나 교육 자료를 열람하고 강의를 들을 수 있도록 오픈코스웨어^{OCW, Open Course Ware}를 개설하여 운영하는 사례가 늘고 있다. 우리나라의 대표적인 오픈코스웨어 사이트로는 KOCW^{www.kocw.net}가 있다. 이밖에 교육행정 분야에서도 수업 관리, 성적 관리, 생활기록부 작성, 교육비 납입, 각종 증명서 발급 등에 컴퓨터가 다양하게 사용된다.

그림 1-36 코리아 오픈코스웨어인 KOCW(왼쪽)와 교육행정정보 서비스인 나이스(오른쪽)

6 국방 분야

최근 선진국에서는 정보통신기술과 무기기술을 융합하여 가공할 만한 화력을 지닌 무기를 생산하는 데 온 힘을 쏟고 있다. 컴퓨터는 무기의 성능을 분석하고 제어하는 데 이용된다. 또한 실제 전쟁 상황과 같은 시뮬레이션 환경을 제공함으로써 위험 부담과 비용 부담을 줄여 준다. 다음 그림은 시뮬레이터를 이용해 전투 비행 훈련을 하는 장면이다. 시뮬레이터를 이용하면 조종사는 충분한 훈련을 할 수 있어 실력이 향상되고, 실제 훈련을 하지 않아도 되므로 비용까지 줄일 수 있다.

그림 1-37 비행 시뮬레이터 [12]

1 컴퓨터의 발전 과정

컴퓨터는 간단한 주판부터 파스칼의 계산기, 라이프니츠의 계산기, 배비지의 차분기관과 해석기관, 천공카드 시스템, 튜링기계, ABC, 마크원, 에니악, 에드삭, 에드박 등의 계산기를 거쳐 현재의 컴퓨터로 발전했다.

2 프로그램 내장 방식

폰 노이만이 제안한 방식으로 프로그램과 데이터를 외부에서 받지 않고 내부에 있는 기억장치에 저장해 놓고 프로그램의 각 명령을 순서대로 꺼내어 해독하고 실행하는 개념이다. 이는 오늘날 대부분의 컴퓨터가 채택하는 이론이다.

3 ABC와 마크원

ABC는 세계 최초의 전자식 계산기이고 마크원은 세계 최초의 전기 기계식 계산기이다.

4 컴퓨터의 분류

컴퓨터는 제1세대부터 제4세대까지 세대를 분류할 수 있다. 기억소자로 제1세대는 진공관, 제2세대는 트랜지스터, 제3세대는 집적회로, 제4세대는 고밀도집적회로를 사용한다.

5 컴퓨터의 획기적 발전 계기

마이크로프로세서 칩을 대량으로 생산하면서 컴퓨터는 획기적으로 발전할 수 있었다.

6 컴퓨터의 종류

컴퓨터는 규모와 처리 성능에 따라 슈퍼컴퓨터, 대형컴퓨터, 워크스테이션, 개인용 컴퓨터, 휴대용 컴퓨터로 나뉜다.

7 하드웨어와 소프트웨어

하드웨어는 입력장치, 출력장치, 중앙처리장치, 기억장치로 구성된다. 소프트웨어는 응용 소프트웨어와 시스템 소프트웨어로 나뉜다.

8 컴퓨터의 활용 분야

컴퓨터는 클라우드 컴퓨팅, 항공우주, 이동통신 등의 과학기술 분야, 지능로봇, 스마트 가전 및 디스플레이, 해양·조선 IT, 공정 관리 등의 산업 분야는 물론 의료 분야, 금융 분야, 교육 분야, 국방 분야 등에 널리 활용되고 있다.

정오형 문제

1 세계 최초의 전자식 계산기는 에드박이다. 〔참〕〔거짓〕

2 제3세대 컴퓨터에서는 다중 프로그래밍 시스템과 시분할 시스템의 개념이 적용되었다. 〔참〕〔거짓〕

3 컴퓨터 하드웨어는 입력장치, 출력장치, 중앙처리장치, 기억장치로 구성된다. 〔참〕〔거짓〕

4 모니터는 컴퓨터 하드웨어 구성 요소가 아니다. 〔참〕〔거짓〕

5 소프트웨어는 시스템 소프트웨어와 각종 유틸리티로 구성된다. 〔참〕〔거짓〕

단답형/선택형 문제

1 세계 최초의 전기 기계식 계산기는 (   )(이)다.

2 (   )은(는) 컴퓨터의 실행과 저장에 관한 추상적인 모델로서 현재 컴퓨터 과학 이론에서 널리 사용되고 있다.

3 최초로 프로그램 내장 방식을 적용한 컴퓨터는 (   )(이)다.

4 포트란과 코볼은 (   )세대 컴퓨터에 사용되었다.

5 컴퓨터는 하드웨어와 (   )(으)로 구성된다.

6 (   )은(는) 중앙처리장치와 기억장치 사이에서 프로그램의 명령과 데이터의 입출력을 제어한다.

7 컴퓨터의 전반적인 운영을 담당하고 관리하는 시스템 프로그램을 (   )(이)라고 한다.

8 프로그램 내장 방식에 대한 설명으로 틀린 것은?

① 폰 노이만이 고안하였다.

② 현재 대부분의 컴퓨터에 적용되는 방식이다.

③ 세계 최초로 프로그램 내장 방식을 적용한 컴퓨터는 에니악이다.

④ 컴퓨터 내부의 기억장치에 프로그램을 저장해 놓고 각 명령을 순서대로 꺼내어 해독하고 실행하는 개념이다.

9 제2세대 컴퓨터에 쓰인 기억소자는 무엇인가?

① 진공관

② 트랜지스터

③ 집적회로

④ 고밀도집적회로

10 제3세대 컴퓨터의 특징이 아닌 것은?

① 다중 프로그래밍 시스템

② 시분할 시스템

③ 집적회로

④ 마이크로프로세서

11 컴퓨터 하드웨어의 구성 요소가 아닌 것은?

① 입력장치

② 중앙처리장치

③ 보조기억장치

④ 주변장치

12 다음 중 응용 소프트웨어가 아닌 것은?

① MS Office

② 아래아한글

③ Delphi

④ 유닉스

주관식 문제 --

1 프로그램 내장 방식에 대해 설명하시오.

2 중앙처리장치 내부의 두 가지 구성 요소에 대해 설명하시오.

3 컴퓨터 하드웨어의 네 가지 구성 요소에 대해 설명하시오.

4 마이크로프로세서에 대해 설명하시오.

5 시스템 소프트웨어와 응용 소프트웨어를 비교하여 설명하시오.

6 컴퓨터를 시뮬레이션 용도로 사용했을 때 이점을 설명하시오.

CHAPTER 02

정보의 표현

정보 체계_컴퓨터 내부에서 정보를 표현하고 처리하는 방법

학습목표

- 컴퓨터에서 사용하는 수 체계와 종류를 알아본다.
- 진수 변환 방법을 알아본다.
- 컴퓨터의 정보 표현 방법을 알아본다.
- 컴퓨터에서 문자, 정수, 실수의 표현 방법을 알아본다.

PREVIEW

인간은 상대방에게 정보를 전달하기 위해

문자나 숫자 같은 다양한 표현 체계를 이용한다.

하지만 컴퓨터를 사용할 때는 인간의 정보 표현 체계를 그대로 적용할 수 없다.

따라서 컴퓨터가 이해할 수 있는 다른 형태로 변환하여 사용해야 한다.

컴퓨터가 정보를 표현하는 방법은

전류가 흐르는 상태인 'ON'과 흐르지 않는 상태인 'OFF'를 이용하는 것이다.

ON과 OFF는 각각 1과 0, 참과 거짓, YES와 NO를 나타낸다.

이 장에서는 디지털 컴퓨터의 정보 표현 체계와 데이터 처리 방법에 대해 알아본다.

기원 전 2000년경에 살았던 수메르인은 60을 밑수로 하는 60진법을 사용했고, 고대 로마인은 12를 밑수로 하는 12진법을 사용했다. 현재는 0부터 9까지 숫자 열 개를 사용하는 10진법을 주로 사용한다. 이절에서는 컴퓨터에서 사용하는 수 체계에 대해 알아본다.

1 진수의 종류

진법은 임의의 수를 숫자로 표현하는 방법이다. 임의의 수를 10진법으로 표현하면 10진수가 되고, 2진법으로 표현하면 2진수가 된다.

현재 우리가 사용하는 디지털 컴퓨터는 두 개의 전기 신호(0과 1)를 이용해 정보를 표현한다. 다만 십만이나 백만과 같이 큰 수는 2진수로 나타내면 자릿수가 길어져 읽기 어렵기 때문에 2진수와 상호 변환이 쉽고 자릿수도 짧은 8진수와 16진수를 함께 사용한다. 다음 표와 같이 8진법은 숫자 8개(0~7), 16진법은 숫자와 문자 16개(숫자 0~9, 문자 A~F)를 사용한다. 일반적으로 수의 오른쪽에 아래 첨자 형태로 진법을 나타내는 숫자가 붙는다.

표 2-1 **각 진수의 수 표현**

진수	10진수	2진수	8진수	16진수
사용 숫자	0	0	0	0
	1	1	1	1
	2	10	2	2
	3	11	3	3
	4	100	4	4
	5	101	5	5
	6	110	6	6
	7	111	7	7
	8	1000	10	8
	9	1001	11	9
	10	1010	12	A
	11	1011	13	B
	12	1100	14	C
	13	1101	15	D
	14	1110	16	E
	15	1111	17	F
표현 예	$5234_{(10)}$	$1011_{(2)}$	$146_{(8)}$	$5C31_{(16)}$

2 자릿값

자릿값은 수 체계에서 매우 중요한 개념이다. 진법에 따라 각 숫자는 별도의 자릿값을 가지며, 다음 그림과 같이 해당 진수에 제곱수를 적용하여 자릿값을 계산한다. 이때 정수 부분의 제곱수는 0부터 시작하여 왼쪽으로 이동하면서 1씩 증가하고, 소수 부분의 제곱수는 −1부터 시작하여 오른쪽으로 이동하면서 1씩 감소한다.

10^2	10^1	10^0		10^{-1}	10^{-2}	10^{-3}
1	2	3	.	4	5	6

(a) 10진수의 자릿값

2^2	2^1	2^0		2^{-1}	2^{-2}	2^{-3}
1	0	1	.	1	0	1

(b) 2진수의 자릿값

그림 2-1 **진수별 자릿값**

예를 들어 10진수 5234의 자릿값을 알아보면 5는 10^3(1000), 2는 10^2(100), 3은 10^1(10), 4는 10^0(1)이 자릿값이 된다. 10진수 5234를 구하려면 각 자리의 숫자와 자릿값을 곱한 후 더하면 된다.

$$5234_{(10)} = 5 \times 10^3 + 2 \times 10^2 + 3 \times 10^1 + 4 \times 10^0$$

2진수 101.1, 8진수 146, 16진수 5C3의 자릿값은 다음과 같다.

$101.1_{(2)}$: 1의 자릿값 = 2^2, 0의 자릿값 = 2^1, 1의 자릿값 = 2^0, 1의 자릿값 = 2^{-1}

$146_{(8)}$: 1의 자릿값 = 8^2, 4의 자릿값 = 8^1, 6의 자릿값 = 8^0

$5C3_{(16)}$: 5의 자릿값 = 16^2, C의 자릿값 = 16^1, 3의 자릿값 = 16^0

02 진법 변환

주어진 수를 다른 진법으로 변환하는 것을 진법 변환이라고 한다. 일상생활에서는 10진법을 주로 사용하지만 12진법과 60진법도 함께 사용한다. 예를 들어 연필 1타^{dozen}는 12자루, 1그로스^{gross}는 12타, 1피트^{feet}는 12인치^{inch}처럼 단위를 나타낼 때는 12진법을 사용하고, 1시간은 60분, 1분은 60초, 원의 각도는 360°처럼 시간이나 각도를 나타낼 때는 60진법을 사용한다.

이 절에서는 컴퓨터에서 주로 사용되는 2진수, 8진수, 10진수, 16진수를 서로 다른 진수로 변환하는 방법에 대해 살펴본다.

1 2진수, 8진수, 16진수 → 10진수

2진수, 8진수, 16진수를 10진수로 변환하는 방법은 다음과 같다.

> 각 자리의 숫자에 자릿값을 곱한 후 모두 더한다.

예를 들어 2진수 1011은 각 자리의 자릿값인 2^3, 2^2, 2^1, 2^0을 해당 자리의 숫자와 곱한 후 모두 더하여 구한다.

$$1011_{(2)} = 1 \times 2^3 + 0 \times 2^2 + 1 \times 2^1 + 1 \times 2^0 = 11_{(10)}$$

2진수 0.1, 8진수 135, 16진수 20C를 10진수로 변환하는 방법은 다음과 같다.

$$0.1_{(2)} = 1 \times 2^{-1} = 1 \times 1/2 = 0.5_{(10)}$$

$$135_{(8)} = 1 \times 8^2 + 3 \times 8^1 + 5 \times 8^0 = 64 + 24 + 5 = 93_{(10)}$$

$$20C_{(16)} = 2 \times 16^2 + 0 \times 16^1 + 12(C) \times 16^0 = 512 + 0 + 12 = 524_{(10)}$$

2 10진수 → 2진수, 8진수, 16진수

10진수를 다른 진수로 바꿀 때 유의할 점은 정수와 소수의 변환 과정이 다르다는 점이다. 따라서 소수점이 있으면 정수와 소수를 구분하여 바꾼 다음 결과를 조합해야 한다. 10진수를 다른 진수로 변환하는 방법은 모두 같으므로 여기서는 2진수로 변환하는 방법을 알아본다.

2.1 정수 부분의 변환

10진수의 정수 부분을 2진수로 변환하는 방법은 다음과 같다.

> ① 10진수의 정수 부분을 2진수의 밑수 2로 나누어 몫과 나머지를 구한다.
> ② 몫이 더 이상 나누어지지 않을 때까지 밑수 2로 계속해서 나눈다.
> ③ 각 단계의 나머지를 역순으로 나열한다.

예를 들어 10진수 19는 몫이 더 이상 나누어지지 않을 때까지 계속 2로 나누고, 몫이 2보다 작아질 때 각 단계의 나머지를 역순으로 나열하면 2진수 10011이 된다.

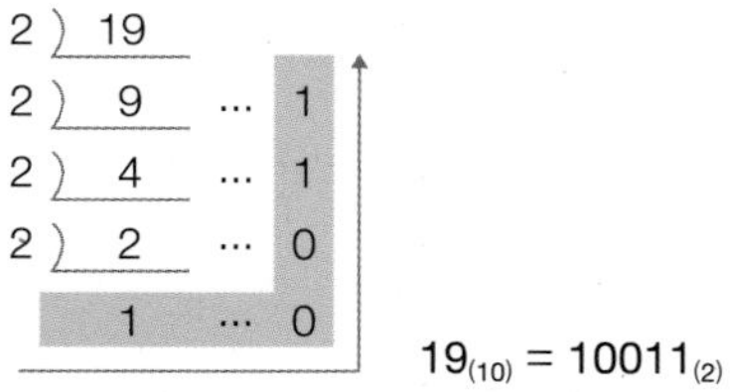

```
2 ) 19
2 )  9  … 1
2 )  4  … 1
2 )  2  … 0
     1  … 0
```

$$19_{(10)} = 10011_{(2)}$$

그림 2-2 **10진수 19를 2진수로 변환**

또 다른 예로 10진수 52를 16진수로 변환하는 과정은 다음과 같다. 52를 16으로 나눈 후 나머지를 역순으로 나열하면 16진수 34가 된다.

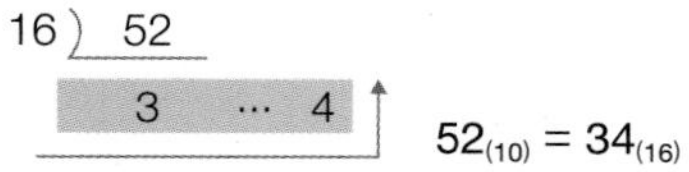

```
16 )  52
      3   …  4
```

$$52_{(10)} = 34_{(16)}$$

그림 2-3 **10진수 52를 16진수로 변환**

2.2 소수 부분의 변환

10진수의 소수 부분을 2진수로 변환하는 방법은 다음과 같다.

> ① 10진수의 소수 부분에 2진수의 밑수 2를 곱한다.
> ② 곱셈 결과로 소수 부분이 0이 될 때까지 밑수 2를 계속 곱한다.
> ③ 각 단계에서 발생하는 정수 부분(자리올림)을 순서대로 나열한다.

예를 들어 10진수 0.125는 소수 부분이 0이 될 때까지 2를 계속 곱한다. 각 단계에서 발생하는 정수 부분(자리올림)을 순서대로 나열하면 2진수 0.001이 된다.

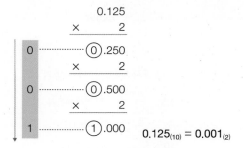

$$0.125_{(10)} = 0.001_{(2)}$$

그림 2-4 **10진수 0.125를 2진수로 변환**

또 다른 예로 10진수 52.375를 8진수로 변환하는 과정을 살펴보자. 먼저 정수 부분 52를 8로 나누어 나머지를 역순으로 나열하면 8진수 64가 된다. 다음으로 소수 부분 0.375에 8을 곱한 결과로 발생하는 정수 부분을 나열하면 8진수 0.3이 된다. 마지막으로 정수 부분과 소수 부분의 변환 결과를 조합하면 10진수 52.375는 8진수 64.3이 된다.

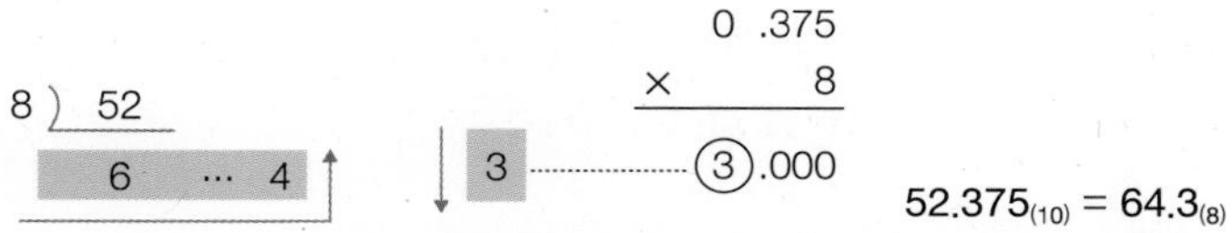

$$52.375_{(10)} = 64.3_{(8)}$$

그림 2-5 **10진수 52.375를 8진수로 변환**

컴퓨터는 문자나 숫자 등의 정보를 0과 1의 2진 체계로 부호화한 디지털 데이터로 처리한다. 컴퓨터 내부에서 문자 A와 숫자 10은 오른쪽 표와 같이 2진 체계로 부호화된다.

표 2-2 **문자 A와 숫자 10의 부호화**

정보	2진 체계 부호화
A	01000001
10	00001010

비트$^{bit, binary digit}$는 컴퓨터에서 정보를 나타내는 최소 단위로 2진수 0 또는 1을 의미한다. 1비트로 표현할 수 있는 정보는 2^1인 두 개(0, 1)이다. 2비트로 표현할 수 있는 정보는 2^2인 네 개(00, 01, 10, 11)이며, N비트로 표현할 수 있는 정보는 2^N개이다.

바이트^{byte}는 문자를 나타내는 최소 단위로, 8비트가 모여 1바이트가 된다. 보통 영문자나 숫자, 특수문자는 1바이트로 표현하고, 한글이나 한자는 2바이트로 표현한다. 예를 들면 왼쪽 그림은 영문자 세 자, 숫자 세 자, 한글 세 자로 구성된 test.txt 파일이다. 이 파일은 영문자와 숫자가 각각 3바이트이고 한글이 6바이트이므로 파일 크기는 오른쪽 그림과 같이 12바이트가 된다.

그림 2-6 **test.txt 파일의 내용(왼쪽)과 크기(오른쪽)**

워드^{word}는 명령어나 연산을 처리하는 기본 단위로, 기억장치에 한 번 접근하여 얻을 수 있는 데이터의 양을 나타낸다. 컴퓨터 종류에 따라 워드 크기는 2바이트, 4바이트, 8바이트 등으로 다양하다.

여기서 잠깐

기억 용량의 단위

컴퓨터에서는 주기억장치와 보조기억장치의 기억 용량을 바이트 단위로 나타낸다. 기억 용량의 크기를 나타내는 단위와 활용 예는 오른쪽 표와 같다.

표 2-3 **기억 용량의 단위**

기억 용량 단위	활용 예
KB(Kilo Byte)	20KB의 엑셀 파일
MB(Mega Byte)	4MB의 MP3 파일
GB(Giga Byte)	32GB의 USB 메모리
TB(Tera Byte)	2TB의 외장 하드디스크

04 문자 표현

컴퓨터에서는 한글, 영문자, 숫자, 특수문자 등 다양한 문자가 사용된다. 이렇게 다양한 문자를 구별하려면 각 문자를 유일한 값으로 표현하는 코드 체계가 필요한데, 대표적인 코드 체계에는 아스키ASCII 코드, 2진화 10진BCD 코드, 확장 2진화 10진EBCDIC 코드, 유니코드Unicode 등이 있다.

1 아스키 코드

아스키ASCII, American Standard Code for Information Interchange 코드는 미국표준협회ANSI, American National Standards Institute 가 데이터를 처리하거나 통신 시스템 간에 정보를 교환할 때 쓸 표준 코드로 제안한 것이다. 각 문자를 나타내는 7비트에 데이터를 전송할 때 생길 수 있는 오류를 검사하는 패리티 비트parity bit를 더해 총 8비트를 사용한다. 표현할 수 있는 문자는 제어 문자, 알파벳 대문자와 소문자, 구두점 기호, 숫자를 비롯해 128(2^7)개이다. 다음 그림과 같이 아스키 코드는 7비트 중 앞의 3비트는 존zone 비트이고 뒤의 4비트는 디지트digit 비트이다.

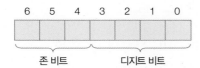

그림 2-7 **아스키 코드의 비트 구성**

아스키 코드는 128개 문자로 데이터를 표현해야 하므로 다양한 데이터를 표현하기엔 한계가 있다. 이를 해결하기 위해 존 비트를 4비트로 확장한 확장 아스키 코드가 개발되었으며, 확장 아스키 코드는 256(2^8)개의 문자를 표현할 수 있다.

다음 표는 128개의 문자를 표현하는 아스키 코드표이다. 0~31번과 127번은 제어 문자, 32~64번은 특수문자와 숫자, 65~96번은 알파벳 대문자와 특수문자, 97~126번은 알파벳 소문자와 특수문자를 나타낸다.

표 2-4 **아스키 코드표**

10진수	2진수	ASCII	10진수	2진수	ASCII	10진수	2진수	ASCII	10진수	2진수	ASCII
0	0000000	NULL	32	0100000	SP	64	1000000	@	96	1100000	`
1	0000001	SOH	33	0100001	!	65	1000001	A	97	1100001	a
2	0000010	STX	34	0100010	"	66	1000010	B	98	1100010	b
3	0000011	ETX	35	0100011	#	67	1000011	C	99	1100011	c
4	0000100	EOT	36	0100100	$	68	1000100	D	100	1100100	d
5	0000101	ENQ	37	0100101	%	69	1000101	E	101	1100101	e
6	0000110	ACK	38	0100110	&	70	1000110	F	102	1100110	f
7	0000111	BEL	39	0100111	'	71	1000111	G	103	1100111	g
8	0001000	BS	40	0101000	(	72	1001000	H	104	1101000	h
9	0001001	HT	41	0101001	)	73	1001001	I	105	1101001	i
10	0001010	LF	42	0101010	*	74	1001010	J	106	1101010	j
11	0001011	VT	43	0101011	+	75	1001011	K	107	1101011	k
12	0001100	FF	44	0101100	,	76	1001100	L	108	1101100	l
13	0001101	CR	45	0101101	−	77	1001101	M	109	1101101	m
14	0001110	SO	46	0101110	.	78	1001110	N	110	1101110	n
15	0001111	SI	47	0101111	/	79	1001111	O	111	1101111	o
16	0010000	DLE	48	0110000	0	80	1010000	P	112	1110000	p
17	0010001	DC1	49	0110001	1	81	1010001	Q	113	1110001	q
18	0010010	SC2	50	0110010	2	82	1010010	R	114	1110010	r
19	0010011	SC3	51	0110011	3	83	1010011	S	115	1110011	s
20	0010100	SC4	52	0110100	4	84	1010100	T	116	1110100	t
21	0010101	NAK	53	0110101	5	85	1010101	U	117	1110101	u
22	0010110	SYN	54	0110110	6	86	1010110	V	118	1110110	v
23	0010111	ETB	55	0110111	7	87	1010111	W	119	1110111	w
24	0011000	CAN	56	0111000	8	88	1011000	X	120	1111000	x
25	0011001	EM	57	0111001	9	89	1011001	Y	121	1111001	y
26	0011010	SUB	58	0111010	:	90	1011010	Z	122	1111010	z
27	0011011	ESC	59	0111011	;	91	1011011	[	123	1111011	{
28	0011100	FS	60	0111100	〈	92	1011100	₩	124	1111100		
29	0011101	GS	61	0111101	=	93	1011101	]	125	1111101	}
30	0011110	RS	62	0111110	〉	94	1011110	^	126	1111110	~
31	0011111	US	63	0111111	?	95	1011111	_	127	1111111	DEL

2 2진화 10진 코드

컴퓨터에서 10진수는 2진화 10진$^{\text{BCD, Binary Coded Decimal}}$ 코드로 나타낸다. 일반적으로 BCD 코드로 많이 불린다. BCD 코드는 문자 하나를 표현하기 위해 6비트를 사용하기 때문에 총 $64(2^6)$개 문자를 표현할 수 있다. 다음 그림과 같이 총 6비트 중 2비트는 존 비트이고 4비트는 디지트 비트이다. 존 비트는 디지트 비트가 어느 조에 속하는지를 나타내고, 디지트 비트는 0~9까지 수를 표현한다. BCD 코드는 디지트 비트가 0~9까지 가중치 코드$^{\text{weighted code}}$로 자릿값을 갖기 때문에 8421 코드라고도 한다. 또한 2진수 네 자리가 10진수 한 자리에 대응되기 때문에 10진수로 변환하기가 쉽다는 장점이 있다.

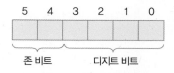

그림 2-8 **BCD 코드의 비트 구성**

3 확장 2진화 10진 코드

확장 2진화 10진$^{\text{EBCDIC, Extended BCD}}$ 코드는 IBM이 제정한 코드로, 과거 IBM의 메인프레임 컴퓨터에 사용되었다. BCD 코드처럼 약어인 EBCDIC$^{\text{Extended Binary Coded Decimal Interchange Code}}$ 코드로 많이 불린다. EBCDIC 코드는 표준 BCD 코드를 8비트로 확장하여 다음 그림과 같이 4비트의 존 비트와 4비트의 디지트 비트를 사용한다. 표현할 수 있는 문자 수는 총 $256(2^8)$개이다.

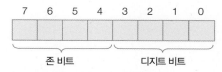

그림 2-9 **EBCDIC 코드의 비트 구성**

알파벳 대문자와 숫자의 아스키 코드, BCD 코드, EBCDIC 코드를 나타내면 다음 표와 같다.

표 2-5 알파벳 대문자와 숫자의 코드표

문자	아스키 코드	BCD 코드	EBCDIC 코드
A	1000001	110001	11000001
B	1000010	110010	11000010
C	1000011	110011	11000011
D	1000100	110100	11000100
E	1000101	110101	11000101
F	1000110	110110	11000110
G	1000111	110111	11000111
H	1001000	111000	11001000
I	1001001	111001	11001001
J	1001010	100001	11010001
K	1001011	100010	11010010
L	1001100	100011	11010011
M	1001101	100100	11010100
N	1001110	100101	11010101
O	1001111	100110	11010110
P	1010000	100111	11010111
Q	1010001	101000	11011000
R	1010010	101001	11011001
S	1010011	010010	11100010
T	1010100	010011	11100011
U	1010101	010100	11100100
V	1010110	010101	11100101
W	1010111	010110	11100110
X	1011000	010111	11100111
Y	1011001	011000	11101000
Z	1011010	011001	11101001
0	0110000	001010	11110000
1	0110001	000001	11110001
2	0110010	000010	11110010
3	0110011	000011	11110011
4	0110100	000100	11110100
5	0110101	000101	11110101
6	0110110	000110	11110110
7	0110111	000111	11110111
8	0111000	001000	11111000
9	0111001	001001	11111001

4 유니코드

유니코드^{unicode}는 전 세계의 모든 언어를 일관된 방법으로 표현할 수 있도록 만든 국제적인 문자 코드 체계이다. 컴퓨터 간 데이터 교환이 원활하게 이루어지도록 문자마다 부여되는 코드 값을 16비트로 통일하였다. 문자를 최대 $65,536(2^{16})$개까지 표현할 수 있다. 유니코드의 첫 번째 버전은 애플, IBM, 마이크로소프트 등이 중심이 되어 설립한 컨소시엄에서 1990년에 발표되었다. 이후 1995년 9월에 국제 표준으로 제정되었으며 최신 버전은 2015년 6월에 공개된 유니코드 8.0이다. 언어별 유니코드 표는 http://www.unicode.org/charts에서 확인할 수 있다.

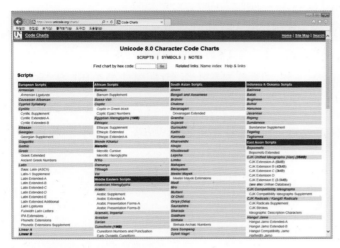

그림 2-10 유니코드 차트 웹사이트

한글 유니코드는 http://www.unicode.org/charts/PDF/UAC00.pdf에서 확인할 수 있다. 다음 그림은 한글 유니코드 중 하나로 한글 '가'의 유니코드가 AC00임을 알 수 있다.

그림 2-11 한글 유니코드

예를 들어 '훈민정음'이라는 단어의 유니코드는 D6C8, BBFC, C815, C74C이므로 조합하면 다음과 같이 표현할 수 있다.

표 2-6 훈민정음의 유니코드 표현

1101 0110 1100 1000	1011 1011 1111 1100	1100 1000 0001 0101	1100 0111 0100 1100
훈	민	정	음

SECTION 05 **정수 표현** IT COOKBOOK

현실에서는 정수를 표현할 때 자릿수에 제한을 받지 않는다. 그러나 기억 공간이 제한된 컴퓨터에서는 N개의 비트를 사용해 2^N개(0~2^N−1)의 정수만 표현할 수 있다. 예를 들어 4비트로는 16개(0~15)의 정수만 표현할 수 있다.

또한 수학에서는 양의 정수를 표현할 때 + 기호를 붙이지 않아도 양의 정수로 간주하지만 음의 정수는 반드시 − 기호를 붙여 표현해야 한다. 즉 양의 정수 5는 +5나 5를 모두 허용하지만 음의 정수 5는 반드시 −5로 표현해야 한다. 그러나 컴퓨터에서는 +, − 기호를 사용할 수 없다. 대신 부호 비트를 두어 구분한다.

이와 같이 컴퓨터에서 정수를 표현할 때는 표현 가능한 범위와 부호 처리 방법을 고려해야 한다. 이러한 점을 염두해 두고 다음 내용을 살펴보자.

1 보수

보수complement란 두 수의 합이 진법의 밑수(N)가 되게 하는 수를 의미한다. 예를 들어 10진수 4의 10의 보수는 6이고, 10진수 2의 10의 보수는 8이다. 보수는 컴퓨터에서 음의 정수를 표현하기 위해 고안된 개념이다. 컴퓨터 내부에서는 사칙연산을 할 때 덧셈을 담당하는 가산기adder만 이용하기 때문에 뺄셈은 덧셈으로 형식을 변환하여 계산해야 한다. 즉 컴퓨터 내부에서는 A−B를 계산할 때 B의 보수(−B)를 구한 다음 A+(−B)로 계산한다.

2진법에는 1의 보수와 2의 보수가 있다. 각각의 보수에 대해 살펴보고 보수를 이용하여 사칙연산 하는 방법을 알아보자.

1.1 1의 보수

각 자릿수의 값이 모두 1인 수에서 주어진 2진수를 빼면 1의 보수를 얻을 수 있다. 예를 들어 2진수 1010의 1의 보수는 0101이다. 일반적으로 1의 보수는 주어진 수에서 0은 1로 바꾸고 1은 0으로 바꾸면 된다.

```
  1111
− 1010
──────
  0101
```

그림 2-12 1의 보수

1.2 2의 보수

2의 보수는 1의 보수에 1을 더한 값과 같다. 예를 들어 2진수 1010에 대한 2의 보수를 구하려면 2진수 1010에 대한 1의 보수를 구한 다음, 1의 보수 값(0101)에 1을 더해 2의 보수 값을(0110_{(2)})을 얻는다.

```
   1111
 - 1010
   ────
   0101
 +    1
   ────
   0110
```

그림 2-13 **2의 보수**

2 덧셈

2진수의 덧셈은 10진수의 덧셈과 계산하는 방식이 같다. 차이라면 10진수에서는 두 수의 합이 10이 되면 자리올림^{carry}을 하지만, 2진수에서는 두 수의 합이 2가 되면 자리올림을 한다. 다음 그림은 자리올림을 하는 덧셈 과정이다.

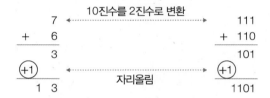

그림 2-14 **자리올림이 발생한 덧셈**

3 뺄셈

컴퓨터 내부에서는 덧셈만 가능하므로 뺄셈은 보수를 이용해 덧셈으로 바꾼 다음 계산한다. 즉 뺄셈 A−B는 B의 보수를 구한 다음 덧셈 A+(B의 보수)로 바꿔서 계산한다.

3.1 1의 보수 뺄셈

1의 보수를 이용한 뺄셈은 빼는 수의 1의 보수를 구한 다음 더한다. 덧셈한 결과가 최상위 비트에서 자리올림이 생겼다면 최하위 비트에 1을 더하고, 자리올림이 생기지 않았다면 연산 결과에 대해 1의 보수를 구한 후 − 부호를 붙인다. [그림 2-15]는 자리올림이 발생한 뺄셈이고 [그림 2-16]은 자리올림이 발생하지 않은 뺄셈이다.

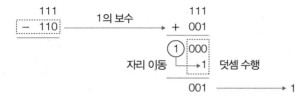

그림 2-15 자리올림이 생긴 1의 보수 뺄셈 : 7 - 6

```
   100              100
 - 110    1의 보수   + 001
                  ┌─────┐   1의 보수            - 부호
                  │ 101 │ ──────────→ 010 ──────────→ -2
                  └─────┘
```

그림 2-16 자리올림이 생기지 않는 1의 보수 뺄셈 : 4 - 6

3.2 2의 보수 뺄셈

2의 보수를 이용한 뺄셈은 빼는 수의 2의 보수를 구한 다음 더한다. 덧셈 결과가 최상위 비트에서 자리올림이 생겼다면 자리올림을 제외한 나머지 부분이 연산 결과이고, 자리올림이 생기지 않았다면 연산 결과의 2의 보수를 구한 후 - 부호를 붙인다. [그림 2-17]은 자리올림이 생긴 뺄셈이고, [그림 2-18]은 자리올림이 생기지 않은 뺄셈이다.

```
   111              111
 - 110    2의 보수   + 010
            자리올림 제외 ①  001 ──────────→ 1
```

그림 2-17 자리올림이 생긴 2의 보수 뺄셈 : 7 - 6

```
   100              100
 - 110    2의 보수   + 010
                  ┌─────┐   2의 보수            - 부호
                  │ 110 │ ──────────→ 010 ──────────→ -2
                  └─────┘
```

그림 2-18 자리올림이 생기지 않은 2의 보수 뺄셈 : 4 - 6

4 곱셈

2진수의 곱셈을 하려면 부분 곱$^{partial\ product}$을 이용한다. ①우선 피승수에 승수의 각 수를 곱하고 ②곱한 값은 직전 단계의 값보다 왼쪽으로 1비트만큼 시프트^{shift}한 후 ③값을 모두 더한다. 예를 들어 $110011_{(2)} \times 110_{(2)}$은 피승수 110011에 승수 110을 곱하고 곱한 값은 직전 단계의 값보다 왼쪽으로 1비트만큼 옮긴 다음 세 값을 모두 더한다.

TIP 시프트란 2진수로 표현된 데이터의 비트를 왼쪽이나 오른쪽으로 이동하는 연산이다.

```
         110011   (피승수)
    ×       110   (승수)
    ─────────────
       000000     (부분 곱)
      110011      (부분 곱)
    + 110011      (부분 곱)
    ─────────────
     100110010    (결과)
```

그림 2-19 **2진수 110011과 110의 곱셈**

5 나눗셈

2진수의 나눗셈은 뺄셈으로 구한다. 즉 피제수에서 제수를 뺄 수 없을 때까지 뺄셈을 계속해서 횟수는 몫이 되고 남은 것은 나머지가 된다. 예를 들어 $100110_{(2)}/110_{(2)}$을 구하려면 우선 피제수 100110의 왼쪽 3비트인 100과 제수인 110을 비교한다. 피제수인 100이 제수인 110보다 작으므로 피제수의 비교 대상을 늘려 4비트인 1001과 제수인 110을 비교한다. 피제수가 제수보다 크므로 피제수의 네 번째 자리 위 몫의 비트는 1이 되고, 제수를 오른쪽으로 1비트만큼 시프트한 후 피제수에서 제수를 뺀다. 뺄셈의 결과는 부분 나머지가 되고, 부분 나머지와 제수를 다시 비교한다. 부분 나머지가 제수보다 크거나 같다면 몫의 비트는 1이 되고, 제수를 오른쪽으로 1비트만큼 시프트한 다음 부분 나머지에서 제수를 뺀다. 부분 나머지가 제수보다 작으면 몫의 비트가 0이 되고, 제수를 오른쪽으로 1비트만큼 시프트한다. 이러한 과정을 피제수의 모든 비트에 적용될 때까지 계속한다. 계산 과정은 다음 그림과 같다.

```
                    110      (몫)
(제수)  110 ) 100110          (피제수)
             −110
             ──────
               111           (부분 나머지)
              −110
              ──────
                10           (나머지)
```

그림 2-20 **2진수 100110과 110의 나눗셈**

6 고정 소수점 표현

고정 소수점$^{fixed\ point}$은 소수점이 고정된 위치에 있다는 뜻이다. 소수점이 왼쪽에 있다고 가정하면 소수를 나타내고 오른쪽에 있다고 가정하면 정수를 나타낸다. 고정 소수점 방식은 용량이 제한적인 컴퓨터에서 매우 큰 수나 작은 수를 표현하기에는 한계가 있어 정수를 표현할 때 주로 쓰인다.

컴퓨터에서 고정 소수점으로 정수를 표현하는 방식은 다음과 같다. 부호(S)에 양의 정수는 0을 저장하고 음의 정수는 1을 저장한다. 크기^{magnitude}에는 정수 값을 2진수로 저장한다.

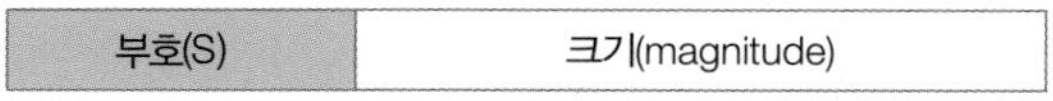

부호(S)	크기(magnitude)

그림 2-21 **고정 소수점 표현**

다음 그림에서 (a)는 양의 정수를 고정 소수점으로 표현한 것이다. 부호는 0, 크기는 2진수의 절댓값을 저장한다. (b)는 음의 정수를 고정 소수점으로 표현한 것이다. 고정 소수점 표현에서는 음의 정수를 부호화 절댓값signed-magnitude 방식, 1의 보수1's complement 방식, 2의 보수2's complement 방식을 사용하여 나타낸다.

- **부호화 절댓값 방식** : 부호 비트 1과 2진수의 절댓값으로 나타낸다.
- **1의 보수 방식** : 부호 비트 1과 2진수의 절댓값에 대한 1의 보수로 나타낸다.
- **2의 보수 방식** : 부호 비트 1과 2진수의 절댓값에 대한 2의 보수로 나타낸다.

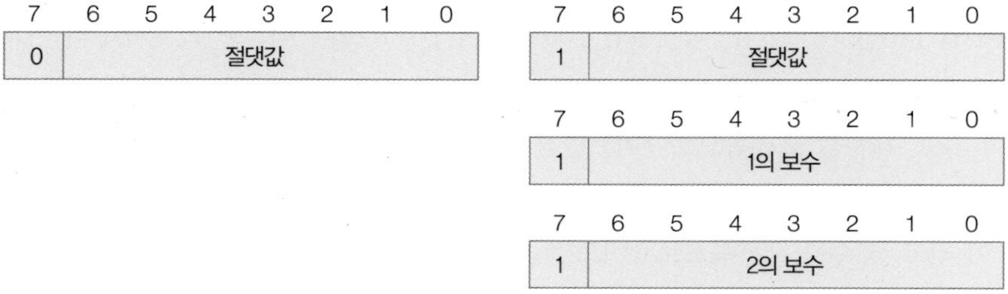

7	6	5	4	3	2	1	0
0	절댓값						

7	6	5	4	3	2	1	0
1	절댓값						

7	6	5	4	3	2	1	0
1	1의 보수						

7	6	5	4	3	2	1	0
1	2의 보수						

(a) 양의 정수 표현   (b) 음의 정수 표현

그림 2-22 **양수와 음수의 고정 소수점 표현**

예를 들어 8비트로 양의 정수 +13과 음의 정수 −13을 나타내면 다음 표와 같다. 이때 최상위 비트(맨 왼쪽 비트)는 부호 비트이고 소수점은 맨 오른쪽에 위치한다고 가정한다.

표 2-7 **정수 +13과 −13에 대한 8비트 표현**

표현 방식	+13	−13
부호화 절댓값	0 0001101	1 0001101
1의 보수	0 0001101	1 1110010
2의 보수	0 0001101	1 1110011

부호화 절댓값 방식과 1의 보수 방식은 부호 비트를 뺀 나머지 비트로 수를 표현하기 때문에 N비트로 표현할 수 있는 수의 범위는 $-(2^{N-1}-1) \sim (2^{N-1}-1)$이다. 반면 2의 보수 방식은 +0과 −0이 존재하는 부호화 절댓값 방식이나 1의 보수 방식과 달리 −0이 존재하지 않는다. 즉 음의 정수를 하나 더 표현할 수 있으므로 2의 보수 방식으로 표현할 수 있는 수의 범위는 $-2^{N-1} \sim (2^{N-1}-1)$이다. 대부분의 컴퓨터에서는 2의 보수 방식을 사용한다. 다음 표는 3비트로 표현할 수 있는 수의 범위를 나타낸 것이다.

표 2-8 **3비트로 표현할 수 있는 수의 범위**

10진수	부호화 절댓값	1의 보수	2의 보수
−4	−	−	100
−3	111	100	101
−2	110	101	110
−1	101	110	111
−0	100	111	−
+0	000	000	000
+1	001	001	001
+2	010	010	010
+3	011	011	011

컴퓨터에서 소수점을 표현하는 방식에는 고정 소수점 방식과 부동 소수점 방식이 있다. 앞서 설명한 것과 같이 고정 소수점 방식은 소수점이 항상 고정된 위치에 있다는 의미로 정수를 표현할 때 주로 사용한다. 부동 소수점 방식은 소수점의 위치가 바뀌기 때문에 실수를 표현할 때 주로 사용하며 고정 소수점 방식보다 넓은 범위의 수를 표현할 수 있다.

부동 소수점 방식으로 저장된 실수는 다음과 같이 해석된다.

$m \times r^e$ (m : 가수 r : 밑수 e : 지수)

예를 들어 57.23×10^1에서 가수는 57.23, 밑수는 10, 지수는 1이 되고, 572.3×10^2에서 가수는 572.3, 밑수는 10, 지수는 2가 된다.

컴퓨터에서 실수를 부동 소수점 방식으로 저장하면 부호 비트와 지수exponent 부분과 가수mantissa 부분이 세 영역으로 나누어 저장된다. 부호 비트는 양의 실수인지 음의 실수인지를 나타내고, 지수 부분은 소수점 위치를 나타내며, 가수 부분은 유효 자릿수를 나타낸다. 부동 소수점 방식은 표현 범위에 따라 4바이트의 단일 정밀도single precision 형식과 8바이트의 이중 정밀도double precision 형식으로 나눌 수 있다.

(a) 단일 정밀도 형식

(b) 이중 정밀도 형식

그림 2-23 **부동 소수점 표현 형식**

실수를 부동 소수점 방식으로 저장할 때는 정규화 과정을 거친다. 예를 들어 2진 소수 101.01×2^1은 10.101×2^2, 1.0101×2^3, 0.10101×2^4 등 다양한 형태로 표현할 수 있는데 이때 정규화된 표현은 1.0101×2^3이다. 이와 같이 2진 소수를 정규화시키면 1.XXX로 표현된다. 정규화된 2진 소수 1.0101×2^3의 부호는 양수, 가수는 1.0101, 밑수는 2, 지수는 3이다. 참고로 정보를 저장할 때 양의 지수와 음의 지수가 구분되도록 단일 정밀도일 때는 지수에 바이어스 127을 더하고 이중 정밀도일 때는 1023을 더한다. 그리고 가수에는 정수 값 1을 생략하고 저장한다.

2진수 10110.11011을 단일 정밀도 형식의 부동 소수점으로 나타내면 다음 그림과 같다. 정규화 하면 1.011011011×2^4이 된다. 부호 비트는 양수이므로 0, 지수는 4이므로 바이어스에 적용하면 127+4=131, 즉 10000011이 된다. 가수는 정수 값 1을 제외한 011011011을 가수 부문의 왼쪽부터 저장하고 나머지는 0으로 채운다.

31	30	23 22 0
0	10000011	01101101100000000000000

그림 2-24 **2진수 10110.11011의 부동 소수점 표현**

1 2진 체계

컴퓨터는 0과 1의 2진 체계를 사용하여 데이터를 표현한다.

2 진법 표현

진법을 나타낼 때는 수의 오른쪽 아래 첨자로 진법을 나타내는 숫자를 붙인다.

3 자릿값

모든 수는 각 숫자마다 별도의 자릿값을 갖는다. 자릿값은 해당 진수에 숫자의 위치를 나타내는 제곱수를 적용하는데, 10진수에서 자릿값은 $10^0(1)$, $10^1(10)$, $10^2(100)$, … 과 같다.

4 진법 변환

- 다른 진수를 10진수로 변환 : 각 자리의 숫자에 자릿값을 곱한 후 모두 더한다.
- 10진수를 다른 진수로 변환 : 정수 부분과 소수 부분을 구분하여 변환한 후 그 결과를 조합한다. 정수 부분은 변환하려는 진수로 나누어 몫과 나머지를 구한다. 나눗셈은 몫이 더 이상 나누어 떨어지지 않을 때까지 반복하고, 마지막으로 각 단계의 나머지를 역순으로 나열한다. 소수 부분은 변환하려는 진수를 곱한다. 곱셈은 소수 부분이 0이 될 때까지 계속하며, 마지막으로 각 단계에서 발생하는 정수 부분을 순서대로 나열한다.

5 정보의 표현 단위

- 비트^{bit} : 정보를 표현하는 최소 단위로, N개의 비트로 표현할 수 있는 정보의 수는 2^N개이다.
- 바이트^{byte} : 문자를 표현하는 최소 단위로, 8개의 비트로 구성된다. 1바이트는 256(2^8)개의 서로 다른 데이터를 표현할 수 있다.
- 워드^{word} : 명령어나 연산을 처리하는 기본 단위로, 기억장치에 한 번 접근하여 얻을 수 있는 데이터의 양이다.

6 코드

한글, 영문자, 숫자, 특수문자 등 다양한 문자를 구분하기 위해 각 문자마다 유일한 값으로 표현한 기호 체계이다.

7 코드의 종류

- 아스키^{ASCII} 코드 : 미국표준협회^{ANSI}가 제정한 데이터 처리 및 통신 시스템 상호 간의 정보 교환용 표준 코드이다.

- 2진화 10진^{BCD} 코드 : 문자 하나를 표현하기 위해 6비트를 사용하므로 64(2^6)개의 문자를 표현할 수 있다. 자릿값을 갖는 가중치 코드로 8421 코드라고도 한다.
- 확장 2진화 10진^{EBCDIC} 코드 : 기존의 BCD 코드를 8비트로 확장한 코드로, 256(2^8)개의 문자를 표현할 수 있다.
- 유니코드 : 전 세계의 모든 언어를 표현할 수 있도록 만들어진 국제적인 문자 코드 체계이다. 하나의 문자를 표현하기 위해 16비트를 사용하므로 최대 65,536(2^{16})개의 문자를 표현할 수 있다.

8 보수

두 수의 합이 진법의 밑수(N)가 되게 하는 수를 의미하며, 음의 정수를 표현하기 위해 고안된 개념이다. 2진법에는 1의 보수와 2의 보수가 있다.

9 고정 소수점 방식

소수점이 고정되어 있다는 뜻이지만 실제로 소수점은 존재하지 않는다. 소수점이 수의 왼쪽에 있다고 가정하면 소수를 나타내고, 오른쪽에 있다고 가정하면 정수를 나타낸다. 고정 소수점 방식은 주로 정수를 표현하는 데 사용한다.

10 고정 소수점 방식에서 음의 정수 표현

- 부호화 절댓값 방식 : 부호 비트 1과 2진수의 절댓값으로 나타낸다.
- 1의 보수 방식 : 부호 비트 1과 2진수의 절댓값에 대한 1의 보수로 나타낸다.
- 2의 보수 방식 : 부호 비트 1과 2진수의 절댓값에 대한 2의 보수로 나타낸다.

11 부동 소수점 방식

소수점이 포함된 실수를 표현하기 위해 사용되며 부호 비트, 지수 부분, 가수 부분으로 구성된다. 지수 부분은 소수점의 위치를 나타내고 가수 부분은 유효 자릿수를 나타낸다.

정오형 문제

1 8진수를 표현하기 위해 사용할 수 있는 숫자는 여덟 개이다. [참] [거짓]

2 수의 진법 표기는 수의 오른쪽에 진법을 나타내는 숫자를 아래 첨자로 붙인다. [참] [거짓]

3 0과 1로 구성된 2진 데이터는 아날로그 데이터이다. [참] [거짓]

4 1바이트는 8비트로 구성된다. [참] [거짓]

5 부동 소수점 방식은 소수점이 포함된 실수 표현에 사용된다. [참] [거짓]

단답형/선택형 문제

1 진법 변환에 대한 설명으로 틀린 것은?

① 다른 진수를 10진수로 변환하려면 각 자리의 숫자에 자릿값을 곱한 후 모두 더한다.

② 10진수를 다른 진수로 변환하려면 정수 부분과 소수 부분을 별도로 변환한 후 조합한다.

③ 10진수 13을 2진수로 변환하면 $1101_{(2)}$이 된다.

④ 10진수 0.25를 2진수로 변환하면 $0.001_{(2)}$이 된다.

2 (　　　　　　)은(는) 명령어나 연산을 처리하는 기본 단위로, 기억장치에 한 번 접근하여 얻을 수 있는 데이터의 양이다.

3 데이터 전송 시 오류 발생 여부를 검사하기 위해 사용하는 비트는?

① 패리티 비트　　　　　　　　　　② 부호 비트

③ 존 비트　　　　　　　　　　　　④ 디지트 비트

4 6비트를 사용해 문자 하나를 표현하며 8421 코드로도 불리는 코드는?

① ASCII 코드　　　　　　　　　　② BCD 코드

③ EBCDIC 코드　　　　　　　　　④ 유니코드

5 유니코드에 대한 설명으로 옳은 것은?

① 미국표준협회가 제정한 정보 교환용 표준 코드이다.

② 4비트의 존 비트와 4비트의 디지트 비트로 구성되어 있다.

③ 세계 각국의 언어를 하나의 코드 체계로 표현할 수 있다.

④ 한글과 한자를 모두 표현할 수는 없다.

6 (   )은(는) 두 수의 합이 진법의 밑수(N)가 되게 하는 수를 의미하며, 음의 정수를 표현하기 위해 사용된다.

7 고정 소수점 방식에서 음의 정수를 표현하기 위해 사용하는 방식이 아닌 것은?

① 부호화 절댓값 방식

② 1의 보수 방식

③ 2의 보수 방식

④ 부동 소수점 방식

8 다음 중 10진수 −20에 대한 고정 소수점 표현으로 적합하지 않은 것은?

① 부호화 절댓값 : 10010100

② 1의 보수 : 11101011

③ 2의 보수 : 11101100

④ 부호화 절댓값 : 00010100

9 부동 소수점 방식에 대한 설명으로 틀린 것은?

① 부호 비트, 지수 부분, 가수 부분으로 구성되어 있다.

② 소수점의 위치가 변하지 않는다.

③ 지수 부분은 소수점의 위치를 나타낸다.

④ 가수 부분은 유효 자릿수를 나타낸다.

주관식 문제 --

1 컴퓨터의 기억 용량 크기를 나타내는 대표적인 단위를 나열하고 설명하시오.

2 2진수 11001010을 10진수로 변환하시오.

3 8진수 135.24를 10진수로 변환하시오.

4 10진수 0.125를 2진수로 변환하시오.

5 2진수 10101010의 1의 보수와 2의 보수를 구하시오.

6 2진수 뺄셈 $1011101_{(2)} - 1101100_{(2)}$을 1의 보수와 2의 보수를 사용하여 계산하시오.

7 10진수 −35에 대한 고정 소수점 표현(1의 보수 방식과 2의 보수 방식)을 8비트로 나타내시오.

8 2진수 1010.011에 대한 단일 정밀도 형식의 부동 소수점 표현을 구하시오.

9 10진수 47.25에 대한 단일 정밀도 형식의 부동 소수점 표현을 구하시오.

컴퓨터 구조

컴퓨터 시스템의 구성과 동작 원리_컴퓨터 시스템에 대한 근본적 이해

학습목표

- 컴퓨터 시스템의 구성에 대해 알아본다.
- 중앙처리장치의 구성과 명령어 처리 과정을 알아본다.
- 기억장치의 계층 구조와 동작 원리를 알아본다.
- 입출력장치의 종류와 역할을 알아본다.

PREVIEW

폰 노이만John von Neumann은 기억장치에 프로그램과 데이터를 저장시킨 후

명령어 순서대로 처리하는 프로그램 내장 방식stored program method을 제안했다.

이 방식을 기반으로 제작된 컴퓨터 시스템을 '폰 노이만형 컴퓨터'라고 하며,

오늘날 대부분의 컴퓨터가 이 방식을 따르고 있다.

요즘은 기술이 발달하여 하드웨어 성능이 좋아지고 컴퓨터 시스템 향상을 위한

여러 가지 기법이 나오고 있지만, 기본 원리는 여전히 폰 노이만형 컴퓨터를 따르고 있다.

이 장에서는 컴퓨터 시스템의 구성 요소와 역할 및 동작 원리에 대해 알아본다.

컴퓨터 시스템의 구성

컴퓨터 시스템은 다음 그림과 같이 하드웨어^{hardware}와 소프트웨어^{software}로 구성된다. 하드웨어는 컴퓨터를 구성하는 기계적 장치이고, 소프트웨어는 하드웨어의 동작을 지시하고 제어하는 명령어의 집합이다. 컴퓨터 구조란 하드웨어를 구성하는 각 장치의 특성과 동작 원리를 다루는 학문이다. 여기서는 하드웨어의 각 장치에 해당하는 중앙처리장치, 기억장치, 입출력장치에 대해 하나씩 살펴보기로 한다.

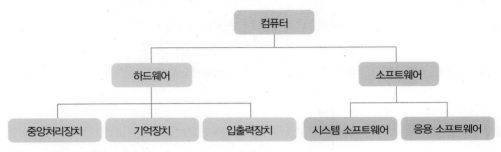

그림 3-1 **컴퓨터 시스템의 구성**

1 하드웨어의 구성

하드웨어는 중앙처리장치, 기억장치, 입출력장치로 구성되며 각 장치는 시스템 버스로 연결되어 있다. 시스템 버스는 데이터와 명령 제어 신호를 각 장치로 실어 나르는 역할을 한다. 다음 그림은 각 장치 사이의 데이터 흐름을 나타낸 것이다.

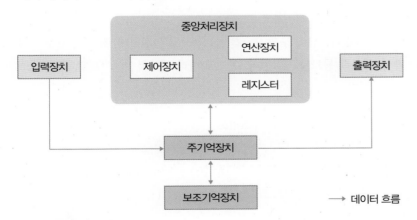

그림 3-2 **하드웨어의 구성**

■ **중앙처리장치**

인간의 두뇌에 해당하는 장치로 CPU$^{\text{Central Processing Unit}}$라고도 한다. 주기억장치에서 프로그램 명령어와 데이터를 읽어와 처리하고 명령어의 수행 순서를 제어한다. 중앙처리장치는 비교와 연산을 담당하는 산술논리연산장치$^{\text{ALU, Arithmetic Logic Unit}}$와 명령어의 해석과 실행을 담당하는 제어장치$^{\text{control unit}}$, 속도가 빠른 임시 데이터 기억장소인 레지스터^{register}로 구성된다. 개인용 컴퓨터와 같은 소형 컴퓨터에서는 중앙처리장치를 마이크로프로세서^{microprocessor}라고도 부른다.

■ **기억장치**

프로그램, 데이터, 연산의 중간 결과 등을 저장하는 장치로 주기억장치와 보조기억장치로 구분된다. 주기억장치에는 램$^{\text{RAM, Random Access Memory}}$과 롬$^{\text{ROM, Read Only Memory}}$이 있는데 실행 중인 프로그램과 프로그램에 필요한 데이터를 일시적으로 저장한다. 보조기억장치는 주기억장치의 한정된 기억 용량을 보충하기 위해 사용한다. 주기억장치에 비해 속도는 느리지만 많은 자료를 영구적으로 보관할 수 있다. 대표적인 보조기억장치에는 자기테이프, 하드디스크, 광디스크(CD-ROM, DVD, 블루레이), 플래시메모리 등이 있다.

■ **입출력장치**

입력장치는 문자, 숫자, 소리, 그림 등의 자료를 컴퓨터 내부로 입력하는 장치이다. 입력된 자료는 0과 1의 2진수 형태로 변환되어 저장된다. 대표적인 입력장치에는 키보드, 마우스, 조이스틱, 터치스크린, 마이크, 스캐너 등이 있다.

출력장치는 컴퓨터 내부에서 처리한 결과를 인간이 인지할 수 있는 여러 가지 형태로 변환하여 컴퓨터 외부로 표현하는 장치이다. 대표적인 출력장치에는 프린터, 모니터, 플로터, 스피커 등이 있다.

2 시스템 버스

시스템 버스$^{\text{system bus}}$는 다음 그림과 같이 하드웨어 구성 요소를 물리적으로 연결하며, 각 구성 요소가 다른 구성 요소로 데이터를 보낼 수 있도록 통로를 제공한다. 용도에 따라 데이터 버스$^{\text{data bus}}$, 주소 버스$^{\text{address bus}}$, 제어 버스$^{\text{control bus}}$로 구분한다.

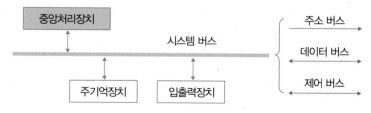

그림 3-3 **시스템 버스의 구성**

■ 데이터 버스

중앙처리장치와 기타 장치(기억장치, 입출력장치 등) 사이에서 데이터를 전달하는 통로이다. 기억장치와 입출력장치의 명령어와 데이터를 중앙처리장치로 보내거나, 중앙처리장치의 연산 결과를 기억장치와 입출력장치로 보내므로 양방향 버스이다.

■ 주소 버스

데이터를 정확히 실어 나르려면 기억장치 주소를 지정해 주어야 한다. 주소 버스는 중앙처리장치가 주기억장치나 입출력장치로 기억장치 주소를 전달하는 통로이므로 단방향 버스이다. 주소 선의 수(버스의 폭)는 시스템의 기억장치 용량을 결정하는데, 수가 많을수록 접근할 수 있는 기억 용량이 커진다. 예를 들어 주소 선의 수가 8비트이면 주소를 256(2^8)개 지정할 수 있고, 16비트이면 65,536(2^{16})개를 지정할 수 있다.

■ 제어 버스

주소 버스와 데이터 버스는 모든 장치에 공유되므로 이것을 제어할 수단이 필요하다. 제어 버스는 중앙처리장치가 기억장치나 입출력장치에 제어 신호를 전달하는 통로이다. 제어 신호에는 기억장치 읽기 및 쓰기$^{memory\ read\ and\ write}$, 버스 요청 및 승인$^{bus\ request\ and\ grant}$, 인터럽트 요청 및 승인$^{interrupt\ request\ and}$ ^{acknowledge}, 클락^{clock}, 리셋^{reset} 등이 있다. 제어 버스는 읽기 동작과 쓰기 동작을 모두 수행하므로 양방향 버스이다.

02 중앙처리장치

1 중앙처리장치의 구성

중앙처리장치는 컴퓨터 시스템에서 가장 핵심적인 역할을 수행하는 부분으로 인간의 두뇌에 해당한다. 중앙처리장치는 다음 그림과 같이 연산장치, 제어장치, 레지스터로 구성된다.

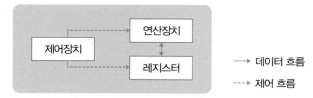

그림 3-4 **중앙처리장치의 구성**

■ 연산장치

덧셈, 뺄셈, 곱셈, 나눗셈 등의 산술연산과 논리곱AND, 논리합OR, 부정NOT 등의 논리연산을 수행한다. 두 가지 연산을 모두 수행하기 때문에 산술논리연산장치라고도 한다. 연산장치는 연산에 필요한 데이터를 레지스터에서 가져오고, 연산 결과를 다시 레지스터로 보내 저장한다.

■ 제어장치

명령어를 순서대로 실행할 수 있도록 제어하는 장치이다. 주기억장치에서 프로그램 명령어를 꺼내 해독한 다음, 해독한 결과에 따라 명령어 실행에 필요한 제어 신호를 기억장치, 연산장치, 입출력장치로 보낸다. 또한 이들 장치가 보낸 신호를 받아 다음에 수행할 동작을 결정한다.

■ 레지스터

중앙처리장치의 속도와 비슷한 고속의 기억장치이다. 명령어 주소, 명령어 코드, 연산에 필요한 데이터, 연산 결과 등을 임시로 저장한다. 용도에 따라 범용 레지스터와 특수 목적 레지스터로 구분되며, 중앙처리장치의 종류에 따라 사용할 수 있는 레지스터의 개수와 크기가 다르다.

- 범용 레지스터 : 연산에 필요한 데이터나 연산 결과를 임시로 저장한다.
- 특수 목적 레지스터 : 특별한 용도로만 사용하는 레지스터로, 용도와 기능에 따라 다음 표와 같이 구분된다.

표 3-1 특수 목적 레지스터의 용도와 기능

용도	명칭	기능
주소 저장	메모리 주소 레지스터 (MAR, Memory Address Register)	읽기와 쓰기 연산을 수행할 주기억장치의 주소를 저장한다.
	프로그램 카운터 (PC, Program Counter)	다음에 수행할 명령어의 주소를 저장한다.
	스택 포인터(SP, Stack Pointer)	스택의 최상위 주소를 저장한다.
	인덱스 레지스터(IX, IndeX register)	인덱스 주소 지정 방식에서 인덱스를 저장한다.
명령어 저장	명령어 레지스터 (IR, Instruction Register)	현재 실행 중인 명령어를 저장한다.
데이터 저장	메모리 버퍼 레지스터 (MBR, Memory Buffer Register)	주기억장치에서 읽어온 데이터나 주기억장치에 저장할 데이터를 임시로 저장한다.
	누산기(AC, ACcumulator)	연산 결과를 임시로 저장한다.
CPU 상태 저장	프로그램 상태 레지스터 (PSR, Program Status Register)	CPU의 현재 상태 정보를 저장한다.

2 중앙처리장치의 동작

중앙처리장치, 기억장치, 입출력장치의 데이터 흐름과 제어 신호의 흐름을 살펴보면 다음 그림과 같다.

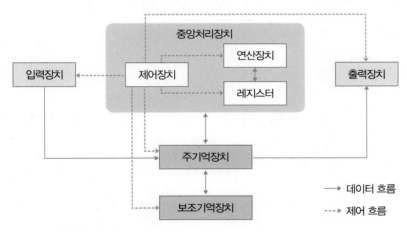

그림 3-5 **중앙처리장치의 동작**

① 주기억장치는 입력장치에서 입력받은 데이터 또는 보조기억장치에 저장된 프로그램을 읽어온다.

② 중앙처리장치는 프로그램을 실행하기 위해 주기억장치에 저장된 프로그램 명령어와 데이터를 읽어와 처리하고 결과를 다시 주기억장치에 저장한다.

③ 주기억장치는 처리 결과를 보조기억장치에 저장하거나 출력장치로 내보낸다.

④ 제어장치는 ①~③ 과정에서 명령어가 순서대로 실행될 수 있도록 각 장치를 제어한다.

3 명령어 세트

명령어 세트instruction set란 중앙처리장치가 실행할 명령어의 집합으로 중앙처리장치에 따라 형식과 종류가 다르다.

3.1 명령어 형식

명령어는 실행할 연산을 나타내는 연산 코드operation code와 연산에 필요한 데이터나 데이터의 저장 위치를 나타내는 피연산자operand로 구성된다.

연산 코드	피연산자

그림 3-6 **명령어의 기본 형식**

■ 연산 코드

연산 코드는 실행하는 연산의 종류에 따라 다음과 같이 네 가지 기능으로 나뉜다.

- 연산 기능 : 사칙연산, 시프트, 보수 등의 산술연산과 논리곱AND, 논리합OR, 부정NOT 등의 논리연산을 수행한다.
- 제어 기능 : 조건 분기와 무조건 분기 등을 이용하여 명령어의 실행 순서를 제어한다.
- 데이터 전달 기능 : 레지스터와 레지스터 사이, 레지스터와 주기억장치 사이에서 데이터를 전달한다.
- 입출력 기능 : 프로그램과 데이터를 주기억장치에 전달하고, 연산 결과는 출력장치로 전달한다.

연산 코드는 길이가 n비트일 때 최대 2^n개의 연산을 정의할 수 있다. 예를 들어 연산 코드의 길이가 4비트이면 최대 $16(2^4)$가지 연산을 정의할 수 있다.

■ 피연산자

피연산자는 주소, 숫자, 문자, 논리 데이터 등을 저장할 수 있다.

- 주소 : 기억장치 혹은 레지스터의 주소가 저장된다.
- 숫자/문자 : 숫자는 정수, 고정 소수점 수, 부동 소수점 수, 2진화 10진BCD 코드 등으로 저장되고, 문자는 아스키ASCII 코드로 저장된다.
- 논리 데이터 : 참 또는 거짓을 표현할 때 사용하며 비트나 플래그flag 등으로 저장된다.

3.2 피연산자 수에 따른 명령어 분류

명령어의 피연산자 수는 중앙처리장치의 구조에 따라 없을 수도 있고, 한 개, 두 개, 세 개까지 있을 수 있다. 다음 그림은 피연산자 수에 따라 명령어를 분류한 것이다.

그림 3-7 피연산자 수에 따른 명령어 분류

■ 0-주소 명령어

0-주소 명령어는 연산 코드만 존재하는 명령어로 스택 구조의 컴퓨터에서 사용된다. 스택은 데이터의 삽입과 삭제가 끝에서만 발생하는 자료 구조로 나중에 들어간 데이터가 먼저 나오는 후입선출[LIFO, Last In First Out] 방식을 사용한다. 0-주소 명령어의 연산은 스택의 꼭대기인 TOP에 데이터를 삽입하는 PUSH 연산과 TOP에서 데이터를 삭제하는 POP 연산이 있다.

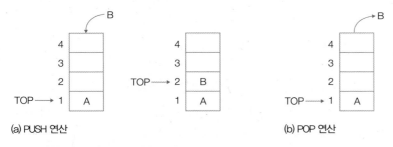

(a) PUSH 연산   (b) POP 연산

그림 3-8 PUSH 연산과 POP 연산

스택을 이용한 연산은 TOP에서 두 개의 데이터를 꺼내어[POP] 연산한 후 그 결과를 다시 삽입[PUSH]하는 것이다. 연산에 필요한 두 개의 데이터가 스택의 TOP에 존재하므로 명령어의 주소 필드가 필요하지 않다. 0-주소 명령어를 이용하여 수식 X=(A+B)를 처리하는 과정을 살펴보면 다음과 같다. ADD 연산을 보면 알 수 있듯이 연산 코드만 있고 피연산자가 없다.

```
PUSH A      // 스택의 TOP ← A
PUSH B      // 스택의 TOP ← B
ADD         // 스택의 TOP ← (A+B)
* 스택에서 A와 B를 POP하고 더한 후 결과를 PUSH
STORE X     // X ← 스택의 TOP
```

■ 1-주소 명령어

1-주소 명령어는 레지스터 값이 매우 비싸던 초기의 단일 누산기 구조 컴퓨터에서 사용되었다. 연산할 때는 주기억장치에서 읽어온 데이터와 누산기^{AC}에 저장된 데이터가 사용되며, 연산 결과는 다시 누산기에 저장된다. 1-주소 명령어를 이용하여 수식 X=(A+B)를 처리하는 과정을 살펴보면 다음과 같다.

```
LOAD A          // AC ← A
ADD B           // AC ← AC + B
* AC에 저장된 A와 주기억장치에서 읽어온 B를 더한 후 결과를 AC에 저장
STORE X         // X ← AC
```

■ 2-주소 명령어

2-주소 명령어는 대부분의 컴퓨터가 채택하고 있는 가장 일반적인 형태의 명령어이다. 피연산자에는 레지스터 번호나 주기억장치의 주소를 지정할 수 있다. 2-주소 명령어를 이용하여 수식 X=(A+B)를 처리하는 과정을 살펴보면 다음과 같다.

```
MOV R1, A       // R1 ← A
ADD R1, B       // R1 ← R1 + B
* 레지스터 R1과 주기억장치에서 읽어온 B를 더한 후 결과를 R1에 저장
MOV X, R1       // X ← R1
```

■ 3-주소 명령어

3-주소 명령어는 피연산자로 세 개를 쓰며, 피연산자에 레지스터 번호나 주기억장치의 주소를 지정할 수 있다. 3-주소 명령어를 이용하여 수식 X=(A+B)를 처리하는 과정을 살펴보면 다음과 같다. 다른 명령어에 비해 프로그램의 길이가 짧아지는 대신 명령어 하나의 길이는 길어진다.

```
ADD X, A, B     // X ← A + B
* 주기억장치에서 읽어온 A와 B를 더한 후 결과를 주기억장치 X에 저장
```

4 명령어 처리 과정

중앙처리장치는 프로그램을 실행하기 위해 주기억장치에서 명령어를 순차적으로 인출하여 해독하고 실행하는 과정을 반복한다.

중앙처리장치가 주기억장치에서 한 번에 하나의 명령어를 인출하여 실행하는 데 필요한 일련의 활동을 명령어 사이클instruction cycle이라고 한다. 명령어 사이클은 다음 그림과 같이 인출 사이클과 실행 사이클로 나뉜다. 인출 사이클에서는 주기억장치의 지정된 주소에서 하나의 명령어를 가져오고, 실행 사이클에서는 명령어를 실행한다. 하나의 명령어 실행이 완료되면 그다음 명령어에 대한 인출 사이클이 시작된다.

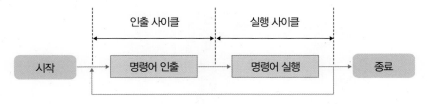

그림 3-9 **명령어 사이클**

명령어 사이클을 세분화하면 다음 그림과 같이 인출 사이클fetch cycle, 실행 사이클execution cycle, 간접 사이클indirect cycle, 인터럽트 사이클interrupt cycle로 나뉜다. 인출 사이클과 실행 사이클은 항상 수행되지만 간접 사이클과 인터럽트 사이클은 주소 지정 방식이 필요할 때나 인터럽트 요구가 있을 때만 수행된다.

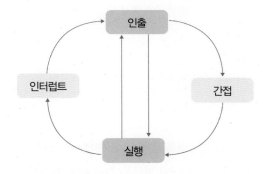

그림 3-10 **세분화된 명령어 사이클**

4.1 인출 사이클

인출 사이클에서는 주기억장치에서 다음 명령어를 인출하기 위해 프로그램 카운터PC 값을 증가시킨다. 다음 표와 그림은 인출 사이클에 사용되는 특수 목적 레지스터의 종류와 인출 사이클의 동작 과정을 나타낸 것이다.

표 3-2 인출 사이클에 사용되는 특수 목적 레지스터

명칭	기능
메모리 주소 레지스터 (MAR, Memory Address Register)	읽기와 쓰기 연산을 수행할 주기억장치의 주소를 저장한다.
프로그램 카운터 (PC, Program Counter)	다음에 수행할 명령어의 주소를 저장한다.
명령어 레지스터 (IR, Instruction Register)	현재 실행 중인 명령어를 저장한다.
메모리 버퍼 레지스터 (MBR, Memory Buffer Register)	주기억장치에서 읽어온 데이터나 주기억장치에 저장할 데이터를 임시로 저장한다.

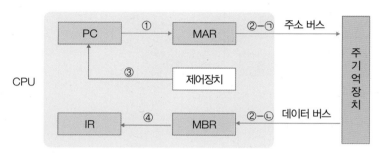

그림 3-11 **인출 사이클의 동작 과정**

① : 프로그램 카운터^{PC}에 저장된 주소를 메모리 주소 레지스터^{MAR}에 전달한다.

②-㉠ : 메모리 주소 레지스터^{MAR}에 저장된 내용을 토대로 주기억장치의 해당 주소에서 명령어를 인출한다.

②-㉡ : 인출한 명령어를 메모리 버퍼 레지스터^{MBR}에 저장한다.

③ : 다음 명령어를 인출하기 위해 프로그램 카운터^{PC}의 값을 증가시킨다.

④ : 메모리 버퍼 레지스터^{MBR}에 저장된 내용을 명령어 레지스터^{IR}에 전달한다.

4.2 실행 사이클

인출한 명령어를 해독하고 그 결과에 따라 제어 신호를 발생시켜 명령어를 실행한다. 명령어는 연산 코드$^{operation\ code}$와 0개 이상의 피연산자^{operand}로 구성된다. 연산 코드는 수행될 연산을 기술하며, 피연산자는 명령어 수행에 필요한 데이터가 저장된 주기억장치 주소를 기술한다.

4.3 간접 사이클

명령어 피연산자 필드는 데이터가 저장된 주기억장치의 주소를 기술하는 방식에 따라 직접 주소 지정 방식$^{direct\ addressing\ mode}$과 간접 주소 지정 방식$^{indirect\ addressing\ mode}$으로 나눌 수 있다.

- 직접 주소 지정 방식 : 다음 그림의 (a)와 같이 데이터가 저장된 주기억장치 주소를 기술한다.
- 간접 주소 지정 방식 : 다음 그림의 (b)와 같이 데이터의 주소가 저장된 주기억장치 주소를 기술한다.

직접 주소 지정 방식을 사용하는 명령어는 실행 사이클을 즉시 수행한다. 반면 간접 주소 지정 방식을 사용하는 명령어는 실행 사이클을 수행하기 전에 실제 데이터가 저장된 주기억장치의 주소인 유효 주소 effective address를 한 번 더 읽어온다.

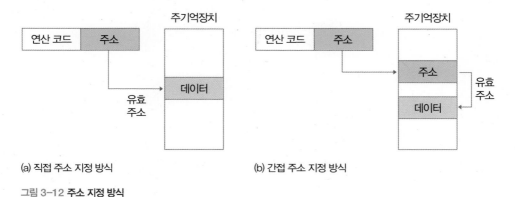

(a) 직접 주소 지정 방식   (b) 간접 주소 지정 방식

그림 3-12 **주소 지정 방식**

4.4 인터럽트 사이클

인터럽트interrupt란 중앙처리장치가 프로그램을 수행하는 과정에서 컴퓨터 시스템의 내부와 외부에서 발생하는 예기치 않은 사건을 말한다. 중앙처리장치는 다음과 같이 인터럽트에 대하여 적절한 조치를 취해 프로그램이 계속 수행될 수 있도록 한다.

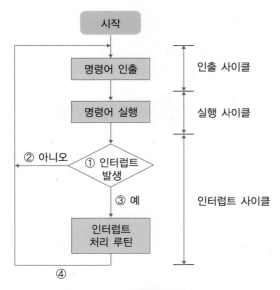

그림 3-13 **인터럽트 사이클이 포함된 명령어 사이클**

① 실행 사이클이 완료된 후 인터럽트 요구가 있는지 검사한다.

② 인터럽트 요구가 없으면 다음 명령어를 인출한다.

③ 인터럽트 요구가 있으면 현재 수행 중인 프로그램의 주소 값인 프로그램 카운터^{PC} 값을 특정 영역(스택이나 주기억장치의 0번지)에 저장한 후 프로그램 카운터^{PC}에는 인터럽트 처리 루틴의 시작 주소를 저장한다.

④ 인터럽트 처리가 완료되면 중단된 프로그램으로 복귀하여 수행을 계속한다.

03 기억장치

중앙처리장치가 어떤 작업을 처리하려면 데이터와 데이터를 처리할 프로그램이 필요하다. 기억장치는 데이터, 프로그램, 연산의 중간 결과 등을 일시적 또는 영구적으로 저장하는 장치이다.

1 기억장치의 계층 구조

기억장치는 접근 속도, 기억 용량, 용도 등에 따라 레지스터, 캐시 메모리, 주기억장치, 보조기억장치로 나뉜다.

- 레지스터 : 앞에서 설명한 것과 같이 중앙처리장치 내부에 존재한다. 접근 시간$^{access\ time}$이 중앙처리장치의 처리 속도와 비슷하다.
- 캐시 메모리 : 중앙처리장치가 주기억장치에 접근할 때 속도 차이를 줄이기 위해 사용된다. 실행 중인 프로그램의 명령어와 데이터를 저장한다. 기억 용량은 작지만 접근 시간이 주기억장치보다 5~10배 정도 빠르다.
- 주기억장치 : 중앙처리장치가 직접 데이터를 읽고 쓸 수 있는 장치이다. 레지스터나 캐시 메모리보다 기억 용량이 크다.
- 보조기억장치 : 주기억장치에 비해 접근 시간은 느리지만 기억 용량이 크다. 접근 시간은 주기억장치보다 약 1,000배 정도 느리다.

TIP▶ 접근 시간 : 데이터에 대한 요구가 발생한 시점부터 데이터의 전달이 완료된 시점까지의 시간을 나타낸다.

기억장치는 읽고 쓰는 속도에 비례하여 가격이 올라간다. 이러한 이유로 중앙처리장치에 직접 연결된 기억장치에는 기억 용량이 작고 속도가 빠른 장치를 사용하고, 보조기억장치에는 속도는 느리지만 가격이 저렴하고 기억 용량이 큰 것을 사용한다. 다음 그림은 기억장치의 계층 구조$^{memory\ hierarchy}$를 나타낸 것이다.

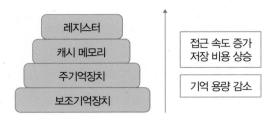

그림 3-14 **기억장치의 계층 구조**

계층 구조를 살펴보면 위로 올라갈수록 데이터를 읽고 쓰는 접근 속도가 빨라지지만 기억 용량이 줄어들고 비트당 저장 비용이 늘어난다. 따라서 기억장치의 구성 비용과 성능을 고려하여 중앙처리장치가 자주 사용하는 데이터를 상위 계층에 저장하는 것이 효율적이다.

다음 그림은 기억장치에서 데이터의 흐름을 나타낸 것이다. 중앙처리장치는 보조기억장치에 직접 접근할 수 없기 때문에 보조기억장치에 저장된 프로그램을 실행하려면 프로그램과 데이터를 주기억장치로 옮겨야 한다. 중앙처리장치가 주기억장치에서 프로그램과 데이터를 처음 가져올 때는 캐시 메모리로 가져온다. 그 이유는 중앙처리장치가 필요로 하는 프로그램과 데이터가 캐시 메모리에서 발견되면 즉시 가져올 수 있어 접근 시간을 크게 단축할 수 있기 때문이다.

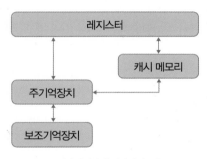

그림 3-15 **기억장치에서 데이터의 흐름**

예를 들어 리포트를 작성하기 위해 워드프로세서 프로그램을 실행하면 주기억장치는 보조기억장치에 저장된 워드프로세서 프로그램을 읽어 들인다. 사용자가 문서 작업을 시작하면 중앙처리장치는 필요한 프로그램과 데이터를 주기억장치에서 가져와 작업을 한다. 이때 자주 사용하는 프로그램과 데이터는 속도가 빠른 캐시 메모리로 가져온다. 그래야 다음에 접근할 때 속도를 단축시킬 수 있기 때문이다.

2 주기억장치

주기억장치는 컴퓨터가 동작하는 동안 프로그램, 데이터, 연산의 중간 결과 등을 저장한다. 중앙처리장치와 직접 데이터를 주고받을 수 있도록 내부 버스로 연결되어 있다. 일반적으로 말하는 기억장치는 주기억장치를 의미한다.

초기에는 주기억장치로 자기 코어$^{magnetic\ core}$가 널리 사용되었지만 요즘은 반도체 기억장치를 주로 사용한다. 가장 일반적인 반도체 기억장치로는 램$^{RAM,\ Random\ Access\ Memory}$과 롬$^{ROM,\ Read\ Only\ Memory}$이 있다.

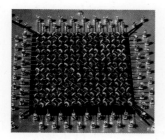

그림 3-16 **자기 코어**

2.1 램

램^{RAM}은 전원 공급이 중단되면 저장된 정보가 모두 지워지는 휘발성 메모리로 정보를 기록하고 해독하는 장치이다. 정보의 저장 위치에 관계없이 일정한 시간 내에 읽거나 쓸 수 있는 임의 접근$^{random\ access}$ 기억장치이다. 램은 제조 기술에 따라 DRAM$^{Dynamic\ RAM}$과 SRAM$^{Static\ RAM}$으로 구분된다.

■ DRAM

DRAM은 트랜지스터 내의 축전지^{capacitor}에 충전된 전하를 이용하여 정보를 저장한다. 축전지에 충전된 전하의 존재 유무를 0과 1로 구분하는데, 축전지의 전하는 시간이 지나면 방전되므로 주기적으로 충전^{refresh}해야 한다. DRAM은 가격이 저렴하고 전력 소모가 적으며 동작 속도가 빠르고 집적도가 높다. 따라서 대용량 메모리로 쓰기에 적합하여 주기억장치로 사용된다.

■ SRAM

SRAM은 플립플롭$^{flip-flop}$ 기억소자로 구성되며 전원이 공급되는 동안 정보가 계속 유지되므로 DRAM처럼 주기적으로 충전하지 않아도 된다. SRAM은 DRAM에 비해 회로가 복잡하고 전력 소모가 많으며 가격 또한 비싸지만 동작 속도가 빨라 캐시 메모리에 주로 사용된다.

TIP 플립플롭 : 1비트의 정보를 저장하는 전자회로로 0 또는 1의 출력 값을 가진다.

그림 3-17 **램**

2.2 롬

롬ROM은 저장된 프로그램과 데이터를 읽기만 하는 기억장치이다. 전원이 공급되지 않아도 저장된 정보를 영구적으로 보존할 수 있는 비휘발성 메모리이다. 시스템 동작 중 변하지 않는 프로그램이나 데이터를 저장하는 데 주로 사용된다. 또한 부팅을 할 때 시스템을 점검하고 주변장치를 초기화하는 데도 사용된다. 롬은 주로 입출력 시스템의 정보를 저장하는 바이오스BIOS, Basic Input Output System에 많이 사용된다.

> **TIP** 바이오스란 컴퓨터 전원을 켰을 때 맨 처음 컴퓨터의 제어를 맡아 가장 기본적인 기능을 처리하는 프로그램이다. 롬 바이오스(ROM BIOS)라고도 한다.

롬은 정보의 기록 횟수와 저장 방식에 따라 마스크 ROMMask ROM, PROMProgrammable ROM, EPROMErasable PROM, EEPROMElectrically Erasable PROM으로 나뉜다.

- **마스크 ROM** : 공장에서 롬을 제작할 때 미리 정보를 기록하여 생산한다. 저장된 정보를 변경할 수 없지만 대량 생산에는 적합하다.
- **PROM** : 제조 과정에서는 정보를 저장하지 않는다. 사용자가 PROM Writer라는 장치를 사용하여 원하는 정보를 한 번만 쓸 수 있다.
- **EPROM** : 사용자가 자외선을 이용하여 저장된 정보를 지우고 새로운 정보를 기록할 수 있다. PROM에 비해 가격은 비싸지만 저장된 정보를 여러 번 쓰고 지울 수 있다.
- **EEPROM** : 전기적인 펄스를 이용하여 저장된 정보를 지울 수 있다. EPROM처럼 여러 번 쓸 수 있고, 쓰기 전에 저장된 정보를 지울 필요가 없어 편리하다. 또한 EPROM과 달리 부분적으로 지울 수 있는 장점이 있다.

(a) 마스크 ROM   (b) PROM   (c) EPROM   (d) EEPROM

그림 3-18 **롬의 종류**

3 캐시 메모리

중앙처리장치는 주기억장치보다 속도가 빠르기 때문에 주기억장치로부터 프로그램이나 데이터를 가져오려면 많은 시간이 소요된다. 캐시 메모리는 중앙처리장치와 주기억장치 사이에 존재하면서 이러한 성능 저하를 막아준다.

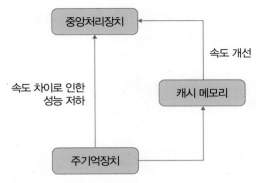

그림 3-19 캐시 메모리의 위치

캐시 메모리는 주기억장치의 내용 전체가 아니라 일부만 저장한다. 중앙처리장치는 주기억장치로부터 프로그램이나 데이터를 가져올 때 우선적으로 원하는 정보가 캐시 메모리에 존재하는지 검사한다. 원하는 정보가 캐시 메모리에 존재하면 바로 읽어오고, 존재하지 않으면 주기억장치에서 캐시 메모리로 저장한 후 읽어온다.

중앙처리장치가 필요로 하는 정보가 캐시 메모리에 존재하는 상황을 캐시 적중cache hit이라고 하고, 존재하지 않는 상황을 캐시 미스cache miss라고 한다. 원하는 정보가 캐시 메모리에 존재할 확률을 나타내는 캐시 적중률hit ratio은 다음과 같이 정의한다. 캐시 적중률이 높을수록 컴퓨터의 성능이 우수해진다.

캐시 적중률(H) = 캐시 적중 횟수 / 전체 기억장치 참조 횟수

캐시 메모리를 사용하면 기억장치의 평균 접근 시간이 상당히 개선된다. 캐시 메모리를 사용할 때 기억장치의 유효 접근 시간은 다음과 같다.

유효 접근 시간 = (H × 캐시 적중 시 기억장치 접근 시간)+((1−H) × 캐시 미스 시 기억장치 접근 시간)

예를 들어 캐시 메모리 접근 시간이 20ns, 주기억장치 접근 시간이 100ns, 캐시 적중률이 95%일 때 기억장치의 유효 접근 시간은 다음과 같다.

유효 접근 시간 = (0.95 × 20ns) + (0.05 × 120ns) = 25ns

캐시 적중일 때는 필요한 정보가 캐시 메모리에 존재하기 때문에 기억장치 접근 시간은 20ns이지만, 캐시 미스일 때는 캐시 메모리에 필요한 정보가 존재하지 않아서 주기억장치에서 해당 정보를 가져와야 하므로 기억장치 접근 시간은 120ns(=20+100)가 된다.

다음 그림과 같이 캐시 메모리는 주로 계층 구조로 사용된다. L1 캐시[Level1 cache]는 중앙처리장치 내부에 위치하여 내부 캐시라고도 한다. L2 캐시는 중앙처리장치 외부에 위치하여 외부 캐시라고도 한다. L1 캐시와 L2 캐시는 모두 명령어 처리에 필요한 데이터를 저장하여 명령어 처리 시간을 줄여주는데, L1 캐시가 L2 캐시보다 속도가 빠르며 중앙처리장치가 우선적으로 참조한다. 중앙처리장치가 L1 캐시에서 원하는 데이터를 찾지 못하면 L2 캐시를 참조한다.

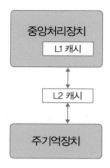

그림 3-20 캐시 메모리 계층화

4 보조기억장치

주기억장치는 가격이 비싸고 기억 용량이 제한되어 있으므로 접근 속도는 느리지만 가격이 저렴하고 많은 양의 정보를 저장할 수 있는 보조기억장치가 필요하다. 보조기억장치는 중앙처리장치와 직접 정보를 주고받을 수는 없지만 중앙처리장치가 처리할 프로그램이나 데이터를 영구적으로 저장할 수 있는 대용량의 저장장치이다.

보조기억장치는 저장된 정보의 접근 방식에 따라 순차 접근 기억장치[SASD, Sequential Access Storage Device]와 직접 접근 기억장치[DASD, Direct Access Storage Device]로 나뉜다.

- 순차 접근 기억장치 : 저장된 정보를 순차적으로 읽거나 쓴다. 원하는 정보를 찾을 때까지 앞에 위치한 모든 정보를 읽어야 하므로 접근 시간이 수초에서 수분에 달한다. 대표적인 순차 접근 기억장치에는 자기 테이프[magnetic tape]가 있다.
- 직접 접근 기억장치 : 정보의 저장 위치에 관계없이 임의의 주소에 직접 접근하여 정보를 읽고 쓸 수 있다. 접근 시간은 몇 천분의 1초 수준이지만 주기억장치의 접근 시간에 비하면 수백~수천 배 느리다. 대표적인 직접 접근 기억장치에는 자기디스크[magnetic disk], 광디스크[CD-ROM, DVD], 플래시메모리 등이 있다.

4.1 자기테이프

자기테이프는 자화 물질인 산화철이 코딩되어 있는 폴리에스테르 필름 표면에 자성을 띤 점의 형태로 0과 1의 정보를 저장하는 장치이다. 다음 그림과 같이 릴[reel]에 감아서 사용한다.

그림 3-21 **자기테이프 장치(왼쪽)와 자기테이프(오른쪽)**

자기테이프는 각 트랙track에 1비트를 기록하고, 1인치당 저장할 수 있는 바이트 수BPI, Byte Per Inch로 기록 밀도를 나타낸다. 읽기/쓰기 헤드read/write head는 데이터를 기록하고 읽을 수 있도록 각 트랙마다 하나씩 설치되어 있다. 다음 그림은 자기테이프의 트랙 구성과 데이터의 저장 형태를 보여준다.

그림 3-22 **자기테이프의 트랙 구성과 데이터의 저장 형태**

4.2 자기디스크

자기디스크는 다음 그림과 같이 자성체를 코팅한 원형의 플라스틱이나 금속판에 정보를 저장하는 기억 장치이다. 자기테이프와 달리 순차 접근과 직접 접근이 모두 가능하다. 종류에는 얇은 플라스틱판에 작은 용량의 정보를 저장하는 플로피디스크floppy disk와 금속판에 대용량의 정보를 저장하는 하드디스크hard disk가 있다. 최근에는 플로피디스크를 거의 사용하지 않는다.

그림 3-23 **플로피디스크(왼쪽)와 하드디스크(오른쪽)**

자기디스크의 구조는 다음 그림과 같다. 자기디스크에서 데이터가 저장되는 원형 금속판을 플래터^{platter}라고 하고, 플래터의 동심원을 트랙^{track}이라고 한다. 트랙을 동일한 크기로 나눈 것을 섹터^{sector}라고 하며, 회전축으로부터 동일한 거리에 있는 트랙의 모임을 실린더^{cylinder}라고 한다.

그림 3-24 **자기디스크의 구조**

자기디스크는 각 디스크 면마다 하나의 읽기/쓰기$^{read/write}$ 헤드를 가지고 있으며, 액세스암$^{access\ arm}$을 움직여 원하는 위치까지 찾아간다.

자기디스크에 저장된 데이터를 판독하거나 기록하려면 우선 데이터가 저장된 트랙까지 액세스암을 이동시켜야 한다. 이후 찾는 데이터의 저장 위치가 읽기/쓰기 헤드의 아래에 올 때까지 기다려야 한다. 이렇게 특정 데이터를 찾기 위해 액세스암이 트랙까지 이동하는 데 걸리는 시간을 탐색 시간$^{seek\ time}$이라고 한다. 회전하는 디스크에서 찾는 데이터의 저장 위치가 헤드까지 오는 데 걸리는 시간을 회전 지연 시간$^{rotational\ delay\ time}$이라고 한다. 찾은 데이터를 주기억장치에 전송하는 데 걸리는 시간을 데이터 전송 시간$^{data\ transfer\ time}$이라고 한다. 즉 디스크 접근 시간$^{access\ time}$은 탐색 시간, 회전 지연 시간, 데이터 전송 시간의 합이다.

4.3 광디스크

광디스크$^{optical\ disk}$는 레이저광선을 이용하여 원반 표면에 문서, 음성, 그림 등의 정보를 디지털 부호로 바꿔 기록하고 재생하는 기억장치이다. 레이저 기술의 발달과 함께 1980년대 초에 실용화되었다. 광디스크는 정보를 신속하게 읽을 수 있으며 대량의 정보를 저장하여 영구적으로 보존할 수 있다. 종류로는 CD$^{Compact\ Disk}$, DVD$^{Digital\ Video\ Disk,\ Digital\ Versatile\ Disk}$, LD$^{Laser\ Disk}$ 등이 있다. 최근에는 차세대 규격으로 블루레이 디스크$^{BD,\ Blu-ray\ Disc}$가 주목받고 있다. 블루레이 디스크는 적색 레이저를 사용하는 CD나 DVD와 달리 청색 레이저를 사용한다. 기존 광디스크 저장 매체보다 대용량의 데이터를 저장할 수 있어 디지털 방송에 적합하다.

TIP LD : 레이저광선을 이용해 영상을 저장하며 레이저 비디오 디스크(laser video disc)라고도 부른다.

(a) CD-RW   (b) DVD-RW   (c) 블루레이 디스크

그림 3-25 **광디스크 종류**

광디스크의 정보 기록 및 재생 방법은 다음과 같다. 우선 유리나 플라스틱 원반에 얇은 금속 막을 씌우고 디스크 표면에 레이저광선을 쏘아 태운 부분과 그렇지 않은 부분으로 나누어 정보를 기록한다. 기록된 정보는 레이저광선을 디스크 표면에 쏘아 반사시킨 뒤 반사된 빛을 광다이오드로 받아 읽는다.

광디스크는 데이터의 기록 가능 여부에 따라 판독형 디스크[readable disk], 판독/기록형 디스크[WORM, Write Once Read Many], 재기록형 디스크[rewritable disk]로 나뉜다. 판독형 디스크는 기록된 데이터를 읽을 수만 있는 디스크로 CD-ROM, BD-ROM 등이 속한다. 판독/기록형 디스크는 데이터를 한 번만 기록할 수 있고 기록한 후에는 읽을 수만 있다. CD-R, DVD-R, BD-R 등이 판독/기록형 디스크에 속한다. 재기록형 디스크는 기록한 데이터를 여러 번 지우고 기록할 수 있는 디스크로 MD, CD-RW, DVD-RW, BD-RE 등이 속한다.

4.4 플래시메모리

플래시메모리[flash memory]는 전력 소비가 적고 전원이 공급되지 않아도 저장된 정보가 보존되는 비휘발성 메모리이다. 전기적인 처리로 저장된 정보를 지우는 건 EEPROM과 비슷하지만 한 번에 1바이트씩 내용을 지우는 EEPROM과 달리 블록 단위로 내용을 지운다. 정보의 입출력이 자유로워 다음 그림과 같이 USB 메모리[USB flash drive], 메모리 카드, 디지털카메라, 디지털 캠코더, PDA, MP3 플레이어 등에 폭넓게 사용된다. 플래시메모리는 저장 용량이 큰 데이터 저장형[NAND]과 처리 속도가 빠른 코드 저장용[NOR]으로 구분된다.

그림 3-26 **플래시메모리의 용도**

04 입출력장치

입력장치는 문자, 그림, 소리 등의 자료를 컴퓨터 내부로 입력하는 장치이다. 출력장치는 컴퓨터 내부에서 처리한 정보를 인간이 인지할 수 있는 다양한 형태로 변환하여 외부로 표현하는 장치이다. 이러한 입출력장치를 통틀어 주변장치^{peripheral device}라고도 한다.

입출력장치는 중앙처리장치보다 느리기 때문에 프로그램의 실행 속도는 중앙처리장치보다 입출력장치의 성능에 더 많은 영향을 받는다. 따라서 입출력장치는 중앙처리장치 및 주기억장치와 더불어 컴퓨터 시스템의 중요한 구성 요소이다.

1 입력장치

입력장치는 문자, 그림, 소리 등의 자료를 0과 1의 2진수 형태로 변환시켜 컴퓨터 내부로 보내는 역할을 한다. 대표적인 입력장치에는 키보드, 마우스, 조이스틱, 터치스크린, 스캐너 등이 있다.

1.1 키보드

키보드^{keyboard}는 문자, 숫자, 명령어 등을 입력할 수 있는 대표적인 입력장치이다. 전류를 흐르게 하여 키의 눌림 상태를 파악하고, 파악한 키의 위치를 바이오스^{BIOS}를 통해 문자 코드나 제어 코드로 변환한 후 시스템에 전달하여 처리한다. 다음 그림은 다양한 종류의 키보드이다.

(a) 미니 블루투스 키보드　　(b) 엑스박스 360 키보드　　(c) 두 부분으로 나뉜 키보드

그림 3-27 **다양한 종류의 키보드**

TIP 엑스박스 360(xbox 360) : 마이크로소프트가 개발한 가정용 게임기의 두 번째 출시 기종이다. 2013년에는 세 번째 기종인 엑스박스 원 (xbox one)이 출시되었다.

키보드는 자판의 배열 방식에 따라 한글 2벌식과 한글 3벌식, 영문 퀴티^{QWERTY}와 영문 드보락으로 나뉜다. 한글 2벌식은 KSC 5715로 정해진 정보 처리용 표준 자판이다. 한글 3벌식은 공병우 자판이라고도

하며, 한글 2벌식에 비해 자판을 익히는 데 시간이 오래 걸리지만 입력 속도는 빠르다. 영문 쿼티는 미국의 표준 자판으로 자판의 왼쪽부터 Q, W, E, R, T, Y 순으로 배열되어 붙여진 이름이다. 영문 드보락은 미국표준협회ANSI가 제2표준으로 채택한 자판으로 입력 속도를 향상시키기 위해 자주 사용하는 키를 키보드의 중앙에 배열한 것이 특징이다.

(a) 한글 2벌식

(b) 한글 3벌식

그림 3-28 **한글 자판의 종류** [01]

한편, 실제 키보드는 아니지만 빛으로 쏜 패턴을 키로 사용하거나, 화면에 만들어 놓은 키보드를 스타일러스 펜이나 마우스를 이용하여 사용하는 가상 키보드virtual keyboard도 있다. 가상 키보드는 보통 PDA나 스마트폰 등의 휴대 단말기나 웨어러블 컴퓨터wearable computer에 정보를 입력할 때 많이 사용한다. 또한 신체적 제약으로 일반 키보드를 사용하지 못하는 지체 장애인에게도 유용하다.

(a) 가상 키보드 VKEY

(b) 안드로이드 가상 키보드

(c) 아이패드 가상 키보드

그림 3-29 **다양한 종류의 가상 키보드**

TIP▶ 웨어러블 컴퓨터 : 옷을 입듯이 몸에 착용할 수 있는 특수 컴퓨터를 의미한다.

1.2 마우스

마우스는 키보드와 함께 대표적인 입력장치로 모양이 쥐mouse와 비슷해서 이름이 마우스로 붙여졌다. 화면 위의 특정 위치를 지정하거나 선택할 때 쓰인다. 1963년에 미국의 더글라스 엥겔바트Douglas Engelbart가 처음 개발했으며, 애플의 매킨토시 컴퓨터를 통해 널리 보급되었다.

마우스는 볼의 움직임으로 방향과 거리를 인식하는 기계식 마우스(볼 마우스), 광학 센서를 이용하는 광학식 마우스(광 마우스), 선을 없앤 무선 마우스로 발전해 왔다.

다음 그림은 다양한 종류의 마우스이다. (a)는 무선 공중 마우스로 기존 마우스처럼 책상 위에서 사용할 수도 있지만 공중에서도 조작할 수 있다. 동작 인식 기술이 적용되어 홈시어터 시스템을 조작하거나 프레젠테이션을 할 때 사용할 수 있다. (b)는 사이버 스포츠cyber sport에서 출시한 오르비타 마우스orbita mouse이다. 빙글빙글 회전하는 기능을 갖고 있어 어떤 각도에서도 사용할 수 있다. AVAudio/Video 기기의 조그 다이얼jog dial처럼 손가락을 이용하여 마우스를 회전시키기 때문에 기존 마우스처럼 화면을 옮길 때 스크롤 휠을 반복적으로 돌리지 않아도 된다.

TIP 조그 다이얼 : 손가락을 넣을 수 있는 홈이 있는 대형 회전 다이얼을 말한다.

(c)는 애플사에서 출시한 매직 마우스magic mouse이다. 마우스 상단 표면이 하나로 이어져 있으며 기존 마우스와 달리 버튼이 없는 것이 특징이다. 매직 마우스는 멀티터치 마우스로 상단 표면이 멀티터치 영역이며 상하좌우 모든 방향으로 스크롤할 수 있다.

(a) 무선 공중 마우스

(b) 오르비타 마우스

(c) 매직 마우스

그림 3-30 **다양한 종류의 마우스**

1.3 조이스틱

조이스틱joystick은 막대 모양의 손잡이를 움직여 커서나 화면 위의 캐릭터를 옮길 수 있는 입력장치이다. 주로 비디오 게임, 컴퓨터 그래픽, CAD/CAMComputer-Aided Design and Manufacturing을 할 때 사용되며, 차량, 항공기, 선박, 기능성 휠체어와 같은 곳에도 사용된다.

(a) 플레이스테이션용　　　　(b) 슈팅 게임용　　　　(c) 비행 시뮬레이션용

그림 3-31 **다양한 종류의 조이스틱**

1.4 터치스크린

터치스크린touch screen은 화면의 한 점을 손가락이나 스타일러스 펜 등으로 누르면 그 접촉점의 좌표 값을 컴퓨터에 전달하는 위치 감지기가 내장된 화면이다. 사람이 컴퓨터와 상호작용하는 가장 단순하고 직접적인 방식이므로 편리하게 사용할 수 있고, 그만큼 사용자의 입력 오류를 줄일 수 있다. 은행, 지하철, 백화점 등의 공공장소에 놓인 안내용 기기에 많이 사용된다. 최근에는 태블릿 PCtablet PC나 스마트폰 등에도 널리 활용된다.

(a) 광고용 터치스크린　　　　(b) 터치스크린 ATM　　　　(c) 태블릿 PC

그림 3-32 **터치스크린 활용**

1.5 스캐너

스캐너scanner는 화상 정보를 광학적으로 인식하여 컴퓨터에 입력하는 장치이다. 컬러 필름, 원색 사진, 그림 등을 고해상도로 입력할 수 있어 영상 처리나 전자출판 등에 많이 사용된다. 스캐너는 복사기의 원리를 이용하여 유리판 위에 문서를 놓고 스캔하는 평판 스캐너와 마우스처럼 손잡이를 잡고 움직여서 그림이나 사진과 문서 등을 스캔하는 핸드 스캐너 등이 있다. 대형 슈퍼마켓이나 편의점에서 사용하는 바코드 스캐너도 핸드 스캐너의 일종이다.

(a) 평판 스캐너   (b) 핸드 스캐너

그림 3-33 **다양한 종류의 스캐너**

2 출력장치

출력장치는 컴퓨터 내부의 정보 처리 결과를 인간이 인지할 수 있는 형태로 변환하여 외부로 표현하는 장치이다. 대표적인 출력장치로는 모니터, 프린터, 플로터 등이 있다. 최근에는 햅틱 인터페이스가 등장하여 활용 범위를 넓혀가고 있다.

2.1 모니터

모니터^{monitor}는 컴퓨터에서 처리한 정보를 화면으로 출력해주는 장치이다. 과거에는 음극선관^{CRT, Cathode Ray Tube} 모니터가 주로 쓰였지만 최근에는 액정 디스플레이^{LCD, Liquid Crystal Display} 모니터와 플라스마 디스플레이 패널^{PDP, Plasma Display Panel}이 주로 쓰인다. 또한 차세대 디스플레이 기술인 OLED^{Organic Light Emitting Diodes}를 이용한 다양한 플렉서블 디스플레이^{flexible display}도 등장하고 있다.

TIP 플렉서블 디스플레이 : 휠 수 있는 디스플레이 장치이다. 얇고 가볍지만 충격에 강하다. 휘거나 굽힐 수 있어 다양한 형태로 제작할 수 있다.

■ CRT 모니터

CRT 모니터는 다음 그림과 같이 전자총에서 나온 전자가 음극선관(또는 브라운관) 유리의 형광물질을 자극하여 화면을 만들어낸다. 풍부한 색감과 넓은 시야각을 제공하며 제조 공정과 구동 방식이 간단하여 가격이 저렴하다. 그러나 전자빔 편향을 이용하므로 화상 왜곡 방지와 초점 향상을 위해 어느 정도 두꺼워야 하고, 무겁기 때문에 대형화하기가 어렵다.

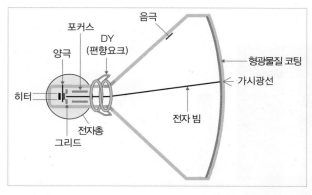

(a) CRT 모니터의 원리

(b) 측면에서 본 CRT 모니터

그림 3-34 **CRT 모니터**

■ **LCD 모니터**

LCD 모니터는 두 장의 얇은 유리판 사이에 액정을 담고 전압을 가하면 분자의 배열이 변하는 성질을 이용한 것이다. 다른 디스플레이 장치에 비해 두께가 얇고 전력 소비가 적어 노트북 컴퓨터 등에 널리 이용되지만 응답 속도가 느리다.

(a) LG전자의 LCD 모니터 (b) NEC의 울트라 와이드 모니터

그림 3-35 **LCD 모니터**

■ **PDP**

PDP는 두 장의 얇은 유리판 사이에 가스를 넣고 양전극과 음전극 사이에서 일어나는 가스 방전(플라스마) 현상을 이용하여 색을 재현한 모니터이다. 두께를 10센티미터 이내로 줄일 수 있어 대형 TV용으로 적합하다. CRT 모니터나 프로젝션 TV에 비해 시야각이 넓어 어느 위치에서 보더라도 화상의 밝기나 선명도가 떨어지지 않는다. 그러나 플라스마 방전을 이용하기 때문에 전력 소비량이 많으며 열이 많이 발생한다. 다음 그림은 크기가 150인치에 달하는 PDP의 모습이다.

그림 3-36 **파나소닉의 150인치 PDP TV** [02]

■ **OLED**

OLED는 전류가 흐르면 빛을 내는 현상을 이용하는 자체 발광형 유기물질이다. 낮은 전압에서 구동이 가능하며 얇은 박형으로 만들 수 있다. 차세대 디스플레이 기술로 유기발광다이오드 또는 유기EL이라고도 부른다. 시야각이 넓어 바로 옆에서 보아도 화질이 떨어지지 않으며 응답 속도가 빨라 화면에 잔상이 남지 않는다. 휴대폰, 카오디오car audio, 디지털카메라와 같은 소형 기기의 디스플레이에 주로 사용된다. 최근 휴대용 전자기기의 보급이 확대되면서 접거나 말아서 다니다가 필요할 때 펼쳐보는 플렉서블 디스플레이에 대한 필요성이 높아지고 있는데, OLED의 기판 재질로 필름을 사용하면 그림과 같은 다양한 플렉서블 디스플레이를 만들 수 있다.

(a) 소니의 2.5인치 디스플레이   (b) 삼성의 4.3인치 디스플레이   (c) 필립스의 GoGear Spark PMP

그림 3-37 **OLED를 사용한 플렉서블 디스플레이**

2.2 프린터

프린터printer는 컴퓨터에서 처리한 정보를 인쇄물로 출력해주는 장치이다. 인쇄 방식에 따라 물리적 충격을 이용하는 충격식과 열이나 레이저광선을 이용하는 비충격식으로 분류된다. 최근에는 3차원 프린터라는 새로운 형태도 등장했다.

■ **충격식 프린터**

충격식 프린터는 인쇄 헤드에 부착된 금속 핀에 전기 신호를 전달하면 해당 핀이 옮겨져 잉크 리본을 충격하여 인쇄하는 방식이다. 도트 매트릭스 프린터$^{dot\ matrix\ printer}$가 충격식 프린터에 속한다. 인쇄할 문자를 점으로 나타내는 방식을 쓰기 때문에 줄여서 도트 프린터라고도 한다. 가격이 저렴하지만 소음이 심하고 출력 속도가 느리다. 용지 뒷면까지 글씨가 새겨지므로 영수증이나 신용카드 전표와 같이 복사본을 작성해야 하는 경우에 많이 사용된다.

(a) 도트 매트릭스 프린터   (b) 신용카드 영수증 발급기

그림 3-38 **충격식 프린터의 활용**

■ **비충격식 프린터**

비충격식 프린터는 충격식에 비해 소음이 적고 인쇄 속도가 빠르며 인쇄 품질이 높다. 대표적인 비충격식 프린터에는 잉크젯 프린터$^{ink\ jet\ printer}$와 레이저 프린터$^{laser\ printer}$가 있다. 잉크젯 프린터는 가는 노즐에서 잉크를 분사하여 인쇄한다. 초기에는 흑백 잉크젯 프린터가 사용되었지만 현재는 컬러 잉크젯 프린터를 주로 사용한다. 소음이 거의 없고 선명하게 인쇄되어 품질이 우수하지만, 잉크를 사용하므로 물에 쉽게 번지며 오랫동안 사용하지 않으면 잉크 노즐이 막힐 수 있다.

레이저 프린터는 복사기처럼 정전기 현상을 이용하여 인쇄한다. 인쇄 방법은 레이저광선을 이용하여 드럼에 문자나 그림의 영상을 맺히게 한 후 토너라는 카본 가루를 상이 맺힌 곳에만 달라붙게 만든다. 종이에 인쇄한 다음 뜨거운 롤러를 통과시켜 가루가 용지에서 떨어지지 않게 압착시켜 마무리한다. 레이저 프린터는 인쇄 속도가 빠르고 인쇄 품질이 우수하다.

(a) 잉크젯 프린터   (b) 레이저 프린터

그림 3-39 **비충격식 프린터의 종류**

■ **3차원 프린터**

1980년대 초반에 미국의 3D시스템즈$^{3D\ Systems}$는 플라스틱 액체를 굳혀 물건을 만드는 프린터를 세계 최초로 개발하였다. 3차원 프린터는 CAD 등으로 빌딩, 지형, 선박, 비행기 등을 모델링^{modeling}한 3차원

설계도를 바탕으로 실물의 입체 모형을 만들 수 있다. 초기에는 소재가 플라스틱에 한정되었지만 최근에는 고무, 금속, 세라믹 등으로 늘어나고 있다. 산업용 샘플을 찍어내는 데 불과했던 출력 부품도 시계, 신발, 휴대전화 케이스, 자동차, 전투기 부품으로까지 넓혀지고 있다. 3차원 프린터는 공장이 없어도 제품을 만들 수 있는 21세기 첨단 기술의 총아로 손꼽힌다.

TIP▶ 모델링(modeling) : 3차원 CAD에서 제품 등의 입체 형상을 컴퓨터 내부의 가상공간에 만들어내는 것을 말한다.

(a) 3차원 프린터

(b) 3차원 프린터로 만든 맞춤형 신발

그림 3-40 **3차원 프린터와 활용 예 [03]**

2.3 플로터

플로터plotter는 종이나 필름 등에 그래프나 설계 도면을 출력하는 대형 출력장치이다. 주로 대형 인쇄물을 출력할 때 쓰이며 대개 A0(840×1189mm) 크기까지 출력할 수 있다.

(a) 캐논의 iPF655 플로터

(b) HP의 디자인 젯 Z6200 플로터

그림 3-41 **다양한 플로터 제품**

2.4 햅틱 인터페이스

햅틱haptic은 원래 손으로 느끼는 모든 지각을 의미하지만 최근에는 촉각과 관련된 모든 감각을 합쳐 부르는 용어로 사용된다. 햅틱 인터페이스haptic interface는 사용자의 입력에 시스템이 반응하여 피드백을 주는 기술로 압력 센서, 진동 모터, 유압 장치 등을 활용하여 사물의 촉감을 감지하고 재현한다. 대표적인 활용 분야는 다음과 같다.

TIP▶ 진동 모터 : 전기적 에너지를 기계적 진동으로 변환하는 부품으로 기기 케이스에 진동 모터를 장착하여 진동을 느끼게 한다.

■ 의료 분야

의료 분야에서는 영상 장치와 햅틱 인터페이스를 함께 사용하여 시뮬레이션 시스템으로 이용한다. 햅틱 인터페이스를 활용하면 시술 당시의 촉감을 표현할 수 있기 때문에 실습 효과가 높다. 조만간 영상 장치와 햅틱 인터페이스를 연동하여 원격지에서 환자를 만지면서 진료나 수술을 할 수도 있을 것이다.

■ 게임

햅틱 인터페이스는 플레이스테이션이나 엑스박스Xbox와 같은 레이싱 게임에서 노면의 진동을 느끼게 한다. 슈팅 게임에서는 총기 발사 반동을 느끼게 하여 박진감 넘치는 게임 환경을 제공한다. 최근에는 휴대폰에도 햅틱 인터페이스가 적용되어 그래픽 물체의 움직임을 촉각으로 느끼게 하는 모바일 게임이나 진동으로 발신자를 파악하는 진동 벨 서비스를 쉽게 찾아볼 수 있다.

■ 자동차

자동차에 적용된 햅틱 인터페이스는 안전성과 편리성을 높여준다. 일본의 알프스 전기가 개발한 햅틱 커맨더haptic commander는 언덕을 올라갈 때 페달에 저항감을 주어 오르막을 느끼게 하고 운전대의 진동을 통해 노면의 거친 느낌을 표현한다. BMW 자동차의 텔레매틱스 단말인 아이드라이브iDrive 시스템에서는 조작할 때 촉각적인 피드백을 주어 운전자가 눈으로 보지 않고도 직관적인 조작을 할 수 있도록 돕는다.

(a) 햅틱 의료 시뮬레이션   (b) 햅틱 게임 컨트롤러   (c) 햅틱 스티어링 휠 스위치

그림 3-42 **햅틱 인터페이스의 활용**

1 하드웨어의 구성

- **중앙처리장치** : 주기억장치로부터 프로그램 명령어와 데이터를 읽어와 처리하고 명령어의 수행 순서를 제어한다.
- **기억장치** : 프로그램, 데이터, 연산의 중간 결과 등을 저장한다.
- **입출력장치** : 문자, 숫자, 소리, 그림 등의 자료를 컴퓨터 내부로 입력하거나 컴퓨터 내부에서 처리한 결과를 인간이 인지할 수 있는 형태로 변환하여 컴퓨터 외부로 출력한다.

2 시스템 버스

하드웨어 구성 요소를 물리적으로 연결하여 구성 요소 사이의 데이터 이동 통로를 제공한다. 용도에 따라 주소 버스, 데이터 버스, 제어 버스로 구분된다.

3 중앙처리장치

주기억장치로부터 프로그램 명령어와 데이터를 읽어와 처리하고 명령어의 수행 순서를 제어한다. 연산장치, 제어장치, 레지스터로 구성된다.

4 명령어 세트와 명령어 사이클

- **명령어 세트** : 명령어는 실행할 연산을 나타내는 연산 코드와 연산에 필요한 데이터나 데이터의 저장 위치를 나타내는 피연산자로 구성된다. 이러한 명령어의 집합을 명령어 세트라고 한다.
- **명령어 사이클** : 중앙처리장치가 주기억장치로부터 하나의 명령어를 인출하여 실행하는 데 필요한 일련의 활동을 말한다. 인출, 실행, 간접, 인터럽트 사이클로 세분화할 수 있다. 인출 사이클과 실행 사이클은 항상 수행되고, 간접 사이클과 인터럽트 사이클은 필요할 때만 수행된다.

5 기억장치의 계층 구조

기억장치는 접근 속도, 기억 용량, 용도 등에 따라 레지스터, 캐시 메모리, 주기억장치, 보조기억장치로 구분한다.

6 기억장치의 종류

- 주기억장치 : 프로그램, 데이터, 연산의 중간 결과 등을 저장하며 중앙처리장치와 직접 데이터를 주고받는다. 종류에는 램^{RAM}과 롬^{ROM}이 있다.
- 캐시 메모리 : 주기억장치의 내용 일부를 저장하여 중앙처리장치에서 주기억장치로의 긴 접근 시간으로 인한 성능 저하를 방지한다.
- 보조기억장치 : 프로그램과 데이터를 영구적으로 저장한다. 다른 기억장치에 비해 대용량이며, 데이터 접근 방식에 따라 순차 접근 기억장치와 직접 접근 기억장치로 구분한다.

7 입력장치

문자, 그림, 소리 등의 자료를 컴퓨터 내부로 입력하는 장치이다. 대표적인 입력장치로 키보드, 마우스, 조이스틱, 터치스크린, 스캐너 등이 있다.

8 출력장치

컴퓨터 내부의 정보 처리 결과를 인간이 인지할 수 있는 형태로 변환하여 외부로 출력하는 장치이다. 대표적인 출력장치로 모니터, 프린터, 플로터 등이 있다. 최근에는 햅틱 인터페이스 기술이 각광받고 있다.

연습문제

정오형 문제

1 시스템 소프트웨어는 컴퓨터 시스템의 효율적인 운영과 제어를 담당한다. 　참　거짓

2 중앙처리장치는 산술논리연산장치, 기억장치, 레지스터로 구성된다. 　참　거짓

3 PC는 현재 실행 중인 명령어를 저장하는 특수 목적 레지스터이다. 　참　거짓

4 터치스크린은 화상 정보를 광학적으로 인식하여 컴퓨터에 입력하는 장치이다. 　참　거짓

5 햅틱 인터페이스는 사물의 촉감을 감지하고 재현하는 기술이다. 　참　거짓

단답형/선택형 문제

1 다음 중 시스템 버스에 대한 설명으로 틀린 것은?

　① 하드웨어 구성 요소를 물리적으로 연결하며 구성 요소 사이의 데이터 통로를 제공한다.

　② 주소 버스는 중앙처리장치가 주기억장치나 입출력장치에 데이터를 읽거나 쓰기 위해 필요한 주소를 전달하는 통로이다.

　③ 제어 버스는 주소 버스와 데이터 버스의 동작을 제어하기 위한 신호의 전달 통로이다.

　④ 데이터 버스는 중앙처리장치와 기타 모듈(기억장치, 입출력장치 등) 사이의 데이터를 전달하는 통로로 단방향 버스이다.

2 연산 결과를 임시로 저장하는 용도로 쓰이는 레지스터는?

　① 메모리 주소 레지스터　　　② 명령어 레지스터

　③ 메모리 버퍼 레지스터　　　④ 누산기

3 명령어 사이클 중 인출한 명령어를 해독하고 그 결과에 따라 제어 신호를 발생시켜 명령어를 실행하는 사이클은?

　① 인출 사이클　　　　　　② 실행 사이클

　③ 간접 사이클　　　　　　④ 인터럽트 사이클

4 연산 과정에서 주기억장치에서 읽은 데이터와 누산기의 데이터가 사용되며 연산 결과도 누산기에 저장되는 명령어 형식은?

① 0-주소 명령어   ② 1-주소 명령어

③ 2-주소 명령어   ④ 3-주소 명령어

5 다음 중 롬에 대한 설명으로 틀린 것은?

① 마스크 ROM은 제작 과정에서 미리 정보를 기록해 생산하므로 저장된 정보를 변경할 수 없다.

② PROM은 사용자가 원하면 저장된 내용을 지우고 한 번만 쓸 수 있다.

③ EPROM은 자외선을 이용하여 저장된 내용을 지우고 새로 기록할 수 있다.

④ EEPROM은 전기적인 펄스를 이용하여 저장된 내용을 지우고 새로 기록할 수 있다.

6 중앙처리장치가 필요로 하는 데이터가 캐시 메모리에 존재하는 상황은 (   )(이)라고 하며, 존재하지 않는 상황을 (   )(이)라고 한다.

7 자기디스크에 대한 설명으로 틀린 것은?

① 순차 접근과 직접 접근이 모두 가능하다.

② 회전축으로부터 동일한 거리에 있는 트랙의 모임을 플래터라고 한다.

③ 액세스암이 지정된 트랙까지 이동하는 데 걸리는 시간을 탐색 시간이라고 한다.

④ 원하는 데이터의 저장 위치가 헤드까지 오는 데 걸리는 시간을 회전 지연 시간이라고 한다.

8 플래시메모리에 대한 설명으로 틀린 것은?

① 전력 소비는 크지만 정보를 블록 단위로 지운다.

② 전원이 공급되지 않아도 저장된 정보가 보존되는 비휘발성 메모리이다.

③ 전기적인 처리로 저장된 정보를 지울 수 있다는 점은 EEPROM과 유사하다.

④ 저장 용량이 큰 데이터 저장형(NAND)과 처리 속도가 빠른 코드 저장용(NOR)로 구분된다.

9 (   )은(는) 화면의 특정 위치를 지정하거나 선택하기 위해 사용하는 입력장치이다.

10 다음 중 차세대 디스플레이 기술인 OLED에 대한 설명으로 틀린 것은?

① 전류가 흐르면 빛을 내는 현상을 이용하는 자체 발광형 유기물질이다.

② 낮은 전압에서 구동이 가능하며 얇은 박형으로 만들 수 있다.

③ 플라스마 방전을 이용하기 때문에 전력 소비량이 많으며 열이 많이 발생한다.

④ 휴대폰이나 디지털카메라와 같은 소형 기기의 디스플레이로 주로 사용된다.

주관식 문제 --

1 하드웨어의 구성 요소를 나열하고 구성 요소 사이의 데이터 흐름과 제어 신호의 흐름을 설명하시오.

2 주소 버스의 폭이 16비트일 때 지정할 수 있는 기억 장소의 최대 개수를 구하시오.

3 레지스터는 용도에 따라 범용 레지스터와 특수 목적 레지스터로 구분된다. 대표적인 특수 목적 레지스터의 명칭을 나열하고 기능을 설명하시오.

4 기억장치의 계층 구조에 대해 설명하시오.

5 수식 X=(A+B)*C를 네 가지 주소 명령어 형식을 이용하여 기술하시오.

CHAPTER

04

IT COOKBOOK

프로그래밍 언어

인간과 컴퓨터의 대화_진화하는 소통, 진화하는 컴퓨터

학습목표

- 프로그래밍 언어의 기본 개념과 특징을 알아본다.
- 프로그래밍 언어의 발전 과정과 기술 동향을 알아본다.
- 프로그래밍 언어의 종류와 구현 원리를 알아본다.
- 프로그래밍 언어의 실행 과정을 알아본다.
- 절차 지향 언어와 객체 지향 언어의 특성과 사용 절차를 알아본다.
- 교육용 프로그래밍 언어의 특성과 사용 절차를 알아본다.

컴퓨터는 주어진 명령을 그대로 따르기만 하는 기계이므로 일을 시키려면 명령을 내려야 한다.

명령은 컴퓨터가 바르게 이해할 수 있도록 내리는 게 중요하다.

컴퓨터가 명령을 제대로 이해하지 못하면 일을 멈추거나 다르게 해석하여

엉뚱하게 처리할 수 있기 때문이다.

프로그래밍 언어는 컴퓨터가 명령을 바르게 이해하고 처리할 수 있도록 만든 일종의 명령 체계이다.

이 장에서는 프로그래밍 언어의 기본 개념과 특성을 알아보고,

가장 많이 사용되는 프로그래밍 언어를 실습해본다.

프로그래밍 언어의 개요

1 프로그래밍 언어의 개념

컴퓨터를 움직이게 하려면 명령을 내려야 한다. 프로그래밍 언어는 인간이 컴퓨터와 의사소통할 수 있도록 컴퓨터에 내리는 명령으로 프로그램을 처리하도록 기술한 언어를 말한다.

프로그램은 인스트럭션instruction이라는 명령어로 쓰여 있고, 컴퓨터는 인스트럭션을 논리적 순서(문제를 푸는 방법)에 따라 수행한다. 하지만 2장에서 살펴본 것처럼 컴퓨터는 0이나 1로 된 2진수 형태의 기계어만 처리할 수 있으므로 인스트럭션 역시 기계어로 쓰여 있어 인간이 이해하기 힘들다. 이 문제를 해결하기 위해 인간도 쓰기 쉽고 컴퓨터도 기계어로 해석할 수 있는 프로그래밍 언어programming language를 개발하여 사용하게 되었다.

2 저급 언어와 고급 언어

프로그래밍 언어는 기계어와 유사한 저급 언어와 인간이 쓰는 자연 언어와 유사한 고급 언어로 나뉜다. 저급 언어와 고급 언어의 특징과 발전 과정에 대해 살펴보자.

2.1 저급 언어

저급 언어란 컴퓨터 내부 표현에 가까운 언어로 기계어와 어셈블리어로 나눌 수 있다. 기계어는 0과 1로 작성하고, 어셈블리어는 기계어를 인간이 이해하기 쉽도록 기호로 표현하여 작성한다.

■ 기계어

기계어machine language는 0과 1로 된 2진수 형태의 언어이다. 인간이 이해하기 어려울 뿐만 아니라 하드웨어 주소 체계에 따라 배열이 달라져 컴퓨터끼리 호환되지 않는 문제가 있어 지금은 거의 사용되지 않는다.

■ 어셈블리어

어셈블리어assembly language는 기계어 명령을 알기 쉬운 기호로 표시하기 때문에 기계어는 물론 사용하고자 하는 컴퓨터 내부 구성과도 관계가 깊다. 예를 들어 LDA A라는 어셈블리어 코드는 메모리 A번지에 있는 내용을 누산기accumulator에 저장하라는 의미로, 기계어 010100000000100에 해당한다. 다음은 $A \vee B$ 수식을 $(A' \wedge B')'$ 형태로 치환해 계산한 어셈블리어의 예이다.

```
LDA A       // A번지에 있는 데이터 값을 로드한다.
CMA         // 위의 값을 보수(A')로 바꾼다.
STA TMP     // 위의 값을 임시 저장소에 저장한다.
LDA B       // B번지에 있는 데이터 값을 로드한다.
CMA         // 위의 값을 보수(B')로 바꾼다.
AND TMP     // AND(A'∧B') 계산을 수행한다.
CMA         // 계산 결과를 보수화하여 (A∨B) 결과 값을 얻는다.
```

어셈블리어는 기계어에 비해 간편하게 쓸 수 있지만 기계어인 0과 1의 집합을 문자나 기호로 바꾼 것에 불과하므로 하드웨어 구조에 익숙한 사람이 아니면 쓰기 어렵다. 그럼에도 불구하고 주기억장치, 레지스터, 마이크로프로세서, 입출력 포트 같은 컴퓨터의 하드웨어 장치를 직접 제어할 때는 매우 유용하다. 지금도 여러 분야에서 어셈블리어가 활용되고 있다.

2.2 고급 언어

사용자의 요구 수준이 높아지고 컴퓨터 기술이 발달하면서 다양한 고급 언어가 개발되었다. 고급 언어는 하드웨어의 기술적 요소를 구체적으로 몰라도 쉽게 작성하고 수정할 수 있다.

고급 언어의 특징은 다음과 같다.

- 일상 언어에서 사용하는 표현을 그대로 가져다 쓸 수 있다. 예를 들어 +는 덧셈, −는 뺄셈으로 사용하는 등 일반적으로 사용하는 단어나 표현을 그대로 쓴다.
- 기계어나 어셈블리어를 쓰려면 기억장치에 데이터를 읽거나 쓸 때 기억 장소의 주소를 정확히 알아야 한다. 이에 비해 고급 언어는 번지 대신 변수 이름으로 기억 장소에 접근하므로 사용자가 기억 장소의 주소를 일일이 기억할 필요가 없다.
- 명령어 하나로 다수의 동작을 지시한다. 예를 들어 X=Y+Z×W 명령어는 Z와 W를 먼저 곱하고 그 결과를 Y와 더해 X에 대입하라는 뜻이다. 이처럼 하나의 명령어로 다수의 연산을 실행한다.

다음 그림은 고급 언어로 작성한 프로그램을 실행하는 과정이다. 프로그래머는 먼저 고급 언어와 같은 프로그래밍 언어를 이용해 원시 코드를 작성한다. 그다음 번역기(컴파일러)가 원시 코드를 목적 코드로 번역한다. 여기서 목적 코드는 기계어로 된 프로그램으로 컴퓨터가 바로 실행할 수 있는 상태의 프로그램 코드이다. 목적 코드는 메모리로 옮겨져 실행되고 결과물을 계산해 낸다.

그림 4-1 **프로그램 작성과 실행 과정**

종류에 따라 다르지만 고급 언어는 다음과 같은 형식적인 규칙이 있다. 이를 프로그래밍 언어의 문법 구조^{syntax}라 한다.

- 어떤 구조와 순서가 있다.
- 특별한 기호를 사용한다.
- 언어에 따라서는 마침표(.)나 세미콜론(;) 등을 사용한다.

대표적인 고급 언어로는 C언어를 비롯해 포트란^{FORTRAN}, 코볼^{COBOL}, 파스칼^{PASCAL}, C++, 자바^{JAVA}, 스몰토크^{SMALLTALK} 등이 있다.

TIP 문법 구조란 프로그램 언어의 구조를 지배하는 규칙을 말한다.

3 프로그래밍 언어의 발전

나라마다 사용하는 언어가 다르듯 프로그래밍 언어도 수백 종 이상이 개발되어 사용되고 있다. 언제 개발되었고 어떻게 발전되어 왔는지 살펴보자.

3.1 1950년대 언어

이전까지 기계어로 작성하던 프로그램을 1950년대 초에 처음으로 어셈블리어로 작성하였다. 어셈블리어는 기계어인 0과 1을 인간이 이해하기 쉬운 코드로 바꾸어 기계어보다 작성하기는 쉬웠지만, 하드웨어 위주의 언어라는 제약이 따랐다. 그러던 중 과학 분야의 복잡한 계산을 수행하기 위해 포트란^{FORTRAN,} $^{FORmula\ TRANslator}$이 개발되었다. 포트란은 프로그래밍 언어가 발전하는 데 새로운 이정표를 세웠다.

3.2 1960년대 언어

포트란을 발전시킨 과학기술용 고급 언어가 잇따라 개발되었고, 사무 처리용 고급 언어도 개발되었다. 대표적인 사무 처리용 언어가 코볼$^{COBOL,\ COmmon\ Business\ Oriented\ Language}$이다. 코볼은 미국 국방성이 후원하여 컴퓨터 제품 간의 호환성 문제를 해결하기 위해 개발한 것으로, 수차례의 수정과 보완을 거쳐 사무 처리용 언어로 확고히 자리를 잡았다. 포트란 같은 과학기술용 언어는 프로그램을 수학적 표기법을 사용하여 작성하는데 반해, 코볼은 영어에 가까운 구문을 사용하기 때문에 작성하기도 편하고 이해하기 쉽다는 장점이 있다. 1960년대 중반에는 포트란과 코볼의 장점을 살린 하이브리드 형태인 PL/I$^{Programming\ Language\ One}$이 등장해 관심을 크게 끌었지만, 오늘날에는 코볼에 비해 사용 빈도가 낮은 편이다.

3.3 1970년대 언어

하드웨어 가격이 떨어지고 소프트웨어가 복잡해지면서 프로그래밍 언어 역시 소프트웨어 중심으로 비중이 옮겨가기 시작했다. 소프트웨어의 복잡성 관리가 중요한 쟁점으로 떠오르면서 더 강력하고 새로운 개념의 언어가 필요해졌다. 이렇게 개발된 언어가 C언어와 파스칼^{PASCAL}이다.

C언어는 원래 시스템 소프트웨어를 개발하는 언어였지만 다양한 종류의 컴퓨터에 이식할 수 있다는 장점 때문에 현재까지도 여러 분야에서 두루 사용되고 있다. 실제로 수많은 워드프로세서, 스프레드시트, 그래픽 프로그램, 게임 등이 C언어로 제작되었다. 유닉스 운영체제가 등장하면서 C언어의 인기가 날로 높아졌는데 이것은 비트 연산과 같은 저급 언어 기능을 갖추고 있어 빠르고 효율적이기 때문이다. 물론 이후 등장한 언어에 비해 배우기가 어렵고 보고서 작성이나 데이터 파일 조작이 많은 업무에는 부적합하다는 단점은 있다.

파스칼은 프랑스 수학자인 파스칼^{Pascal}의 이름에서 따온 언어로, 1969년에 스위스 취리히 공과대학의 니클라우스 워스$^{Niklaus\ Wirth}$ 교수가 개발했다. 파스칼은 당시 유행한 구조적 프로그래밍에 적합한 언어이기도 했고, 쉽게 배울 수 있는 것은 물론 이공계 및 과학계 종사자가 주로 사용하는 그래픽 처리 기능 또한 뛰어나 많은 사람에게 주목을 받았다. 하지만 대화식 입출력이나 사무 처리 분야에 응용하기에는 부족했고, C언어에 비해 사용자를 크게 늘리지 못하면서 1990년대 중반 이후에는 인기가 시들해졌다.

3.4 1980년대 언어

본격적으로 컴퓨터 하드웨어 가격이 떨어지면서 개인용 컴퓨터와 중앙 컴퓨터가 연결된 단말 시스템을 이용한 분산 처리 개념이 확산되었다. 이러한 이유로 학생들과 컴퓨터 초보자들도 쉽게 배울 수 있는 교육용 언어가 필요해졌고 이때 등장한 언어가 베이직^{BASIC}이다. 베이직은 쉽게 배울 수 있고 중앙 컴퓨터와 연결된 단말 시스템에서 처리하는 시분할 시스템$^{time\ sharing\ system}$ 운영에 적합한 기능을 가지고 있어 많은 인기를 끌었다. 다만 비구조적인 측면이 있어 소프트웨어 규모가 커질수록 관리하기 번잡해지고 운영이나 유지가 어렵다는 단점이 있었다. 이후 이러한 단점을 개선한 퀵베이직$^{Quick\ Basic}$과 비주얼 베이직$^{Visual\ Basic}$ 등이 등장했고 지금까지도 널리 사용되고 있다.

3.5 1990년대 언어

객체 지향 언어가 본격적으로 등장했다. 특히 GUI$^{Graphical\ User\ Interface}$ 환경의 프로그래밍을 위한 여러 클래스의 라이브러리가 등장하면서 객체 지향 언어의 장점이 크게 부각되었다. 이러한 추세에 맞춰 C++, 자바^{JAVA}, 비주얼 베이직$^{Visual\ Basic}$ 등의 객체 지향 언어가 등장했다. 이들 언어는 기존의 객체 개념을 업그레이드하고 GUI 개념을 강화하는 방향으로 더욱 발전해 나갔다.

비주얼 베이직은 베이직과 퀵베이직을 개선하여 객체 지향 개념을 보강한 언어이다. GUI 기능을 내세워 사용자가 쉽게 사용할 수 있어 지금까지도 많이 활용된다.

3.6 2000년대 이후 언어

2000년대에 접어들면서 사용자는 더욱 간편하고 쉬운 방법으로 프로그래밍하길 원했고 이미 개발된 프로그램을 쉽게 가져다 쓸 수 있는 소프트웨어가 나오길 기다렸다. 강화된 기능의 웹과 저렴해진 하드웨어는 이러한 사용자 요구를 만족시킬 만한 방법을 찾아냈다.

먼저 파워빌더PowerBuilder, 델파이Delphi, 각종 쿼리query 전용 언어 등 소위 4세대라 불리는 언어가 등장했다. 4세대 언어는 특정 상황에 맞춤식으로 사용할 수 있고, 종래의 고급 언어보다 사용하기가 쉽다. 또한 사용자에게 강화된 텍스트 환경이나 시각 환경을 제공한다.

객체 지향 프로그래밍 기법이 발전하면서 소프트웨어 모듈을 컴포넌트화하여 필요할 때마다 사용할 수 있도록 하는 소프트웨어 컴포넌트 기술도 빠르게 발전했다. 이 기술은 소프트웨어를 전자 부품처럼 통일된 인터페이스로 제작함으로써 소프트웨어 공장software factory을 만들 수 있도록 도왔다. 소프트웨어 컴포넌트는 차세대 소프트웨어 기술의 핵심 분야로 인식되면서 소프트웨어 생산성 향상을 위한 필수 기술로 대두되었다.

이 시기에는 객체 지향 기술과 웹이 결합하여 다양한 정보를 제공하는 기법이 발전했다. XMLeXtensible Markup Language과 VRMLVirtual Reality Modeling Language 등 각종 웹 프로그래밍 언어가 등장했다. XML은 HTML의 한계를 극복하려고 만든 언어로 다른 시스템 특히 인터넷에 연결된 시스템끼리 데이터를 쉽게 주고받을 수 있도록 한다. VRML은 인터넷이나 로컬 시스템에서 3차원 개체나 세계를 표현하기 위한 파일 형식이다. XML과 VRML은 기존 객체 지향 언어와 결합하여 인터넷에서 텍스트, 이미지, 애니메이션, 사운드 등을 비롯한 가상현실virtual reality까지 구현할 수 있는 기술로 발전하고 있다.

최근에는 5세대 언어라 불리는 인공지능 기능을 이용해 자연 언어natural language로 직접 처리하는 기법에 대한 연구가 활발히 진행되고 있다. 음성 인식 시스템이나 자동 번역 시스템 등도 이러한 기법의 일부라 할 수 있다.

프로그래밍 언어의 발전 과정을 연대별로 요약하면 다음 그림과 같다.

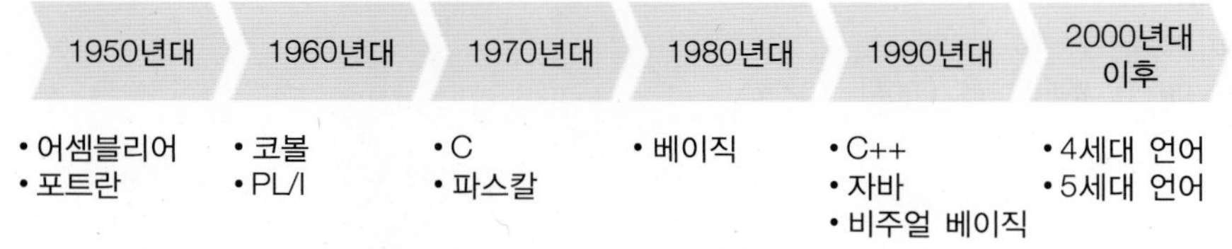

1950년대	1960년대	1970년대	1980년대	1990년대	2000년대 이후
• 어셈블리어 • 포트란	• 코볼 • PL/I	• C • 파스칼	• 베이직	• C++ • 자바 • 비주얼 베이직	• 4세대 언어 • 5세대 언어

그림 4-2 **프로그래밍 언어의 발전 과정**

4 주요 프로그래밍 언어별 특징

프로그래밍 언어는 지속적으로 발전해 왔다. 주요 프로그래밍 언어별 특징을 살펴보자.

4.1 코볼

코볼COBOL, COmmon Business Oriented Language은 사무 처리용으로 개발된 프로그래밍 언어이다. 코볼의 장단점은 다음 표와 같다.

표 4-1 **코볼의 장단점**

장점	· 컴퓨터의 내부적인 특성과 별개로 설계되어 코볼 컴파일러만 있으면 컴퓨터 기종에 관계없이 사용할 수 있다. · 파일의 순차 처리와 비순차 처리를 모두 할 수 있어 다른 프로그래밍 언어에 비해 파일 처리 기능이 강력하다. · 작성이 쉽고 이해하기 쉽다.
단점	· 컴파일러가 많은 항목을 포함하고 있어 주기억장치 용량을 많이 차지한다. · 프로그램 작성량이 많고 길어서 전체적으로 간결하지 못하다.

코볼 프로그램은 다음 표와 같이 디비전DIVISION이 네 가지로 구성된다. 각 디비전은 서로 독립적이다.

표 4-2 **코볼 프로그램의 구성**

디비전	설명	기술 내용
IDENTIFICATION	프로그램의 내용을 파악하는 식별 디비전	프로그램 이름, 작성자, 작성 일자 등
ENVIRONMENT	프로그램의 처리에 관계되는 환경 디비전	컴퓨터 종류, 입출력 파일 및 장치
DATA	데이터 처리를 위한 기억 장소 디비전	기억 장소 형식, 성격, 크기, 내용 등
PROCEDURE	처리할 명령에 관한 구체적 기술 디비전	처리 순서에 따른 명령문 실행의 기술

다음은 코볼 프로그램의 예로 PROCEDURE 디비전의 일부이다. 이 프로그램은 IN-FL 파일을 읽은 후 MAIN-LOOP에서 읽은 값을 특정 필드로 옮기고 출력하는 일을 파일이 끝날 때까지 반복한다.

```
PROCEDURE DIVISION.
READ IN-FL AT END MOVE "Y" TO W-EOF.
PERFORM MAIN-LOOP UNTIL W-EOF IS EQUAL TO "Y".

MAIN-LOOP.
MOVE I-NO TO N-NO.
MOVE I-NAME TO N-NAME.
WRITE N-REC.
READ IN-FL AT END MOVE "Y" TO W-EOF.
```

4.2 파스칼

파스칼PASCAL은 데이터 길이의 제약 없이 다양한 데이터 형식과 제어 구조를 사용한다. 복합문 begin-end, 조건문 if-then-else, 반복문 while-do와 같은 제어 구조가 있어 구조적 프로그래밍에 적합하다. 최근에는 객체 지향 개념을 보완해 발전하고 있지만 다른 객체 지향 언어보다 선호도가 떨어진다. 다음은 제곱근 계산을 위한 파스칼 프로그램의 예이다. 다음 예제와 같이 begin-end, repeat-until 등의 제어 구조가 짝으로 구성되어 있다.

```
procedure squareroots (input,output)
var
x : real;
begin
repeat
read(x);
if x ≥ 0
then write(sqrt(x))
else write ('argument error')
until x = 0
end
```

4.3 비주얼 베이직

비주얼 베이직Visual Basic은 마이크로소프트에서 만든 베이직을 업그레이드한 언어이다. 비주얼 베이직의 장단점은 다음 표와 같다.

표 4-3 비주얼 베이직의 장단점

장점	· 쉽고 간편하게 작성할 수 있어 초보자나 학생들의 교육용으로 사용하기 좋다. · 한글 지원이 우수하다. · 마이크로소프트에서 제공하는 각종 툴을 편하게 이용할 수 있다.
단점	· 객체 지향 기능이 C#이나 자바 등에 비해 약하다.

다음 그림은 마이크로소프트 비주얼 스튜디오 2015의 비주얼 베이직 프로그램 화면이다. 왼쪽 목록은 버튼, 텍스트, 레이블, 체크 박스 등의 도구이다. 사용자는 왼쪽 목록에 있는 도구를 이용해 오른쪽 폼에 화면을 설계한다. 화면 설계가 끝나면 폼에 삽입된 도구를 더블클릭하여 코드를 작성한다. 해당 기능에 대한 기본 코드가 미리 작성되어 있어 초보 프로그래머도 쉽게 사용할 수 있다.

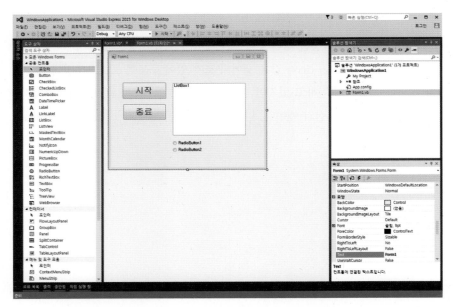

그림 4-3 **마이크로소프트 비주얼 스튜디오 2015의 비주얼 베이직 프로그램 화면**

비주얼 베이직 역시 베이직과 마찬가지로 큰 프로그램을 만들고 운영하는 데는 한계가 있다. 객체 지향 개념을 일부 도입했지만 C++나 자바 같은 객체 지향 언어에 비하면 여전히 미흡하다.

4.4 C언어 계열

C언어는 유닉스 운영체제의 대표 언어로 자리 잡으면서 전 세계적으로 사용자가 급증했다. 이후 C언어는 C언어의 유연성을 그대로 유지하면서 객체 지향 요소를 추가한 C++로 확장되었다. C++는 C언어에 객체 지향 프로그래밍을 지원하는 클래스 개념, 상속 기능, 가상함수 기능, 추상화 기능 등을 보완한 언어이다. 한편 C++는 웹 환경에서 동작하기에는 제한적 요소가 많아 자바에 열세를 보였다. 이 문제를 해결하기 위해 마이크로소프트는 C#을 개발했다. C#은 C언어보다 자바와 유사한 점이 많은 언어로 객체 지향 개념의 완성도 측면에서 C++보다 뛰어나고 편리하여 빠르게 범용화되고 있다.

C언어 계열의 장단점은 다음 표와 같다.

표 4-4 C언어 계열의 장단점

장점	· 어셈블리어 같은 저급 언어와 유사한 기능을 포함한다. · 구조적 프로그래밍 기능이 있어 프로그램을 읽고 작성하기 쉽다. · 프로그램의 융통성과 이식성이 상대적으로 뛰어나다. · 기존에 C언어로 개발한 프로그램을 거의 수정하지 않고도 C++로 확장할 수 있어 대부분의 운영체제에서 바로 쓸 수 있다. · 전 세계 수많은 C 프로그래머가 자연스럽게 C++ 프로그래머로 전환할 수 있어 전문 인력이 부족해지는 문제를 해결할 수 있다.
단점	· C는 객체 지향 개념이 없다. · C++는 방대하고 복잡하여 안정성이 떨어진다. C언어와 호환성이 주요한 특징이므로 새로운 기능을 추가하는 데 한계가 있다. · C#은 자바 사용자 층에 비해 사용자 층이 아직까지 활성화되지 못했다.

C++로 프로그램을 작성하는 예는 132쪽 '3 간단한 프로그램 작성 및 실행'에서 볼 수 있다.

4.5 자바

자바는 C++와 같은 강력한 기능을 제공하면서도 규모는 더 작고 안전성은 더 뛰어난 언어이다. 게다가 웹 환경에도 유연하게 적용할 수 있다. 자바는 C++에서 얻은 아이디어를 바탕으로 때마침 등장한 월드 와이드 웹World Wide Web과 보조를 맞춰 발전했다. 자바는 C++에 비해 규모는 작지만 C++의 과하거나 안전하지 못한 기능을 매끄럽게 지원함으로써 신뢰성을 높였다. 이러한 이유로 C++보다 광범위하게 사용되고 있다. 또한 웹 클라이언트에서 실행할 수 있는 프로그래밍 언어인 JSPJava Server Page와 서버에서 이용할 수 있는 자바 서블릿Java Servlet 등을 웹 환경에서 함께 쓸 수 있다. 이러한 이유로 다른 어느 언어보다 빠르게 범용화되었다.

TIP► JSP : 자바를 웹 환경에서 효과적으로 사용하기 위해서 만든 별도의 웹 프로그래밍 언어이다.

TIP► 자바 서블릿 : 자바를 사용해 웹 페이지를 동적으로 생성하는 서버 측 프로그램 혹은 그 사양으로 '서블릿'이라고도 부른다.

프로그래밍 언어의 실행 과정

프로그래밍 언어를 이용해 프로그램을 작성하고 실행하는 과정을 살펴보자. 더불어 직접 간단한 프로그램을 작성해보자.

1 사용자 요구사항 분석과 프로그램 설계

간단한 프로그램이면 분석 없이 바로 코딩을 하기도 하지만, 복잡하거나 규모가 큰 프로그램을 개발할 때는 사용자의 요구사항을 분석한 후 설계를 해야 한다.

1.1 사용자 요구사항 분석

사용자가 무엇을 원하는지 파악하고 프로그램을 통해 해결할 문제가 무엇인지 확인하는 단계이다. 프로그램의 출력물에 어떤 내용을 포함시켜야 하고, 이를 위해 입력할 내용은 무엇인지, 폼은 어떻게 구성해야 하는지 등을 설계한다. 사용자와 시스템 사이의 인터페이스 방식은 어떻게 할지, 데이터 구조 및 처리 절차에 대한 기본 틀은 어떻게 할지 등을 분석하여 대략적인 설계를 한다. 이 과정이 모두 끝났다면 프로그램 설계를 시작한다.

1.2 프로그램 설계

실제 코딩을 시작할 때 사용할 논리를 프로그래머가 대략 그려내는 단계로 보통 알고리즘 설계라고 한다. 알고리즘algorithm의 사전적 의미는 반복 동작을 포함하여 정해진 단계 내에서 형식적이고 수학적으로 표현된 문제를 푸는 절차이다. 즉, 어떠한 결과가 나오도록 차례를 설계하는 것을 알고리즘 설계라고 한다.

알고리즘은 다음과 같은 다섯 가지 주요한 특성이 있다.

① 알고리즘 명령을 수행하면 유한한 횟수를 거친 후 종료해야 한다.
② 알고리즘의 각 단계와 명령은 명확하게 정의되어야 한다.
③ 알고리즘은 데이터 입력이 0 또는 그 이상이어야 한다. 여기서 입력은 알고리즘이 시작되기 전에 알고리즘에 주어진 또는 알고리즘 수행 중에 동적으로 주어진 수량을 말한다.
④ 알고리즘은 한 가지 이상의 결과를 출력한다.
⑤ 알고리즘은 효과적이어야 한다. 이는 알고리즘의 모든 연산이 종이와 연필을 이용해 유한한 시간 내에 정확히 수행할 수 있을 정도로 단순해야 함을 의미한다.

이상을 정리하면, 알고리즘은 항상 어떠한 결과(답)가 나오도록 만들어진 단계의 모임이다. 여기에서 중요한 것은 인간의 뇌 속에 지식으로 가지고 있는 '문제 푸는 방법'을 어떻게 문자나 기호 등을 이용해 시각적으로 표현하느냐이다.

문제 푸는 방법을 알고리즘으로 쉽게 표현하기 위해 순서도나 의사 코드 등을 사용한다. 순서도는 제어 흐름을 그림으로 표현한 것이고, 의사 코드는 프로그램과 비슷한 문자로 표현한 것이다. 두 방법 모두 프로그램 실행에 대한 명확한 문법 구조가 아닌 프로그램 전체 구조와 제어 흐름만 나타낸다.

순서도나 의사 코드로 표현되는 프로그램 제어 흐름 유형에는 순차 구조, 선택 구조, 반복 구조가 있다.

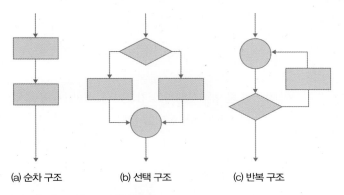

(a) 순차 구조　　　　(b) 선택 구조　　　　(c) 반복 구조

그림 4-4 **프로그램 제어 흐름의 유형**

■ 순차 구조
순차 구조sequence structure는 프로그램 코드를 순서대로 실행한다. 형태는 위쪽 그림의 (a)와 같다.

■ 선택 구조
선택 구조selection structure는 프로그램이 다음에 무엇을 해야 할지 결정하는 분기 구조이다. 조건문conditional statement으로 부르기도 한다. 보통 if-then 문, case 문, else 또는 else if 문을 포함한 if-then 문을 사용한다. 형태는 그림 (b)와 같다.

■ 반복 구조
반복 구조repetition structure는 조건이 만족되지 않을 때까지 계속 반복한다. 루프 구조loop structure로 부르기도 한다. 프로그래밍 언어마다 반복 구조를 표현하는 방법이 있는데, for 문, while 문, do- while 문을 공통으로 사용한다. 형태는 그림 (c)와 같다.

① for 문
　어떤 과정을 특정 횟수만큼 반복한다. 조건식이 참이면 문장을 실행한 뒤 증가 연산을 하고 다시 조건식을 검사한다. 조건식이 거짓이면 문장을 실행하지 않고 for 문을 종료한다. for 문의 순서도와 명령 형태는 다음과 같다.

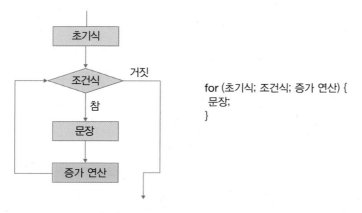

for (초기식; 조건식; 증가 연산) {
 문장;
}

그림 4-5 for 문의 순서도와 명령 형태

② while 문

조건식을 만족하는지 여부를 확인한다. 조건식이 참이면 문장을 실행하고 거짓이면 while 문을 종료한다. 즉 while 문은 조건식이 거짓이 되지 않는 한 계속 실행된다. while 문의 순서도와 명령 형태는 다음과 같다.

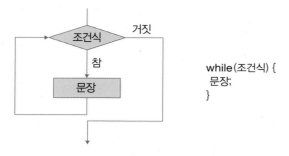

while(조건식) {
 문장;
}

그림 4-6 while 문의 순서도와 명령 형태

③ do-while 문

조건식을 먼저 검사하는 while 문과 달리 일단 문장을 한 번 실행한 후 조건식이 만족하는지 여부를 확인한다. 조건식이 참이면 문장을 실행하고 거짓이면 do-while 문을 종료한다. do-while 문의 순서도와 명령 형태는 다음과 같다.

do {
  문장;
} while(조건식);

그림 4-7 do-while 문의 순서도와 명령 형태

2 코딩 및 컴파일

프로그래밍 언어로 프로그램을 작성하는 것을 코딩^{coding}이라고 한다. 코딩을 할 때는 개발할 프로그램의 특성에 맞는 프로그래밍 언어를 선택하여 작성해야 한다. 코딩이 끝나면 고급 언어로 작성된 명령문을 기계어로 바꾸는 컴파일^{compile} 단계에 들어간다. 컴파일은 프로그래밍 언어의 성격에 따라 컴파일러 ^{compiler}를 이용한 방식과 인터프리터^{interpreter}를 이용한 방식이 있고 두 방식을 혼합한 하이브리드^{hybrid} 방식이 있다.

2.1 컴파일러를 이용한 방식

프로그램 전체를 한 번에 기계어로 번역하는 방식으로 C언어를 비롯하여 코볼, 포트란, 파스칼 등에서 사용된다. 다음 그림은 컴파일러를 이용한 방식으로 프로그램을 실행하는 과정이다. 컴파일러는 고급 언어로 작성한 원시 코드를 기계어인 목적 코드로 번역한다. 목적 코드는 로더에 의해 메모리에 옮겨져 실행^{execution}되어 결과 값을 출력한다.

컴파일러는 한 번 목적 코드로 번역하고 나면 실행할 때마다 번역할 필요가 없으므로 프로그램 전체의 실행 시간을 줄일 수 있다. 하지만 원시 코드 일부만 수정되어도 프로그램 전체를 다시 번역해야 하므로 번거로울 수 있다.

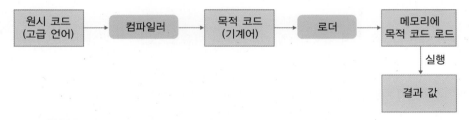

그림 4-8 **컴파일러를 이용한 방식**

2.2 인터프리터를 이용한 방식

프로그램을 한 행씩 읽어 번역과 실행을 동시에 하는 방식으로 베이직 등에서 사용된다. 원시 코드가 수정될 때마다 프로그램 전체를 번역할 필요가 없으므로 간단한 구조의 프로그램은 편리하나 반복문이나 계속 호출되는 서브 프로그램처럼 많은 횟수로 처리되는 프로그램은 실행 시간이 길어져 비효율적이다. 다음 그림은 인터프리터를 이용한 방식으로 프로그램을 실행하는 과정이다.

그림 4-9 **인터프리터를 이용한 방식**

2.3 하이브리드 방식

컴파일러와 인터프리터를 함께 이용하는 방식으로 리스프^{LISP}, 스노볼4^{SNOBOL4}, APL, 프롤로그^{Prolog}, 자바 등에서 사용된다. 이 방식은 컴파일러가 원시 코드를 목적 코드로 번역하는 것이 아니라 적당한 중간 코드로 번역한다. 중간 코드는 인터프리터에 의해 입력 자료와 함께 실행된다. 다음 그림은 하이브리드 방식으로 프로그램을 실행하는 과정이다.

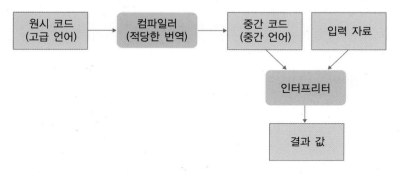

그림 4-10 **하이브리드 방식**

3 간단한 프로그램 작성 및 실행

지금까지 프로그램이 어떤 과정을 거쳐 실행되는지 살펴보았다. 다음으로 C++로 간단한 프로그램을 작성하고 실행하는 방법을 연습해보자.

우선 C 컴파일러부터 설치해보자. C 컴파일러는 터보 C, 터보 C++, 볼랜드 C++, MS C++, 비주얼 C++ 등이 있다. 여기서는 비주얼 스튜디오 2015를 사용하여 프로그램을 작성한다. 마이크로소프트에서는 무료로 C 컴파일러를 제공하고 있으므로 Visual Studio Express 2015 for Windows Desktop을 https://www.visualstudio.com에서 다운로드하여 사용하면 된다.

01 [시작]-[모든 프로그램]-[VS Express for Desktop]을 선택한다.

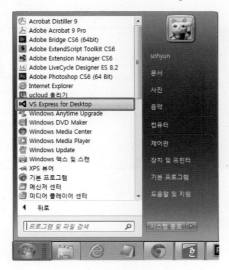

그림 4-11 **VS Express for Desktop 실행**

02 [파일]-[새 프로젝트]를 선택한다. 새 프로젝트 대화상자가 나타나면 [템플릿] 항목을 클릭하여 펼치고 [Visual C++]를 선택한 후 [빈 프로젝트]를 선택한다. 이름을 "HelloWorld"로 입력하고 위치는 파일을 저장할 폴더로 설정한 다음 〈확인〉을 클릭한다.

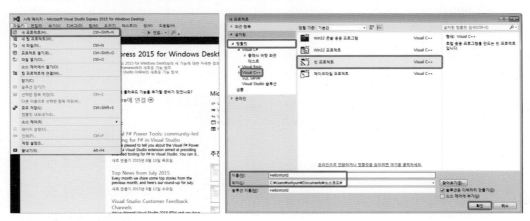

그림 4-12 **새 프로젝트 만들기**

03 솔루션 탐색기의 HelloWorld 프로젝트 아래에 있는 [소스 파일]에서 마우스 오른쪽 버튼으로 누르고 [추가]−[새 항목]을 선택한다.

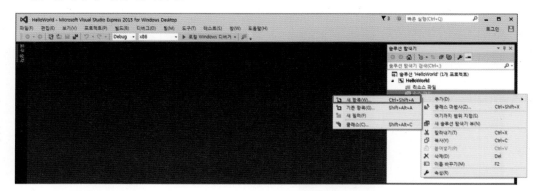

그림 4-13 **새 항목 추가**

04 새 항목 추가 대화상자에서 C++ 파일(.cpp)을 선택하고 이름을 "HelloWorld.c"로 입력한 후 〈추가〉를 클릭한다.

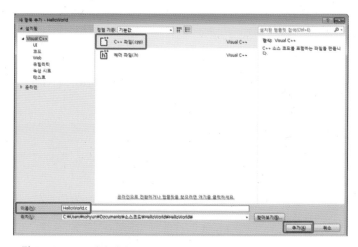

그림 4-14 **C 소스 파일 생성**

05 입력 창에 다음과 같이 소스 코드를 입력한다.

그림 4-15 **소스 코드 입력**

06 [디버그]−[디버그하지 않고 시작]을 선택하여 HelloWorld.c 프로그램을 실행한다.

그림 4-16 **프로젝트 실행**

07 명령 프롬프트 창에서 실행 결과를 확인할 수 있다.

그림 4-17 **실행 결과**

4 디버깅 및 테스트

디버깅debugging은 벌레를 잡는다는 뜻에서 유래된 용어로 프로그램에 담긴 오류를 찾아내 제거하는 것을 말한다. 오류는 구문 오류와 논리 오류로 나뉜다. 구문 오류는 틀린 문자를 입력하거나 문법에 맞지 않는 명령문을 썼을 때 일어나는 오류이고, 논리 오류는 제어 구조를 부적절하게 썼을 때 일어나는 오류이다.

오류 점검을 마친 프로그램은 테스트용 데이터를 입력하여 제대로 작동하는지 확인한다. 이때는 정상적인 데이터뿐만 아니라 결함이 있는 데이터도 함께 입력하여 테스트하길 권한다.

테스트는 알파 테스트와 베타 테스트로 나뉜다. 알파 테스트는 개발 회사가 완성된 프로그램을 개발한 환경에서 시험하는 방법이고, 베타 테스트는 프로그램을 출시하기 전에 시험하는 방법으로 특정 고객에게 고객이 쓰는 환경에서 시험하도록 하여 만족도를 알아보는 방법이다.

03 절차 지향 언어의 프로그래밍

1990년대 이전에 나온 대부분의 프로그래밍 언어는 절차 지향 언어이다. 대표적인 예로 파스칼, 코볼, 포트란, 베이직, C언어 등이 있다. 절차 지향 언어의 개념과 특징을 살펴보자.

1 절차 지향 언어의 개념

'냉장고에 소고기를 넣는다'는 내용이 다음 그림의 (a)와 같은 순서로 이루어진다고 가정하자. 이것을 프로그램으로 작성하면 (b)와 같다. 이와 같이 절차 지향 언어^{procedure oriented language}란 프로그램 코드를 순서대로 작성하여 실행하는 언어이다.

1. 냉장고 문을 연다.
2. 소고기를 넣는다.
3. 냉장고 문을 닫는다.

1. open 냉장고
2. insert 소고기
3. close 냉장고

(a) 냉장고에 소고기를 넣는 과정   (b) 냉장고에 소고기를 넣는 프로그램

그림 4-18 절차 지향 언어의 프로그래밍 개념

2 구조적 프로그래밍의 이해

절차 지향 언어는 명령을 실행하는 순서가 자주 바뀌거나 복잡해지면 운영 및 유지 비용이 많이 든다. 이러한 문제를 해결하기 위해 등장한 개념이 구조적 프로그래밍^{structured programming}이다. 구조적 프로그래밍은 말 그대로 명령어 실행 순서가 뒤바뀌거나 제어 구조가 복잡해지지 않도록 몇 가지 규칙에 따라 프로그램을 작성한다. 구조가 단순해질수록 제3자도 쉽게 이해하고 수정할 수 있어 프로그램을 체계적으로 관리할 수 있다.

다음 그림에서 (a)는 무분별한 goto 문과 무한 루프의 사용으로 체계성을 잃어 버린 나쁜 프로그램의 예이다. 프로그램을 이해하기도 어렵거니와 수정하더라도 여러 부분을 고쳐야 하는 문제가 있다. (b)는 순차 구조, 선택 구조, 반복 구조를 사용하여 프로그램을 모듈화 시킨 좋은 프로그램의 예이다. 명령문의 처리가 블록으로 모듈화되어 이해가 쉽고 수정도 수월하다.

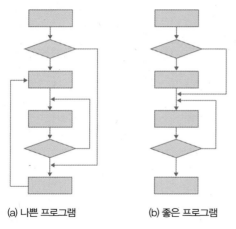

(a) 나쁜 프로그램   (b) 좋은 프로그램

그림 4-19 구조적 프로그래밍의 예

구조적 프로그래밍의 특징을 몇 가지 살펴보면 다음과 같다.

① 프로그램을 읽고 이해하기 쉽다.

② 프로그램의 개발 및 유지 보수의 효율성이 높다.

③ 프로그래밍 규칙이 제공된다.

④ 프로그래밍에 대한 신뢰성이 높다.

⑤ 프로그래밍에 소요되는 시간과 노력이 감소된다.

구조적 프로그래밍을 하기 위해 지켜야 할 기준은 다음과 같다.

① 프로그램을 구성하는 각 요소를 작은 규모로 조직화한다.

② 단일 입·출구(single entry, single exit) 형태로 작성한다.

③ 가능하면 goto 문을 쓰지 않는다.

④ 순차 구조, 선택 구조, 반복 구조만 쓴다.

객체 지향 언어의 프로그래밍

객체 지향 언어^{object oriented language}는 객체 단위로 데이터와 기능을 하나로 묶어 쓰는 언어이다. 1990년대에 본격적으로 등장했고 대표적인 언어로 비주얼 베이직, C++, 자바 등이 있다.

1 절차 지향 언어와 객체 지향 언어의 차이점

절차 지향 언어는 변하는 현실세계와 사용자의 요구에 유연하게 대처하지 못한다. 예를 들어 홍길동이라는 사람을 데이터, 그의 행동을 기능이라고 가정해보자. 홍길동은 밥을 먹은 후 운동하길 원하는데, 절차 지향 언어로 운동을 한 후 밥을 먹게끔 프로그래밍해 놓으면 순서를 바꾸기 위해 프로그램을 수정해야 한다. 그러나 객체 지향 언어로 밥을 먹는 것과 운동하는 것을 분리해 놓으면 프로그램을 수정할 필요가 없다. 이처럼 객체 지향 언어는 원하는 기능과 데이터를 따로 정의한 후 필요할 때마다 묶어 사용하기 때문에 프로그램의 운영 및 유지가 쉽다.

다음 그림은 절차 지향 언어와 객체 지향 언어의 차이점을 나타낸 것이다. (a)는 데이터와 기능이 별도로 관리되는 절차 지향 언어로 프로그램은 기능을 호출하여 데이터에 접근하고 일을 처리한다. (b)는 객체 지향 언어로 기능과 데이터로 묶어 캡슐화시킨 후 메시지를 전달하여 일을 처리한다.

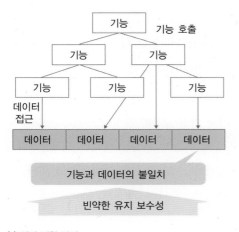

(a) 절차 지향 언어

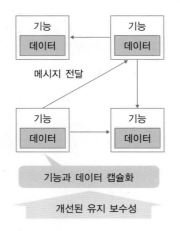

(b) 객체 지향 언어

그림 4-20 **절차 지향 언어와 객체 지향 언어의 차이점**

다음 그림은 앞서 설명한 [그림 4-18]의 절차 지향 언어를 객체 지향 언어로 프로그래밍한 것이다. 객체 지향 언어는 절차 지향 언어와 달리 정해진 순서 없이 단지 해당하는 작업만 수행한다.

```
Class 소고기
{
    소고기 속성(무게, 부위, 원산지, 가격)
    소고기( )
}

Class 냉장고
{
    냉장고 속성(용량, 전력소모량, 제조사, 색상, 가격)
    냉장고( )
    Open( );
    Insert(소고기);
    Close( );
}
```

그림 4-21 **객체 지향 언어의 프로그래밍**

2 객체 지향 언어의 주요 개념

객체 지향 언어가 공통적으로 가지는 요소와 특징에 대해 구체적으로 살펴보자.

2.1 클래스와 객체

클래스^{class}란 다른 사물과 구분되는 속성을 가진 객체가 모여 일반화된 범주로 묶인 것이다. 즉, 객체에 대한 일반화된 틀^{template}을 제공한다. 예를 들어 자동차 클래스가 있다면 이 클래스는 내 자동차, 홍길동 자동차, 김갑돌 자동차 등의 객체로 구성될 수 있다.

객체^{object}는 속성^{attribute}과 기능^{function}을 갖는다. 속성은 각 객체가 가진 고유한 특징이고 기능은 행동 패턴을 말한다. 객체는 바로 이 속성과 기능을 함께 캡슐화한다. 예를 들어 '홍길동 차'라는 객체는 색깔, 차종, 크기, 모양, 최고 속도 등의 속성을 가지고, 전진과 후진, 정지, 가속과 감속 등의 기능을 한다. 이러한 속성과 기능은 패키지로 묶여 관리된다.

2.2 상속

클래스는 필요할 경우 더 세분해서 각각의 특성별로 관리할 수 있는데 이것을 하위 클래스라고 한다. 하위 클래스는 상위 클래스가 가지는 속성과 기능을 모두 이어받을 수 있다. 이를 상속이라고 한다.

상속inheritance은 객체 지향 언어에서 주로 사용되는 재사용 수단으로 다형성과 밀접한 관계가 있다. 하위 클래스는 상속을 통해 상위 클래스의 속성과 기능을 그대로 재사용할 수 있다. 다음 그림처럼 개와 고양이는 모두 포유동물의 공통 속성을 물려받으므로 공통 속성 부분은 따로 코딩할 필요 없이 포유동물의 속성을 그대로 가져다 쓸 수 있다.

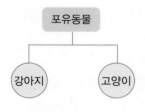

그림 4-22 **상속의 예**

2.3 메시지

메시지message란 객체 간에 전달되는 명령 단위이다. 객체는 자발적으로 행위를 수행하지 않으므로 객체가 특정 기능을 수행하게 하려면 메시지가 전달되어야 한다. 자동차를 움직이려면 운전자가 가속 페달을 밟아 직진하라고 신호를 줘야 하는 것과 같은 맥락이다. 메시지가 다듬어져서 프로그램화되면 메소드로 진화한다. 다음 그림은 객체 간 메시지 교환 과정을 수강 신청을 예로 들어 나타낸 것이다. 사각형은 객체를 의미하며 번호와 함께 표시된 화살표는 객체 간의 메시지 송수신을 의미한다.

그림 4-23 **객체 간의 메시지 송수신**

2.4 추상화

추상화abstraction란 어떤 객체가 상대하는 다른 객체에 대해 꼭 필요한 부분만 드러내고 나머지 세부적인 사항은 감추는 것이다. 추상화는 객체 지향 프로그래밍에서 매우 중요한 개념으로 이를 얼마나 잘 구현하느냐에 따라 시스템의 품질이 결정된다.

다음 그림은 추상화의 개념을 고객서비스센터를 예로 들어 나타낸 것이다. 한 고객이 S사의 노트북을 사용하다 고장이 났다고 가정하자. 일단 고객은 S사의 고객서비스센터로 연락해 수리를 맡길 것이다. 하지만 고객이 직접 수리하는 엔지니어를 상대해야 하는 경우라면 어떤 일이 생길까? 고객은 여러 번의 통화를 거쳐 엔지니어를 찾을 것이다. 하지만 엔지니어가 다른 부서로 옮겨 갔거나 연락이 닿지 않는다면 여러 가지 번거로운 상황을 만날 수 있다. 이 예에서 전자가 추상화한 경우이고 후자가 추상화하지 못한 경우이다. 추상화를 해 둔 경우라면 고객은 고객서비스센터의 대표 전화번호 하나만 알면 된다.

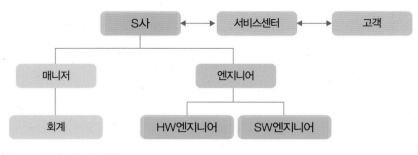

그림 4-24 **추상화 개념 사례**

2.5 캡슐화

객체를 정의한다는 말은 객체가 가진 속성, 기능, 다른 객체와의 관계를 정의하는 것이다. 캡슐화encapsulation란 객체의 속성과 기능을 하나로 묶되, 추상화하여 객체의 세부 내용을 사용자가 보지 못하도록 은폐하는 것이다. 예를 들어 사용자에게 자동차 엔진(객체)을 설명할 때 세부 동작 원리를 설명하지 않고 어떤 기능을 하는지 정도만 알려주는 것과 같다.

캡슐화는 제3자가 객체 내부 데이터와 기능을 변조하는 것을 막아주므로 프로그램의 재사용성과 유지보수성을 향상시킨다. 이러한 이유로 개발자는 캡슐화해서 생기는 불편을 충분히 감내할 만하다고 여긴다.

2.6 다형성

상속에서 언급했던 상위 클래스를 일반화된 클래스라 하고 하위 클래스를 특정화된 클래스라고 한다. 일반화된 클래스는 어떤 특정화된 클래스 객체를 지칭할 수 있기 때문에 같은 동작을 하지만 다른 성질을 가질 수 있다. 이런 성질을 다형성polymorphism이라 한다.

다음 그림은 다형성의 예이다. 포유동물은 일반화된 클래스이고 강아지와 고양이는 구체적인 개념을 가진 특화된 클래스이다. 강아지 클래스인 바둑이와 고양이 클래스인 나비는 모두 포유동물 클래스에 속한다. 두 경우 모두 포유동물의 공통 속성인 '동물은 소리를 낸다'라는 기능을 한다. 하지만 바둑이는 '멍멍'이라고 소리를 내고 나비는 '야옹'이라고 소리를 낸다. 즉 포유동물 객체가 가진 '동물은 소리를 낸다'라는 기능은 하나라도 어느 객체가 지정되느냐에 따라 그 객체가 내는 소리가 다르다. 이것이 바로 다형성이다. 객체 지향 언어에서 다형성을 이용하면 프로그램의 유연성과 재사용성이 높아진다.

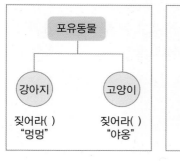
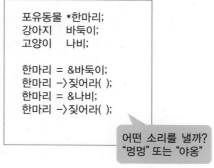

그림 4-25 **다형성의 예**

객체 지향 언어로 프로그래밍하면 유지 보수성이 무조건 좋다?

객체 지향 언어를 사용한다고 해서 절차 지향 언어를 사용할 때보다 무조건 유지 보수성이 좋아지는 것은 아니다. 오히려 절차 지향 언어보다 더 복잡해지기도 하고 유지 보수성을 훼손시키기도 한다. 즉 무늬만 객체 지향 프로그래밍이 아닌 객체 지향 언어의 특성이 반영된 설계를 바탕으로 제대로 구현된 프로그램이어야 비로소 프로그램 효율성도 높아지고 유지 보수도 편리해진다. 제대로 된 객체 지향 프로그램을 만들려면 객체 지향 언어의 본질적 개념부터 확실히 이해해야 한다.

교육용 프로그래밍 언어

교육용 프로그래밍 언어는 기존 프로그래밍 언어와 달리 프로그래밍 자체를 빠르고 쉽게 학습할 수 있도록 개발된 언어이다. 소스 코드를 키보드로 하나하나 입력하는 방식이 아니라 블록을 드래그 앤 드롭drag&drop하는 방식이라 컴퓨터 비전공자는 물론 어린이들도 쉽게 배울 수 있다. 본격적인 연구와 개발은 2000년대 초부터 시작되었으며, 미국의 MIT를 비롯해 영국, 일본, 북유럽 등의 선진국에서 활발히 진행되고 있다.

1 교육용 프로그래밍 언어의 종류

■ 스크래치

스크래치Scratch는 교육용 프로그래밍 언어 중 가장 대표적인 언어이다. 2007년에 MIT 미디어랩에서 개발했으며, 만 8세부터 16세까지 어린이를 대상으로 한다. 작은 명령 단위인 블록 조각을 조립하여 프로그래밍하기 때문에 블록형 프로그래밍 언어로 분류된다. 기본적인 변수와 제어문을 사용할 수 있으며, 스프라이트를 객체로 사용해 각각 다른 명령을 넣어 프로그래밍할 수 있다.

■ 프로그래민

프로그래민Programin은 일본의 문부과학성에서 제작한 교육용 프로그래밍 언어이다. 일본어가 기본으로 제공되며 일본 특유의 아기자기하고 간결한 인터페이스를 제공하여 어린이들도 손쉽게 배울 수 있다.

■ 스몰베이직

스몰베이직Small Basic은 2008년에 마이크로소프트가 기존에 쓰던 베이직을 교육용으로 더 쉽게 배울 수 있도록 만든 것이다. 스몰베이직이 숙련되면 전문 개발 툴인 비주얼 베이직으로 쉽게 넘어갈 수 있고 기존에 작성한 코드 역시 변환하여 사용할 수 있다.

■ 스퀵과 이토이즈

스퀵SQUEAK은 스몰토크SMALLTALK의 공개 소스 구현물implementation이다. 1996년에 미국의 전산공학자인 앨런 케이Alan Kay가 개발한 언어로 스몰토크–80의 초기 모델을 기반으로 한다. 이토이즈Etoys는 스퀵을 어린이 교육용으로 쓸 수 있도록 별도로 개발한 것으로 이후 스크래치 개발에 영향을 많이 끼쳤다.

■ 엔트리

엔트리Entry는 스크래치를 모델로 우리나라에서 개발한 교육용 프로그래밍 언어이다. 한국형 스크래치라고도 불린다. 스크래치가 플래시를 기반으로 했다면 엔트리는 HTML과 자바스크립트를 기반으로 했기 때문에 웹에서 더 쉽게 쓸 수 있으며 다양한 디바이스에 널리 사용할 수 있다.

2 스크래치 실습

스크래치는 http://scratch.mit.edu에서 다운로드하여 컴퓨터에 설치한 후 사용하거나 온라인에서 바로 쓸 수 있다. 프로그래밍 언어에 대한 기초 지식이 없어도 블록 게임을 하듯 각종 이미지, 소리, 동작, 이벤트 등을 자유자재로 조작할 수 있다. 온라인에서 스크래치를 사용하는 방법을 알아보자.

따라하기 > 스크래치로 간단한 프로그램 만들기

01 http://scratch.mit.edu에 접속하여 오른쪽 위에 있는 [스크래치 가입]을 선택한다. 화면 안내에 따라 각종 정보를 입력하여 다음 단계를 진행한다.

그림 4-26 **스크래치 사이트 접속**

02 가입을 마쳤다면 위에 있는 첫 번째 항목인 [만들기]를 선택한다.

그림 4-27 **스크래치 프로그래밍 시작**

03 스크래치 초기 화면이 나타난다. 화면은 메뉴, 무대, 블록, 스크립트 영역으로 구성되어 있다. 무대
는 스프라이트라고 불리는 개체가 동작하는 공간이고, 블록은 스프라이트에 동작이나 소리 등을 조
작할 수 있는 명령어 블록이 모여 있는 공간이다. 스크립트는 블록을 드래그하여 실제 명령을 작성
하는 공간이다. 초기 화면에는 고양이 스프라이트가 나타난다. 다른 스프라이트를 추가해보자. 새
로운 스프라이트 항목에서 원숭이 아이콘(🐵)을 클릭한다.

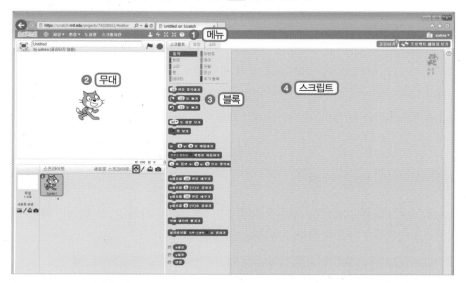

그림 4-28 **스크래치 초기 화면**

04 원하는 이미지를 선택하고 〈확인〉을 클릭한다.

그림 4-29 **새 스프라이트 추가**

05 스프라이트를 삭제하려면 해당하는 스프라이트를 선택하고 마우스 오른쪽 버튼을 눌러 나타나는 메뉴 중 〈삭제〉를 선택한다.

그림 4-30 **스프라이트 삭제**

06 고양이에게 동작을 추가해보자. 스크립트 탭에 있는 [동작]을 선택하면 움직이기와 돌기 같은 다양한 블록이 나타난다. [10만큼 움직이기]를 클릭하고 스크립트 영역으로 드래그한다. 해당 블록을 클릭하면 고양이가 10만큼 움직이는 것을 볼 수 있다. 숫자를 더블클릭하여 움직이는 거리를 수정할 수도 있다. 더블클릭하여 10을 20으로 수정한다.

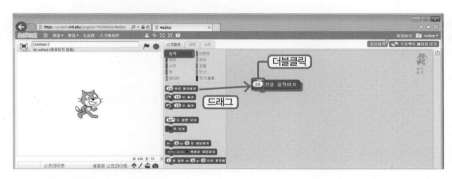

그림 4-31 **동작 추가**

07 바로 아래 있는 [15도 돌기]를 스크립트 영역으로 드래그하여 [20만큼 움직이기] 바로 아래 놓는다. 두 블록이 붙는 것을 볼 수 있다. 블록을 클릭하면 고양이가 20만큼 15° 돌아간다.

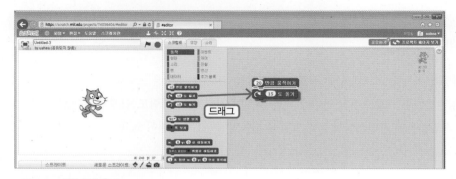

그림 4-32 **회전 동작 추가**

08 타악기 소리를 추가해보자. 이번에는 [소리]를 선택하고 [1번 타악기를 0.25 박자로 연주하기]를 클릭하고 스크립트 영역으로 드래그한다. 해당 블록을 클릭하여 소리가 나는지 확인해보자.

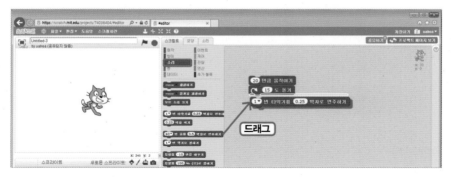

그림 4-33 **소리 추가**

09 동작과 소리 등을 계속 반복하고 싶다면 [제어]를 선택하고 [10번 반복하기] 블록을 드래그하여 기존 블록을 덮어씌운다. 같은 방식으로 다른 명령도 드래그하여 실행해보자.

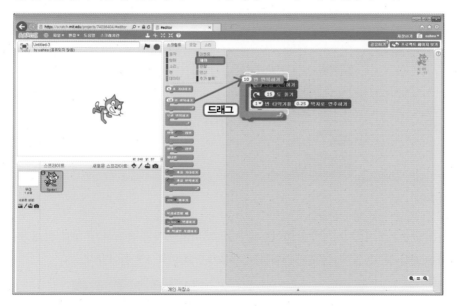

그림 4-34 **반복 기능**

기존 프로그래밍 언어는 프로그램 문법 구조나 명령문을 익히는 데 많은 노력이 필요하다. 하지만 스크래치는 실습해본 것처럼 프로그래밍 언어에 대한 지식이 전혀 없는 사람도 쉽게 프로그램을 만들고 조작할 수 있다. 게임하듯이 자연스럽게 논리 흐름을 터득할 수 있어 어린이 교육용 프로그램으로 두루 쓰인다.

1 프로그래밍 언어

인간과 컴퓨터가 의사소통할 수 있도록 인간이 컴퓨터에게 내리는 명령, 즉 프로그램을 기술하는 언어이다.

2 프로그래밍 언어의 유형

- 저급 언어 : 2진수 형태의 기계어와 기계어를 알기 쉬운 기호로 변형한 어셈블리어가 있다.
- 고급 언어 : 사람의 표현 방식을 이용하여 컴퓨터에게 명령을 내리는 언어로 포트란, 코볼, 파스칼, C언어, C++, 자바, 스몰토크 등이 있다.

3 프로그래밍 언어의 발전 과정

1950년대부터 등장한 프로그래밍 언어는 사용자의 요구와 하드웨어 기술 변화에 따라 지속적으로 발전했다(어셈블리어 → 포트란 → 코볼 → C언어, 파스칼 → 베이직 → C++, 자바, 비주얼 베이직 → 4세대, 5세대 언어).

4 프로그래밍 언어 발전의 주요 특성

- 텍스트 위주에서 그래픽 등의 멀티미디어 처리 중심으로 진화했다.
- 비표준화된 코드에서 표준화된 컴포넌트 부품을 생산하는 소프트웨어 공장 개념으로 진화했다.
- 웹 프로그래밍 언어들이 등장하면서 기존의 객체 지향 언어와 결합하여 인터넷에서 텍스트, 이미지, 애니메이션, 사운드 등을 포함한 가상현실virtual reality까지 구현할 수 있는 언어로 발전했다.
- 인공지능 기능을 이용하여 자연 언어natural language로 직접 처리하는 기법에 대한 연구가 진행 중이다.

5 프로그램 개발 과정

① 사용자 요구사항 분석 : 사용자의 필요나 문제가 무엇인지 파악하고 이해하기 위한 단계이다.
② 프로그램 설계 : 실제 코딩을 할 때 사용할 논리를 프로그래머가 대략적으로 그려내는 단계로 알고리즘 설계라고 한다. 알고리즘algorithm이란 문제를 푸는 방법에 대하여 순서를 정하는 것이다.
③ 코딩 및 컴파일 : 프로그래밍 언어로 실제 프로그램을 작성하는 과정을 코딩이라고 한다. 코딩이 끝나면 고급 언어로 작성된 명령문을 기계어로 바꾸는데 이를 컴파일이라고 한다.
④ 디버깅 및 테스트 : 디버깅이란 프로그램의 오류를 찾아 제거하는 과정이다. 모든 오류 점검을 마치면 시험용 데이터를 입력해 테스트한 후 프로그램 개발을 완료한다.

6 프로그램 제어 흐름의 유형

- 순차 구조 : 프로그램 코드 순서대로 실행하는 구조이다.
- 선택 구조 : 조건문conditional statement이라고도 하며 프로그램이 다음에 무엇을 해야 하는지를 결정하는 분기 구조이다.
- 반복 구조 : 루프 구조라고도 하며 조건이 만족하지 않을 때까지 계속 반복한다.

7 절차 지향 언어

프로그램이 순서대로 실행되는 언어이다. 함수를 이용해서 다른 곳으로 건너뛰었다 돌아와도 그 전체의 흐름은 순서대로 흘러가는 특징이 있다. 4세대 이전의 거의 모든 언어가 절차 지향 언어에 해당되며 파스칼, 코볼, 포트란, 베이직, C언어 등이 있다.

8 객체 지향 언어

절차 지향 언어의 제한점인 재사용성을 보완하기 위해 등장한 언어이다. 객체, 클래스, 상속, 메시지, 추상화, 캡슐화, 다형성 등의 개념이 추가됐다.

9 교육용 프로그래밍 언어

갈수록 빠르게 진화하는 IT시대에 부응하여 프로그래밍의 기본 원리를 누구나 쉽게 이해할 수 있도록 개발한 교육용 언어이다. 대표적인 교육용 프로그래밍 언어에는 스크래치, 스퀵, 엔트리 등이 있다.

정오형 문제 --

1 프로그램은 컴퓨터를 제어하는 자료의 모임이다. [참] [거짓]

2 C언어는 절차 지향 언어로 다른 언어에 비해 웹 환경에서 쓰기에 편리하다. [참] [거짓]

3 자바는 다른 객체 지향 언어에 비해 상대적으로 웹 환경에서 개발 및 적용하기가 편리하다. [참] [거짓]

4 구조적 프로그램은 단일한 입·출구를 가진다. [참] [거짓]

5 절차 지향 언어는 데이터와 기능을 분리시키지 않는다. [참] [거짓]

6 캡슐화란 객체의 속성과 기능을 하나로 묶되, 추상화하여 객체의 세부 내용을 사용자에게 공개한다. [참] [거짓]

7 객체 지향 언어의 특징 중 하나는 데이터를 노출시키는 것이다. [참] [거짓]

8 추상화를 구현하려면 캡슐화하지 않아야 한다. [참] [거짓]

9 상속은 다형성의 특성과 전혀 관계가 없다. [참] [거짓]

10 자바와 C#은 다형성 기능을 가지고 있다. [참] [거짓]

단답형/선택형 문제 --

1 프로그램의 제어 구조는 크게 (   ), (   ), (   )으(로) 구분된다.

2 인터프리터 방식에서는 (   )와(과) (   )이(가) 동시에 이뤄진다.

3 (   )은(는) 일명 조건문이라고도 하며 프로그램이 다음에 무엇을 해야 할지 결정하는 분기 구조이다.

4 (   )의 목적 중 하나는 goto 문을 제거하는 것이다.

5 객체를 정의한다는 것은 객체가 가진 (   )와(과) (   )을(를) 정의하고 다른 객체와의 관계를 정의하는 것이다.

6 다음 설명 중 틀린 것은?

① 알고리즘은 어떤 문제를 해결하기 위해 요구되는 논리적 실행 순서를 가지는 작업 내용이다.

② 디버깅이란 프로그램이 포함하고 있는 모든 오류를 찾아내 제거하는 것이다.

③ 자바는 C++의 강력한 기능을 제공하면서도 규모는 더 작고 안전성은 강화된 언어이다.

④ 프로그래밍 언어의 대부분은 컴파일러 방식과 기계어 방식을 함께 사용하여 구현된다.

7 다음 설명 중 옳은 것은?

① 포트란은 지금도 많이 활용되는 사무 처리용 언어이다.

② C언어의 장점은 웹 응용 업무에 강하다는 점이다.

③ C#은 특성이 C언어 계열보다 자바와 유사한 면이 많다.

④ 자바는 운영체제에 관계없이 대부분의 시스템에서 호환성을 갖지 못한다.

8 다음 설명 중 틀린 것은?

① 어떠한 문제를 푸는 방법에 대하여 순서를 지정하는 것을 알고리즘이라 한다.

② 하이브리드 방식은 명령어 단위로 한 행씩 번역하면서 실행까지 하는 방식이다.

③ 순차 구조는 프로그램 코드 순서대로 실행하는 구조이다.

④ 반복 구조는 일명 루프 구조라고도 하며 조건이 만족되지 않을 때까지 계속 반복한다.

주관식 문제

1 고급 언어의 특징을 설명하시오.

2 알고리즘의 의미를 설명하시오.

3 절차 지향 언어에서 구조적 프로그래밍 기법이 필요한 이유와 그 방법을 설명하시오.

4 절차 지향 언어와 객체 지향 언어의 주요 차이점을 설명하시오.

5 기존 프로그래밍 언어와 교육용 프로그래밍 언어의 주요 차이점을 설명하시오.

IT COOKBOOK

PART 02

컴퓨터 기반 기술

IT COOKBOOK

컴퓨터 기반 기술

CHAPTER 05

운영체제

컴퓨터 시스템과 사용자 사이의 중개자_운영체제의 개념과 동작 원리

학습목표
- 운영체제가 무엇이고 처리 방식에 따라 어떻게 나뉘는지 알아본다.
- 대표적인 범용 운영체제의 종류를 살펴본다.
- 운영체제의 자원 관리 기법을 공부한다.

PREVIEW

운영체제는 사용자가 컴퓨터 시스템을 편리하게 사용할 수 있도록 사용 환경을 제공한다.

컴퓨터를 켜면 자동으로 실행되는 윈도우가 운영체제의 대표적인 예이다.

우리는 운영체제의 사용법만 익히면 컴퓨터가 내부적으로

어떻게 동작하는지 몰라도 컴퓨터를 사용할 수 있다.

이 장에서는 범용 운영체제의 종류와 특징에 대해 알아보고,

운영체제의 주요 기능을 중심으로 하드웨어를 제어하는 여러 가지 기법에 대해 알아본다.

01 운영체제의 개요

운영체제^{OS, Operating System}란 컴퓨터 시스템과 사용자 사이에서 중개자 역할을 하는 프로그램이다. 컴퓨터를 켜면 제일 먼저 만나는 프로그램이기도 하다. 운영체제가 있어 우리는 좀 더 편하게 컴퓨터를 사용할 수 있다.

1 운영체제의 정의와 목적

컴퓨터 시스템은 하드웨어와 소프트웨어로 구성되어 있다. 운영체제는 하드웨어와 사용자 사이에서 인터페이스를 제공하고, 한정된 시스템 자원을 더욱 효율적으로 관리하여 컴퓨터의 성능을 향상시키는 시스템 소프트웨어이다.

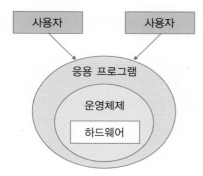

그림 5-1 **컴퓨터 시스템의 구성**

- 하드웨어 : 중앙처리장치, 기억장치, 입출력장치 등 기계적인 장치를 말한다.
- 운영체제 : 하드웨어와 사용자 사이에서 중개자 역할을 하는 프로그램이다. 일반적으로 윈도우, 유닉스, 리눅스 등을 많이 사용한다.
- 응용 프로그램 : 문서 작성 프로그램, 그래픽 프로그램, 게임 프로그램 등 특수한 목적을 달성하기 위해 사용하는 프로그램을 말한다.
- 사용자 : 사람이나 기계가 될 수도 있지만 다른 컴퓨터 시스템이 될 수도 있다.

운영체제는 사용자가 컴퓨터 시스템을 편리하게 사용할 수 있도록 환경을 마련하고, 시스템 자원을 관리하여 컴퓨터의 성능을 향상시킨다. 운영체제의 목적은 다음과 같다.

- **처리량 향상** : 컴퓨터 시스템이 단위 시간 동안 처리하는 작업량을 늘린다.
- **응답 시간 단축** : 컴퓨터 시스템에 작업을 맡긴 후 결과가 나올 때까지 소요되는 시간을 단축시킨다.
- **신뢰성 향상** : 컴퓨터 시스템을 구성하는 하드웨어 장치나 프로그램이 주어진 기능을 실패 없이 안정적으로 수행할 수 있도록 한다.
- **유용성 증대** : 자원을 효율적으로 관리하여 제공할 수 있는 자원의 양을 최대로 늘린다.

2 운영체제의 구동

운영체제는 컴퓨터 전원이 켜지면 자동으로 실행된다. 운영체제를 구동시키기 위한 컴퓨터 시스템의 부팅^booting 과정은 다음 그림과 같다.

TIP 윈도우가 설치된 컴퓨터의 전원을 켰다고 생각하고 설명을 읽으면 더 쉽게 이해할 수 있다.

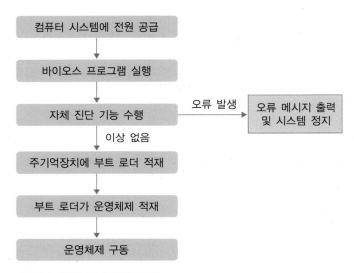

그림 5-2 **컴퓨터 시스템의 부팅 과정**

컴퓨터 시스템에 전원이 공급되면 메인보드의 롬에 저장된 바이오스^BIOS, Basic Input Output System 프로그램이 실행된다. 바이오스 프로그램은 중앙처리장치, 주기억장치, 그래픽 카드, 키보드 등 각종 하드웨어 장치를 검사하고 초기화하는 자체 진단 기능을 수행한다. 이때 오류가 발생하면 오류 메시지를 출력하고 동작을 멈춘다. 오류 메시지는 문자로 나타나기도 하고 '삑' 소리를 내서 알리기도 한다.

자체 진단 결과 아무 이상이 없으면 바이오스 프로그램은 검색된 부팅 매체(하드디스크, CD-ROM 등)에서 부트 로더^boot loader를 주기억장치로 읽어 들인다.

부트 로더가 주기억장치에 적재되면 바이오스가 종료되고, 시스템 제어권은 부트 로더로 넘어간다. 부트 로더는 운영체제를 주기억장치에 적재하고, 운영체제의 첫 번째 명령어가 실행되도록 제어권을 운영체제로 넘긴다.

이와 같이 주기억장치에 운영체제를 적재하여 사용자가 컴퓨터 시스템을 이용할 수 있도록 하는 절차를 부팅이라고 한다.

3 운영체제의 역할

운영체제는 시스템 자원^{resource}을 관리하는 역할을 한다. 운영체제가 관리하는 시스템 자원의 종류는 다음 그림과 같다.

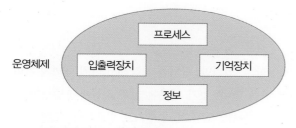

그림 5-3 운영체제가 관리하는 시스템 자원

- 프로세스 관리 : 프로세스는 주기억장치에서 현재 실행 중인 프로그램을 의미한다. 운영체제는 프로세스 관리를 위해 프로세스의 생성과 제거, 프로세스의 중지와 재시작, 프로세스의 동기화, 프로세스 사이의 통신 및 교착 상태 방지 기법 등을 제공한다.
- 기억장치 관리 : 운영체제는 주기억장치의 어느 부분이 어떤 프로세스에 의해 사용되고 있는지 파악한다. 프로세스의 요구에 따라 주기억장치에 어떤 프로세스를 적재하고 회수할 것인지도 결정한다.
- 입출력장치 관리 : 운영체제는 효율적으로 입출력 시스템을 구성하기 위해 입출력장치의 상태를 파악하고 입출력장치의 작업을 스케줄링한다.
- 정보 관리 : 운영체제는 정보를 담은 파일을 만들어 저장 매체에 저장하거나 제거한다. 파일과 디렉터리를 관리할 수 있도록 기능을 제공한다.

자원 관리자로서 운영체제의 역할은 3, 4, 5, 6절에서 자세히 살펴보기로 하자.

4 운영체제의 분류

운영체제는 중앙처리장치(이하 CPU)의 작업 처리 방식에 따라 일괄 처리 시스템, 다중 프로그래밍 시스템, 다중 처리 시스템, 시분할 시스템, 실시간 시스템, 분산 처리 시스템으로 나뉜다.

4.1 일괄 처리 시스템

일괄 처리 시스템^{batch processing system}은 1950년대 초기에 등장한 자료 처리 시스템이다. 자료가 생기면 즉시 처리하지 않고 일정 기간 또는 일정량이 될 때까지 모아 두었다가 한꺼번에 처리하는 방식이다. 예를 들어 한 달에 한 번씩 처리하는 전기요금, 수도세, 가스요금, 급여 처리 등에 주로 쓰인다.

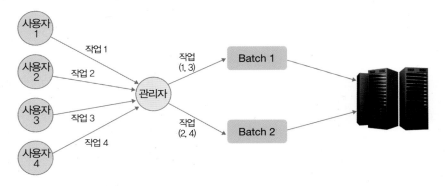

그림 5-4 **일괄 처리 시스템의 처리 방식**

일괄 처리 시스템은 컴퓨터 시스템을 효율적으로 사용할 수 있지만, 작업을 시작해서 마칠 때까지 걸리는 반환 시간^{turnaround time}이 길다. 작업하면서 상호작용을 할 수 없기 때문에 실행 과정에서 발생할 수 있는 모든 경우에 적절하게 대처할 수 있도록 작업 제어 카드^{job control card}가 추가로 필요하다. 또한 하나의 작업이 실행되면 해당 작업이 모든 시스템 자원을 독점하기 때문에 중간에 CPU가 쉬더라도 다른 작업이 CPU를 이용할 수 없는 유휴 상태^{idle state}가 종종 발생하기도 한다.

4.2 다중 프로그래밍 시스템

다중 프로그래밍 시스템^{multiprogramming system}은 1960년대 초에 등장한 자료 처리 시스템이다. 다수의 프로그램을 주기억장치에 적재시킨 후 CPU를 번갈아 가며 사용하는 방식이다. 처음에 주기억장치에 적재된 하나의 프로그램이 CPU를 사용하다가 입출력 연산을 수행하기 위해 입출력장치를 사용하면, 그동안 다른 프로그램이 CPU를 사용한다. 이 방식을 쓰면 CPU의 유휴 시간^{idle time}에 다른 프로그램을 처리할 수 있어 다수의 프로그램을 동시에 실행하는 것과 같은 효과를 낼 수 있다.

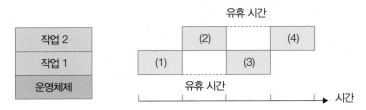

그림 5-5 **다중 프로그래밍 시스템의 처리 방식**

4.3 다중 처리 시스템

다중 처리 시스템multiprocessing system은 하나의 컴퓨터에 두 개 이상의 CPU를 탑재하여 동시에 여러 프로그램을 처리하는 방식이다. 다중 프로그래밍 시스템이 CPU를 한 개만 두고 여러 프로그램이 번갈아 가며 쓰는 방식이라면, 다중 처리 시스템은 애초에 CPU를 여러 개 두고 쓰는 방식이다. CPU를 여러 개 두는 이유는 컴퓨터 시스템의 처리 능력과 신뢰성을 향상시키기 위해서이다.

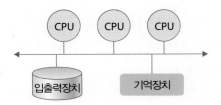

그림 5-6 **다중 처리 시스템의 구조**

4.4 시분할 시스템

시분할 시스템time-sharing system은 각 작업에 일정한 CPU 시간time slice을 할당하고, 주어진 시간 동안 작업하는 방식이다. 주어진 시간을 다 쓰면 CPU를 다른 작업에게 넘기고 다음 순서가 올 때까지 기다린다. 각 작업에 주어진 CPU 시간이 매우 짧기 때문에 각 작업은 컴퓨터 시스템을 독점적으로 사용하고 있다는 느낌을 받는다.

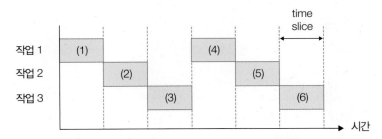

그림 5-7 **시분할 시스템의 처리 방식**

4.5 실시간 시스템

실시간 시스템real-time system은 다음 그림의 환자 모니터링 시스템과 같이 입력된 데이터를 즉시 처리한 후 바로 결과를 보낸다. 입력된 요구에 바로 반응하므로 실시간 처리 시스템real-time processing system이라고도 하며, 작업을 요청하여 결과를 얻는 데까지 시간 제약time constraint이 존재한다. 실시간 시스템은 시간 제약이 얼마나 엄격하느냐에 따라 경성 실시간 시스템hard real-time system과 연성 실시간 시스템soft real-time system으로 나뉜다.

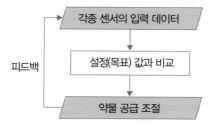

그림 5-8 **실시간 시스템(환자 모니터링 시스템)의 처리 방식**

- **경성 실시간 시스템** : 작업 시작이나 완료에 대한 시간 제약을 지키지 못할 경우 시스템에 치명적인 영향을 미친다. 대표적인 예로 무기 제어, 발전소 제어, 공장 자동화 등이 있다.
- **연성 실시간 시스템** : 작업 실행에 대한 시간 제약은 있지만, 시간을 지키지 못해도 시스템에 큰 영향을 미치지 않는다. 대표적인 예로 온라인 예약 시스템과 동영상을 재생하는 멀티미디어 시스템 등이 있다. 예를 들어 동영상을 재생하는 멀티미디어 시스템은 초당 일정한 개수 이상의 프레임을 재생해야 하지만, 통신 부하나 다른 작업으로 인해 일부 프레임이 재생되지 못해도 시스템에 큰 영향을 주지 않는다.

4.6 분산 처리 시스템

분산 처리 시스템^{distributed processing system}은 다음 그림과 같이 네트워크를 통해 연결된 다수의 컴퓨터 시스템에 작업과 자원을 분산시켜 처리하는 방식이다. 컴퓨터 시스템과 데이터가 지역적으로 분산되어 있으므로 평소에는 독립적으로 작업을 처리하다가 정보 교환이 필요할 때는 상호 협력하면서 작업을 처리한다. 분산 처리 시스템을 사용하는 목적은 자원을 공유하고, 연산 속도와 신뢰성을 향상시키며, 통신 기능을 활용하기 위해서이다.

그림 5-9 **분산 처리 시스템의 처리 방식**

02 범용 운영체제

여러 분야에 널리 사용될 수 있게 만들어진 범용 운영체제^{General-purpose OS}에는 유닉스^{Unix}, 리눅스^{Linux}, 윈도우^{Windows}, 맥 OS^{Mac OS} 등이 있다. 각 운영체제의 등장 배경과 특징에 대해 알아보자.

1 유닉스

유닉스는 1969년 미국 벨^{Bell} 연구소의 프로그래머였던 켄 톰슨^{Ken Thompson}이 만든 PDP-7 시스템의 운영체제이다. 지금도 기업, 대학, 연구기관 등에서 널리 사용되고 있다. 처음에는 작은 프로그램을 모아 소규모로 시작했으나, 현재는 소규모 내장 컨트롤러에서 메인프레임에 이르기까지 다양한 영역에서 수많은 응용 프로그램을 구동시키는 개방형 표준 운영체제로 발전하고 있다.

그림 5-10 켄 톰슨(왼쪽)과 PDP-7 시스템(오른쪽)

유닉스의 대표적인 특징은 다음과 같다.

- 타 기종으로의 우수한 이식성 : 유닉스는 95% 이상이 C언어로 작성되어 있어 시스템에 종속된 부분만 수정하면 새로운 시스템에서도 실행할 수 있다.
- 계층적 파일 시스템 : 파일 시스템이 계층적인 트리 형태로 구성되어 있어 특정 파일에 쉽게 접근할 수 있으며 파일과 디렉터리를 효과적으로 관리할 수 있다.
- 다중 작업과 다중 사용자 지원 : 여러 사용자가 동시에 컴퓨터 시스템을 사용할 수 있으며, 각 사용자는 한 번에 하나 이상의 작업(프로그램)을 실행할 수 있다.

2 리눅스

리눅스는 1991년에 핀란드 헬싱키 대학의 학생이었던 리누스 토발즈Linus Torvalds가 만든 유닉스 호환 운영체제이다. 소스 코드를 공개하여 자유롭게 이용하자는 오픈 소스open source 정책을 따르기 때문에 소프트웨어를 자유롭게 수정하고 배포할 수 있다. 이러한 이유로 전 세계 개발자들에 의해 지속적으로 수정·보완되어 발전하고 있으며 다양한 플랫폼에 이식되어 사용되고 있다.

1983년에 리차드 스톨만Richard Stallman이 자유 소프트웨어 재단FSF, Free Software Foundation을 설립하여 GNUGnu's not Unix 프로젝트를 시작하면서, 리눅스에서 사용할 수 있는 다양한 소프트웨어가 개발되었다. 리눅스를 종종 GNU/Linux라고도 하는데, 이것은 리눅스 커널이 GNU GPLGeneral Public License을 따르기 때문이다. 따라서 리눅스는 리눅스 커널을 기반으로 한 GNU 시스템이라고 말할 수 있다.

TIP▶ GPL은 FSF와 GNU 프로젝트에서 제공하는 소프트웨어에 적용되는 라이선스이므로 사용자가 소프트웨어를 자유롭게 공유하고 수정할 수 있다.

그림 5-11 리누스 토발즈(왼쪽)와 우분투 리눅스의 실행 화면(오른쪽)

리눅스의 대표적인 특징은 다음과 같다.

- **공개형 오픈 소스 운영체제** : 운영체제의 소스 코드가 공개되어 있기 때문에 누구나 소스 코드를 변경하고 재배포할 수 있다.
- **다중 사용자 지원** : 여러 사용자가 동시에 컴퓨터 시스템을 사용할 수 있어서 서버 기능을 수행할 수 있다.
- **다중 작업 및 가상 터미널 환경 지원** : 다수의 가상 작업 공간을 제공하기 때문에 하나의 컴퓨터 시스템에서 하나 이상의 작업(프로그램)을 동시에 실행할 수 있다.
- **우수한 신뢰성** : 시스템 자원을 효율적으로 사용하기 때문에 다른 운영체제에 비해 낮은 시스템 사양에서도 안정적으로 잘 작동한다.
- **네트워크 운영체제로 활용 가능** : 다른 운영체제에 비해 적은 비용으로 쉽게 다양한 네트워크 서버(웹 서버, 네임 서버, FTP 서버, 텔넷 서버, 프린터 서버 등)를 구축할 수 있다.
- **다양한 배포판 존재** : 배포판은 리눅스 커널, 시스템 유틸리티, 다양한 소프트웨어 패키지로 구성된 묶음으로, 전 세계적으로 약 300여 종이 존재한다. 대표적인 예로 데비안Debian, 레드햇RedHat, 슬랙웨어

Slackware, 아치^{Arch}, 젠투^{Gentoo} 등이 있다. 데비안 계열에는 우분투^{Ubuntu}, 민트^{Mint} 등이 있고, 레드햇 계열에는 레드햇^{RedHat}, 페도라^{Fedora}, 센트 OS^{CentOS} 등이 있으며, 슬랙웨어 계열에는 수세^{SUSE} 리눅스 등이 있다.

3 윈도우

윈도우는 마이크로소프트가 애플의 그래픽 사용자 인터페이스^{GUI} 운영체제인 맥 OS에 대항하기 위해 개발한 운영체제이다. 자사의 MS-DOS에 다중 작업 기능과 GUI 환경을 추가했다. 초기에는 개인용과 전문가용^{Windows NT}을 구분하여 출시했지만, 윈도우 XP부터는 통합하여 출시하였다.

2015년 7월에 출시된 윈도우 10은 컴퓨터는 물론 휴대폰과 사물인터넷 기기 등에도 탑재된다. 따라서 UAP^{Universal App Platform}에서 구동되는 애플리케이션은 모두 윈도우 10이 설치된 기기에서 사용할 수 있다. 또한 인터넷 익스플로러가 새로운 브라우저인 마이크로소프트 에지로 대체되었다. 다음 그림은 윈도우 10의 실행 화면이다.

그림 5-12 **윈도우 10의 실행 화면**

윈도우의 버전별 출시 연도와 특징을 정리하면 다음 표와 같다.

표 5-1 윈도우의 버전별 특징

버전 명	출시 연도	특징
윈도우 1.0	1985	· MS-DOS의 확장판
윈도우 3.0/3.1	1990/1992	· 사용자 인터페이스 개선 · 강력한 다중 작업 기능 제공
윈도우 NT	1993	· NT 커널 기반의 전문가용 운영체제 · NTFS 파일 시스템, 강력한 보안 기능, 네트워킹 모듈 제공
윈도우 95	1995	· 진정한 의미의 32비트 운영체제
윈도우 98	1998	· FAT32 파일 시스템 지원 · 개선된 PnP(Plug and Play) 기능 제공 · USB, IEEE1394, AGP(Accelerated Graphics Port) 등 지원 · 다중 모니터 및 표준 전원 관리 기능(ACPI) 제공
윈도우 me	2000	· UPnP(Universal PnP)와 시스템 복원 기능 추가 · 9x 기반의 개인용 윈도우의 마지막 버전
윈도우 2000	2000	· 기업/전문가용 운영체제
윈도우 XP	2001	· 소비자 지향형 운영체제(NT 커널 기반+윈도우 me 편의성) · 홈 에디션과 프로페셔널 버전으로 구분
윈도우 XP 미디어 센터	2003	· DVD/TV 기능(프로그램 녹화와 원격 조정 기능 지원)
윈도우 서버 2003	2003	· 윈도우 2000 서버 제품군에 새로운 기능과 강력한 보안 기능 추가
윈도우 비스타	2006/2007	· 기업용 버전과 개인용 버전을 별도로 출시 · 윈도우 XP보다 강화된 보안 기능 제공
윈도우 서버 2008	2008	· 윈도우 서버 2003의 후속작(윈도우 비스타 기반)
윈도우 7	2009	· 다양한 에디션 및 32/64비트 버전 출시 · 윈도우 XP와 비스타 기반의 프로그램 실행 가능
윈도우 서버 2008 R2	2009	· 윈도우 서버 2008의 후속작(윈도우 7 기반)
윈도우 8/8.1	2012/2013	· 인텔/AMD 외에도 ARM 프로세서 지원(윈도우 RT) · 터치스크린 기능 탑재
윈도우 서버 2012	2012	· 윈도우 서버 2008 R2의 후속작(윈도우 8 기반) · 네 가지 에디션(파운데이션/에센셜/스탠다드/데이터 센터)
윈도우 서버 2012 R2	2013	· 윈도우 서버 2012의 후속작(윈도우 8.1 기반)

TIP▶ ACPI(Advanced Configuration and Power Interface) : 1996년에 인텔과 마이크로소프트와 도시바가 함께 개발한 전원 관리 규약이다. 사용하지 않는 주변기기에 공급되는 전원을 차단할 수 있다.

4 맥 OS

맥 OS는 애플의 개인용 컴퓨터인 매킨토시용으로 개발된 GUI 운영체제이다. 처음에는 특별한 이름을 부여하지 않고 그냥 '시스템'이라고 불렀지만, 1997년에 맥 OS 7.6을 출시하면서 '맥 OS'라는 이름을 붙여 부르기 시작했다.

맥 OS는 애플의 자체 코드에 기반을 둔 클래식 시리즈(시스템 1.0~맥 OS 9)와 BSD[Berkeley Software Distribution] 코드를 사용하는 유닉스 계열 운영체제인 NEXTSTEP 기반의 맥 OS X로 나눌 수 있다. 클래식 시리즈는 명령 줄이 전혀 없는 완전한 GUI 운영체제로, 사용하기 쉬우며 협력형 멀티태스킹을 제공한다. 맥 OS X는 맥 OS의 열 번째 버전으로 아이폰, 아이패드, 애플 TV 등에 사용되는 모바일 운영체제인 iOS의 토대이기도 하다. 다음 그림은 2015년 10월에 공개한 맥 OS X 10.11.1로, 코드명이 엘 케피탄[El Capitan]이다.

그림 5-13 **맥 OS X 10.11.1의 실행 화면**

03 프로세스 관리

초기 컴퓨터 시스템은 한 번에 하나의 프로그램만 실행하는 단일 프로그래밍 시스템으로, 하나의 프로그램이 모든 시스템 자원을 독점하여 사용했다. 오늘날의 컴퓨터 시스템은 다수의 프로그램을 주기억장치에 적재하여 병행하여 실행하기 때문에 여러 개의 프로그램이 시스템 자원을 공유한다. 이러한 기술적 발전에 따라 개별 프로그램을 제어할 필요가 생겼고, 프로세스 개념이 등장했다. 자원 관리자로서 운영체제의 프로세스 관리 기능에 대해 알아보자.

1 프로세스의 개념

프로세스는 1960년대 중반 멀틱스^{Multics} 운영체제에서 처음 사용되었다. IBM 운영체제에서는 태스크^{task}라고도 부른다. 프로세스에 대한 정의는 다양하지만 일반적으로 '실행 중인 프로그램'이라는 개념이 널리 사용된다.

프로세스는 프로그램의 개념과 비교해 보면 정확히 이해할 수 있다. 프로그램은 디스크에 저장된 파일과 같은 수동적인 개체^{passive entity}를 의미하지만, 프로세스는 다음에 실행할 명령어를 지정하는 프로그램 카운터^{PC}를 가진 능동적인 개체^{active entity}를 의미한다. 즉 프로그램이 주기억장치에 적재되어 처리를 시작할 때 비로소 프로세스라는 활동적인 개체가 된다.

2 프로세스 상태

프로세스는 생성된 후 종료될 때까지 다양한 사건에 의해 상태가 변한다. 프로세스 상태는 다음 그림과 같이 초기 상태, 준비 상태, 실행 상태, 대기 상태, 종료 상태 등이 있다.

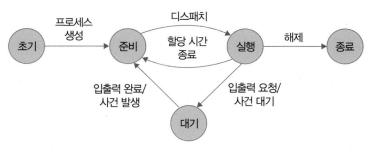

그림 5-14 **프로세스 상태 전이도**

■ 초기 상태

초기 상태^{new state}는 프로그램이 활성화 프로세스로 변환된 상태이다.

■ 준비 상태

준비 상태^{ready state}는 프로세스가 CPU를 할당받기 위해 준비 큐^{ready queue}에서 기다리는 상태이다. CPU 스케줄러는 준비 상태의 프로세스 중 하나를 선택하여 CPU를 할당하는데 이를 디스패치^{dispatch}라고 한다.

■ 실행 상태

실행 상태^{running state}는 프로세스가 CPU를 차지하고 작업을 수행하는 상태이다. 운영체제는 프로세스의 CPU 사용 시간을 지정하는데, 이를 시간 할당량^{time slice 또는 time quantum}이라고 한다. 시간 할당량은 특정 프로세스가 CPU를 독점하는 것을 막고 시분할 처리를 원활하게 만들기 위해 설정한다. 실행 중 시간 할당량이 초과된 프로세스는 CPU를 다음 프로세스에게 양도하고 준비 큐의 맨 뒤로 이동한다.

■ 대기 상태

CPU를 차지한 프로세스가 작업을 실행하는 도중 입출력 처리와 같은 사건이 발생하면 CPU 사용을 멈추고 입출력 처리를 한다. 이때 프로세스는 다음 프로세스에게 CPU를 양도하고 입출력 처리가 완료될 때까지 대기 큐에서 기다리게 되는데, 이를 대기 상태^{blocked state}라고 한다. 입출력이 완료되어 완료 신호가 대기 중인 프로세스에게 전달되면 준비 상태로 바뀐다.

■ 종료 상태

종료 상태^{exit state}는 프로세스가 실행을 마친 상태이다. 해당 프로세스는 시스템에서 제거된다.

3 프로세스 제어 블록

프로세스 제어 블록^{PCB, Process Control Block}은 프로세스에 대한 정보를 운영체제에 제공하는 자료 구조이다. 모든 프로세스는 별도의 프로세스 제어 블록을 가지며 프로세스가 생성될 때 만들어졌다가 프로세스가 실행을 마치면 삭제된다. 프로세스 제어 블록의 구성은 운영체제에 따라 다르지만 일반적으로 다음 그림과 같다.

TIP 자료 구조란 컴퓨터에서 자료(데이터)를 효율적으로 이용할 수 있도록 저장하는 방법 또는 저장하는 구조를 말한다.

포인터	프로세스 상태
프로세스 식별자	
프로그램 카운터	
레지스터	
기억장치 관리 정보	
개방된 파일 리스트	
기타 정보	

그림 5-15 **프로세스 제어 블록(PCB)**

프로세스 제어 블록의 내용은 프로세스 상태가 변경되면 함께 변경된다. 예를 들어 운영체제가 현재 실행 중인 프로세스 P1로부터 프로세스 P2에게 CPU의 사용권을 넘길 때, P1의 정보는 프로세스 제어 블록에 저장된다. P1이 다시 CPU 사용권을 얻어 실행을 재개하면 프로세스 제어 블록에 저장해 둔 정보를 꺼내 활용한다.

4 병행 프로세스

프로세스는 종종 다른 프로세스와 협력하면서 작업을 수행한다. 이렇게 두 개 이상의 연관된 프로세스가 동시에 실행되는 것을 병행 프로세스^{concurrent process}라고 한다. 병행 프로세스는 독립적으로 실행되거나 다른 프로세스와 협력하면서 실행되는데, 다른 프로세스와 자원을 공유하지 않으면 독립적인 프로세스이고, 다른 프로세스에게 영향을 주거나 받으면 협력적인 프로세스이다.

모든 프로세스는 CPU에 의해 동시에 처리될 수 있는 가능성이 있으며, 두 개 이상의 프로세스가 병행 처리 상태에 있으면 예측 불가능한 결과(오류)가 발생할 수 있다. 이런 오류를 막기 위해 사용하는 개념이 동기화와 임계 구역과 상호 배제이다.

■ 동기화

두 개 이상의 프로세스가 공유 자원(데이터)에 동시에 접근(읽기나 쓰기)하면 데이터가 불일치 상태에 놓일 수 있다. 이럴 때 데이터의 일관성을 유지하려면 병행 프로세스의 처리 순서를 결정해야 한다. 이처럼 프로세스의 실행 시간에 따른 처리 순서를 결정하는 것을 프로세스 동기화^{synchronization}라고 한다. 예를 들어 프로세스 A(생산자)가 데이터를 생성하고 프로세스 B(소비자)가 생성된 데이터를 사용할 경우에 두 프로세스는 공유 데이터의 생성−소비 관계에 의해 실행 순서가 결정된다.

■ 임계 구역

병행 프로세스의 코드 영역 중에서 공유 자원(데이터)을 읽고 수정하는 등의 작업이 이루어지는 부분을 임계 구역^{critical section}이라고 한다. 따라서 병행 프로세스가 공유 자원을 참조하면 그 프로세스는 임계 구역 내에 있다고 한다. 하나의 프로세스가 임계 구역 내에 존재하면 다른 프로세스들은 임계 구역에 진입할 수 없도록 제어해야 한다.

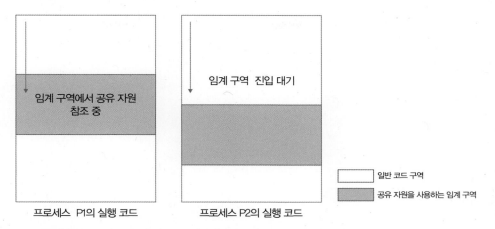

그림 5-16 **임계 구역**

■ **상호 배제**

상호 배제$^{mutual exclusion}$는 프로세스 동기화의 특수한 형태로, 하나의 프로세스가 공유 자원을 사용하는 동안에는 다른 프로세스가 공유 자원을 사용하지 못하게 하는 것이다. 예를 들어 프로세스 P1이 공유 자원을 사용하고 있을 때 프로세스 P2가 해당 자원을 요구하면, 프로세스 P2는 공유 자원이 반환될 때까지 기다려야 한다.

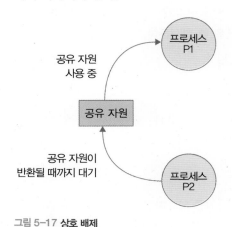

그림 5-17 **상호 배제**

5 교착 상태

다수의 프로세스에 의해 공유되는 자원이 특정 프로세스에 할당되어 독점적으로 사용될 때 다른 프로세스가 그 자원을 요구하면 교착 상태^{deadlock}가 발생한다. 다음 그림은 교착 상태의 예를 보여 주는 자원 할당 그래프resource allocation graph이다. 프로세스에서 자원으로 향하는 화살표는 자원에 대한 요구를 의미하고, 자원에서 프로세스로 향하는 화살표는 프로세스에 자원이 할당되었음을 의미한다.

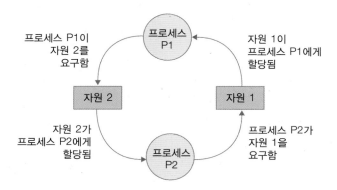

그림 5-18 교착 상태의 예

TIP 자원 할당 그래프 : 자원의 할당과 요구 상태를 화살표를 써서 그린 그래프이다. 원은 프로세스, 사각형은 자원을 나타낸다. 자원 유형별로 한 개 이상의 자원이 존재할 때는 자원 수만큼 사각형 안에 점을 그려 넣는다.

위 그림에서 프로세스 P1은 자원 1을 보유하면서 자원 2를 요구하고, 프로세스 P2는 자원 2를 보유하면서 자원 1을 요구한다. 각 프로세스는 자신의 자원은 계속 보유하면서 다른 프로세스가 갖고 있는 자원을 요구하므로, 상대방 프로세스의 자원이 반환되어 자신에게 할당될 때까지 계속 기다린다. 이러한 상황을 환형 대기circular wait라고 한다.

교착 상태에 있는 프로세스는 절대로 실행을 완료할 수 없다. 또한 시스템 자원이 묶여 있어 다른 작업을 실행할 수도 없다. 교착 상태는 아래의 네 가지 조건이 만족될 때 발생하며, 세 가지 조건(상호 배제, 보유와 대기, 비선점)이 성립하면 그 결과로 환형 대기 상태가 된다.

■ 상호 배제

상호 배제mutual exclusion는 오직 하나의 프로세스만 자원을 사용할 수 있다는 조건이다. 다른 프로세스가 사용 중인 자원을 요구하면 그 자원이 반환될 때까지 기다려야 한다.

■ 보유와 대기

보유와 대기hold and wait는 어떤 프로세스가 자신에게 할당된 자원을 보유하면서 다른 프로세스의 보유 자원을 추가적으로 요구하는 상태를 말한다. 이 상태에서 각 프로세스는 자신의 자원은 반환하지 않으면서 다른 프로세스의 자원이 반환될 때까지 기다린다.

■ 비선점

비선점nonpreemption은 어떤 프로세스에 할당된 자원을 다른 프로세스가 강제로 선점할 수 없다는 조건이다. 프로세스가 할당된 자원을 사용한 후 자발적으로 반환하기 전에는 회수할 수 없다.

■ 환형 대기

환형 대기^{circular wait}는 각 프로세스가 자신에게 할당된 자원을 보유하면서 상대방의 자원을 요청하는 상태를 말한다. [그림 5-18]과 같이 프로세스와 자원이 사이클을 형성한다.

> **TIP** 선점이란 프로세스가 자원을 할당받아 실행 중이라도 강제로 자원을 뺏는 것을 말한다. 반면 비선점은 프로세스가 자원을 할당받아 실행 중인 경우, 실행이 끝날 때까지 그 자원을 사용할 수 있도록 허용하는 것을 말한다.

교착 상태의 해결 방안은 다음과 같이 네 가지로 분류할 수 있다.

■ 교착 상태 예방

교착 상태가 생기는 네 가지 조건 중 하나를 제거하여 교착 상태가 발생하지 않도록 시스템을 제어한다. 교착 상태 예방^{deadlock prevention}은 분명한 해결책이지만 정확한 자원 사용 정책을 제시해야 하므로 자원이 낭비될 수 있다.

■ 교착 상태 회피

교착 상태 회피^{deadlock avoidance}는 시스템 운영 상황에 따라 교착 상태 발생 가능성을 피해가는 방법이다. 프로세스들의 자원 사용 정보를 파악하여 자원 사용 상황이 계속 안전 상태^{safe state}를 유지하도록 한다. 교착 상태 예방 기법보다 자원을 효율적으로 사용할 수 있다.

■ 교착 상태 탐지

일단 교착 상태의 발생을 허용하여 시스템 운영 중 교착 상태의 발생 여부를 판단한다. 교착 상태가 탐지^{deadlock detection}되면 교착 상태에 관련된 프로세스와 자원을 파악한다.

■ 교착 상태 회복

교착 상태 탐지 후 교착 상태에 관련된 하나 이상의 프로세스를 시스템에서 제거한다. 그리고 제거된 프로세스로부터 자원을 회수하여 다른 프로세스에게 제공함으로써 교착 상태를 해결한다. 제거된 프로세스는 지금까지 실행한 작업 결과를 모두 잃어버리므로 처음부터 다시 시작해야 한다.

> **TIP** 안전 상태(safe state)란 교착 상태를 방지할 수 있는 상태로 모든 작업이 완료될 수 있다. 반면 불안전 상태(unsafe state)는 교착 상태가 발생할 수 있는 상태를 말한다. 하지만 불안전 상태가 모두 교착 상태는 아니다.

04 CPU 스케줄링

프로세스가 작업을 처리하려면 우선 CPU를 할당받아야 한다. CPU 스케줄링이란 CPU를 언제, 어느 프로세스에게 할당할 것이지 결정하는 작업이다. CPU 스케줄링에 사용되는 기법에는 준비 큐에 도착한 순서대로 CPU를 할당하는 단순한 방법부터 프로세스의 작업 특성에 맞게 CPU를 할당하는 방법까지 다양하다. 이 절에서는 CPU 스케줄링 기법의 종류와 특징에 대해 알아보고 어떤 기법이 좋은지 판단하는 성능 기준에 대해 살펴본다.

1 CPU 스케줄링의 목적

CPU 스케줄링 기법을 결정할 때는 다음과 같은 목적을 고려해야 한다.

- 스케줄링의 공정성 : 스케줄링을 할 때 모든 프로세스를 공평하게 취급해야 하고, 어떤 프로세스라도 무한정 기다리지는 않게 해야 한다.
- 처리량 최대화 : 시스템이 단위 시간당 처리할 수 있는 양을 최대화해야 한다.
- 응답 시간 최소화 : 대화식 시스템 사용자에게는 응답 시간이 최소화되도록 해야 한다.
- 반환 시간 예측 가능 : 시스템 부하에 관계없이 작업은 동일한 시간 내에 동일한 비용으로 완료되어 반환 시간을 예측할 수 있어야 한다.
- 자원의 균형적인 사용 : 유휴 상태의 자원을 사용하는 프로세스에게 양질의 서비스를 제공하여 시스템 자원이 골고루 사용되도록 해야 한다.
- 응답 시간과 자원 활용도의 조화 : 응답 시간을 최소화하려면 충분한 자원을 확보해야 한다. 자원을 균형 있게 활용하려면 응답 시간이 늘어날 수밖에 없으므로 응용에 따라 응답 시간과 자원 활용도를 적절하게 조화시켜야 한다.
- 프로세스 실행의 무한 연기 배제 : 특정 프로세스의 실행이 무한정 연기되지 않도록 노화^{aging} 기법을 사용하여 실행을 보장해야 한다.

  TIP 노화(aging) : 프로세스가 자원을 기다리는 시간에 비례하여 우선순위를 부여하는 기법으로 무한 연기를 방지한다.

- 우선순위에 따른 실행 보장 : 프로세스에게 우선순위^{priority}를 부여하고 우선순위가 높은 프로세스가 먼저 실행되도록 해야 한다.
- 시스템의 과도한 부하 방지 : 시스템에 과도한 부하가 걸리면 새로운 프로세스의 생성을 자제하거나 개별 프로세스의 서비스를 줄이도록 스케줄링하여 부하를 조절해야 한다.

2 CPU 스케줄링 기법

CPU 스케줄링 기법을 알고리즘에 따라 분류하면 FCFS, 라운드 로빈, SJF, SRT, HRN, 우선순위, MLQ, MFQ 등으로 분류할 수 있다.

2.1 FCFS

FCFS^{First-Come First-Served} 기법은 준비 큐^{ready queue}에 도착한 프로세스 순서대로 CPU를 할당하는 방식이다. 다음 그림과 같이 프로세스 P1이 CPU를 할당받아 작업을 완료하고 CPU를 반환하면 준비 큐에서 대기 중인 다음 프로세스 P2가 CPU를 할당받는다. 프로세스가 일단 CPU를 할당받으면 작업을 완료할 때까지 CPU를 회수할 수 없으므로 비선점 방식의 스케줄링 기법이다.

그림 5-19 **FCFS 스케줄링**

2.2 라운드 로빈

라운드 로빈^{Round-Robin} 기법은 FCFS 기법과 동일하게 준비 큐에 도착한 프로세스 순서대로 CPU를 할당하지만, 프로세스마다 CPU 사용 시간^{time quantum}을 일정하게 할당하여 시간이 지나면 다음 프로세스에게 CPU 사용권을 넘긴다. 예를 들어 프로세스 P1이 CPU를 할당받은 후 지정된 시간 내에 작업을 완료하지 못하면 다음 프로세스인 P2에게 CPU를 양도하고 P1은 준비 큐의 맨 뒤로 이동한다. 할당된 시간이 끝나면 작업을 완료하지 못해도 다음 프로세스에게 CPU를 양도해야 하므로 선점 방식의 스케줄링 기법이다.

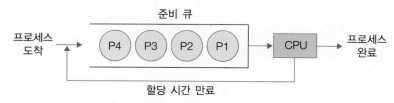

그림 5-20 **라운드 로빈 스케줄링**

2.3 SJF

SJF$^{\text{Shortest Job First}}$ 기법은 준비 큐에서 대기하고 있는 프로세스 중 실행 시간이 가장 짧은 것을 우선적으로 처리한다. 예를 들어 다음 그림과 같이 준비 큐에 프로세스가 도착했다면 실행 시간이 가장 짧은 프로세스인 P1에게 CPU를 할당한다. 일단 CPU가 할당되면 프로세스가 작업을 완료할 때까지 다른 프로세스에게 CPU를 할당할 수 없으므로 비선점 방식의 스케줄링 기법이다.

그림 5-21 **SJF 스케줄링**

이 기법은 실행 시간이 짧은 프로세스를 우선적으로 처리하기 때문에 실행 시간이 긴 프로세스는 대기 시간이 길어지는 단점이 있다.

2.4 SRT

SRT$^{\text{Shortest Remaining Time}}$ 기법은 실행 중인 프로세스의 잔여 실행 시간과 준비 큐에서 대기 중인 프로세스의 잔여 실행 시간을 비교하여 가장 짧은 프로세스에게 CPU를 할당한다. 다음 그림과 같이 준비 큐에서 기다리는 프로세스가 P1, P2, P3 세 개뿐일 때는 잔여 실행 시간이 가장 짧은 프로세스인 P1에게 CPU가 할당된다. 그런데 프로세스 P1이 작업을 시작한지 0.5초 후 잔여 실행 시간이 2초인 프로세스 P4가 준비 큐에 도착하면, P4의 잔여 실행 시간(2초)이 P1의 잔여 실행 시간(2.5초)보다 짧기 때문에 P1은 P4에게 CPU를 양도하고 준비 큐의 맨 뒤로 이동하며, P4가 CPU를 차지한다. 실행 중인 프로세스가 작업을 완료하지 못해도 잔여 실행 시간이 더 짧은 프로세스가 준비 큐에 존재하면 그 프로세스에게 CPU를 양도하므로 선점 방식의 스케줄링 기법이다.

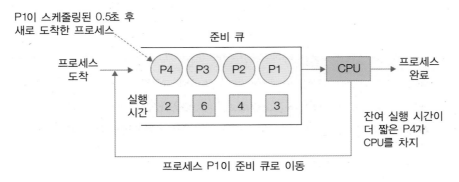

그림 5-22 **SRT 스케줄링**

2.5 HRN

HRN^{Highest Response ratio Next} 기법은 실행 시간이 긴 프로세스의 대기 시간이 길어지는 SJF 기법의 단점을 보완한 스케줄링 기법이다. 실행 시간이 길더라도 대기를 오래 했다면 우선 처리될 수 있도록 스케줄링할 때 매번 프로세스의 응답률(우선순위)을 계산한다. 응답률을 계산하는 공식은 다음과 같다.

> 응답률 = (대기 시간 + 실행 시간) / 실행 시간

다음 그림에서 프로세스 P1, P2, P3, P4의 응답률을 구하면 각각 1.7, 1.6, 2.3, 3.5이다. 따라서 응답률이 가장 높은 프로세스 P4에게 CPU를 할당한다. 프로세스 P4가 작업을 완료하면 다른 프로세스들의 대기 시간이 변경되었으므로 응답률을 다시 계산한다. 계산 결과 P1, P2, P3의 응답률이 각각 2.3, 1.9, 2.7이므로 P3에게 CPU를 할당한다. 이 기법은 프로세스의 작업을 완료하기 전에 다른 프로세스에게 CPU를 할당할 수 없으므로 비선점 방식의 스케줄링 기법이다.

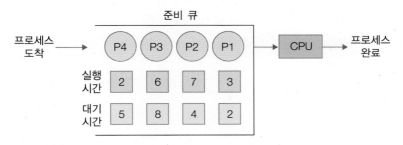

그림 5-23 **HRN 스케줄링**

2.6 우선순위

우선순위^{priority} 기법은 프로세스마다 우선순위를 부여해 최상위 우선순위 프로세스부터 처리하는 방식이다. 우선순위별로 준비 큐를 따로 두고 프로세스를 처리하는데, 최상위 우선순위 준비 큐에 있는 프로세스부터 CPU를 할당하고 그 큐가 비면 그다음 우선순위 준비 큐에 있는 프로세스에게 CPU를 할당한다. 동일한 큐 내에서는 FCFS 방식으로 CPU를 할당한다.

다음 그림과 같이 프로세스 우선순위가 세 단계로 나누어진 경우, 최상위 우선순위 준비 큐에 있는 프로세스 P1, P4, P6이 FCFS 방식으로 먼저 처리된 후, 차상위 우선순위 준비 큐에 있는 프로세스 P2, P5가 처리되며, 마지막으로 최하위 우선순위 준비 큐에 있는 프로세스 P3이 처리된다. 일단 CPU를 할당받은 프로세스는 작업이 끝날 때까지 CPU를 사용할 수 있으므로 비선점 방식의 스케줄링 기법이다.

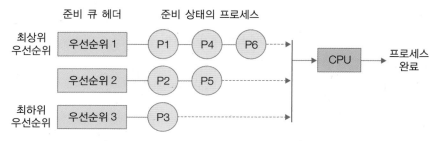

그림 5-24 **우선순위 스케줄링**

2.7 MLQ

MLQ^{Multi-level Queue} 기법은 프로세스의 작업 특성에 따라 별도의 준비 큐를 배정하여 각 큐마다 별도의 스케줄링 기법을 적용하는 방식이다. 일반적으로 시스템에는 최상위 우선순위를 가지는 상위 단계부터 최하위 우선순위를 갖는 하위 단계까지 총 다섯 개의 준비 큐(시스템 프로세스, 대화형 프로세스, 편집 프로세스, 일괄 처리형 프로세스, 응용 프로세스)가 존재한다. 이 방식은 하위 단계 큐의 프로세스가 처리 중일 때 상위 단계 큐에 새로운 프로세스가 들어오면 처리 중인 작업을 중단하고 상위 단계 큐의 프로세스에게 CPU를 양도하므로 선점 방식의 스케줄링 기법이다.

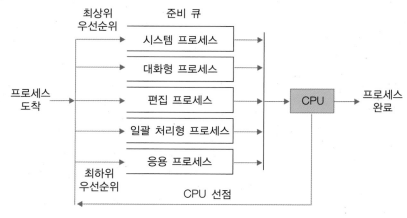

그림 5-25 **MLQ 스케줄링**

2.8 MFQ

MFQ^{Multi-level Feedback Queue} 기법은 입출력 위주 프로세스와 연산 위주 프로세스의 특성에 따라 CPU 사용 시간(할당량)을 다르게 부여하는 선점 방식의 스케줄링 기법이다. 다음 그림에서 보듯이 새로운 프로세스는 최상위 우선순위의 단계 1에서 처리를 시작하며, CPU 할당량 내에 처리를 완료하지 못하면 그 다음 우선순위를 갖는 단계 2로 이동한다. 최하위 우선순위인 단계 n에서는 처리가 완료될 때까지 라운드 로빈 방식으로 반복 처리된다.

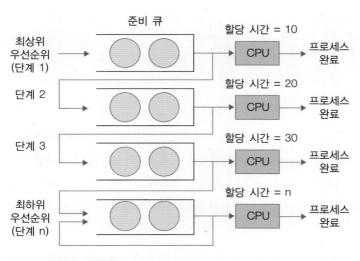

그림 5-26 MFQ 스케줄링

3 CPU 스케줄링 기법의 성능 기준

여덟 가지 CPU 스케줄링 기법에 대해 살펴보았다. 어떤 스케줄링 기법이 좋은지 비교하는 성능 기준은 다음과 같다.

- **CPU 활용률** : CPU가 작동한 총 시간 대비 실제 사용 시간을 의미한다.
- **처리율** : 단위 시간당 완료된 프로세스의 개수를 의미한다.
- **반환 시간** : 프로세스가 생성된 후 준비 큐에서 기다리고 실행을 완료할 때까지 소요된 시간의 합을 의미한다.
- **대기 시간** : 프로세스가 준비 큐에서 스케줄링될 때까지 기다리는 시간을 의미한다.
- **응답 시간** : 대화형 시스템에서 터미널을 통해 입력한 명령의 처리 결과가 나올 때까지 소요되는 시간을 의미한다.

05 기억장치 관리

기억장치는 프로그램이나 데이터를 저장하는 장치로 주기억장치와 보조기억장치로 나뉜다. 여기에 논리적 개념인 가상기억장치$^{virtual\ memory}$가 더해지는데, 가상기억장치는 프로그램과 데이터의 일부를 주기억장치에 유지하고 나머지는 보조기억장치에 유지함으로써 프로세스 전체가 주기억장치에 존재하지 않아도 실행될 수 있도록 하는 기억장치이다. 말 그대로 보조기억장치를 주기억장치인 것처럼 가상으로 사용하는 개념이다.

기억장치 관리란 주기억장치에서 사용 중인 공간과 사용하지 않는 공간을 파악하여 프로세스가 요구할 때 공간을 할당하고 사용이 끝나면 회수하는 작업을 말한다. 이때 가상기억장치도 함께 사용하므로 기억장치를 관리하는 범주에는 주기억장치와 가상기억장치 관리 기법이 모두 포함된다.

1 주기억장치 관리 기법

주기억장치는 실행할 프로그램, 데이터, 연산 결과 등을 저장한다. 주기억장치 관리 기법에는 단일 프로그래밍 기법, 고정 분할 다중 프로그래밍 기법, 가변 분할 다중 프로그래밍 기법 등이 있다.

1.1 단일 프로그래밍 기법

초기 컴퓨터 시스템에서 사용하던 가장 단순한 방식으로 운영체제와 하나의 사용자 프로그램만 주기억장치에 적재한다. 이 방식은 주기억장치의 빈 공간이 있어도 다른 사용자 프로그램을 실행할 수 없으므로 주기억장치와 주변장치의 자원 낭비가 심하다. 또한 사용자 프로그램의 크기가 주기억장치의 용량을 초과할 수 없어 주기억장치의 용량보다 작은 프로그램만 실행할 수 있다.

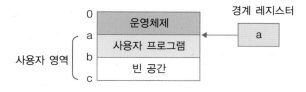

그림 5-27 **단일 프로그래밍 기법**

1.2 다중 프로그래밍 기법

주기억장치에 여러 개의 작업을 적재시킨 후 CPU가 작업을 오가며 동시에 실행하는 기법이다. 주기억장치의 용량이 커지고 CPU 속도가 빨라지면서 등장했다. 작업이 적재되는 주기억장치 공간의 크기에 따라 고정 분할 기법과 가변 분할 기법으로 나뉜다.

■ 고정 분할 다중 프로그래밍 기법

주기억장치를 다수의 고정된 크기로 나눠 실행 중인 프로세스에게 할당하는 기법이다. 분할^{partition}은 하나의 작업이 적재될 수 있는 일정한 크기의 공간을 말한다. 다음 그림과 같이 하나의 분할에 적재된 작업은 다른 분할의 작업으로부터 보호되어야 한다.

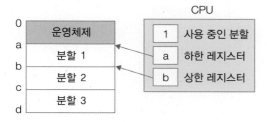

그림 5-28 **고정 분할 기억장치의 보호**

고정 분할 다중 프로그래밍 기법은 다음 그림과 같이 작업과 분할의 크기가 일치하지 않아 사용하지 못하는 빈 공간이 생길 수 있다. 이를 단편화^{fragmentation} 현상이라고 한다. 단편화 현상은 분할에 작업을 적재한 후 빈 공간이 남는 내부 단편화^{internal fragmentation}와 적재할 작업보다 분할의 크기가 작아서 분할이 빈 공간으로 남게 되는 외부 단편화^{external fragmentation}로 구분할 수 있다.

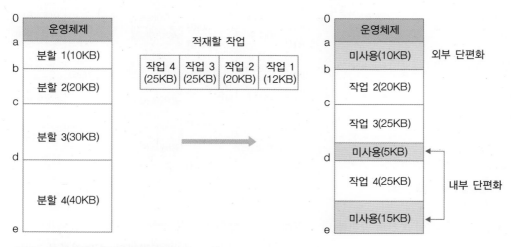

그림 5-29 **고정 분할 기억장치의 단편화 현상**

■ **가변 분할 다중 프로그래밍 기법**

고정 분할 다중 프로그래밍 기법의 단점을 보완하기 위해 등장한 기법이다. 다음 그림과 같이 고정된 분할의 경계를 없애고 각 작업에게 필요한 만큼의 기억 공간을 할당한다. 작업이 완료되면 사용되지 않는 기억 공간을 회수하여 관리한다.

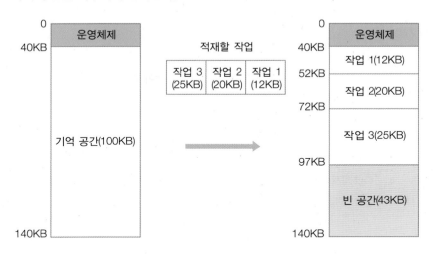

그림 5-30 **가변 분할 기억장치의 기억 공간 할당**

가변 분할 다중 프로그래밍 기법은 초기에는 기억 공간의 낭비가 거의 없지만, 새로운 작업의 적재와 완료된 작업의 기억 공간 회수가 반복되면 다음 그림과 같이 단편화 현상이 발생한다.

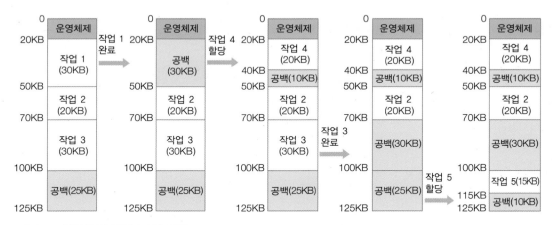

그림 5-31 **가변 분할 기억장치의 단편화 현상**

단편화 현상에 따른 기억 공간의 낭비를 막기 위해 통합coalescing과 집약compaction 기법이 사용된다. 통합 기법은 다음 그림과 같이 완료된 작업의 기억 공간을 회수할 때 다른 빈 공간과의 인접 여부를 검사하고, 인접한 경우에는 합병하여 하나의 큰 공백을 만드는 것이다.

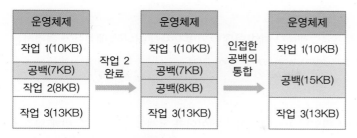

그림 5-32 **가변 분할 기억장치의 공백 통합**

인접한 공백을 통합하더라도 주기억장치에는 여러 개의 공백이 생길 수 있다. 이때 다음 그림과 같이 사용 중인 기억 공간을 주기억장치의 한쪽 끝으로 옮겨서 하나의 큰 공백을 만드는 것을 집약이라고 한다.

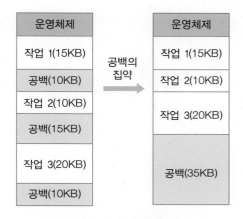

그림 5-33 **가변 분할 기억장치의 공백 집약**

2 주기억장치 관리 전략

주기억장치 관리 전략은 프로세스들이 주기억장치를 효율적으로 사용할 수 있도록 반입, 배치, 교체 전략으로 나누어 관리된다.

2.1 반입 전략

반입 전략^{fetch strategy}은 다음에 실행할 프로그램이나 참조할 데이터를 보조기억장치에서 주기억장치로 언제 가져올지 결정하는 전략이다. 반입 시점에 따라 요구 반입^{demand fetch}과 예상 반입^{anticipatory fetch}으로 나눌 수 있다.

- 요구 반입 전략 : 실행 중인 프로그램이 다른 프로그램이나 데이터를 참조할 때(참조 요구가 있을 때) 가져온다.
- 예상 반입 전략 : 실행 중인 프로그램이 참조할 가능성이 있는 프로그램이나 데이터를 미리 가져온다.

2.2 배치 전략

배치 전략placement strategy은 새로 가져온 프로그램이나 데이터를 주기억장치의 어디에 배치할지 결정하는 전략이다. 최초 적합first-fit, 최적 적합best-fit, 최악 적합worst-fit 등이 있다.

■ 최초 적합

주기억장치의 빈(가용) 공간 중에서 새로 반입된 프로그램이나 데이터를 적재할 수 있는 첫 번째 공간에 배치한다. 다음 그림에서 보듯이 9킬로바이트 작업은 시작 주소 a에 위치한 25킬로바이트 크기의 공백에 배치한다. 이 전략은 빈 공간을 찾기 위해 기억 공간 전체를 탐색할 필요가 없기 때문에 배치 결정이 빠르다.

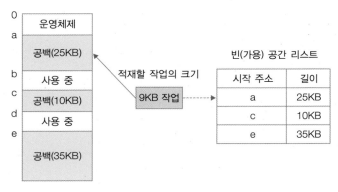

그림 5-34 **최초 적합**

■ 최적 적합

새로 반입된 프로그램이나 데이터를 적재할 수 있는 주기억장치의 빈 공간 중에서 가장 작은 곳에 배치한다. 다음 그림에서 보듯이 9킬로바이트 작업은 세 개의 빈 공간에 모두 배치할 수 있지만 크기가 가장 작은 공백(시작 주소 c에 위치한 10킬로바이트 크기)에 배치한다. 이 전략은 평균적으로 기억 공간을 반만 탐색해도 적합한 공간을 찾을 수 있으며 기억 공간 낭비를 최소화할 수 있다. 그러나 빈 공간의 리스트가 크기순으로 정렬되어 있지 않으면 빈 공간 리스트를 모두 검색해야 하므로 빈 공간을 항상 크기순으로 정렬해야 하는 단점이 있다.

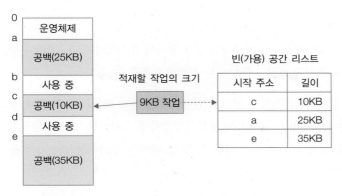

그림 5-35 **최적 적합**

■ **최악 적합**

새로 반입된 프로그램이나 데이터를 적재할 수 있는 주기억장치의 빈 공간 중에서 가장 큰 곳에 배치한다. 다음 그림에서 보듯이 9킬로바이트 작업을 배치할 수 있는 세 개의 빈 공간 중에서 크기가 가장 큰 공백(시작 주소 e에 위치한 35킬로바이트 크기)에 배치한다. 이 전략은 배치 후 남은 공간이 여전히 크기 때문에 다른 프로그램이나 데이터를 적재하는 데 활용할 수 있다. 그러나 큰 공간을 우선적으로 할당하므로 큰 프로그램을 적재할 공간이 없어지고, 빈 공간을 항상 크기가 작은 순으로 정렬해야 하는 단점이 있다.

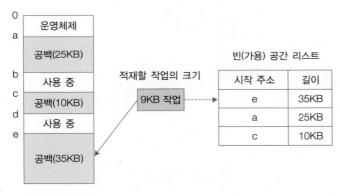

그림 5-36 **최악 적합**

2.3 교체 전략

교체 전략replacement strategy은 주기억장치에 새로 반입할 프로그램이나 데이터를 배치할 빈 공간이 없을 때, 배치 공간을 마련하기 위해 주기억장치에서 어떤 프로그램이나 데이터를 제거할지 결정하는 전략이다. 최적화 원리, 무작위 교체, 선입 선출FIFO 교체, LRULeast Recently Used 교체, NURNot Used Recently 교체, LFULeast Frequently Used 교체, 2차 기회 교체 등이 있다.

TIP 각 교체 전략은 이 책에서 다루기 어려운 내용이므로 관련 운영체제 서적을 참고하기 바란다.

3 가상기억장치 구현 기법

다중 프로그래밍 기법을 구현하려면 주기억장치에 다수의 프로그램을 동시에 유지해야 한다. 그러나 주기억장치의 기억 용량은 한계가 있으므로 처리할 프로그램을 모두 적재하지 못할 수 있다.

가상기억장치는 프로그램 전체가 주기억장치에 존재하지 않아도 실행이 가능하게 만들기 위해 현재 실행 중인 프로그램의 일부는 주기억장치에 적재하고 나머지는 보조기억장치에 유지한다. 가상기억장치는 작은 기억 용량으로도 큰 프로그램을 실행시킬 수 있기 때문에 프로그래머는 주기억장치의 기억 용량에 신경 쓰지 않고 프로그램을 작성할 수 있다.

가상기억장치는 실제 존재하는 기억장치가 아니므로 가상기억장치에서 프로세스가 참조하는 가상 주소virtual address를 실제 주기억장치에서 사용할 수 있는 주소 즉, 실제 주소real address로 변환해야 한다. 이를 동적 주소 변환이라고 한다. 다음 그림은 주소 사상 함수에 의해 동적 주소 변환이 이루어지는 과정을 나타낸 것이다. 여기서 눈여겨볼 점은 가상 주소의 연속된 페이지에 저장된 데이터가 반드시 주기억장치에서도 연속적으로 저장될 필요는 없다는 것이다.

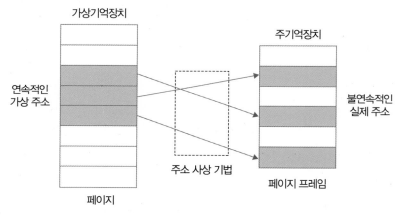

그림 5-37 **가상기억장치에서 주기억장치로의 동적 주소 변환**

가상기억장치의 구현 방법에는 페이징 기법, 세그먼테이션 기법, 페이징/세그먼테이션 혼합 기법이 있다.

3.1 페이징 기법

페이징paging 기법은 가상기억장치를 일정한 크기의 페이지page로 나누어 관리하는 기법이다. 주기억장치 역시 가상기억장치의 페이지와 크기가 동일한 페이지 프레임page frame으로 분할하여 사용하는데, 일반적으로 페이지 크기는 1~4킬로바이트이다.

페이징 기법에서 가상 주소는 다음 그림과 같이 v=(p, d)로 나타낸다. p는 가상기억장치에서 참조될 항목이 속한 페이지의 번호이고, d는 페이지 내에서 참조될 항목까지의 떨어진 정도를 나타내는 변위displacement이다. 변위는 페이지 시작 주소를 기준으로 특정 항목이 어디에 있는지 나타내는 주소 값을 의미한다.

페이지 번호 (p)	변위 (d)

가상 주소 v = (p, d)

그림 5-38 페이징 기법의 가상 주소 형식

페이징 기법에서 동적 주소 변환 과정은 다음 그림과 같다. 가상 주소의 페이지 번호(p)와 매칭되는 주기억장치의 페이지 프레임 번호(p')는 페이지 테이블에서 찾을 수 있다.

① 실행 중인 프로세스가 가상 주소 v=(p, d)를 참조한다.
② 페이지 테이블에서 페이지 p가 페이지 프레임 p'에 적재되어 있음을 알아낸다.
③ 주기억장치의 실제 주소 r=p'+d를 구한다.

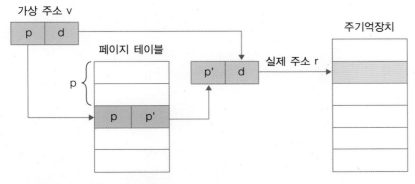

그림 5-39 페이징 기법의 주소 변환 과정

가상 주소에서 참조하고 있는 페이지가 주기억장치에 존재하지 않으면 해당 페이지를 보조기억장치에서 읽어와 주기억장치의 페이지 프레임에 적재한 후 실행한다. 페이징 기법은 하나의 프로그램이 주기억장치의 연속적인 공간에 배치되지 않아도 되기 때문에 저장 공간을 효율적으로 활용할 수 있다. 또한 외부 단편화 현상도 제거할 수 있다.

3.2 세그먼테이션 기법

세그먼테이션^{segmentation} 기법은 가상기억장치를 프로그램이나 데이터의 용도에 따라 가변적인 크기의 세그먼트로 분할하여 관리하는 기법이다. 페이징 기법이 페이지를 일정한 크기로 분할하여 관리하는 기법이라면 세그먼테이션 기법은 각기 다른 크기의 세그먼트로 분할하여 관리하는 기법이다.

세그먼테이션 기법에서 가상 주소는 다음 그림과 같이 v=(s, d)로 나타낸다. s는 가상기억장치에서 참조될 항목이 속한 세그먼트의 번호이고, d는 세그먼트 s 내에서 참조될 항목까지의 변위이다.

세그먼트 번호 (s)	변위 (d)

가상 주소 v = (s, d)

그림 5-40 세그먼테이션 기법의 가상 주소 형식

세그먼테이션 기법에서 동적 주소 변환 과정은 다음 그림과 같다. 찾으려는 세그먼트가 적재된 주기억장치의 시작 주소는 세그먼트 테이블에서 찾을 수 있다.

① 실행 중인 프로세스가 가상 주소 v=(s, d)를 참조한다.
② 세그먼트 테이블에서 세그먼트 s의 주기억장치 내 시작 주소 s'를 구한다.
③ 실제 주소 r= s'+d를 구한다.

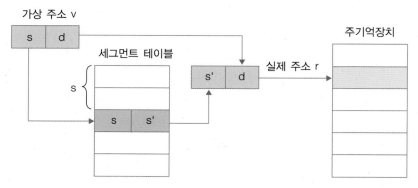

그림 5-41 **세그먼테이션 기법의 주소 변환 과정**

가상 주소에서 참조하고 있는 세그먼트가 주기억장치에 존재하지 않으면 해당 세그먼트를 보조기억장치에서 읽어와 주기억장치에 적재한 후 실행한다. 세그먼테이션 기법은 프로그램 코드나 자료의 공유가 용이하고, 세그먼트의 특성을 고려하여 접근을 세밀하게 제어할 수 있다.

3.3 페이징/세그먼테이션 혼합 기법

페이징/세그먼테이션 혼합 기법은 세그먼트를 다시 페이지 단위로 분할해 관리하는 기법이다. 세그먼테이션 기법은 빈 공간보다 큰 세그먼트를 주기억장치에 적재하지 못하므로 외부 단편화 현상이 생길 수 있다. 페이징/세그먼테이션 혼합 기법을 사용하면 외부 단편화 현상을 해결할 수 있다.

페이징/세그먼테이션 혼합 기법에서 가상 주소는 다음 그림과 같이 v=(s, p, d)로 나타낸다. s는 세그먼트 번호, p는 페이지 번호, d는 페이지 p 내에서 참조될 항목까지의 변위이다.

세그먼트 번호 (s)	페이지 번호 (p)	변위 (d)

가상 주소 v = (s, p, d)

그림 5-42 **페이징/세그먼테이션 혼합 기법의 가상 주소 형식**

페이징/세그먼테이션 혼합 기법은 가상 주소를 실제 주소로 빠르게 변환하기 위해 고속의 연관 기억장치를 사용한다. 연관 기억장치를 사용하면 세그먼트 번호(s)와 페이지 번호(p)를 한 번에 매칭하여 페이지 프레임의 시작 주소를 알 수 있다. 페이징/세그먼테이션 혼합 기법의 동적 주소 변환 과정은 다음과 같다.

① 실행 중인 프로세스가 가상 주소 v=(s, p, d)를 참조한다.

② 연관 기억장치 사상표에서 (s, p)를 탐색하여 해당 항목이 존재하면 페이지 프레임의 시작 주소 p'를 구하고, 존재하지 않으면 세그먼트 테이블과 페이지 테이블을 이용하여 p'를 구한다.

③ 실제 주소 r=p'+d를 구한다.

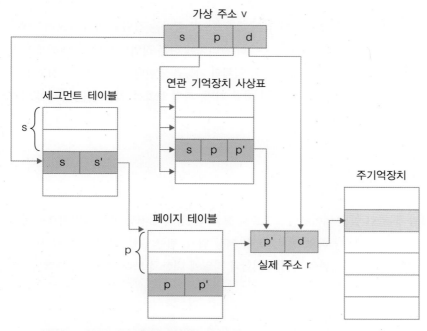

그림 5-43 페이징/세그먼테이션 혼합 기법의 주소 변환 과정

페이징/세그먼테이션 혼합 기법을 사용하면 외부 단편화 현상을 막을 수 있지만 내부 단편화 현상은 여전히 막을 수 없다. 또한 연관 기억장치 사상표에 의한 기억 공간 오버헤드가 증가하는 문제점도 있다.

06 정보 관리

컴퓨터를 이용하여 처리하는 작업은 인터넷 서핑과 같이 단발성으로 끝나는 작업도 있지만 프레젠테이션 자료나 회계장부 자료처럼 파일 형태로 저장하여 꾸준히 관리해야 하는 작업도 있다. 운영체제의 정보 관리 기능이란 이와 같은 파일과 디렉터리를 관리하는 일체의 기능을 말한다. 이 절에서는 정보 관리를 위한 파일 시스템의 기능, 파일 구조의 종류와 공간 할당 기법, 파일 보호를 위한 접근 통제 방법과 물리적 손상에 대비한 백업에 대해 살펴본다.

1 파일 시스템

파일file은 문서, 소리, 그림 등 관련 있는 데이터의 모임으로 보조기억장치에 저장된다. 일반적으로 파일마다 고유 이름이 부여되고, 각 파일마다 파일 형식, 크기, 저장 위치, 접근 권한, 작성 및 변경 시간 등 다양한 속성 정보가 주어진다. 파일 시스템은 파일의 집합과 파일에 대한 정보를 제공하는 디렉터리로 구성된다.

파일 시스템의 대표적인 기능은 다음과 같다.

- 사용자에게 편리한 사용자 인터페이스user interface를 제공한다.
- 사용자가 파일을 생성, 수정, 삭제할 수 있는 기능을 제공한다.
- 적절한 제어 방법을 통해 다른 사람의 파일을 공유할 수 있는 기능을 제공한다.
- 불의의 사고에 대비하기 위한 파일 백업 및 복구 기능을 제공한다.
- 정보를 암호화하고 해독할 수 있는 기능을 제공한다.

2 파일 구조

파일 구조는 파일을 구성하는 레코드가 보조기억장치에 저장되는 방식을 말한다. 대표적인 파일 구조에는 순차 파일, 색인 순차 파일, 직접 파일, 분할 파일 등이 있다. 파일 구조는 파일의 접근 방법을 결정하기도 한다. 이를 유념하고 다음 설명을 읽어보기 바란다.

■ **순차 파일**

순차 파일sequential file은 레코드를 순차적으로 저장하고 검색한다. 일반적으로 자기테이프와 같은 저장 매체에서 주로 사용된다. 레코드가 연속적으로 저장되기 때문에 레코드 사이에 빈 공간이 생기지 않아 기억장치를 효율적으로 이용할 수 있다. 그러나 레코드를 삽입하거나 삭제하기 어렵고 파일을 검색하는 데 많은 시간이 소요된다.

■ **색인 순차 파일**

색인 순차 파일indexed sequential file은 키key 값에 따라 정렬된 레코드를 순차적으로 접근하는 순차 파일 구조와 키 값에 따라 직접적으로 접근하는 직접 파일 구조가 모두 사용된다. 색인 순차 파일은 레코드에 대한 순차 접근을 지원하는 데이터 파일과 특정 레코드에 대한 직접 접근을 지원하는 색인 파일로 구성된다. 순차 접근과 직접 접근이 모두 가능하므로 비교적 레코드에 빠르게 접근할 수 있으며 레코드의 삽입과 수정이 용이하다. 그러나 색인을 이용하여 레코드에 접근하므로 처리 속도가 느리고, 색인을 저장하는 공간이 별도로 필요하다.

■ **직접 파일**

직접 파일direct file은 특정 레코드에 직접 접근할 수 있는 파일 형태이다. 레코드가 저장된 보조기억장치의 물리 주소를 키 값으로 계산하여 접근한다. 개별 레코드에 직접 접근하므로 처리 속도가 빠르고, 다른 레코드에 영향을 주지 않으면서 특정 레코드를 삽입, 삭제, 검색, 수정할 수 있다. 그러나 키 값에 의한 순차 검색은 어렵다.

■ **분할 파일**

분할 파일partitioned file은 다음 그림과 같이 다수의 순차적인 서브 파일sequential sub file로 구성되며, 프로그램 라이브러리나 매크로 라이브러리를 저장할 때 유용하다. 순차적인 서브 파일의 시작 주소는 디렉터리 레코드에 저장된다.

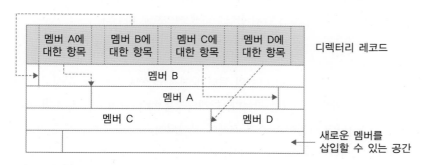

그림 5-44 **분할 파일**

3 파일의 공간 할당 기법

파일의 공간 할당 기법은 하드디스크와 같은 보조기억장치에 파일을 저장할 때 어떻게 저장하면 저장 공간을 효율적으로 활용할 수 있는지, 얼마나 신속하게 파일에 접근할 수 있는지를 결정한다. 공간 할당 기법은 연속 할당과 불연속 할당으로 나눌 수 있다.

3.1 연속 할당

연속 할당contiguous allocation은 다음 그림과 같이 파일을 하드디스크의 빈 공간에 연속적으로 저장하는 기법이다. 파일을 저장할 수 있는 연속된 저장 공간이 확보되지 않으면 파일을 생성할 수 없다.

논리적으로 연속된 레코드들이 물리적으로도 인접하게 저장되므로 산발적으로 저장되는 불연속 할당보다 연속된 레코드에 접근하는 시간이 적게 든다. 또한 디렉터리에는 파일을 구성하는 첫 번째 블록의 시작 주소와 길이 정보만 유지하면 되므로 구현하기 쉽다. 그러나 파일의 생성과 삭제가 반복되면 빈 공간이 조각나 단편화 현상이 생기므로 주기적인 집약compaction이 필요하다.

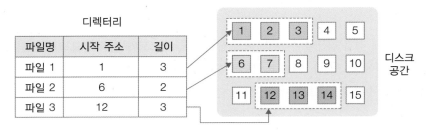

그림 5-45 **디스크 공간의 연속 할당**

3.2 불연속 할당

일반적으로 파일이 한 번 생성되면 이후 작업을 거쳐 크기가 커지거나 줄어들 수 있다. 이러한 파일 크기 변화에 유연하게 대응하려면 연속 할당보다 불연속 할당이 유리하다. 불연속 할당noncontiguous allocation은 연결을 이용한 섹터 단위 할당sector allocation과 블록 단위 할당block allocation으로 나뉜다.

■ 섹터 단위 할당

연결을 이용한 섹터 단위 할당은 하나의 파일에 속한 다수의 섹터가 연결 리스트linked list로 구성되어 있으며, 각 섹터는 다른 섹터와의 연결을 위한 포인터를 갖는다. 디렉터리는 각 파일의 시작 주소와 마지막 주소에 대한 포인터를 보유한다. 하나의 파일이 디스크 전체에 분산되어 저장되기 때문에 논리적으로 연속된 섹터들을 검색하는 데 많은 시간이 소요되는 단점이 있다.

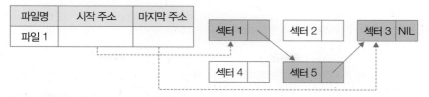

그림 5-46 **섹터 단위 할당 기법**

■ 블록 단위 할당

보조기억장치를 효과적으로 관리하고 실행 시간 오버헤드를 줄이기 위해 섹터 대신 섹터를 여러 개 묶은 블록 단위로 할당한다. 연속 할당과 불연속 할당의 절충형이다.

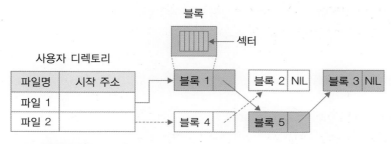

그림 5-47 **블록 단위 할당 기법**

4 파일 보호

권한이 없는 사용자가 프로그램이나 데이터에 무단으로 접근하지 못하도록 파일 소유자가 만들어 둔 보호 장치이다. 파일 보호 방법에는 파일에 대한 부적절한 접근을 통제하는 방법과 물리적 손상으로부터 파일을 보호하는 백업이 있다.

■ 접근 통제 방법

파일의 효율적인 보안을 위해서는 다음과 같은 접근 통제 방법이 필요하다.

- 접근 제어 행렬access control matrix : 개별 파일이나 디렉터리에 대한 접근이 가능한 사용자와 허용되는 동작을 기록한 것이다. 사용자가 특정 파일이나 디렉터리에 접근을 시도할 때 운영체제는 접근 제어 행렬을 참조하여 접근 가능 여부를 결정한다.
- 파일 명명file naming : 접근하려는 파일에 이름을 부여한 사용자가 아니거나 공유가 허용된 파일이라도 해당 파일의 이름을 알지 못하면 접근을 허용하지 않는 방법이다.
- 암호password : 사용자마다 서로 다른 암호를 제공하고 암호를 모르는 사용자는 접근을 허용하지 않는 방법이다.

- 암호 기법^{cryptography} : 파일을 암호화^{encryption}하여 해독 방법을 알고 있는 사용자만 사용할 수 있도록 하는 방법이다.

■ 백업

컴퓨터 시스템의 데이터는 언제든지 손상되거나 파괴될 수 있다. 백업^{backup}은 불의의 사고로 인한 데이터의 손상과 파괴를 막기 위해 파일을 복사하여 다른 곳에 보존하는 방법이다. 특정 파일에 문제가 발생하면 가장 마지막에 백업한 내용으로 해당 파일을 복구할 수 있지만 백업 이후에 손상되거나 파괴된 부분은 복구할 수 없다.

백업이 진행될 때는 다른 작업을 중단해야 하는데, 파일 시스템이 매우 클 때는 전체를 백업하는 데 많은 시간이 소요된다. 따라서 설계자는 데이터의 안전한 보호를 위해 시스템의 성능을 감소시키지 않으면서 적절한 비용과 시간으로 파일을 보호할 수 있는 백업 기능을 마련해야 한다.

1 운영체제

- **운영체제의 개념** : 사용자가 컴퓨터 시스템을 편리하게 사용할 수 있도록 인터페이스를 제공하고, 한정된 시스템 자원을 효율적으로 관리하여 컴퓨터의 성능을 향상시키는 시스템 소프트웨어이다.
- **운영체제의 역할** : 운영체제는 프로세스, 기억장치, 입출력장치, 정보 등의 시스템 자원을 관리하는 역할을 한다.
- **운영체제의 분류** : 운영체제는 작업 처리 방식에 따라 일괄 처리 시스템, 다중 프로그래밍 시스템, 다중 처리 시스템, 시분할 시스템, 실시간 시스템, 분산 처리 시스템으로 나뉜다.

2 범용 운영체제

다양한 형태의 작업을 효율적으로 처리하도록 설계된 운영체제로 유닉스, 리눅스, 윈도우, 맥 OS 등이 있다.

3 프로세스

- **프로세스의 개념** : 실행 중인 프로그램을 의미하며, 다음에 실행할 명령어를 지정하는 프로그램 카운터^{PC}를 가진 능동적인 개체이다.
- **프로세스 제어 블록** : 운영체제에게 프로세스에 대한 정보를 제공하는 자료 구조로 프로세스가 생성될 때 만들어지고, 프로세스가 실행을 완료하면 삭제된다.
- **병행 프로세스** : 두 개 이상의 연관된 프로세스가 동시에 실행되는 것을 말한다. 두 개 이상의 프로세스가 병행 처리 상태에 있으면 예측 불가능한 결과가 발생할 수 있는데, 이런 오류를 방지하려면 동기화, 상호 배제 기법, 임계 구역 개념을 사용해야 한다.
- **교착 상태** : 다중 프로그래밍 시스템에서 하나 이상의 프로세스가 아무리 기다려도 발생하지 않을 특정 사건을 기다리고 있는 상태이다.

4 CPU 스케줄링

- **CPU 스케줄링의 개념** : CPU를 언제, 어느 프로세스에 할당할 것인지 결정하는 작업이다.
- **CPU 스케줄링 기법** : FCFS, 라운드 로빈, SJF, SRT, HRN, 우선순위, MLQ, MFQ 등이 있다.

5 주기억장치 관리 기법

- **단일 프로그래밍 기법** : 운영체제와 하나의 사용자 프로그램만 주기억장치에 적재하는 기법이다. 빈 공간이 있어도 다른 사용자 프로그램을 실행할 수 없으므로 주기억장치와 주변장치의 자원 낭비가 심하며, 사용자 프로그램의 크기가 주기억장치의 용량을 초과할 수 없어 주기억장치의 용량보다 작은 프로그램만 실행할 수 있다.

- 고정 분할 다중 프로그래밍 기법 : 주기억장치를 고정된 크기의 분할로 나눠서 실행 중인 여러 프로세스에게 할당하는 기법이다. 이 기법은 분할에 작업을 적재할 때 작업과 분할의 크기가 일치하지 않아 단편화 현상(내부 단편화, 외부 단편화)이 발생한다.
- 가변 분할 다중 프로그래밍 기법 : 각 작업에게 필요한 공간만 할당하고 작업이 완료되면 할당된 기억 공간을 회수한다. 새로운 작업의 적재와 완료된 작업의 기억 공간 회수가 반복됨에 따라 단편화 현상이 발생한다. 기억 공간 낭비를 막기 위해 통합과 집약 기법을 사용한다.

6 가상기억장치

프로그램의 일부를 주기억장치에 적재하고 나머지는 보조기억장치에 유지하여 프로그램 전체가 주기억장치에 존재하지 않아도 실행을 가능하게 한다.

7 가상기억장치 구현 기법

- 페이징 기법 : 가상기억장치는 일정한 크기의 페이지로, 주기억장치는 페이지와 동일한 크기의 페이지 프레임으로 나눠서 관리한다.
- 세그먼테이션 기법 : 프로그램이나 데이터를 가변 크기인 세그먼트로 분할하여 관리한다.
- 페이징/세그먼테이션 혼합 기법 : 모든 세그먼트를 페이지 단위로 분할하여 외부 단편화 현상을 해결한다. 이때 세그먼트의 크기는 페이지의 정수 배가 된다.

8 파일 구조

파일을 구성하는 레코드가 보조기억장치에 저장되는 방식이다. 대표적인 파일 구조로는 순차 파일, 색인 순차 파일, 직접 파일, 분할 파일 등이 있다.

9 파일의 공간 할당 기법

연속 할당 기법과 불연속 할당 기법으로 나눌 수 있으며, 불연속 할당 기법에는 섹터 단위 할당 기법과 블록 단위 할당 기법이 있다.

10 파일 보호 방법

파일에 대한 부적절한 접근을 통제하는 방법과 물리적 손상으로부터의 보호하는 방법인 백업이 있다.

정오형 문제

1 프로그램은 수동적 개체이고, 프로세스는 능동적 개체이다. [참] [거짓]

2 교착 상태는 다수의 프로세스가 시스템 자원의 할당과 해제를 무한정 기다리는 상태이다. [참] [거짓]

3 CPU 스케줄링 기법은 CPU를 언제, 어느 프로세스에 할당할 것인지를 결정한다. [참] [거짓]

4 내부 단편화는 분할의 크기가 적재할 작업보다 작아 분할이 사용되지 않는 현상이다. [참] [거짓]

5 색인 순차 파일은 순차 접근과 직접 접근이 가능하다. [참] [거짓]

단답형/선택형 문제

1 운영체제가 시스템 자원의 관리자로서 수행하는 작업에 해당하지 않는 것은?

① 자원의 상태 파악

② 사용자 인터페이스 제공

③ 자원 할당

④ 자원 회수

2 하나의 프로그램이 CPU를 사용하다가 입출력장치를 사용하게 되면 그동안 다른 프로그램이 CPU를 사용하여 CPU의 효율을 극대화한 시스템은?

① 일괄 처리 시스템

② 다중 프로그래밍 시스템

③ 다중 처리 시스템

④ 실시간 시스템

3 다음 중 범용 운영체제에 해당하지 않는 것은?

① 유닉스

② 윈도우

③ 맥 OS

④ 안드로이드 OS

4 다음 중 리눅스에 대한 설명으로 틀린 것은?

① 소스 코드가 공개되어 있으나 수정과 배포에 제약이 있다.

② 다수의 사용자가 동시에 컴퓨터 시스템을 사용할 수 있다.

③ 사용자가 하나 이상의 작업을 동시에 실행할 수 있다.

④ 다양한 종류의 배포판이 존재한다.

5 프로세스 제어 블록(PCB)에 대한 설명으로 틀린 것은?

① 운영체제에게 프로세스에 대한 정보를 제공하는 자료 구조이다.

② 프로세스가 생성될 때 만들어지고, 프로세스가 실행을 완료하면 삭제된다.

③ 운영체제가 CPU를 다른 프로세스에게 넘겨줄 때 실행 중인 프로세스의 모든 정보가 PCB에 저장된다.

④ PCB는 보조기억장치에 저장된다.

6 다음 중 교착 상태의 해결 방안에 해당하지 않는 것은?

① 교착 상태 예방

② 교착 상태 회피

③ 교착 상태 탐지

④ 교착 상태 삭제

7 다음 중 CPU 스케줄링 기법의 목적에 해당하지 않는 것은 ?

① 처리량의 최대화

② 응답 시간의 최대화

③ 예측 가능한 반환 시간

④ 응답 시간과 자원 활용도의 조화

8 SRT 기법에 대한 설명으로 틀린 것은?

① 준비 큐에서 대기하는 작업 중에서 예상 실행 시간이 가장 짧은 것을 먼저 처리한다.

② 시분할 시스템에 적합한 선점 기법이다.

③ 준비 큐에서 대기하는 프로세스 중에서 잔여 실행 시간이 가장 짧은 것을 먼저 처리한다.

④ 프로세스가 실행을 완료할 때까지 잔여 실행 시간을 지속적으로 추적해야 한다.

9 보조기억장치에서 가져온 작업을 주기억장치의 어디에 배치할 것인지 결정하는 전략에 대한 설명으로 틀린 것은?

① 최초 적합은 작업을 적재할 수 있는 빈 공간 중 첫 번째 공간에 배치한다.

② 최적 적합은 작업을 적재할 수 있는 빈 공간 중 가장 작은 곳에 배치한다.

③ 최악 적합은 작업을 적재할 수 있는 빈 공간 중 가장 큰 곳에 배치한다.

④ 최초 적합은 빈 공간의 리스트가 크기순으로 정렬되어야 한다.

10 가상기억장치에 대한 설명으로 틀린 것은?

① 현재 실행 중인 프로그램의 일부는 주기억장치에 적재하고 나머지는 보조기억장치에 유지한다.

② 가상 주소를 실제 주소로 변환하는 과정을 동적 주소 변환이라고 한다.

③ 가상 주소의 연속된 페이지에 저장된 데이터는 주기억장치에서도 연속된 페이지에 저장된다.

④ 가상기억장치 구현 방법에는 페이징, 세그먼테이션, 페이징/세그먼테이션 혼합 기법 등이 있다.

11 페이징 기법에 대한 설명으로 틀린 것은?

① 가상기억장치를 일정한 크기의 페이지 프레임으로 분할하여 관리한다.

② 페이지와 페이지 프레임의 크기는 동일하다.

③ 프로세스가 참조하는 가상 주소는 실행 중에 실제 주소로 변환된다.

④ 프로세스마다 별도의 페이지 테이블을 보유한다.

12 파일의 공간 할당 기법에 대한 설명으로 틀린 것은?

① 연속 할당 기법은 파일을 연속적인 공간에 저장하므로 접근 시간이 감소한다.

② 연속 할당 기법은 파일의 생성과 삭제가 반복되어도 단편화 현상이 발생하지 않는다.

③ 불연속 할당 기법은 파일의 크기 변화에 유연하게 대응할 수 있다.

④ 불연속 할당 기법은 파일이 디스크 전체에 분산되므로 파일 검색에 많은 시간이 소요된다.

13 (   )은(는) 개별 파일이나 디렉터리에 대한 접근이 가능한 사용자와 허용되는 동작을 기록한 것이다.

14 (   )은(는) 불의의 사고로 인한 데이터의 손상과 파괴를 막기 위해 파일을 복사하여 다른 곳에 보존하는 보호 방법이다.

주관식 문제 --

1 운영체제의 구체적인 목적을 나열하고 설명하시오.

2 프로세스의 상태 전이도를 이용하여 작업의 제출부터 완료까지의 과정을 설명하시오.

3 교착 상태의 발생 조건을 나열하고 설명하시오.

4 기억장치의 통합과 집약 기법을 구분하여 설명하시오.

5 오픈 소스의 개념에 대해 설명하시오.

6 백업 시 주의사항을 설명하시오.

CHAPTER 06

데이터베이스

자료의 조직적 집합체_데이터베이스 시스템의 이해

학습목표

- 파일 처리 시스템의 문제점과 그 대안인 데이터베이스에 대해 알아본다.
- 데이터 모델의 종류를 알아보고 각 데이터 모델의 데이터 표현 방법을 알아본다.
- 관계형 데이터베이스의 구조와 관계형 대수를 알아본다.
- SQL을 이용하여 릴레이션을 생성하고 질의를 처리하는 방법을 알아본다.
- 모바일 데이터베이스의 특징과 활용 분야를 알아본다.

PREVIEW

현대 사회는 정보가 넘쳐나 정보를 많이 가지고 있는 것보다

기존 정보를 정확히 분석하여 유용한 정보로 만들어내는 것이 더 중요해진 사회이다.

이러한 이유로 정보를 체계적으로 관리할 수 있는 방법인

데이터베이스와 데이터베이스 관리 시스템의 역할이 더욱 강조되고 있다.

데이터베이스는 컴퓨터에 저장된 데이터들을 통합하여 저장하고 관리하는 모임이고,

데이터베이스 관리 시스템은 사용자가 편리하고 효율적으로

데이터베이스를 이용할 수 있도록 돕는 데이터베이스 관리 도구이다.

이 장에서는 데이터베이스가 등장한 배경, 데이터 모델의 종류와 특징,

관계형 데이터베이스, SQL 등에 대해 살펴본다.

더불어 최근 등장한 모바일 데이터베이스에 대해서도 살펴본다.

01 데이터베이스의 개요

1 데이터베이스의 개념

컴퓨터는 많은 양의 데이터를 여러 가지 용도로 처리한다. 예를 들어 학교에서는 전교생의 성적과 생활 기록부를 기록하고 관리하며, 병원에서는 환자들의 진료 내역을 기록하고 관리한다.

(a) 학교에서 데이터베이스의 활용

(b) 병원에서 데이터베이스의 활용

그림 6-1 일상생활에서 데이터베이스의 활용

데이터베이스란 방대한 데이터를 효율적으로 관리하기 위해 컴퓨터에 통합·저장한 것으로, 데이터베이스 관리 시스템DBMS, Database Management System이라는 프로그램을 이용하여 관리한다. 데이터베이스 관리 시스템은 데이터베이스에 데이터를 저장하는 일은 물론 저장된 데이터를 효율적으로 검색하고 수정할 수 있는 환경을 제공한다.

이 절에서는 파일 처리 시스템의 문제점과 그 대안으로 등장한 데이터베이스에 대해 알아본다. 더불어 데이터베이스 관리 시스템의 역할과 장점을 알아보고 데이터베이스 언어와 데이터베이스 사용자에 대해서도 살펴본다.

2 파일 처리 시스템

파일 처리 시스템은 다음 그림과 같이 각 응용 프로그램마다 별도의 데이터 파일을 유지하는 시스템이다. 파일을 구성하는 기본적인 요소는 레코드record이며, 하나의 레코드는 연관된 필드field의 집합으로 구성된다. 레코드는 자료를 저장하거나 표현하는 기본 단위이고, 필드는 속성을 나타내는 정보의 최소 단위이다. 예를 들어 학생 레코드는 학번, 학과, 성명처럼 속성을 나타내는 필드로 구성된다.

그림 6-2 **파일 처리 시스템**

파일 처리 시스템은 데이터 종속과 데이터 중복이라는 문제점이 있다.

■ 데이터 종속

각 응용 프로그램과 데이터 파일이 서로 의존적인 것을 말한다. 따라서 응용 프로그램을 작성할 때는 데이터의 논리적인 구조는 물론 물리적인 구조까지 함께 고려해야 한다. 데이터 파일의 구성 요소, 구성 방법, 접근 방법 등이 바뀌면 응용 프로그램도 함께 바뀌기 때문이다.

■ 데이터 중복

동일한 데이터 파일을 응용 프로그램마다 별도로 갖고 있는 것을 말한다. 동일한 데이터 파일이 여기저기 저장되어 있으면 저장 공간이 낭비되고 데이터를 수정할 때 각 데이터 파일을 하나하나 수정해야 해서 번거롭다. 또한 여러 데이터 파일에 대해 같은 수정을 하던 중 수정을 빠트리는 파일이 생길 수 있어 데이터 불일치 현상이 나타날 수 있다.

데이터베이스는 이러한 문제를 해결하기 위해 등장했다.

3 데이터베이스의 특징

데이터베이스는 한 조직의 여러 응용 프로그램이 저장된 데이터를 공유할 수 있도록 데이터를 통합하여 관리한다. 병원의 환자 관리, 기업의 정보 시스템, 비행기의 예약 시스템 같은 기존 응용 분야 외에도 데이터 웨어하우스data warehouse, 데이터 마이닝data mining, 멀티미디어 데이터베이스multimedia database와 같은 새로운 응용 분야에서 널리 사용되고 있다.

TIP▶ 데이터 웨어하우스 : 사용자의 의사결정에 도움을 주기 위해 다양한 운영 시스템에서 추출·변환·통합·요약한 데이터베이스를 말한다.

TIP 데이터 마이닝 : 수많은 데이터 가운데 숨겨져 있는 유용한 상관관계를 발견하여 미래에 실행 가능한 정보로 추출하여 의사결정에 이용하는 과정을 말한다.

TIP 멀티미디어 데이터베이스 : 음성, 그래픽, 영상 등 다양한 매체를 통해 표현되는 대량의 정보를 효율적으로 관리하기 위해 사용되는 데이터베이스이다.

데이터베이스에 저장된 데이터의 특징은 다음과 같다.

- **통합되어 저장된다** : 유용한 정보는 한 가지 사실이 여러 가지 사실과 연관되어 만들어지므로, 독립된 채로는 의미 있는 정보를 제공하지 못한다. 따라서 연관된 데이터끼리 통합되어 저장된다.
- **물리적인 기억장치에 보관된다** : 자기디스크나 광디스크와 같은 보조기억장치에 저장되어 반영구적으로 보관된다.
- **필요에 따라 삽입, 삭제, 변경된다** : 모든 조직은 운영에 필요한 데이터를 수집하여 조직한 후 저장하고 관리한다. 또한 조직의 목적이나 역할에 따라 필요한 데이터를 재구조화하여 사용하기도 한다.
- **여러 사람이 사용한다** : 여러 사용자와 응용 프로그램이 공유한다.

데이터베이스의 특징은 다음과 같다.

- **실시간으로 접근이 가능하다** : 사용자나 응용 프로그램이 요구한 질의를 바로 처리하여 응답한다.
- **계속 변화한다** : 계속해서 새로운 데이터를 삽입하고 기존 데이터를 갱신하고 삭제하여 최신 상태를 유지한다.
- **동시 공유가 가능하다** : 여러 사용자와 응용 프로그램이 동시에 접근하여 데이터를 검색하고 갱신할 수 있다.
- **내용에 따라 참조한다** : 데이터를 검색할 때 데이터의 저장 위치나 주소를 몰라도 사용자가 원하는 값을 제시하면 관련 데이터를 찾아서 제공한다.

4 데이터베이스 관리 시스템

데이터베이스 관리 시스템(이하 DBMS)은 사용자와 응용 프로그램에게 편리하고 효율적인 데이터베이스 사용 환경을 제공하는 소프트웨어이다. DBMS 사용자는 데이터베이스에 저장된 데이터의 물리적 저장 구조를 알 필요가 없으며, 데이터의 저장과 갱신은 물론 검색 알고리즘을 기술할 필요도 없다.

DBMS는 데이터베이스 구조를 명시하고, 새로운 데이터베이스를 생성하며, 데이터를 효율적으로 검색하고 수정할 수 있도록 돕는다. 또한 권한이 없는 사용자가 접근하거나 시스템에 장애가 생겼을 때에도 데이터를 안전하게 보호하며, 여러 사용자가 데이터베이스에 동시에 접근할 수 있도록 제어한다.

다음 그림은 모든 응용 프로그램이 DBMS를 통해 데이터베이스로 접근하는 모습을 나타낸 것이다. 각 응용 프로그램은 DBMS를 통해서만 데이터베이스에 접근할 수 있으므로 데이터베이스의 구조가 변경되더라도 응용 프로그램 자체를 변경할 필요가 없다. 마찬가지로 응용 프로그램이 변경되더라도 데이터베이스에는 영향을 주지 않는다. 이러한 관계를 프로그램—데이터 독립성program-data independence이라고 한다.

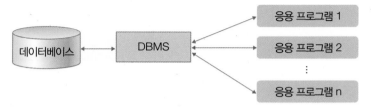

그림 6-3 DBMS를 통한 데이터베이스 관리

DBMS를 도입해서 생기는 장점을 파일 처리 시스템과 비교하면 다음과 같다.

① 데이터의 중복과 불일치가 줄어든다.

② 사용자에게 더 나은 서비스를 제공할 수 있다.

③ 시스템의 융통성이 높아진다.

④ 시스템 개발 및 유지 비용이 줄어든다.

⑤ 데이터를 표준화하기 수월해진다.

⑥ 보안이 향상된다.

⑦ 데이터 무결성$^{data\ integrity}$이 향상된다.

⑧ 조직체의 요구사항을 파악하여 조정할 수 있다.

⑨ 시스템에 문제가 생겨도 데이터베이스를 수월하게 복구할 수 있다.

⑩ 데이터베이스를 공유하는 것은 물론 동시에 접근할 수도 있다.

현재 널리 사용되는 대표적인 DBMS로는 오라클^{Oracle}, DB2, 인포믹스^{Informix}, 사이베이스^{Sybase}, MS-SQL 서버$^{MS-SQL\ Server}$, MySQL, 액세스^{Access} 등이 있다. 작업에 적합한 DBMS를 선정하려면 기술적인 요소와 경제적인 요소를 모두 고려해야 한다. 기술적 요소에는 DBMS의 데이터 모델, DBMS가 지원하는 사용자 인터페이스, 프로그래밍 언어, 응용 개발 도구, 저장 구조 및 접근 방법 등이 있다. 경제적 요소에는 소프트웨어와 하드웨어 구입 비용, 유지 보수 비용, 직원 교육 지원 등이 있다.

그림 6-4 DBMS의 종류

5 데이터베이스 언어

데이터베이스 언어란 DBMS를 구축하고 관리하는 데 사용되는 언어로 역할에 따라 분류하면 다음과 같다.

■ 데이터 정의어

데이터 정의어DDL, Data Definition Language는 데이터 저장 구조, 데이터 접근 방법, 데이터 형식 등 데이터베이스를 구축하거나 수정할 때 사용하는 언어이다. 데이터 정의어로 기술된 문장은 번역된 후 데이터 사전data dictionary 또는 시스템 카탈로그system catalog라는 특별 파일에 저장된다.

■ 데이터 조작어

데이터 조작어DML, Data Manipulation Language는 데이터베이스에 저장된 데이터를 검색, 수정, 삽입, 삭제할 때 사용하는 언어로, 사용자와 DBMS 사이의 인터페이스를 제공한다. 대표적인 데이터 조작어로는 질의어가 있다. 데이터 조작어는 필요한 데이터와 검색 방법까지 명시하는 절차적 언어procedural language와 필요한 데이터만 명시하고 검색 방법은 명시하지 않는 비절차적 언어non-procedural language로 구분된다. 뒤에서 배울 SQL은 대표적인 비절차적 언어이다.

■ 데이터 제어어

데이터 제어어DCL, Data Control Language는 데이터를 보호하고 관리할 때 사용하는 언어로 데이터베이스의 무결성 유지, 보안 및 접근 제어, 시스템 장애로부터 복구, 병행 수행 제어 기능 등을 담당한다.

TIP 접근 제어 : 데이터 저장장치에 접근하는 권한을 정의하거나 제한하기 위해 사용되는 기법이다.

6 데이터베이스 사용자

데이터베이스 사용자는 DBMS의 활용 형태에 따라 다음과 같은 세 가지 유형으로 구분된다.

■ 응용 프로그래머

응용 프로그래머application programmer는 C언어, 자바 같은 일반 프로그래밍 언어와 SQL 같은 데이터 조작어를 이용하여 특정 프로그램(인사 관리, 고객 관리 등)을 만드는 사람이다. 프로그램의 전체 로직은 일반 프로그래밍 언어를 이용해 만들고 데이터베이스 접근 부분은 SQL 같은 데이터 조작어를 프로그램에 끼워넣는 방식으로 만든다.

■ 최종 사용자

최종 사용자end user는 데이터의 검색, 삽입, 삭제, 갱신 등을 위해 DBMS를 사용하는 사람으로 응용 프로그램을 직접 만들지는 않는다. 응용 프로그램이나 데이터베이스 질의어를 사용하여 데이터베이스 시스템에 접근한 후 원하는 정보를 찾는다.

■ 데이터베이스 관리자

데이터베이스 관리자DBA, Database Administrator는 데이터 정의어DDL와 데이터 제어어DCL를 사용하여 데이터베이스 스키마database schema를 생성하고 관리한다. DBMS는 데이터베이스 관리자가 사용할 수 있는 데이터베이스 관리 도구를 지원한다. 데이터베이스 관리자의 주요 업무는 데이터베이스 스키마의 생성과 변경, 무결성 제약 조건 명시, 보안 정책 수립(사용자의 권한 설정 및 역할 관리), 저장 구조 및 접근 방법 정의, 백업backup과 복구recovery 절차 수립, 표준화 시행 등이 있다.

TIP 데이터베이스 스키마 : 데이터베이스에서 자료의 구조, 자료의 표현 방법, 자료 간의 관계를 정의한 것이다.

02 데이터 모델

1 데이터 모델의 개념

데이터베이스 구조의 근간을 이루는 것은 데이터 모델^{data model}이다. 데이터 모델은 데이터베이스 설계 과정에서 데이터의 논리적인 구조를 표현하기 위해 사용하는 도구이다. 대표적인 데이터 모델에는 계층형 데이터 모델, 네트워크형 데이터 모델, 관계형 데이터 모델, 객체 지향형 데이터 모델이 있다.

계층형 데이터 모델과 네트워크형 데이터 모델은 1960~1970년대에 주로 사용되었고, 관계형 데이터 모델은 1980년대 초반에 널리 사용되었다. 객체 지향형 데이터 모델은 1980년대 후반에 관계형 데이터 모델의 단점을 개선하기 위해 등장했다. 1990년대 후반에는 관계형 데이터 모델에 객체 지향 개념을 도입한 객체 관계형 데이터 모델이 등장했다.

2 계층형 데이터 모델

계층형 데이터 모델^{hierarchical data model}은 초창기 메인프레임에서 널리 사용되었다. 계층형 데이터 모델에서는 데이터를 레코드와 링크^{link}로 구성된 트리 형태로 나타낸다. 링크로 연결된 레코드 집합은 부모-자식 관계를 표현하는데, 부모 노드는 다수의 자식 노드를 가질 수 있지만, 자식 노드는 하나의 부모 노드만 가질 수 있다. 따라서 부모 노드와 자식 노드의 관계는 일 대 다(1:N)이다. 다음 그림은 여러 부서를 거느린 한 회사의 구조를 보여준다. 이 회사에는 부서가 여러 개 있고 각 부서에는 직원이 여러 명 근무한다. 대표적인 계층형 DBMS에는 아다바스^{ADABAS}, IMS, DMS-II 등이 있다.

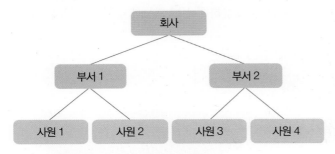

그림 6-5 **계층형 데이터 모델의 예 : 회사의 조직 구조**

3 네트워크형 데이터 모델

네트워크형 데이터 모델network data model은 그래프 구조를 기반으로 한다. 레코드를 노드로 나타내고, 레코드와 레코드의 관계는 간선edge으로 나타낸다. 네트워크형 데이터 모델은 다음 그림과 같이 레코드 한 개에 여러 개의 레코드를 연결할 수 있기 때문에 레코드와 레코드의 관계는 다 대 다(N:M)이다. 레코드들이 간선으로 연결되어 있으므로 구조를 변경하기 어려워 확장성이 떨어진다. 대표적인 네트워크형 DBMS에는 코다실CODASYL이 있다.

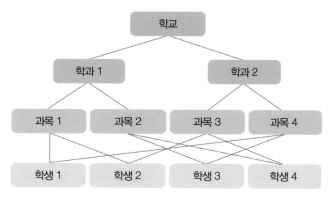

그림 6-6 네트워크형 데이터 모델의 예 : 학교의 수강 신청

4 관계형 데이터 모델

관계형 데이터 모델relational data model은 1970년에 IBM 연구소에서 일하던 에드가 F. 코드Edgar Frank Codd가 제안한 모델이다. 다른 데이터 모델에 비해 개념이 단순하여 현재까지도 가장 널리 사용된다. 관계형 데이터 모델은 다음 그림과 같이 행과 열로 구성된 2차원 테이블table에 데이터를 저장한다. 테이블은 고유한 이름을 가지며, 데이터베이스에서 표현하는 하나의 엔티티entity에 관한 정보를 저장한다. 엔티티란 사람, 장소, 사물, 사건 등과 같이 독립적으로 존재하면서 고유하게 식별 가능한 실세계의 객체를 의미한다.

고객

학번	성명	주소	전화번호
C1000	홍길동	서울	02-123-4567
C1001	전우치	부산	051-234-5678

그림 6-7 관계형 데이터 모델 : 학생 정보 관리

관계형 데이터 모델은 간단하기 때문에 이해하기 쉽고, 데이터 저장 위치와 접근 방법을 DBMS가 결정하기 때문에 사용자는 필요한 데이터만 명시하면 되므로 편리하다. 대표적인 관계형 DBMS에는 DB2, 오라클Oracle, MySQL, MS-SQL 서버MS-SQL Server, 액세스Access 등이 있다.

5 객체 지향형 데이터 모델

1980년대 후반에 등장한 객체 지향형 데이터 모델object-oriented data model은 객체 지향 프로그래밍의 패러다임을 기반으로 한다. 즉 데이터와 메소드method를 하나의 객체로 다루기 때문에 이해하기 쉽고 유지하거나 변경하기가 용이하다. 대표적인 객체 지향형 DBMS에는 오브젝티비티Objectivity, 젬스톤GemStone, O2, 온토스Ontos, 버산트Versant 등이 있다.

6 객체 관계형 데이터 모델

객체 관계형 데이터 모델Object-relational data model은 관계형 데이터 모델에 객체 지향 개념을 더한 모델로 1990년대 후반에 등장했다. 대표적인 객체 관계형 DBMS로는 인포믹스Informix, 유니버설 서버Universal Server, 오라클 9iOracle 9i 등이 있다.

SECTION 03 IT COOKBOOK

관계형 데이터베이스

관계형 데이터베이스는 관계형 데이터 모델을 기반으로 하며 가장 널리 사용되는 데이터베이스이다. 이 절에서는 관계형 데이터베이스의 구조, 무결성 제약 조건의 개념, 관계형 데이터베이스가 제공하는 관계형 대수 연산에 대해 살펴본다.

1 관계형 데이터베이스의 구조

관계형 데이터베이스는 일련의 정형화된 릴레이션(테이블)으로 구성된 데이터 항목의 집합이다. 관계형 데이터베이스의 가장 큰 장점은 구조가 단순하다는 것이다. 관계형 데이터베이스에서 릴레이션relation은 행과 열로 구성된 2차원 테이블을 나타낸다. 하나의 릴레이션은 하나의 엔티티entity에 관한 데이터를 저장하며, 각 릴레이션은 고유한 이름을 가진다.

다음 그림은 학생 정보를 저장하는 Student 릴레이션이다. 관련된 용어부터 살펴보자.

속성

학번	성명	학과명	학년	연락처	이메일
12120001	홍길동	컴퓨터공학과	2	010-1234-5678	hong@naver.com
11120010	김재철	전자공학과	3	011-2345-4321	kim@hanmail.net
13130021	박은영	정보통신공학과	3	016-987-6543	park@nate.com
14140101	홍길동	의용공학과	2	019-456-7890	gildong@yahoo.com

튜플 (레코드)

그림 6-8 Student 릴레이션

■ 튜플

릴레이션의 각 행row은 튜플tuple 또는 레코드record라고 한다. 예를 들어 (12120001, 홍길동, 컴퓨터공학과, 2, 010-1234-5678, hong@naver.com)은 '홍길동' 학생에 관한 정보를 나타내는 튜플이다.

■ 속성

릴레이션의 각 열column은 속성attribute이라고 한다. 예를 들어 Student 릴레이션에서는 학생 정보를 나타내기 위해 학번, 성명, 학과명, 학년, 연락처, 이메일이라는 속성을 총 여섯 개 사용하는데 그중 '학번'은 학생의 학번 정보를 제공한다.

■ **도메인**

속성 하나가 가질 수 있는 값의 집합을 도메인domain이라고 한다. 예를 들어 Student 릴레이션에 1학년부터 4학년까지의 학생이 있다면 '학년' 속성에 대한 도메인은 {1, 2, 3, 4}가 된다.

■ **차수**

차수degree는 튜플을 구성하는 속성의 개수를 의미한다. Student 릴레이션은 속성이 학번, 성명, 학과명, 학년, 연락처, 이메일로 총 여섯 개이므로 차수는 6이다.

■ **카디널리티**

카디널리티cardinality는 튜플의 개수를 의미한다. Student 릴레이션은 튜플이 네 개이므로 카디널리티는 4이다.

■ **널 값**

릴레이션에 튜플을 삽입할 때 어떤 속성 값은 정해지지 않을 수도 있다. 이와 같이 속성 값이 아직 정해지지 않았거나 해당되는 값이 없을 경우에는 널null 값을 사용한다. 예를 들어 Student 릴레이션에 학생 정보를 입력할 때 일부 학생은 휴대폰이 없을 수 있다. 이때 학생의 '연락처' 속성을 널 값으로 입력한다.

■ **키**

키key는 각 튜플을 유일하게 구별할 수 있는 하나 이상의 속성 모임을 의미한다. 키의 종류에는 후보키, 기본키, 대체키, 외래키 등이 있다.

- **후보키candidate key** : 각 튜플을 유일하게 구별할 수 있는 최소한의 속성으로 구성된 키이다. Student 릴레이션에서는 (학번)과 (성명, 학과명) 등이 후보키가 된다. 후보키를 구성하는 속성 중에서 어떤 속성을 제외하면 각 튜플을 구별하는 능력을 상실하게 된다. 예를 들어 Student 릴레이션의 후보키 (성명, 학과명)에서 '학과명' 속성을 제외하면 이름은 같고 소속 학과가 다른 학생이 있기 때문에 각 튜플을 구별할 수 없게 된다.
- **기본키primary key** : 후보키가 두 개 이상이면 대표로 삼을 키를 선정해야 하는데, 이를 기본키primary key라고 한다. Student 릴레이션에서 후보키는 (학번)과 (성명, 학과명)이고, 이 중에서 (학번)을 기본키로 선정할 수 있다.
- **대체키alternate key** : 기본키가 아닌 후보키를 대체키라고 한다.
- **외래키foreign key** : 다음 그림과 같이 다른 릴레이션의 기본키를 참조하며, 릴레이션과 릴레이션 사이의 관계를 나타내는 키를 외래키라고 한다.

기본키			외래키			기본키		
주문번호	주문날짜	주문자명	제품번호	주문량		제품번호	제품명	단가
O2000	20150701	홍길동	G3000	100		G3000	MP3 플레이어	50,000
O2500	20150812	전우치	G2500	300		G2500	USB 메모리	30,000

그림 6-9 **기본키와 외래키**

2 무결성 제약 조건

무결성 제약 조건integrity constraint은 데이터베이스 상태가 만족해야 하는 조건으로, 사용자가 데이터베이스를 갱신할 때 데이터베이스의 일관성을 손상하지 않도록 보장하는 수단이다. 무결성 제약 조건은 스키마를 정의할 때 한 번만 명시해 놓으면 데이터베이스가 갱신될 때마다 DBMS가 자동으로 검사한다. 응용 프로그램이 일일이 검사할 필요가 없기 때문에 매우 편리하다.

무결성 제약 조건은 도메인 무결성 제약 조건, 개체 무결성 제약 조건, 참조 무결성 제약 조건으로 구분된다.

■ 도메인 무결성 제약 조건

각 속성 값은 반드시 도메인에 속한 값을 가져야 한다. 속성의 기본default 값과 가능한 값의 범위, 널null 값의 허용 여부 등을 지정할 수 있다. 예를 들어 '취미' 속성의 도메인이 {음악 감상, 독서, 우표수집}이라면 '취미' 속성의 값은 세 가지 중 하나만 가질 수 있다.

■ 개체 무결성 제약 조건

릴레이션에 저장된 튜플을 식별하려면 기본키를 구성하는 어떤 속성도 널 값을 가질 수 없다.

■ 참조 무결성 제약 조건

릴레이션 사이의 참조 관계를 선언하는 외래키에 대한 제약 조건이다. 외래키 값은 참조된 릴레이션의 기본키와 도메인이 동일해야 한다. 다음 그림에서 Employee 릴레이션의 '부서번호'는 Department 릴레이션의 기본키인 '부서번호'를 참조하는 외래키이다. 따라서 Employee 릴레이션의 '부서번호'에는 Department 릴레이션의 '부서번호'에 있는 값만 나타날 수 있다. Employee 릴레이션의 '부서번호'는 기본키가 아니므로 널 값을 가질 수 있다.

외래키

기본키

	사원번호	성명	부서번호	직위	성별		부서번호	부서명	사무실
Employee	1001	김경원	D01	과장	남	Department	D01	총무부	A101
	1002	이영준	D02	과장	남		D02	기술영업부	B201
	1004	조상원	D03	대리	남		D03	품질부	A301

그림 6-10 **참조 무결성 제약 조건**

3 관계형 대수

관계형 대수relational algebra는 관계형 데이터베이스에 데이터를 삽입하고, 저장된 데이터를 검색, 수정, 삭제하는 등의 기능을 수행하는 연산의 집합이다. 관계형 대수는 주어진 릴레이션에 연산자를 적용하여 새로운 릴레이션을 생성한다. 생성된 릴레이션은 또 다른 연산을 할 때 입력 값으로 사용될 수 있다.

관계형 대수는 사용자가 원하는 데이터가 무엇인지what와 검색 방법how을 기술하므로 절차적 언어에 속한다. 또한 SQL의 이론적 기초를 제공하여 SQL을 구현하고 최적화하기 위한 DBMS의 내부 언어로도 사용된다. 관계형 대수의 기본 연산을 다음 그림의 Employee 릴레이션과 Department 릴레이션을 이용하여 알아보자.

사원번호	성명	부서번호	직위	성별
1001	김경원	D01	과장	남
1002	이영준	D02	과장	남
1003	최효정	D02	사원	여
1004	조상원	D03	대리	남
1005	박민혜	D01	계장	여

그림 6-11 **Employee 릴레이션**

부서번호	부서명	사무실
D01	총무부	A101
D02	기술영업부	B201
D03	품질관리부	A301
D04	기술개발실	B401

그림 6-12 **Department 릴레이션**

3.1 선택 연산

선택selection 연산은 주어진 릴레이션에서 특정 조건을 만족하는 튜플을 구하는 연산으로 형식은 다음과 같다.

$$\sigma_{조건식}(릴레이션)$$

예를 들어 Employee 릴레이션에서 직위가 '과장'인 튜플을 선택하는 연산은 다음과 같다.

$$\sigma_{직위='과장'}(\text{Employee})$$

선택 연산의 결과는 다음과 같다. 새로 생성되는 릴레이션은 입력 릴레이션과 속성이 같으므로 입력 릴레이션과 출력 릴레이션의 차수는 똑같이 5가 된다.

사원번호	성명	부서번호	직위	성별
1001	김경원	D01	과장	남
1002	이영준	D02	과장	남

그림 6-13 **선택 연산의 결과**

3.2 추출 연산

추출projection 연산은 주어진 릴레이션에서 원하는 속성만 뽑아내는 연산으로 형식은 다음과 같다.

$$\pi_{속성\ 리스트}(릴레이션)$$

예를 들어 Employee 릴레이션에서 '직위' 속성만 추출하는 연산은 다음과 같다.

$$\pi_{직위}(\text{Employee})$$

릴레이션에는 원래 중복된 튜플이 없지만 '직위' 속성만 추출한 결과 릴레이션에는 중복된 튜플이 존재한다. 추출 연산은 중복된 튜플을 제거한 최종 결과를 출력한다.

직위
과장
과장
사원
대리
계장

중복된 튜플 제거 →

직위
과장
사원
대리
계장

그림 6-14 **추출 연산의 결과**

3.3 합집합 연산

합집합union 연산은 두 개의 릴레이션에서 어느 한쪽 또는 양쪽에 모두 존재하는 튜플을 구하는 연산으로 형식은 다음과 같다.

$$(\pi_{\text{속성 리스트}}(\text{릴레이션})) \cup (\pi_{\text{속성 리스트}}(\text{릴레이션}))$$

다음은 Employee 릴레이션에서 직위가 '과장'인 튜플의 부서번호와 Department 릴레이션에서 사무실 위치가 'B201'인 튜플의 부서번호를 모두 구하는 연산과 연산 결과이다.

$$(\pi_{\text{부서번호}}(\sigma_{\text{직위}='과장'}(\text{Employee}))) \cup (\pi_{\text{부서번호}}(\sigma_{\text{사무실}='B201'}(\text{Department})))$$

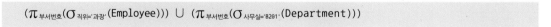

부서번호
D01
D02

∪

부서번호
D02

=

부서번호
D01
D02

그림 6-15 **합집합 연산의 결과**

3.4 교집합 연산

교집합intersection 연산은 두 개의 릴레이션에 모두 존재하는 튜플을 구하는 연산으로 형식은 다음과 같다.

$$(\pi_{\text{속성 리스트}}(\text{릴레이션})) \cap (\pi_{\text{속성 리스트}}(\text{릴레이션}))$$

다음은 Employee 릴레이션에서 과장과 계장이 함께 근무하는 부서번호를 구하는 연산과 연산 결과이다.

$$(\pi_{\text{부서번호}}(\sigma_{\text{직위}='과장'}(\text{Employee}))) \cap (\pi_{\text{부서번호}}(\sigma_{\text{직위}='계장'}(\text{Employee})))$$

부서번호
D01
D02

∩

부서번호
D01

=

부서번호
D01

그림 6-16 **교집합 연산의 결과**

3.5 차집합 연산

차집합difference 연산은 하나의 릴레이션에는 속하지만 다른 릴레이션에는 속하지 않는 튜플을 구하는 연산으로 형식은 다음과 같다.

$$(\pi_{\text{속성 리스트}}(\text{릴레이션})) - (\pi_{\text{속성 리스트}}(\text{릴레이션}))$$

다음은 소속된 직원이 한 명도 없는 부서의 부서번호를 구하는 연산과 연산 결과이다.

$$(\pi_{\text{부서번호}}(\text{Department})) - (\pi_{\text{부서번호}}(\text{Employee}))$$

부서번호
D01
D02
D03
D04

−

부서번호
D01
D02
D03

=

부서번호
D04

그림 6-17 **차집합 연산의 결과**

3.6 카티전 곱 연산

카티전 곱$^{\text{cartesian product}}$ 연산은 두 개의 릴레이션에 존재하는 모든 튜플을 조합하여 구하는 연산이다. 형식은 다음과 같다.

릴레이션1 X 릴레이션2

다음 그림은 제품에 대한 정보를 담고 있는 Product 릴레이션과 영업점에 대한 정보를 담고 있는 Store 릴레이션이다.

제품번호	제품명	단가
G3000	MP3 플레이어	50,000
G3001	USB 메모리	30,000

그림 6-18 **Product 릴레이션**

영업점 코드	영업점
S1000	하이마트
S2000	전자랜드

그림 6-19 **Store 릴레이션**

다음은 Product 릴레이션과 Store 릴레이션에 대한 카티전 곱을 구하는 연산으로 연산 결과는 다음 그림과 같다.

```
Product X Store
```

제품번호	제품명	단가	영업점 코드	영업점
G3000	MP3 플레이어	50,000	S1000	하이마트
G3000	MP3 플레이어	50,000	S2000	전자랜드
G3001	USB 메모리	30,000	S1000	하이마트
G3001	USB 메모리	30,000	S2000	전자랜드

그림 6-20 카티전 곱 연산의 결과

3.7 조인 연산

조인[join] 연산은 두 개의 릴레이션에서 특정 조건을 만족하는 튜플을 결합하여 하나의 튜플로 만드는 연산이다. 조인 연산의 결과는 두 개의 입력 릴레이션에 대한 카티전 곱을 구한 후 조인 조건을 만족하지 않는 튜플을 제거한 것과 같다. 조인 연산의 형식은 다음과 같다.

릴레이션1 $\bowtie$ 조건식 릴레이션2

다음은 Employee 릴레이션과 Department 릴레이션을 조인하는 연산으로 연산 결과는 다음 그림과 같다.

Employee $\bowtie$ Employee.부서번호=Department.부서번호 Department

Employee

사원번호	성명	부서번호	직위	성별
1001	김경원	D01	과장	남
1002	이영준	D02	과장	남
1003	최효정	D02	사원	여
1004	조상원	D03	대리	남
1005	박민혜	D01	계장	여

Department

부서번호	부서명	사무실
D01	총무부	A101
D02	기술영업부	B201
D03	품질관리부	A301
D04	기술개발실	B401

$\bowtie$

↓

사원번호	성명	부서번호	직위	성별	부서명	사무실
1001	김경원	D01	과장	남	총무부	A101
1002	이영준	D02	과장	남	기술영업부	B201
1003	최효정	D02	사원	여	기술영업부	B201
1004	조상원	D03	대리	남	품질관리부	A301
1005	박민혜	D01	계장	여	총무부	A101

그림 6-21 조인 연산의 결과

[그림 6-21]의 조인 연산 결과를 이용하여 총무부에서 근무하는 사원의 이름을 검색하면 다음과 같다.

$$\pi_{\text{성명}}(\sigma_{\text{부서명='총무부'}}(Employee \bowtie_{Employee.\text{부서번호}=Department.\text{부서번호}} Department))$$

성명
김경원
박민혜

그림 6-22 조인 연산의 활용 결과

3.8 나누기 연산

두 개의 릴레이션 R(X, Y)와 S(Y)에 대한 나누기[division] 연산이다. 즉 R(X, Y)÷S(Y)의 결과는 릴레이션 S의 모든 Y 값에 관련된 릴레이션 R의 X 값을 출력한다. 나누기 연산의 형식은 다음과 같다.

릴레이션1 ÷ 릴레이션2

영업점 코드가 'S1000'인 영업점에서 판매하는 제품의 제품번호, 제품명, 단가를 구해보자. 다음과 같이 Product2 릴레이션을 Store 릴레이션으로 나누기 연산을 하면 된다.

$$Product2 \div \pi_{\text{영업점}}(\sigma_{\text{영업점 코드='S1000'}}(Store))$$

연산 결과는 다음 그림과 같다. 우선 Store 릴레이션에서 선택 연산과 추출 연산을 수행하여 결과를 구한다. 다음으로 Product2 릴레이션에서 영업점 속성 값이 '하이마트'인 튜플을 찾는다. 마지막으로 '영업점' 속성을 제외한 나머지 부분을 구하면 연산이 완료된다.

Product2

제품번호	제품명	단가	영업점
G3000	MP3 플레이어	50,000	하이마트
G3001	USB 메모리	30,000	전자랜드

÷

Store

영업점 코드	영업점
S1000	하이마트
S2000	전자랜드

제품번호	제품명	단가
G3000	MP3 플레이어	50,000

그림 6-23 나누기 연산의 결과

1 SQL 소개

SQL^Structured Query Language^은 관계형 데이터베이스를 조작하고 관리할 때 사용하는 데이터베이스 질의용 언어이다. 1970년대에 IBM에서 개발하여 IBM의 관계형 DBMS에 처음으로 사용되었다. 이후 1986 년에 미국표준협회^ANSI^가 SQL 표준으로 채택하면서 현재까지 DB2, 액세스^Access^, MS-SQL 서버^MS-SQL Server^, 오라클^Oracle^, 사이베이스^Sybase^, 인포믹스^Informix^ 등에서 구조화 질의어로 널리 사용되고 있다.

SQL은 원하는 데이터가 무엇인지^what^만 기술하고 검색 방법^how^은 기술하지 않는 비절차적 언어이기 때 문에 절차적 언어에 비해 배우기 쉽다. 자연어에 가까운 구문을 사용해 질의를 표현하며 관계형 대수나 관계형 해석에 비해 표현력도 우수하다.

SQL은 다음과 같은 세 가지 기능을 제공한다.

- 데이터 정의 기능 : 데이터 정의어^DDL^를 이용하여 릴레이션의 생성 및 제거, 속성의 추가 및 삭제, 뷰의 생 성 및 제거, 인덱스의 생성 및 제거 등의 작업을 수행한다. 릴레이션을 생성하면서 여러 가지 무결성 제약 조건도 기술한다.
- 데이터 조작 기능 : 데이터 조작어^DML^를 이용하여 데이터의 검색, 삽입, 삭제, 수정 등의 연산을 수행한다.
- 데이터 제어 기능 : 데이터 제어어^DCL^를 이용하여 트랜잭션의 시작, 철회, 완료 등을 명시하고, 릴레이션에 대해 권한을 부여하거나 취소한다.

MS-SQL 서버는 GUI^Graphical User Interface^ 기반의 대화형 도구로 SQL 질의를 작성하여 실행 결과를 확인 할 수 있다. 이 절에서는 MS-SQL 서버를 이용하여 릴레이션을 생성하고 질의를 처리하는 방법을 살펴 본다.

2 릴레이션 생성

CREATE TABLE 문은 데이터베이스에 새로운 릴레이션(테이블)을 생성하는 명령이다. CREATE TABLE 문의 형식은 다음과 같다.

```
CREATE TABLE 릴레이션명
(속성1 자료형1 [NULL | NOT NULL],
 속성2 자료형2 [NULL | NOT NULL],
 …
 속성n 자료형n [NULL | NOT NULL]);
```

- 릴레이션명 : 새로 생성하려는 릴레이션의 이름이다.

- 속성1, 속성2, … , 속성n : 릴레이션에 포함시킬 속성의 이름이다.

- 자료형1, 자료형2, … , 자료형n : 속성의 자료형을 정의한다. 대표적인 자료형은 다음 표와 같다.

- [NULL | NOT NULL] : 각 속성에 널 값을 허용할지 말지를 지정한다. 널 값을 허용하면 NULL, 허용하지 않으면 'NOT NULL'을 제약 조건으로 기술한다. '[ ]' 기호는 선택 사항을 의미하며, '|' 기호는 '또는 (or)'을 나타낸다.

표 6-1 **속성의 자료형**

자료형	설명
CHAR	고정형 문자열
VARCHAR	가변형 문자열
BIT	0 또는 1
INT	정수형 숫자
Numeric/Decimal	10진수
REAL/FLOAT	단정도 부동 소수점 수
Double	배정도 부동 소수점 수
Datetime	날짜(yyyy-mm-dd 형식) + 시간(hh:mm:ss 형식)
Date	날짜(yyyy-mm-dd 형식)
Time	시간(hh:mm:ss 형식)

다음은 title_id, title, ISBN, price, pubdate, section_part, author 속성으로 구성된 BookTable 릴레이션의 정의문이다.

```
CREATE TABLE BookTable
(title_id      CHAR(10)      NOT NULL,
 title         VARCHAR(50)   NOT NULL,
 ISBN          CHAR(10)      NOT NULL,
 price         INT           NOT NULL,
 pubdate       DATE,
 section_part  CHAR(10),
 author        CHAR(10)      NOT NULL);
```

다음 그림은 BookTable 릴레이션을 생성한 후 튜플을 아홉 개 저장한 모습이다.

	title_id	title	ISBN	price	pubdate	section_part	author
1	B101	자료구조	689-341	25500	2015-01-01	공학	홍길동
2	B203	이산수학	122-765	42500	2015-05-01	자연과학	전우치
3	B411	컴퓨터개론	566-786	22500	2015-03-31	공학	김정욱
4	C112	컴파일러	211-342	35500	2015-04-01	공학	박홍식
5	C342	C프로그래밍	344-112	29000	2015-03-01	공학	이수진
6	C354	물리학개론	412-564	20000	2015-05-30	자연과학	김정수
7	T001	프로그래밍언어론	811-125	32500	2015-02-01	공학	오세인
8	T002	경영학원론	123-624	30000	2015-06-30	경영학	윤민재
9	T003	운영체제	234-453	35000	2015-01-31	공학	한민수

그림 6-24 BookTable 릴레이션

3 릴레이션 삭제

DROP TABLE 문은 릴레이션을 삭제하는 명령이다. 이 명령을 사용하면 릴레이션의 정의와 릴레이션
에 저장된 튜플을 모두 삭제할 수 있다. DROP TABLE 문의 형식은 다음과 같다.

```
DROP TABLE 릴레이션명;
```

예를 들어 BookTable 릴레이션을 삭제하는 명령은 다음과 같다.

```
DROP TABLE BookTable;
```

4 릴레이션 변경

응용 프로그램의 요구사항이 바뀌면 기존 릴레이션에 속성을 추가하거나 삭제해야 하는 경우가 있다.
ALTER TABLE 문은 기존 릴레이션에 속성을 추가, 삭제, 변경하는 명령으로 형식은 다음과 같다.

```
ALTER TABLE 릴레이션명 ADD 속성명 자료형;
ALTER TABLE 릴레이션명 MODIFY 속성명 자료형;
ALTER TABLE 릴레이션명 DROP 속성명;
```

예를 들어 BookTable 릴레이션에 publisher 속성을 추가하는 명령은 다음과 같다.

```
ALTER TABLE BookTable ADD publisher CHAR(20);
```

ALTER TABLE 문은 릴레이션의 구조를 변경하는 것 외에도 새로운 제약 조건을 추가하거나 삭제할 수
있으며, 속성의 기본 값을 지정하거나 제거할 수 있다.

5 검색

관계형 데이터베이스에서 데이터를 검색하려면 SELECT 문을 사용한다. SELECT 문은 다음과 같이 여섯 개의 절로 구성되는데, SELECT 절과 FROM 절은 필수 항목이고 나머지는 선택 항목이다.

```
SELECT     [DISTINCT] 속성_리스트
FROM       릴레이션_리스트
[WHERE     조건]
[GROUP BY  속성_리스트]
[HAVING    조건]
[ORDER BY  속성_리스트 [ASC | DESC] ];
```

- **SELECT** : 검색 결과에 포함시킬 속성의 목록을 나열한다.
- **FROM** : 검색 대상이 되는 릴레이션을 나열한다.
- **WHERE** : 결과 릴레이션의 튜플이 만족해야 하는 조건을 기술한다.
- **GROUP BY** : 결과 릴레이션의 튜플을 그룹화할 때 GROUP BY 절에서 명시한 속성 값과 동일한 튜플을 그룹으로 묶는다.
- **HAVING** : GROUP BY 절로 그룹을 묶을 때 그룹이 만족해야 하는 조건을 기술한다. HAVING 절과 GROUP BY 절은 언제나 함께 사용한다.
- **ORDER BY** : 검색 결과의 정렬 방법(오름차순 또는 내림차순)을 지정한다.

SELECT 문의 수행 순서는 다음과 같다. 우선 FROM 절에 나열된 릴레이션에 대해 카티전 곱을 구하고 WHERE 절의 조건을 만족하는 튜플을 선정한다. 다음으로 GROUP BY 절에 따라 결과 튜플을 그룹화하는데 이때 HAVING 절의 조건을 만족하는 그룹을 선정한다. 마지막으로 SELECT 절에 명시된 속성을 추출한 후 ORDER BY 절에 따라 검색 결과를 순서대로 정렬한다.

간단한 예로 다음 SELECT 문의 수행 순서를 살펴보자.

문제

자료구조 도서의 저자 이름을 출력하시오.

SQL 문

```
SELECT  author
FROM    BookTable
WHERE   title='자료구조';
```

SQL 문 수행 과정

① FROM　　BookTable

	title_id	title	ISBN	price	pubdate	section_part	author
1	B101	자료구조	689-341	25500	2015-01-01	공학	홍길동
2	B203	이산수학	122-765	42500	2015-05-01	자연과학	전우치
3	B411	컴퓨터개론	566-786	22500	2015-03-31	공학	김정욱
4	C112	컴파일러	211-342	35500	2015-04-01	공학	박홍식
5	C342	C프로그래밍	344-112	29000	2015-03-01	공학	이수진
6	C354	물리학개론	412-564	20000	2015-05-30	자연과학	김정수
7	T001	프로그래밍언어론	811-125	32500	2015-02-01	공학	오세인
8	T002	경영학원론	123-624	30000	2015-06-30	경영학	윤민재
9	T003	운영체제	234-453	35000	2015-01-31	공학	한민수

⬇

② WHERE　　title='자료구조';

	title_id	title	ISBN	price	pubdate	section_part	author
1	B101	자료구조	689-341	25500	2015-01-01	공학	홍길동

⬇

③ SELECT　　author

author
홍길동

5.1 모든 속성 검색

SELECT 문을 활용한 예를 몇 가지 더 살펴보자. 다음 그림은 BookTable 릴레이션에서 모든 속성을 검색한 화면이다. 모든 속성을 검색할 때는 SELECT 문의 속성_리스트에 모든 속성을 기술하는 대신 * 기호만 기술한다.

```
SELECT  *
FROM    BookTable;
```

📊 결과	📋 메시지						
	title_id	title	ISBN	price	pubdate	section_part	author
1	B101	자료구조	689-341	25500	2015-01-01	공학	홍길동
2	B203	이산수학	122-765	42500	2015-05-01	자연과학	전우치
3	B411	컴퓨터개론	566-786	22500	2015-03-31	공학	김정욱
4	C112	컴파일러	211-342	35500	2015-04-01	공학	박홍식
5	C342	C프로그래밍	344-112	29000	2015-03-01	공학	이수진
6	C354	물리학개론	412-564	20000	2015-05-30	자연과학	김정수
7	T001	프로그래밍언어론	811-125	32500	2015-02-01	공학	오세인
8	T002	경영학원론	123-624	30000	2015-06-30	경영학	윤민재
9	T003	운영체제	234-453	35000	2015-01-31	공학	한민수

그림 6-25 모든 속성 검색

5.2 일부 속성 검색

다음 그림은 BookTable 릴레이션에서 일부 속성만 검색한 화면이다. 검색 속성은 title, price, author, pubdate이다.

```
SELECT    title, price, author, pubdate
FROM      BookTable;
```

	title	price	author	pubdate
1	자료구조	25500	홍길동	2015-01-01
2	이산수학	42500	전우치	2015-05-01
3	컴퓨터개론	22500	김정욱	2015-03-31
4	컴파일러	35500	박홍식	2015-04-01
5	C프로그래밍	29000	이수진	2015-03-01
6	물리학개론	20000	김정수	2015-05-30
7	프로그래밍언어론	32500	오세인	2015-02-01
8	경영학원론	30000	윤민재	2015-06-30
9	운영체제	35000	한민수	2015-01-31

그림 6-26 일부 속성 검색

5.3 가격이 30,000원 이하인 도서 검색

다음 그림은 BookTable 릴레이션에서 가격이 30,000원 이하인 도서의 title_id, title, price를 검색한 화면이다. WHERE 절에 조건(price<=30000)을 기술한다.

```
SELECT    title_id, title, price
FROM      BookTable
WHERE     price<=30000;
```

	title_id	title	price
1	B101	자료구조	25500
2	B411	컴퓨터개론	22500
3	C342	C프로그래밍	29000
4	C354	물리학개론	20000
5	T002	경영학원론	30000

그림 6-27 가격이 30,000원 이하인 도서 검색

5.4 section_part가 공학인 도서 검색

다음 그림은 BookTable 릴레이션에서 section_part가 공학인 도서의 title_id, title, price, author, section_part를 검색한 화면이다. WHERE 절에 조건(section_part='공학')을 기술한다.

```
SELECT    title_id, title, price, author, section_part
FROM      BookTable
WHERE     section_part='공학';
```

그림 6-28 section_part가 공학인 도서 검색

5.5 검색 결과의 정렬

다음 그림은 BookTable 릴레이션에서 title_id, title, price, author, section_part를 검색한 후 검색
결과를 price 속성 값에 따라 오름차순으로 정렬한 것이다.

```
SELECT    title_id, title, price, author, section_part
FROM      BookTable
ORDER BY price;
```

그림 6-29 검색 결과의 오름차순 정렬

ORDER BY 절의 검색 결과는 기본적으로 오름차순으로 정렬된다. 내림차순으로 정렬하려면 ORDER
BY 절에 DESC 키워드를 추가해야 한다. 다음 그림은 BookTable 릴레이션의 검색 결과를 price 속
성 값에 따라 내림차순으로 정렬한 것이다.

```
SELECT    title_id, title, price, author, section_part
FROM      BookTable
ORDER BY price DESC;
```

그림 6-30 **검색 결과의 내림차순 정렬**

6 삽입

INSERT 문은 기존 릴레이션에 새로운 튜플을 삽입하는 명령이다. 한 번에 하나의 튜플을 삽입할 수도 있지만 여러 개의 튜플을 삽입할 수도 있다.

6.1 하나의 튜플 삽입

한 번에 하나의 튜플을 삽입하는 INSERT 문의 형식은 다음과 같다.

```
INSERT INTO 릴레이션명(속성1, 속성2, …, 속성n)
VALUES      (값1, 값2, …, 값n);
```

INSERT 문의 VALUES 절에 명시된 값의 순서가 릴레이션의 속성 순서와 일치할 경우에는 속성 리스트를 생략할 수 있다. 튜플을 삽입할 때 일부 속성 값이 결정되지 않았다면 그 속성 값을 입력하지 않고 널 값으로 채울 수도 있다.

다음 그림은 BookTable 릴레이션에 하나의 튜플을 삽입하는 화면이다. 새로 삽입되는 튜플은 title_id, title, ISBN, price, author 속성에 대한 값을 제공한다. 속성의 데이터 형이 문자형이나 날짜형일 경우 속성 값은 작은따옴표(')로 묶어준다.

```
INSERT INTO BookTable(title_id, title, ISBN, price, author)
VALUES      ('K301', '전자공학개론', '123-456', 23000, '박창순');
```

그림 6-31 **하나의 튜플 삽입**

INSERT 문의 수행 결과는 SELECT 문을 통해 확인할 수 있다. 222쪽의 BookTable 정의문에서 볼 수 있듯이 pubdate와 section_part 속성은 기본 값으로 널 값을 가진다. 따라서 INSERT 문에서 정의하지 않은 속성은 널 값으로 채워진다.

```
SELECT    *
FROM      BookTable;
```

	title_id	title	ISBN	price	pubdate	section_part	author
1	B101	자료구조	689-341	25500	2015-01-01	공학	홍길동
2	B203	이산수학	122-765	42500	2015-05-01	자연과학	전우치
3	B411	컴퓨터개론	566-786	22500	2015-03-31	공학	김정욱
4	C112	컴파일러	211-342	35500	2015-04-01	공학	박홍식
5	C342	C프로그래밍	344-112	29000	2015-03-01	공학	이수진
6	C354	물리학개론	412-564	20000	2015-05-30	자연과학	김정수
7	T001	프로그래밍언어론	811-125	32500	2015-02-01	공학	오세인
8	T002	경영학원론	123-624	30000	2015-06-30	경영학	윤민재
9	T003	운영체제	234-453	35000	2015-01-31	공학	한민수
10	K301	전자공학개론	123-456	23000	NULL	NULL	박창순

그림 6-32 하나의 튜플 삽입 결과

6.2 여러 개의 튜플 삽입

한 번에 여러 개의 튜플을 삽입하는 INSERT 문의 형식은 다음과 같다. SELECT 문을 수행하여 검색된 튜플이 지정한 릴레이션에 삽입된다. 이 경우에는 VALUES 절을 사용하지 않는다.

```
INSERT INTO 릴레이션명(속성1, 속성2, …, 속성n)
SELECT      속성_리스트
FROM        릴레이션_리스트
WHERE       조건;
```

다음 그림은 BookTable 릴레이션에 SELECT 문을 수행하여 검색된 두 개의 튜플이 ScienceTable 릴레이션에 삽입되는 화면이다. 새로 삽입되는 튜플은 title_id, title, ISBN, price, pubdate, section_part, author 속성에 대한 값을 제공한다.

```
INSERT INTO ScienceTable(title_id, title, ISBN, price, pubdate, section_part, author)
SELECT      title_id, title, ISBN, price, pubdate, section_part, author
FROM        BookTable
WHERE       section_part='자연과학';
```

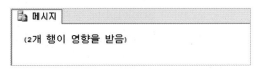

그림 6-33 두 개의 튜플 삽입

INSERT 문이 적용된 결과는 다음 그림과 같이 SELECT 문을 수행하여 확인할 수 있다.

```
SELECT   *
FROM     ScienceTable;
```

결과 | 메시지

	title_id	title	ISBN	price	pubdate	section_part	author
1	B203	이산수학	122-765	42500	2015-05-01	자연과학	전우치
2	C354	물리학개론	412-564	20000	2015-05-30	자연과학	김정수

그림 6-34 두 개의 튜플을 삽입한 결과

7 삭제

DELETE 문은 지정된 릴레이션에서 WHERE 절의 조건을 만족하는 튜플을 모두 삭제하는 명령이다. DELETE 문의 형식은 다음과 같다.

```
DELETE FROM 릴레이션명
WHERE       조건;
```

다음 그림은 앞에서 추가한 title_id가 K301인 튜플을 삭제하는 화면이다.

```
DELETE FROM BookTable
WHERE       title_id='K301';
```

메시지

(1개 행이 영향을 받음)

그림 6-35 title_id가 K301인 튜플 삭제

DELETE 문이 적용된 결과는 다음 그림과 같이 SELECT 문을 수행하여 확인할 수 있다.

```
SELECT *
FROM   BookTable;
```

	title_id	title	ISBN	price	pubdate	section_part	author
1	B101	자료구조	689-341	25500	2015-01-01	공학	홍길동
2	B203	이산수학	122-765	42500	2015-05-01	자연과학	전우치
3	B411	컴퓨터개론	566-786	22500	2015-03-31	공학	김정욱
4	C112	컴파일러	211-342	35500	2015-04-01	공학	박홍식
5	C342	C프로그래밍	344-112	29000	2015-03-01	공학	이수진
6	C354	물리학개론	412-564	20000	2015-05-30	자연과학	김정수
7	T001	프로그래밍언어론	811-125	32500	2015-02-01	공학	오세인
8	T002	경영학원론	123-624	30000	2015-06-30	경영학	윤민재
9	T003	운영체제	234-453	35000	2015-01-31	공학	한민수

그림 6-36 DELETE 문의 수행 결과

DELETE 문에서 WHERE 절을 생략하면 릴레이션의 모든 튜플이 삭제되어 빈 릴레이션이 된다. 다음은 BookTable 릴레이션에서 모든 튜플을 삭제하는 명령이다.

```
DELETE FROM BookTable;
```

8 갱신

UPDATE 문은 튜플의 속성 값을 바꾸는 명령이다. WHERE 절의 조건을 만족하는 하나 이상의 튜플을 한 번에 갱신할 수 있고 새로운 속성 값으로 산술식이나 널 값을 넣을 수도 있다. WHERE 절의 조건을 만족하는 튜플의 속성 값은 SET 절에 지정된 순서대로 갱신된다. UPDATE 문의 형식은 다음과 같다.

```
UPDATE    릴레이션명
SET       속성1=수식1, 속성2=수식2, …, 속성n=수식n
WHERE     조건;
```

다음 그림은 BookTable 릴레이션에서 WHERE 절의 조건(section_part='공학')을 만족하는 튜플의 price 속성 값을 갱신하는 화면이다. UPDATE 문을 수행한 결과 price 속성의 현재 값에 500을 뺀 값이 새로운 속성 값으로 설정된다.

```
UPDATE BookTable
SET    price=price-500
WHERE  section_part='공학';
```

(6개 행이 영향을 받음)

그림 6-37 section_part가 공학인 튜플의 price 속성 값 갱신

속성 값의 갱신 여부는 다음 그림과 같이 SELECT 문을 수행하여 확인할 수 있다.

```
SELECT   *
FROM     BookTable;
```

	title_id	title	ISBN	price	pubdate	section_part	author
1	B101	자료구조	689-341	25000	2015-01-01	공학	홍길동
2	B203	이산수학	122-765	42500	2015-05-01	자연과학	전우치
3	B411	컴퓨터개론	566-786	22000	2015-03-31	공학	김정욱
4	C112	컴파일러	211-342	35000	2015-04-01	공학	박홍식
5	C342	C프로그래밍	344-112	28500	2015-03-01	공학	이수진
6	C354	물리학개론	412-564	20000	2015-05-30	자연과학	김정수
7	T001	프로그래밍언어론	811-125	32000	2015-02-01	공학	오세인
8	T002	경영학원론	123-624	30000	2015-06-30	경영학	윤민재
9	T003	운영체제	234-453	34500	2015-01-31	공학	한민수

그림 6-38 UPDATE 문의 수행 결과

모바일 데이터베이스

모바일 기기는 컴퓨터에 비해 CPU 성능이 낮고 사용할 수 있는 자원이 제한적이라 기존 컴퓨터에서 사용하는 오라클이나 MySQL과 같은 데이터베이스를 활용할 수 없다. 따라서 모바일 기기에 적합한 작은 크기의 데이터베이스가 필요하다.

모바일 데이터베이스란 노트북, PDA, 스마트폰, 태블릿 PC와 같은 모바일 기기를 이용하여 현장 업무에서 발생한 데이터를 가공한 후 동기화synchronization 기능을 통해 중앙 서버로 전송하거나 모바일 기기에 직접 저장하는 데이터베이스를 말한다.

1 모바일 데이터베이스의 종류와 특징

모바일 데이터베이스의 종류에는 SQLite, SQL Anywhere, DB2 Everyplace, SQL Server Compact, SQL Server Express, Oracle Database Lite, Couchbase Lite 등이 있다. 특히 SQLite는 대표적인 오픈 소스 파일 데이터베이스로 크기가 300킬로바이트 밖에 되지 않지만 꽤 안정적이며 크로스 플랫폼을 지원하기 때문에 모바일 기기에 적합하다.

TIP 오픈 소스 : 소프트웨어를 개발할 때 해당 소프트웨어가 어떻게 만들어졌는지 알 수 있도록 원 소스 코드를 무료로 공개하는 것을 말한다.

TIP 크로스 플랫폼 : 서로 다른 운영체제 환경에서 공통적으로 사용할 수 있게 개발된 하드웨어나 소프트웨어를 말한다.

모바일 데이터베이스의 대표적인 특징은 다음과 같다.

■ 저사양 기기에 탑재 가능
모바일 데이터베이스는 저성능 CPU와 제한된 주기억장치를 가진 모바일 기기에 탑재할 수 있다. 그만큼 크기가 작다.

■ 서버 측 데이터베이스의 복제 및 동기화 기능
모바일 기기는 전력 소모를 줄이기 위해 서버와 연결을 중간에 끊는다. 그러나 서버와 연결이 끊긴 후에도 애플리케이션을 구동할 수 있도록 서버 측 데이터를 복사해 둔다. 이를 복제라고 한다. 복제된 데이터는 이후 다시 서버에 전송하여 저장한다. 이와 같이 모바일 데이터베이스는 데이터 복제와 동기화 기능을 통해 데이터의 지속적인 갱신과 함께 일관성을 유지해 나간다.

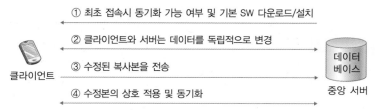

그림 6-39 **모바일 데이터베이스의 복제 및 동기화 기능**

■ 내장형 데이터베이스

모바일 컴퓨팅 환경에서는 애플리케이션과 시스템 소프트웨어가 모바일 기기에 탑재^{embedded}된다. 데이터베이스도 애플리케이션과 결합된 형태로 모바일 기기에 탑재된다.

2 모바일 데이터베이스의 활용 분야

모바일 데이터베이스는 여러 분야에서 다양하게 활용되고 있다. 보험회사와 자동차 회사에서는 모바일 데이터베이스를 탑재한 모바일 기기에 상품 정보와 고객 정보 등을 담아 활용한다. 이를 통해 보험 설계사와 영업 사원들은 차별화된 고객 맞춤형 서비스를 제공한다.

가스회사에서는 수작업으로 진행하던 검침이나 유지 보수 등의 현장 업무를 자동화한다. 이를 위해 가스회사는 외근 직원들에게 모바일 데이터베이스가 탑재된 PDA를 보급하고 현장에서 바로 데이터 수집과 처리를 할 수 있도록 맡긴다. 물류회사에서도 모바일 기기를 사용하여 배달, 재고 파악 등의 물류 지원 업무를 처리한다. 택배회사에서는 모바일 데이터베이스를 탑재한 산업용 PDA를 활용하여 오프라인 환경에서 작업을 수행한 후 온라인 상태에서 서버와 데이터를 동기화시켜 업무를 처리한다.

한편 백화점 등에서는 기존의 POS 업무를 PDA 형태의 모바일 단말기로 구현한 시스템을 도입하여, 실시간 재고 파악과 현장 결제 서비스 같은 고객 응대 서비스를 제공하고 있다.

그림 6-40 **모바일 데이터베이스의 활용** [01]

1 파일 처리 시스템의 문제점과 데이터베이스의 등장

- 파일 처리 시스템 : 각 응용 프로그램마다 별도의 데이터 파일을 유지하기 때문에 데이터 종속과 데이터 중복의 문제점이 있다.
- 데이터베이스 : 컴퓨터에 저장된 데이터를 통합하여 저장하고 관리하는 모임으로, 저장된 데이터의 양이 방대하고 많은 사람이 사용할수록 효율적이다.

2 데이터베이스 관리 시스템

사용자와 응용 프로그램에게 편리하고 효율적인 데이터베이스 사용 환경을 제공하는 소프트웨어이다.

3 데이터베이스 언어

데이터베이스 시스템을 구축하고 관리하는 데 사용되는 언어로, 데이터 정의어^{DDL}, 데이터 조작어^{DML}, 데이터 제어어^{DCL}로 구분된다.

4 데이터베이스 사용자

데이터베이스 시스템의 활용 형태에 따라 응용 프로그래머, 최종 사용자, 데이터베이스 관리자로 구분된다.

5 데이터 모델

데이터베이스 설계 과정에서 데이터의 논리적인 구조를 표현하기 위해 사용되는 도구이다. 대표적인 데이터 모델에는 계층형 데이터 모델, 네트워크형 데이터 모델, 관계형 데이터 모델, 객체 지향형 데이터 모델, 객체 관계형 데이터 모델 등이 있다.

6 관계형 데이터베이스와 주요 용어

- 관계형 데이터베이스 : 일련의 정형화된 릴레이션으로 구성된 데이터 항목의 집합이다.
- 릴레이션 : 하나의 엔티티^{entity}에 관한 데이터를 저장하며, 고유한 이름을 갖는 2차원 테이블이다.
- 튜플 : 릴레이션의 각 행을 의미한다.
- 속성 : 릴레이션의 각 열을 의미한다.
- 차수 : 튜플을 구성하는 속성의 개수를 의미한다.
- 카디널리티 : 릴레이션에 있는 튜플의 개수를 의미한다.
- 널 값 : 어떤 튜플의 속성 값이 아직 정해지지 않았거나 해당되는 값이 없을 경우에는 널 값을 사용한다.
- 키 : 각 튜플을 유일하게 구별할 수 있는 하나 이상의 속성들의 모임이다.

7 무결성 제약 조건

데이터베이스 상태가 만족해야 하는 조건을 말하는 것으로 데이터베이스의 일관성이 손상되지 않도록 보장하는 수단이다. 무결성 제약 조건은 도메인 무결성 제약 조건, 개체 무결성 제약 조건, 참조 무결성 제약 조건으로 구분된다.

8 관계형 대수

- 선택 연산 : 주어진 릴레이션에서 특정 조건을 만족하는 튜플을 구한다.
- 추출 연산 : 주어진 릴레이션에서 원하는 속성만 뽑아낸다.
- 합집합 연산 : 두 개의 릴레이션 중 어느 한쪽 또는 양쪽에 모두 존재하는 튜플을 구한다.
- 교집합 연산 : 두 개의 릴레이션에 모두 존재하는 튜플을 구한다.
- 차집합 연산 : 하나의 릴레이션에는 속하지만 다른 릴레이션에는 속하지 않는 튜플을 구한다.
- 카티전 곱 연산 : 두 개의 릴레이션에 존재하는 모든 튜플을 조합하여 구한다.
- 조인 연산 : 두 개의 릴레이션에서 특정 조건을 만족하는 튜플들을 결합하여 하나의 튜플로 만든다.
- 나누기 연산 : 두 개의 릴레이션 $R(X, Y)$와 $S(Y)$에 대해 $R(X, Y) \div S(Y)$는 릴레이션 S의 모든 Y 값에 관련된 릴레이션 R의 X 값을 선택한다.

9 SQL

관계형 데이터베이스의 조작과 관리에 사용되는 데이터베이스 질의용 언어이다. SQL은 질의 기능 외에도 데이터 정의, 데이터 조작, 데이터 제어 기능을 제공한다.

10 모바일 데이터베이스

모바일 기기를 이용하여 현장 업무에서 발생한 데이터를 가공한 후 동기화synchronization 기능을 통해 중앙 서버로 전송하거나 모바일 기기에 직접 저장하는 데이터베이스를 말한다.

정오형 문제

1 레코드는 속성을 나타내는 정보의 최소 단위이다. 　　　　　　　 참　거짓

2 관계형 데이터 모델은 2차원 테이블에 데이터를 저장한다. 　　　　 참　거짓

3 관계형 대수는 질의의 검색 방법을 명시하는 절차적 언어이다. 　　 참　거짓

4 차수는 튜플을 구성하는 속성의 개수를 의미한다. 　　　　　　　 참　거짓

5 키는 각 튜플을 유일하게 식별할 수 있는 하나 이상의 속성들의 모임이다. 　 참　거짓

단답형/선택형 문제

1 파일 처리 시스템과 비교할 때 DBMS 도입에 따른 장점으로 적합하지 않은 것은?

　① 데이터의 중복과 불일치가 감소한다.

　② 시스템의 개발 및 유지 보수 비용이 증가한다.

　③ 데이터베이스의 공유와 동시 접근이 가능하다.

　④ 표준화 시행이 용이하다.

2 2차원 테이블에 데이터를 저장하며, 사용자가 필요한 데이터만 기술하면 DBMS가 데이터의 저장 위치와 접근 방법을 결정하는 데이터 모델은 무엇인가?

　① 계층형 데이터 모델

　② 네트워크형 데이터 모델

　③ 관계형 데이터 모델

　④ 객체 지향형 데이터 모델

3 다른 릴레이션의 기본키를 참조하며 릴레이션과 릴레이션 간의 관계를 나타내는 키는 무엇인가?

　① 카디널리티

　② 도메인

　③ 후보키

　④ 외래키

4 무결성 제약 조건은 데이터베이스의 상태가 만족해야 하는 조건이다. 다음 중 무결성 제약 조건에 해당하지 않는 것은?

① 튜플 무결성 제약 조건

② 도메인 무결성 제약 조건

③ 개체 무결성 제약 조건

④ 참조 무결성 제약 조건

5 (   )은(는) 주어진 릴레이션에서 원하는 속성만 뽑아내는 연산이다.

6 (   )은(는) 두 개의 릴레이션에 존재하는 모든 튜플의 조합을 구하는 연산이다.

7 (   )은(는) 두 개의 릴레이션에서 특정 조건을 만족하는 튜플들을 결합하여 하나의 튜플로 만드는 연산이다.

8 다음 중 릴레이션의 생성과 제거, 속성의 추가 및 삭제 등의 작업을 수행하고, 무결성 제약 조건을 기술하는 SQL의 기능은 무엇인가?

① 데이터 정의 기능

② 데이터 조작 기능

③ 데이터 제어 기능

④ 데이터 질의 기능

9 다음 중에서 기존 릴레이션에 속성을 추가, 삭제, 변경하는 기능을 제공하는 SQL 명령어는 무엇인가?

① DROP TABLE

② ALTER TABLE

③ SELECT

④ INSERT

10 다음 중에서 모바일 데이터베이스의 특징에 해당하지 않는 것은 무엇인가?

① 저사양 기기에도 탑재 가능

② 서버 측 데이터베이스의 복제 및 동기화 기능

③ 내장형 데이터베이스

④ 고속의 대용량 데이터베이스

1 데이터베이스 관리자의 주요 업무에 대해 설명하시오.

2 데이터베이스에 널(null) 값이 도입된 이유를 설명하시오.

3 릴레이션 R과 S에 대해 다음 물음에 답하시오.

R

A	B	C
1	2	3
4	5	6
7	8	9

S

A	B	C
4	5	6

(1) 두 릴레이션 R과 S의 합집합 연산의 결과를 구하시오.

(2) 두 릴레이션 R과 S의 교집합 연산의 결과를 구하시오.

(3) 두 릴레이션 R과 S의 차집합 연산의 결과를 구하시오.

4 Grade 릴레이션에 대해 다음 물음에 답하시오.

Grade

학번	학과명	성명	성적
1001	컴퓨터공학과	홍길동	96
2002	전자공학과	김철수	87
3003	정보통신공학과	전우치	90

(1) 모든 튜플을 검색하고 검색 결과를 성적 속성 값에 따라 내림차순으로 정렬하는 SQL 문을 작성하시오.

(2) 학번이 2002인 튜플을 삭제하는 SQL 문을 작성하시오.

(3) 홍길동 학생의 성적을 검색하는 SQL 문을 작성하시오.

정보화 시대의 근간, 데이터베이스

글 이춘식
(CSLEE)

인간이 살아가면서 그 행적을 기록하는 문화는 인류의 위대한 자산 중 하나이다. 고대에는 중요한 정보와 전하고자 하는 사항을 바위처럼 변하지 않는 곳에 기록했고, 그 이후에는 나무껍질, 동물의 가죽 등에 기록하여 남겼다. 그리고 마침내 종이가 발명되자 비로소 다량의 정보를 기록하여 전할 수 있게 되었다. 근대 이후에는 컴퓨터라는 매개체를 통해 디지털화된 데이터를 디스크에 보관함으로써 정보의 보관과 활용이 비약적으로 증대되었다. 바로 이렇게 저장된 데이터의 저장소를 데이터베이스라 한다. 데이터베이스는 현대의 각종 정보 시스템, 검색, SNS 등의 근간이다.

데이터베이스 영역은 크게 아키텍처(기술 환경의 큰 그림), 분석 및 설계(데이터 모델링), 구축과 튜닝, 운영 및 관리의 영역으로 구분할 수 있다. 아키텍처는 도시계획을 할 때 큰 그림을 그리는 것에 비유할 수 있으며, 분석 및 설계는 아키텍처 기반 위에 완성된 데이터베이스의 모습을 상세하게 그리는 설계도라고 할 수 있다. 구축과 튜닝은 설계된 데이터 모델을 토대로 컴퓨터 환경에서 오라클, DB2, MS-SQL 서버, 알티베이스 등을 활용하여 데이터베이스를 만드는 것이다. 운영 및 관리는 건물이 완성되면 정기적으로 하자를 보수하듯이 완성된 데이터베이스를 개선하고 버그를 수정하며, 특히 저장된 데이터를 안전하게 백업하고 문제가 있으면 복구하는 역할을 말한다.

이러한 일련의 과정에서 한 번의 실수만으로도 몇 억에서 몇 백억의 손실이 날 수 있으므로 데이터베이스 전문가는 단순한 기술만 가져서는 곤란하다. 고도화된 전문성을 익혀 훈련하는 것은 물론 전문적인 지식과 이해를 바탕으로 작업을 수행해야 한다. 지금과 같은 정보화 시대에서 데이터베이스 전문가(흔히 말하는 DBA, DA)는 이 시대를 이끌어가는 중요한 사람이다.

IT분야에서 데이터베이스 관련 업무 종사자의 약 90% 이상이 자기 직업에 만족한다고 한다. 그만큼 그들은 자신의 일에 가치를 느끼고, 그 일을 바탕으로 전문적이고 새로운 일을 계속 창출할 수 있는 기회를 부여받고 있는 것이다. 이 장을 통해 데이터베이스가 무엇이고, 데이터베이스가 어떤 이론을 바탕으로 형성되었는지 알았다면 자신의 인생 경력을 데이터베이스로 구축해보는 것도 매우 좋은 경험이 될 것이다.

CHAPTER 07

네트워크와 인터넷

컴퓨터 통신망의 구축_네트워킹 및 인터넷 기술의 이해

학습목표

- 프로토콜과 OSI 참조 모델의 개념을 이해한다.
- 네트워크의 구성 형태와 분류에 대해 알아본다.
- 네트워크 교환 방식을 살펴본다.
- 웹의 역사와 기술을 알아보고 웹 브라우저의 종류를 살펴본다.
- 다양하게 활용되고 있는 인터넷 서비스에 대해 살펴본다.
- 무선 네트워크 기술의 종류와 특징 및 발전 방향을 공부한다.

PREVIEW

컴퓨터가 복잡한 계산이나 사람들이 하기 힘든 일을 수행하기 시작하면서

인간의 업무 능력은 크게 향상되었다.

하지만 시간이 흐르면서 인간이 컴퓨터에 요구하는 정보의 수준과 양은

이전과는 비교할 수 없을 정도로 복잡하고 많아졌다.

컴퓨터 한 대로 처리할 수 있는 정보의 수준을 넘어서 버린 것이다.

이러한 한계를 극복하기 위해 등장한 것이 네트워크이다.

오늘날에는 컴퓨터로 하는 거의 모든 업무를 네트워크를 통해 할 정도로 네트워크가 발전하였다.

이 장에서는 네트워크와 인터넷 기술을 살펴보고,

인터넷 활용 서비스 및 통신 기술의 발전에 대해 살펴보자.

1 네트워크의 개념

네트워크network는 net그물와 work일하다의 합성어로 컴퓨터끼리 정보를 주고받을 수 있도록 연결한 통신망이다. 네트워크를 통하면 언제 어디서든 원하는 정보를 주고받을 수 있으며, 직접 정보를 전달하는 것보다 시간과 비용을 절약할 수 있다. 예를 들어 A라는 사람이 미국에 있는 B라는 사람에게 정보를 전달하는 경우를 생각해보자. 인터넷이 대중화되기 전에는 국제우편이나 소포를 이용했는데 아무리 빨라도 며칠씩 소요되곤 했다. 지금은 인터넷을 이용하여 원하는 정보를 즉시 전달할 수 있다. 통신 혁명이 우리 사회에 엄청난 변화를 가져온 것이다.

2 네트워크의 역사

최초의 인류는 멀리 떨어져 있는 상대에게 신호를 전달할 때 봉화대를 사용했다. 봉화대는 높은 산 위에 설치하여 불빛이나 연기를 피어오르게 하는 기구이다. 사람들은 먼 곳에서 봉화대의 불빛이나 연기를 보고 정보의 종류를 파악할 수 있었다. 봉화대는 전화가 발명되기 전까지 매우 중요한 통신 수단으로 이용되었다.

현재 우리가 사용하는 네트워크의 시초는 모스Samuel F.B. Morse가 발명한 전신telegraph 기술이다. 전신 기술은 모스 부호가 사용되는데, 모스 부호는 멀리 있는 상대에게 전기 신호의 길이와 끊김으로 정보를 전송한다. 1844년에는 볼티모어와 오하이오 철도역 사이에 모스 부호를 사용하여 유선으로 전보를 타전할 수 있는 최초의 상업용 전신기가 개발되었다.

이후 알렉산더 벨Alexander Graham Bell은 1876년에 전화를 발명하였고, 이듬해인 1877년에 상자 모양의 전화기를 만들었다. 벨은 1877년에 유럽에 전화기를 전파하면서 빅토리아 여왕 앞에서 직접 통화하는 모습을 시연하기도 했다. 벨의 전화 발명으로 시작된 음성 통신은 수동교환기, 자동교환기, 전자교환기의 개발로 이어졌다.

우리나라는 조선시대인 1896년에 최초로 궁중에 궁내부 전용 교환기를 설치하면서 전화가 등장했다. 1902년에 서울과 인천 사이를 잇는 전화 업무가 개통되면서 일반인도 전화를 쓸 수 있게 되었다. 다음 그림은 이승만 대통령이 1960년에 영등포 전화국을 방문하여 내부 시설을 둘러보고 있는 모습이다.

그림 7-1 이승만 대통령의 영등포 전화국 방문 모습

전 세계적으로 음성 통신 서비스인 전화가 널리 보급되는 한편, 1940년대에는 컴퓨터가 탄생하였고 여러 분야에서 컴퓨터 사용이 급격히 늘어났다. 아울러 컴퓨터 사용자들은 컴퓨터 자체의 정보에 만족하지 않고 컴퓨터 상호 간에 정보를 서로 공유하고자 했다. 이것은 컴퓨터 네트워크의 탄생 동기가 된다. 컴퓨터 네트워크 기술은 1970년대에 미국 국방성이 알파넷ARPANet을 개발하면서 급속히 발달했고 이후 인터넷 기술로 발전했다.

TIP 인터넷에 대한 자세한 내용은 5~6절에서 살펴본다.

02 프로토콜과 OSI 참조 모델

네트워크에 연결된 컴퓨터끼리 통신을 하려면 통신에 필요한 절차와 기능이 미리 합의되어 있어야 한다. 이 절에서는 통신을 위해 미리 약속해 놓은 절차인 프로토콜과 통신을 위해 필요한 기능을 일곱 개의 계층으로 나누어 정의한 OSI 참조 모델에 대해 알아본다.

1 프로토콜

1.1 프로토콜의 개념

청년 두 명이 예쁜 아가씨에게 사랑 고백을 하는 모습을 떠올려보자. 다음 그림에서 왼쪽 청년은 아가씨와 쓰는 언어가 달라 말이 통하지 않아 상당히 곤란해 보인다. 반면 오른쪽 청년은 아가씨와 사용하는 언어가 같아서 성공적으로 사랑을 고백하면서 기뻐하고 있다. 이것은 간단한 예에 지나지 않지만, 인간의 의사소통은 언어뿐만 아니라 대화의 절차까지도 유사해야 정확히 이뤄진다.

그림 7-2 **프로토콜의 이해를 위한 예**

네트워크에 연결된 컴퓨터 간의 통신도 이와 유사하다. 먼저 송신 컴퓨터가 수신 컴퓨터에 데이터를 보내도 되는지 문의한다. 수신 컴퓨터가 허가하면 송신 컴퓨터는 데이터를 보내지만 허가하지 않으면 대기한다. 전송 중에 보낸 데이터에 오류가 생겼거나 제대로 도착하지 못하면 송신 컴퓨터는 데이터를 다시 보낸다. 송신 컴퓨터가 모든 데이터를 보내면 데이터 전송을 종료한다.

이와 같이 컴퓨터 네트워크에서 데이터를 주고받을 때 수행되는 절차를 프로토콜이라고 한다. 프로토콜protocol은 원래 국가 간 외교 의전 절차를 의미하는 용어인데, 컴퓨터 네트워크에서는 서로 다른 기종의 컴퓨터끼리 통신을 하기 위해 미리 정해 놓은 규칙을 의미하는 용어로 쓰인다. 컴퓨터 간에 데이터를 송수신할 때 데이터 전송 형식이나 전송 절차가 다르면 통신이 불가능하므로 프로토콜이 반드시 필요하다. 현재 가장 널리 사용되는 프로토콜은 TCP/IP로 인터넷 서비스에서 사용된다. 서로 다른 기종의 컴퓨터라도 TCP/IP가 설치되어 있으면 인터넷에 연결하여 데이터를 송수신할 수 있다.

1.2 프로토콜의 절차

컴퓨터 간에 데이터를 송수신하려면 연결 설정, 데이터 전송, 연결 해제의 세 단계를 거쳐야 한다.

① 연결 설정 : 컴퓨터 A가 컴퓨터 B에게 데이터를 전송하려면 데이터를 보내도 되는지 먼저 문의하여 허락을 받아야 한다. 이를 연결 설정 단계라고 한다.

② 데이터 전송 : 컴퓨터 B가 데이터를 보내도 된다고 허락하면 컴퓨터 A는 데이터를 일정한 크기의 메시지로 나눠서 전송한다. 메시지가 도착하면 컴퓨터 B는 잘 받았다는 신호를 컴퓨터 A에게 보낸다. 이와 같이 데이터 전송과 응답이 이루어지는 단계를 데이터 전송 단계라고 한다.

③ 연결 해제 : 컴퓨터 A가 모든 데이터를 보냈다면 전송이 종료되었음을 알리는 메시지를 컴퓨터 B에게 보낸다. 컴퓨터 B는 이에 대한 응답을 컴퓨터 A에게 보낸다. 이를 연결 해제 단계라고 한다.

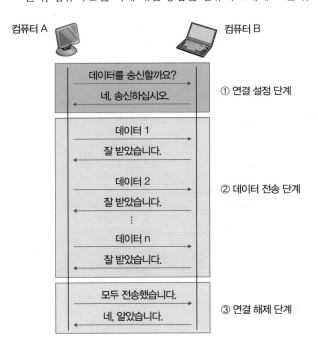

그림 7-3 **프로토콜의 절차**

프로토콜은 컴퓨터 간의 데이터 전송의 효율성과 신뢰성을 보장하기 위해 다음과 같은 여러 가지 기능을 수행한다. 모든 프로토콜이 이 기능을 모두 수행하는 것은 아니다. 프로토콜마다 목적에 맞게 선택적으로 기능을 수행한다.

■ 주소 지정

송신 컴퓨터가 수신 컴퓨터에 데이터를 전송하려면 수신 컴퓨터의 주소를 알아야 정확하게 전송할 수 있다. 주소 지정addressing이란 송신 컴퓨터가 보낼 데이터에 송신 측과 수신 측의 주소를 추가하는 기능을 말한다. 주소의 종류에는 MAC$^{Medium\ Access\ Control}$ 주소, IP$^{Internet\ Protocol}$ 주소, 포트^{Port} 주소 등이 있다.

■ 동기화

송신 컴퓨터가 수신 컴퓨터에 데이터를 전송할 때 상호 간의 데이터 전송 속도 및 타이밍이 정확하게 일치해야 하는데, 이를 동기화synchronization라고 한다. 전송 속도나 타이밍이 일치하지 않으면 수신 컴퓨터는 송신 컴퓨터가 보낸 데이터를 정확하게 수신하지 못하고 잘못된 데이터를 받을 수 있다. 따라서 동기화는 데이터 전송에서 매우 중요한 요소이다.

■ 캡슐화

송신 컴퓨터가 수신 컴퓨터에 데이터를 전송할 때, 전송에 필요한 여러 가지 제어 정보를 데이터에 붙이는 것을 캡슐화encapsulation라고 한다.

■ 오류 제어

송신 컴퓨터가 전송한 데이터에 오류가 발생하면 수신 컴퓨터는 이를 검출하여 송신 컴퓨터에 데이터를 재전송하도록 요구하거나 수신 컴퓨터 스스로 오류를 정정correction한다. 이를 오류 제어error control라고 한다.

■ 흐름 제어

컴퓨터 간에 데이터를 효율적으로 전송하기 위한 데이터 전송과 응답 방식을 흐름 제어flow control라고 한다. 예를 들어 데이터를 한 개 보낼 때마다 응답을 받는 것보다 여러 개를 동시에 보내고 응답은 한 번에 받는 것이 효율적이다. 대표적인 흐름 제어로는 슬라이딩 윈도우 메커니즘sliding windows mechanism이 있다.

■ 데이터 분할 및 조합

송신 컴퓨터가 데이터를 전송할 때 한꺼번에 전송하지 않고 여러 개로 나눠서 전송하는 것을 데이터 분할segmentation이라고 한다. 이때 분할된 데이터를 세그먼트segment라고 한다. 세그먼트를 모두 모아 다시 원래 데이터로 조립하는 것을 조합reassembly이라고 한다.

■ 연결 제어

컴퓨터 간에 데이터를 전송할 때 연결 설정, 데이터 전송, 연결 해제 단계를 수행하는 것을 연결 제어 connection control라고 한다. 높은 신뢰도를 요구하는 데이터를 전송할 때는 오류 없이 전송해야 하므로 연결 제어를 수행하는데, 이를 연결형 프로토콜connection oriented protocol이라고 한다. 높은 신뢰도를 요구하지 않는 데이터를 전송할 때는 연결 제어 과정 없이 바로 데이터 전송을 수행하는데, 이를 비연결형 프로토콜connectionless protocol이라고 한다.

2 OSI 참조 모델

2.1 OSI 참조 모델의 개념

컴퓨터 A와 컴퓨터 B를 사용하는 두 사람이 메신저를 이용해 메시지를 주고받는다고 가정해보자. 컴퓨터 A에서 메시지를 입력하면 메시지는 전기적 신호로 바뀌어 네트워크 연결 통로를 따라 컴퓨터 B의 메신저 창에 출력될 것이다. OSI 참조 모델은 이와 같이 두 시스템 간의 통신을 위해 필요한 기능을 7계층으로 나누어 서비스하는 것을 말한다.

다음 그림은 OSI 참조 모델을 사용하는 두 컴퓨터 간의 데이터 전송 과정을 나타낸 것이다. 데이터를 전송할 때 송신 측은 상위 계층에서 하위 계층 방향으로 수행이 이뤄지며, 수신 측은 하위 계층에서 상위 계층 방향으로 수행이 이뤄진다.

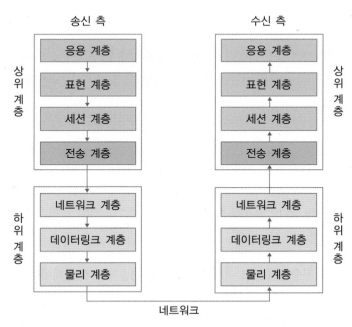

그림 7-4 OSI 7계층 참조 모델에서 두 컴퓨터 간의 데이터 전송 과정

OSI 참조 모델은 1978년에 국제통신연합ITU, International Telecommunication Union에서 오픈 시스템open systems 간 통신을 위해 필요한 기능을 7계층으로 나눈 후 서비스service와 프로토콜protocol로 정의한 모델이다. 여기서 오픈 시스템이란 단독으로 쓰이는 컴퓨터가 아니라 컴퓨터 네트워크에 연결되어 다른 컴퓨터와 상호 통신할 수 있는 여건을 갖춘 컴퓨터를 말한다.

7계층은 아래 계층부터 물리 계층physical layer, 데이터링크 계층data link layer, 네트워크 계층network layer, 전송 계층transport layer, 세션 계층session layer, 표현 계층presentation layer, 응용 계층application layer으로 구성된다. 이 중 물리 계층, 데이터링크 계층, 네트워크 계층은 하위 계층으로 분류되어 네트워크 특성에 영향을 받는다. 전송 계층, 세션 계층, 표현 계층, 응용 계층은 상위 계층으로 분류되어 네트워크 특성에 영향을 받지 않는다.

2.2 OSI 참조 모델의 동작 원리

OSI 참조 모델의 동작 원리를 이해하기란 쉽지 않지만, 회사 조직과 비교해서 살펴보면 조금이나마 이해하는 데 도움이 된다. 회사는 대표이사부터 말단 직원까지 직급이 있고, 각 직급마다 수행해야 하는 역할이 있다. 대표이사는 회사의 경영을 책임지고 이끌어 나가는 역할을 하고, 부장과 과장은 부서에서 추진하는 사업에 대한 실무적인 사항을 처리하는 역할을 한다. 사원은 부장이나 과장이 지시한 아주 구체적인 사안을 처리하는 역할을 한다. 이러한 조직에서 업무를 진행하는 과정을 살펴보면 먼저 대표이사가 부장/과장에게 업무 지시를 내리고, 부장/과장은 자신의 부서로 돌아가 각 사원에게 구체적인 업무 지시를 내린다. 업무 보고는 업무 지시와 반대로 사원이 업무를 수행한 후 그 결과를 부장/과장에게 보고하고, 부장/과장은 사원으로부터 보고 받은 결과를 취합해서 검토한 후 최종적으로 대표이사에게 보고한다.

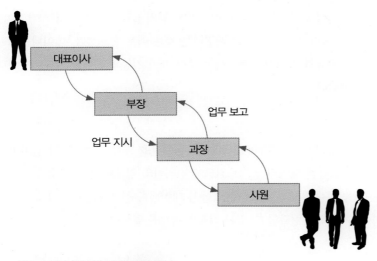

그림 7-5 회사에서 업무 지시와 업무 보고

OSI 참조 모델을 사용하는 두 컴퓨터 간의 데이터 전송 과정도 이와 매우 유사하다. 컴퓨터 A가 컴퓨터 B에게 데이터를 전송하려면 먼저 컴퓨터 A의 응용 계층이 표현 계층에게 데이터를 보내고, 표현 계층은 다시 세션 계층에게 데이터를 보낸다. 같은 방식으로 2계층의 데이터링크 계층이 1계층의 물리 계층에게 데이터를 보낸다. 컴퓨터 B에서는 회사에서 업무 보고를 하는 것과 마찬가지로 물리 계층에서 데이터를 받아 데이터링크 계층에게 보내고, 최종적으로 표현 계층에서 응용 계층으로 데이터를 전송한다.

이해를 돕기 위해 회사 조직을 예로 들었지만, OSI 참조 모델의 핵심은 네트워크로 연결된 어떤 컴퓨터 간에도 통신을 가능하게 만들기 위해 필요한 기능을 일곱 단계로 나누어 표준화시켰다는 점이다. 각 단계마다 맡은 기능은 다른데, 1~3계층은 하위 계층이라고 하여 네트워크에서 두 컴퓨터 간 연결 설정 및 데이터 전송을 지원하고, 4~7계층은 상위 계층이라고 하여 두 컴퓨터에서 실행되는 프로그램 간의 연결 설정을 담당한다.

2.3 OSI 계층별 기능

OSI 참조 모델의 계층별 기능을 살펴보면 다음과 같다.

■ 물리 계층

송수신 컴퓨터를 연결할 때 기계적·전기적 특성과 물리적인 신호의 제어 절차 등을 정의한다. 기계적 특성은 전송 매체의 종류, 커넥터의 모양이나 핀 수 등이며, 전기적 특성은 송수신되는 신호의 전압 레벨 등이다. 신호의 제어 절차는 송수신 컴퓨터를 연결할 때 필요한 신호 제어 절차이다.

■ 데이터링크 계층

컴퓨터 간에 데이터를 전송하면 환경에 따라 잡음^{noise}이나 간섭^{interference} 등의 물리적 전송 오류$^{transmission\ error}$가 발생할 수 있다. 통신에서 이러한 물리적 전송 오류를 해결하는 것은 매우 중요하다. 데이터링크 계층은 전송되는 데이터의 물리적 전송 오류를 감지하고 복구하는 오류 제어 기능과 전송되는 데이터의 흐름을 조절하는 흐름 제어 기능을 수행한다.

■ 네트워크 계층

데이터가 전송되는 네트워크 경로는 환경에 따라 시간대별 또는 각 구간별로 혼잡도^{congestion}가 달라질 수 있다. 네트워크 계층은 송신 측에서 전송한 데이터가 네트워크에서 최적의 경로로 전송될 수 있도록 경로를 배정하고 혼잡을 제어하는 기능을 수행한다. 즉, 송신 측에서 데이터를 전송하면 네트워크 장비인 라우터^{router}는 데이터를 수신하여 수신 측에 전달할 수 있는 최적의 경로를 탐색한다.

■ 전송 계층

전송 계층은 연결된 네트워크의 기능이나 특성에 영향을 받지 않고 오류 제어, 흐름 제어 기능을 수행하여 신뢰성 있는 데이터 전송을 보장한다. 전송 계층의 기능은 데이터링크 계층의 기능과 유사하나 전송의 책임 범위가 다르다. 데이터링크 계층의 전송 책임 범위는 송수신 시스템의 각 구간이지만, 전송 계층의 전송 책임 범위는 최초 송신 컴퓨터에서부터 최종 수신 컴퓨터에 이르기까지 전체 구간에 이른다.

■ 세션 계층

세션 계층은 송수신 컴퓨터의 응용 프로그램 간 네트워크 대화 제어와 동기화synchronization를 유지하는 기능을 수행한다. 네트워크 대화 제어 기능은 데이터를 송수신할 때 통신 방식을 결정하는 기능으로 대화 제어 협상을 통해 결정한다. 동기화는 데이터를 송수신할 때 데이터의 전송 순서 및 동기점synchronization point의 위치를 부여하여 전송 도중 발생하는 오류에 대하여 데이터를 재전송하거나 복구하는 기능이다.

■ 표현 계층

표현 계층은 송수신 컴퓨터의 응용 프로그램 간 송수신되는 데이터의 구문syntax과 의미semantics에 관련된 기능으로 변환translation, 암호화encryption, 압축compression을 수행한다. 변환은 다른 부호화 방식을 사용하는 송수신 컴퓨터 간의 상호 호환성을 제공하기 위하여 전송 데이터의 부호를 통일시키는 기능이다. 암호화는 데이터를 보호하기 위해 암호화 알고리즘으로 데이터를 변조하는 기능이다. 압축은 제한된 네트워크의 전송 효율을 높이기 위해 문자, 오디오, 비디오 등의 멀티미디어 데이터의 비트 수를 줄여서 전송하는 기능이다.

■ 응용 계층

응용 계층은 최상위 계층으로 사용자가 데이터를 처리할 수 있도록 돕는다. 또한 사용자와 응용 프로그램 사이에서 데이터 송수신을 처리하며, 데이터 송수신을 담당하는 프로토콜을 포함한다. 사용자가 데이터를 처리할 수 있도록 돕는 예로 워드프로세서와 엑셀 같은 프로그램을 들 수 있고, 사용자와 응용 프로그램 사이에서 데이터 송수신을 처리하는 서비스의 예로 텔넷telnet 등을 들 수 있다. 데이터 송수신을 담당하는 프로토콜에는 전자메일 프로토콜SMTP, 파일 전송 프로토콜FTP, 하이퍼텍스트 전송 프로토콜HTTP 등이 있다.

03 네트워크 구조

이 절에서는 네트워크 구성 형태와 네트워크 분류에 대해 살펴본다. 네트워크 구성 형태는 한번 정해지면 자주 변경할 수 없기 때문에 도입할 때 비용, 효율, 유지 보수 측면을 신중히 고려하여 결정해야 한다. 네트워크는 규모에 따라 근거리통신망LAN, Local Area Network, 도시통신망MAN, Metropolitan Area Network, 광역통신망WAN, Wide Area Network으로 나눌 수 있다.

1 네트워크 구성 형태

네트워크에는 컴퓨터, 허브와 라우터 같은 교환기, 통신 회선이 서로 연결되어 있다. 이들이 서로 연결된 물리적인 구성 형태를 토폴로지topology라고 한다. 토폴로지 종류에는 메시형mesh, 스타형star, 트리형tree, 버스형bus, 링형ring, 하이브리드형hybrid 등이 있다. 컴퓨터 네트워크를 구성할 때는 구성 목적과 설치 환경을 고려해 적합한 토폴로지를 결정해야 한다.

1.1 메시형

메시형은 글자 그대로 그물mesh처럼 각 컴퓨터가 점 대 점point-to-point으로 서로 다른 컴퓨터와 연결된다.

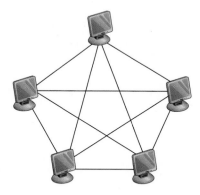

그림 7-6 메시형

메시형의 장단점은 다음 표와 같다.

표 7-1 메시형의 장단점

장점	· 통신 회선이 고장 나더라도 전체 네트워크에 영향을 주지 않는다.
단점	· 통신 회선 수가 많아 구축 비용이 많이 든다. 네트워크 규모가 커지면 케이블 작업을 해야 하는데 시간과 비용이 많이 들고 그만큼 공간도 확보되어야 한다.

1.2 스타형

각 컴퓨터가 허브[hub]라는 네트워크 장비에 점 대 점[point-to-point]으로 연결된다. 컴퓨터끼리 직접 통신할 수 없고 허브를 통해 간접적으로 통신할 수 있다. 따라서 허브는 신뢰성과 안정성이 확보되어야 한다.

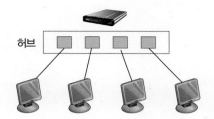

허브

그림 7-7 스타형

스타형의 장단점은 다음 표와 같다.

표 7-2 스타형의 장단점

장점	· 메시형에 비해 설치를 하거나 재구성하기가 간편하다.
단점	· 허브가 고장 나면 전체 네트워크에 영향을 미친다.

1.3 트리형

나뭇가지가 사방으로 뻗어 있는 것처럼 각 컴퓨터가 계층적으로 연결되어 있는 형태이다. 다음 그림과 같이 트리형은 스타형을 계층적으로 사용한다. 1차 허브는 스타형으로 여러 대의 컴퓨터를 연결한다. 그리고 그중 임의의 컴퓨터를 2차 허브에 연결하고, 2차 허브는 다시 여러 대의 컴퓨터를 스타형으로 연결한다. 결국 여러 대의 컴퓨터가 1차 및 2차 허브를 중심으로 계층적으로 구성된다. 트리형은 스타형과 마찬가지로 컴퓨터들이 서로 점 대 점[point-to-point]으로 연결되며, 계층적으로 상위에 있는 허브일수록 더 많은 신뢰성과 안정성이 확보되어야 한다.

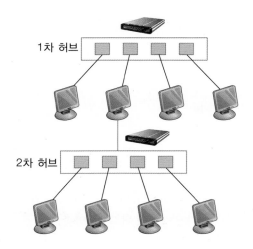

1차 허브

2차 허브

그림 7-8 **트리형**

트리형의 장단점은 다음 표와 같다.

표 7-3 **트리형의 장단점**

장점	· 허브만 준비되어 있으면 많은 컴퓨터를 쉽게 연결할 수 있다.
단점	· 모든 통신이 허브를 통해서 이루어지므로 스타형처럼 허브가 고장 나면 연결된 컴퓨터들은 통신을 할 수 없다.

1.4 버스형

하나의 통신 회선에 여러 대의 컴퓨터가 멀티포인트multipoint로 연결된다. 송신 컴퓨터가 데이터를 전송하면 통신 회선에 연결된 모든 컴퓨터가 이 데이터를 수신할 수 있다. 그러나 보내는 데이터에 수신자 주소가 있기 때문에 통신 회선에 연결된 컴퓨터 중 수신자 주소에 해당하지 않는 컴퓨터는 해당 데이터를 읽지 않는다. 다음 그림과 같이 컴퓨터를 통신 회선에 연결하기 위한 탭tap, 컴퓨터와 탭의 연결을 위한 유도 선dropped line, 통신 회선의 처음과 마지막에서 신호의 반사를 방지하는 터미네이터terminator로 구성된다.

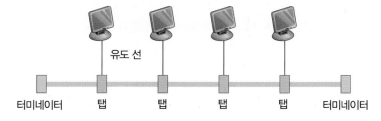

유도 선

터미네이터   탭   탭   탭   탭   터미네이터

그림 7-9 **버스형**

버스형의 장단점은 다음 표와 같다.

표 7-4 **버스형의 장단점**

장점	· 구조가 간단해 설치하기 쉽고 비용이 적게 든다. · 통신 회선에 컴퓨터를 추가하거나 삭제하기가 간단하다.
단점	· 컴퓨터를 무분별하게 추가할 경우 통신 성능이 떨어진다. · 통신 회선의 특정 부분이 고장 나면 전체 네트워크에 영향을 미친다.

1.5 링형

각 컴퓨터가 양쪽의 컴퓨터와 점 대 점$^{point-to-point}$으로 연결되어 고리처럼 순환형으로 구성된 형태이다. 임의의 컴퓨터가 데이터를 전송하면 같은 방향으로 그 다음에 연결된 컴퓨터에 전송되는 방식이다. 데이터는 링에 연결된 모든 컴퓨터가 수신할 수 있지만, 데이터의 수신자 주소가 자신의 주소와 일치해야만 데이터를 처리할 수 있다. 일치하지 않으면 다음 컴퓨터로 데이터를 흘려보낸다. 다음 그림과 같이 링형은 컴퓨터를 통신 회선에 연결할 때 리피터^{repeater}를 사용한다.

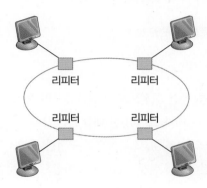

그림 7-10 **링형**

링형의 장단점은 다음 표와 같다.

표 7-5 **링형의 장단점**

장점	· 통신 회선에 컴퓨터를 추가하거나 삭제하는 등의 네트워크 재구성이 쉽다.
단점	· 링의 어느 한 부분에 문제가 발생하면 전체 네트워크에 영향을 미친다.

1.6 하이브리드형

두 개 이상의 토폴로지를 혼합하여 구성한 형태이다. 다음 그림은 버스형, 링형, 스타형의 세 가지 토폴로지를 허브를 통해 연결한 것이다. 네트워크 구성에 사용되는 토폴로지는 각각 장단점을 가지고 있기 때문에 구성하려는 네트워크의 특성과 설치 환경에 따라 적절한 토폴로지를 선택해야 한다.

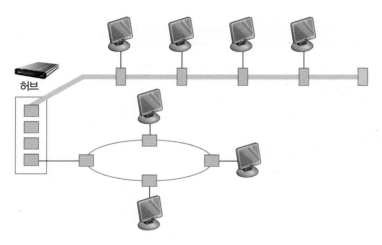

그림 7-11 **하이브리드형**

2 네트워크 분류

네트워크는 규모에 따라 근거리통신망^{LAN}, 도시통신망 ^{MAN}, 광역통신망^{WAN}으로 나뉜다.

2.1 근거리통신망

집, 사무실, 학교 등 수킬로미터 안에 있는 컴퓨터 및 각종 기기를 통신 회선으로 연결한 통신망으로 LAN^{Local Area Network}이라고 부른다. 예를 들어 개인 사무실에서 PC 두 대와 프린터 한 대를 LAN으로 연결할 수 있고, 이를 건물 전체로 확대할 수도 있다. LAN은 주로 버스형, 링형, 스타형으로 구성한다. 과거의 LAN 속도는 수Mbps에서 수백Mbps 정도였지만 기술이 발전하면서 현재는 Gbps급 이상으로 속도가 매우 빨라졌다.

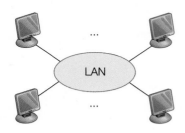

그림 7-12 **근거리통신망**

2.2 도시통신망

도시 규모의 거리에 있는 컴퓨터들을 통신 회선으로 연결한 통신망을 말하며, MAN^{Metropolitan Area Network}이라고 한다. 일반적으로 여러 개의 LAN을 라우터로 상호 연결하여 만든다. 다음은 서로 다른 토폴로지를 가진 네 개의 LAN으로 MAN을 구성한 예이다.

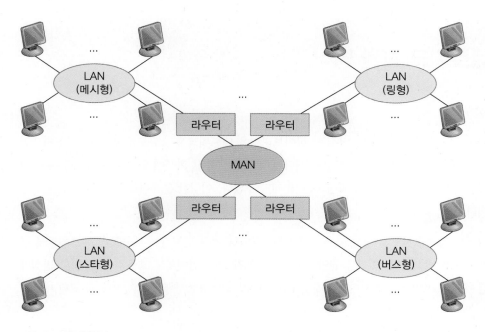

그림 7-13 **도시통신망**

2.3 광역통신망

국가 또는 대륙과 같은 매우 넓은 지역을 대상으로 연결한 통신망을 말하며, WAN^{Wide Area Network}이라고 부른다. 일반적으로 공중통신사업자^{public switching data network provider}가 제공하는 전용 회선^{leased line}을 연결하여 사용한다. 국가 간 데이터를 전송하는 네트워크 규모이므로 전 세계가 연결된다는 장점이 있다. 하지만 많은 컴퓨터와 네트워크 장비가 연결되기 때문에 전송 품질은 LAN이나 MAN에 비해 다소 떨어진다.

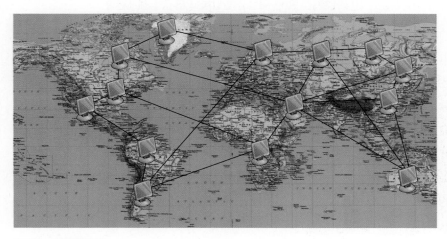

그림 7-14 **광역통신망**

04 네트워크 교환 방식

3절에서 배운 메시형, 스타형, 트리형, 버스형, 하이브리형은 네트워크를 소규모로 만들 때 유용하지만 규모가 커질수록 비용이 올라가 비효율적이다. 게다가 버스형은 통신 회선에 연결되는 컴퓨터 수와 회선 길이가 제한되기 때문에 네트워크를 확장하는 데 제약이 많다. 이러한 문제점을 해결할 수 있는 방법이 교환 방식이다.

교환 방식은 다양한 토폴로지로 구성된 소규모 네트워크를 교환기로 연결하여 대규모의 네트워크를 구성하는 네트워크 구성 방식이다. 회선을 절약할 수 있고 유지 보수 면에서도 효율적이다. 교환 방식에 따라 회선 교환 네트워크circuit switching network, 패킷 교환 네트워크packet switching network, 메시지 교환 네트워크message switching network 등이 있다.

1 회선 교환 네트워크

회선 교환 네트워크circuit switching network는 음성 데이터voice data를 송수신하기 위해 설계된 기술이다. 음성 데이터를 송수신하려면 연결 설정, 데이터 전송, 연결 해제의 세 단계를 거친다.

- **연결 설정** : 음성 데이터를 송수신하기 위해 전용 채널을 할당한다.
- **데이터 전송** : 송신 측이 수신 측에게 음성 데이터를 전송한다.
- **연결 해제** : 음성 데이터의 전송이 끝나면 할당되었던 채널을 반납하고 연결을 해제한다.

대표적인 회선 교환 네트워크는 전화 교환망이다. 다음 그림은 회선 교환 네트워크의 개념을 설명한 것으로 송신 측의 데이터가 연결 설정 단계를 거친 후 설정된 경로를 따라 전달되는 것을 알 수 있다. 원은 교환기를 의미하고 사각형은 데이터를 의미한다.

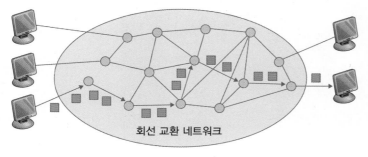

회선 교환 네트워크

그림 7-15 **회선 교환 네트워크**

회선 교환 네트워크의 장단점은 다음 표와 같다.

표 7-6 회선 교환 네트워크의 장단점

장점	· 음성 데이터를 송수신하는 과정에서 네트워크의 지연이 발생하지 않는다.
단점	· 음성 데이터를 송수신하기 위해 전용 채널을 할당하므로 실제로 음성 데이터가 없는 경우 채널이 낭비될 수 있다.

2 패킷 교환 네트워크

패킷 교환 네트워크packet switching network는 회선 교환 네트워크와 달리 비음성 데이터non voice data를 송수신하기 위해 설계된 기술이다. 데이터를 패킷 단위로 전송한다. 회선 교환 네트워크와 달리 전송 경로가 미리 정해져 있지 않다. 대신 각 교환기에서 패킷을 전송할 때 가능한 모든 전송 경로 중 최적의 전송 경로를 선택하는 라우팅routing 기능을 수행한다.

다음 그림은 패킷 교환 네트워크의 개념을 설명한 것으로 송신 측에서는 보낼 데이터를 패킷으로 나눈 후 패킷 교환 네트워크로 전송한다. 교환기인 라우터가 패킷을 수신하면 라우팅 알고리즘에 따라 최적의 전송 경로를 선택하여 패킷을 전달하기 때문에 각 패킷마다 다른 경로로 전달된다.

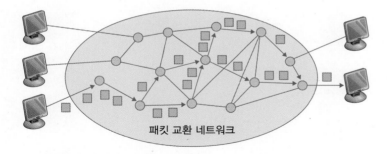

패킷 교환 네트워크

그림 7-16 패킷 교환 네트워크

패킷 교환 네트워크의 장단점은 다음 표와 같다.

표 7-7 패킷 교환 네트워크의 장단점

장점	· 각 교환기에서 통신 채널을 점유하는 방식이 아니므로 통신 채널을 효율적으로 공유할 수 있다. · 특정 패킷을 여러 목적지로 동시에 전송할 수 있다. · 오류 제어 및 흐름 제어를 통해 정확한 데이터 전송을 보장한다.
단점	· 송신 측이 보낸 패킷을 수신 측에서 여러 경로를 통해 수신하기 때문에 재정렬할 시간이 필요하다.

3 메시지 교환 네트워크

메시지 교환 네트워크^{message switching network}는 1960~1970년대 초기에 널리 이용된 교환 방식이다. 교환기가 송신 측으로부터 데이터를 받으면 일단 보관했다가 그다음 경로 설정이 완료된 후 다음 교환기에게 전송하는 축적 전송 방식^{store and forward}을 사용한다. 이 방식은 교환기에 매우 큰 용량의 저장 매체가 필요하며 처리할 때 지연 문제가 생기기 때문에 지금은 사용하지 않는다.

05 인터넷의 개요

최근 인터넷 기술은 네트워크의 근간이 되는 인터넷 기술을 기본으로 하여, 다양한 유무선 통신 기술을 접목하는 형태로 발전하고 있다. 이동통신, 무선 LAN 등의 기술이 인터넷 기술과 융합됨으로써 사용자의 편리성을 극대화한다. 이러한 융합 기술은 앞으로도 수요가 계속 늘어날 것이다.

1 인터넷의 개념

인터넷internet은 인터네트워크internetwork의 약어로 네트워크의 네트워크를 의미한다. 여러 개의 네트워크를 상호 연결한 네트워크로 각 네트워크는 라우터router를 통해 연결된다. 인터넷을 이용하면 자신의 컴퓨터를 전 세계의 다른 컴퓨터들과 연결하여 언제 어디서든지 원하는 정보를 주고받을 수 있다.

2 인터넷의 역사

1957년에 구소련이 스푸트니크sputnik 인공위성을 발사한 것을 계기로 미국은 국방성DoD, Department of Defense에 고등연구계획국ARPA, Advanced Research Projects Agency인 알파ARPA를 창설했다. 알파는 구소련과의 경쟁에서 우위를 선점하기 위하여 중요한 군사 정보를 수집하고 공유할 목적으로 1969년에 UCLAUniversity of California at Los Angeles를 중심으로 UCSBUniversity of California at Santa Babara, 유타대University of Utah 및 SRIStanford Research Institute를 연결한 알파넷ARPANet이라는 컴퓨터 네트워크를 구축했다.

알파넷은 1972년에 일반인에게 공개되었으며, 1973년에는 영국 및 노르웨이의 컴퓨터와도 연결되어 처음으로 국제적인 컴퓨터 네트워크를 형성하였다. 1983년에는 민간용과 군사용으로 분리되면서 민간용 알파넷이 세계적인 컴퓨터 네트워크로 발전하였다. 또한 이 시기에 TCP/IP가 인터넷 통신의 표준으로 채택되면서 알파넷의 프로토콜은 TCP/IP로 완전히 교체되었다.

미국과학재단NSF, National Science Foundation은 1986년에 정부, 대학, 연구기관과 함께 공동 연구를 목적으로 NSFNET을 구축했다. NSFNET은 기존의 TCP/IP를 사용하는 알파넷과 연결되어 미국의 중추적인 네트워크로 성장했다. NSFNET이 발전하면서 알파넷은 1990년에 자연스럽게 해체되었다.

NSFNET이 미국의 중추적인 네트워크로 사용되던 1989년에 스위스의 팀 버너스 리Tim Berners Lee가 월드 와이드 웹WWW, World Wide Web을 제안했고, 이를 적용한 인터넷 서비스가 급속히 확산되었다. 월드 와이드 웹은 현재 우리가 사용하는 인터넷의 핵심 기술이다.

3 월드 와이드 웹

1989년에 스위스의 유럽입자물리연구소^{CERN}에서 일하던 팀 버너스 리^{Tim Berners Lee}는 인터넷에서 쉽게 정보를 공유하는 방법을 연구하던 중 하이퍼텍스트를 사용한 월드 와이드 웹^{WWW}을 제안했다. 월드 와이드 웹은 편의상 웹으로 불리기도 한다. 웹은 HTML^{Hyper Text Markup Language}이라는 웹 표준으로 문서를 작성하여, 이를 HTTP^{Hyper Text Transfer Protocol}라는 응용 프로토콜을 통해 송수신 호스트 간에 전송하는 기술이다. 텍스트 위주의 기존 인터넷 서비스에서 벗어나, GUI 환경에서 하이퍼텍스트^{hypertext} 방법으로 각종 멀티미디어 데이터를 쉽게 검색할 수 있다.

웹은 1993년에 GUI 방식의 웹 브라우저^{browser}인 모자이크^{Mosaic}가 개발되면서 급속도로 확산되었다. 이후 넷스케이프의 내비게이터^{Navigator}, 마이크로소프트의 인터넷 익스플로러^{Internet Explorer} 등 상업용 웹 브라우저가 등장했고 많은 사람들이 편리하게 사용하게 되었다.

3.1 하이퍼텍스트와 하이퍼미디어

웹의 기본 개념은 하이퍼텍스트^{hypertext}로부터 시작된다. 하이퍼텍스트는 텍스트 정보가 링크로 연결되어 있다. 링크는 다음 그림과 같이 (가) 문서를 읽다가 (나) 또는 (라) 문서 등을 읽을 수 있도록 연결된 비순차적 구조이다.

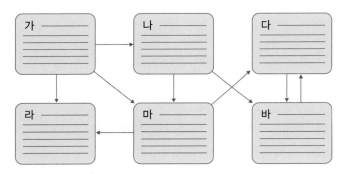

그림 7-17 **하이퍼텍스트의 개념**

하이퍼미디어^{hypermedia}는 하이퍼텍스트가 발전한 형태로, 텍스트뿐만 아니라 사운드, 이미지, 그래픽, 동영상 등의 데이터가 포함된 정보를 링크로 연결한다. 하이퍼미디어를 구성하는 정보 단위의 검색은 링크를 탐색함으로써 이뤄진다.

3.2 URL

URL^{Uniform Resource Locator}은 웹에서 사용하는 표준 주소 표기 방식이다. 작성 형식은 다음과 같다.

표 7-8 **URL 작성 형식**

형식	프로토콜://컴퓨터 주소/파일 경로
예시	http://www.hanbit.co.kr/book/look.html?isbn=979-11-5664-202-2

URL은 웹의 기본 프로토콜인 HTTP에 의한 서비스뿐만 아니라 기존의 다른 프로토콜에 의한 서비스도 웹 브라우저를 통해 이용할 수 있다. 예를 들어 URL을 http://www.tu.ac.kr/default2/main/main. jsp로 표기하면 동명대 홈페이지에 접속을 할 수 있고, ftp://www.tu.ac.kr/download나 telnet:// dmlee.tu.ac.kr로 표기하면 동명대 FTP와 텔넷 서비스를 이용할 수 있다.

3.3 웹 클라이언트/웹 서버

클라이언트/서버 구조는 전통적으로 사용자가 서버의 정보를 검색하기 위해 가장 많이 사용하는 모델이다. 웹 클라이언트/웹 서버는 웹을 적용한 클라이언트/서버라는 뜻이다. 기존에 클라이언트가 일반적인 텍스트 방식으로 서버의 정보를 수신해서 사용자에게 보여줬다면, 웹 클라이언트/웹 서버는 하이퍼미디어 형태로 사용자에게 정보를 제공한다.

웹 클라이언트/웹 서버의 구조는 다음 그림과 같다. 웹 클라이언트가 웹 브라우저를 통해 데이터를 요청^{HTTP request}하면 인터넷에 연결되어 있는 웹 서버가 요청에 응답^{HTTP response}하여 해당 정보를 웹 클라이언트에게 제공한다. 즉 웹 클라이언트는 사용자가 사용하는 컴퓨터를 의미하고, 웹 서버는 웹 클라이언트의 요청에 따라 해당 정보를 제공하는 컴퓨터를 의미한다.

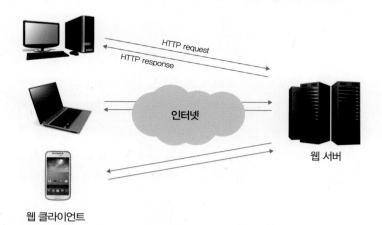

그림 7-18 **웹 클라이언트와 웹 서버의 구조**

3.4 웹 브라우저의 종류

웹 브라우저는 사용자가 웹 서버로부터 받은 하이퍼미디어 문서(HTML 형태)를 볼 수 있도록 하는 클라이언트 측 소프트웨어이다. 대표적인 웹 브라우저에는 모자이크, 내비게이터, 익스플로러, 파이어폭스, 사파리, 크롬 등이 있다.

■ 모자이크

모자이크[Mosaic]는 세계 최초의 웹 브라우저로 1993년에 미국 일리노이대의 NCSA[National Center for Supercomputer Application]에서 일하던 대학생인 마크 앤더슨[Marc Andreessen]과 에릭 비나[Eric Bina]가 개발했다. 윈도우, 유닉스 등 여러 운영체제에서 실행할 수 있는 플랫폼으로 개발되었고 일반인에게 무료로 공개되었다. 웹을 대중화시키는 데 크게 기여한 웹 브라우저이다.

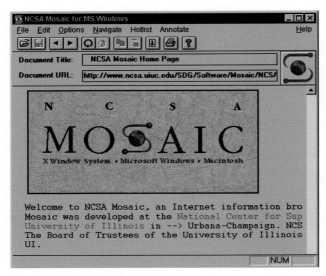

그림 7-19 **모자이크의 모습** [01]

■ 내비게이터

모자이크를 개발한 마크 앤더슨[Marc Anderson]은 스탠포드대의 실리콘 그래픽스 설립자였던 짐 클라크[Jim Clark]와 NCSA의 동료들과 함께 넷스케이프 커뮤니케이션즈[Netscape Communications]를 설립했다. 넷스케이프는 1994년 말에 널리 사용되던 모자이크를 개량하여 성능이 더 우수한 내비게이터[Navigator] 1.0을 개발했고 일반인에게 배포했다. 이후 1997년에 내비게이터 4.0을 출시했고 그때까지 웹 브라우저 시장을 주도했다. 그러나 이후 마이크로소프트의 인터넷 익스플로러[Internet Explorer]와의 경쟁에서 뒤처지고 말았다.

그림 7-20 넷스케이프 내비게이터의 모습

■ 인터넷 익스플로러

웹 브라우저 시장에서 넷스케이프가 독주하자 불안을 느낀 마이크로소프트는 NCSA에서 개발한 모자이크 소스를 사서 개량하여 1995년에 인터넷 익스플로러Internet Explorer 1.0을 발표했다. 초기에는 넷스케이프의 내비게이터에 밀려 주목을 받지 못했지만, 1996년에 인터넷 익스플로러 3.0을 윈도우 운영체제에 끼워 팔기 시작하면서 웹 브라우저 시장에서 주목을 받았다. 1997년에 발표된 인터넷 익스플로러 4.0부터는 넷스케이프의 내비게이터를 제치고 웹 브라우저 시장을 완전히 장악했다.

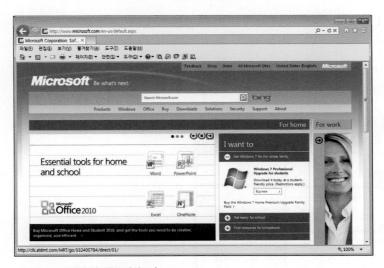

그림 7-21 인터넷 익스플로러의 모습

■ 파이어폭스

넷스케이프는 마이크로소프트의 인터넷 익스플로러에 웹 브라우저 시장을 뺏긴 이후 1998년에 자사의
내비게이터 소스를 공개하기로 결정했다. 이를 기반으로 모질라 협회가 결성되었고 2002년에 모질라
1.0이 발표되었다. 이후 아메리칸 온라인AOL, American On Line은 2003년에 모질라를 별도의 비영리 재단으
로 독립시켰고, 2004년에 공개 프로젝트로 파이어폭스Firefox를 개발했다. 이 프로젝트는 내비게이터 소
스를 공개한 후 네티즌과 함께 웹 브라우저의 기능을 향상시킨 프로젝트로 볼 수 있다.

그림 7-22 **파이어폭스의 모습**

■ 사파리

사파리Safari는 애플에서 개발한 웹 브라우저이다. 애플 제품이 인기를 끌면서 사파리도 모바일 시장에서
인기 있는 웹 브라우저가 되었다.

그림 7-23 **사파리의 모습**

■ 크롬

크롬Chrome은 구글Google에서 개발한 오픈 소스 웹 브라우저이다. 다양한 운영체제에서 사용할 수 있고 사양이 낮은 컴퓨터에서도 비교적 안정적으로 동작한다. 국내에서는 인터넷 익스플로러 다음으로 사용자가 많은 웹 브라우저이다.

그림 7-24 **크롬의 모습**

06 인터넷 활용 서비스

초기 인터넷은 연구기관이나 대학교의 전문가를 중심으로 전자메일, 원격 접속, 원격 파일 전송 서비스 위주로 사용되었다. 그러다 1990년대 이후부터 개인용 컴퓨터가 대중화되면서 사용자가 급격히 증가했다. 지금은 대부분의 가정에서 컴퓨터를 보유하고 있으며, 인터넷 사용 환경도 좋아져 웹을 이용한 다양한 서비스를 즐길 수 있다. 이 절에서는 대표적인 인터넷 활용 서비스에 대해 알아본다.

1 전자메일

인터넷을 이용하여 메일을 주고받는 서비스로 인터넷이 생긴 초기부터 사용되었다. 다른 말로 이메일 e-mail이라고도 한다. 초기에는 명령어 기반으로 연구기관이나 대학교의 전문가를 중심으로 사용되었으나 요즘은 대부분의 사람들이 이용하고 있다. 최근에는 이동 중에도 휴대 장치를 통해서 전자메일을 확인할 수 있다.

그림 7-25 **스마트폰으로 전자메일 쓰기**

2 텔넷

텔넷TELNet, TELecommunication NETwork은 원격지에 있는 컴퓨터를 인터넷을 통해 자신의 컴퓨터에 연결하는 서비스이다. 자신의 컴퓨터에 입력된 데이터는 텔넷을 통해 인터넷에 연결된 원격지 컴퓨터에 입력되고, 원격지 컴퓨터에서 실행된 결과는 자신의 컴퓨터에서 볼 수 있다. 텔넷은 멀리 떨어진 장소에 컴퓨터가 있을 때 유용하게 사용되지만 네트워크 보안 문제가 생기면서 사용 빈도가 줄었다. 그러다 보안 기능이 강화된 SSHSecure SHell를 지원하는 텔넷이 등장하면서 사용자가 다시 증가하는 추세이다. SSH는 인터넷에 연결되어 있는 원격지 컴퓨터에 로그인하거나 명령을 수행할 때 강력한 암호화 기법으로 사용자를 인증하는 기능이다.

3 파일 전송 서비스

파일 전송 서비스FTP, File Transfer Protocol는 인터넷을 통해 FTP 클라이언트가 FTP 서버에게 파일을 업로드하거나 반대로 다운로드할 수 있는 서비스이다. 개인용 컴퓨터의 경우 기본적으로 운영체제에서 이 기능을 제공한다. 요즘에는 윈도우나 웹에서도 파일 전송 서비스를 제공하는 제품이 출시되고 있다. 다음 그림은 이스트소프트의 알FTP 프로그램을 통해서 FTP 서버에 접속한 모습이다.

그림 7-26 알FTP 프로그램을 이용한 FTP 서버 접속 화면

4 전자상거래

전자상거래electronic commerce는 인터넷을 이용하여 상품을 사고파는 것으로 규모가 엄청나게 커지고 있다. 기존 오프라인 매장에서 상품을 팔던 백화점이나 TV 홈쇼핑 회사들도 인터넷 쇼핑몰shopping mall을 개설하여 운영하고 있다. 초기의 전자상거래는 하나의 회사가 쇼핑몰을 개설하여 상품을 파는 형태였으나 2004년 이후부터는 수많은 상점이 하나의 쇼핑몰에 입점하여 상품을 판매하는 오픈 마켓open market 형태로 바뀌었다. 2010년 이후부터는 소셜네트워크를 활용한 전자상거래의 일종인 소셜커머스가 인기를 끌고 있다. 소셜커머스는 공동 구매 형태로 일정 인원 이상이 모여 상품을 싼 값에 사는 형태의 전자상거래이다.

그림 7-27 **소셜커머스의 예(쿠팡)**

5 인터넷뱅킹

인터넷뱅킹은 인터넷을 이용하여 가정이나 회사에서 은행 업무를 처리하는 서비스이다. 우리나라는 2000년부터 인터넷뱅킹 시스템이 구축되기 시작하여, 현재는 모든 은행과 증권사에서 인터넷으로 업무를 볼 수 있도록 시스템을 구축하여 운영 중이다. 처음으로 인터넷뱅킹을 이용할 때는 직접 은행에 가서 ID를 등록하고 보안 카드 및 공인인증서를 발급받아야 한다.

인터넷뱅킹은 사용하기 편리하지만 해킹에 의한 금융 사고의 문제점이 있다. 실제로 ID, 비밀번호, 보안 카드, 공인인증서를 해킹하여 고객의 돈을 인출하는 사고가 종종 발생한다. 이러한 문제점을 해결하기 위해 금융사에서는 추가적인 OTPOne Time Password 발생기 등을 통해 해결책을 제시하고 있지만 아직까지 완전한 해결책은 없다. 다음 그림은 인터넷뱅킹 서비스를 진행하는 모습이다.

그림 7-28 **인터넷뱅킹의 예**

6 IPTV

IPTV^Internet Protocol TV는 초고속 광대역통신 네트워크를 기반으로 인터넷 회선을 사용해 양방향으로 TV 방송을 제공하는 서비스이다. 사용자는 기존의 방송국 중심의 단방향 서비스가 아닌 사용자 중심의 양방향 서비스를 제공받을 수 있다. 최근에는 이동통신망이나 와이파이 망을 통해 휴대폰으로도 IPTV 서비스를 이용할 수 있다.

IPTV는 최신 인터넷 기술을 산업에 접목해 탄생시킨 서비스로 추후 성장이 크게 기대되는 서비스이다. 단 아직까지는 IPTV의 특성에 적합한 양방향 방송 콘텐츠 개발이 미흡한 상태라 노력이 절실히 필요하다. 한국에서 상용화되고 있는 IPTV로는 KT의 올레 TV, LG 유플러스의 U+ TV, SK브로드밴드의 B TV 등이 있다.

그림 7-29 **IPTV의 예**

7 인터넷 전화

인터넷 전화는 인터넷을 이용한 전화 서비스로 VoIP^{Voice over IP}라고도 한다. 사용자는 네트워크에 연결된 단말기인 컴퓨터, 일반 전화기, 휴대폰 등을 이용해 통화를 할 수 있다. 원래 인터넷은 디지털 데이터를 전송하기 위해 개발되었지만 인터넷 전화 서비스를 이용하면 아날로그 형태의 음성 신호를 전송할수 있다. 인터넷 전화 서비스는 송신 호스트에서 아날로그 형태인 음성 신호를 디지털 데이터로 변환하여 전송하면 수신 호스트에서 다시 음성 신호로 변환하여 전해준다.

그림 7-30 인터넷 전화 [02]

인터넷 전화 서비스는 2000년대 초만 하더라도 다들 생소해 해서 일부 회사에서만 쓸 정도였다. 음성품질도 떨어져 사용하는 데 어려움도 많았다. 그러나 최근에는 인터넷 기술의 QoS^{Quality of Service}에 대한국제 표준이 제정되고 음성 처리 코덱 기술도 급속도로 발전하면서 일반 전화 서비스와 비교했을 때 크게 떨어지지 않을 정도로 인터넷 전화의 음성 품질이 개선되었다. 앞으로 인터넷 전화는 QoS를 만족하기 위해 계속 발전할 것이고, 조만간 일반 전화 서비스보다 좋은 품질의 서비스가 제공될 것이다.

TIP QoS : 서비스 품질을 의미하는 용어지만 정보통신 분야에서는 네트워크에서 일정 정도 이하의 지연 시간과 데이터 손실률을 보장하는 서비스를 말한다.

인터넷 전화의 장점은 저렴한 요금이다. 인터넷 전화는 기존 일반 전화와 달리 송수신 호스트에서 인터넷 전화 기능이 있는 소프트웨어를 실행하기 때문에 별도로 비용을 내지 않고도 서비스를 제공받을 수있다. 또한 기존 전화 서비스보다 회선을 추가하기 쉽고 발신자 표시나 착신 통화 전환 같은 다양한 부가 서비스를 구현하기 좋다. 기본적으로 인터넷 전화는 인터넷을 이용하는 서비스이기 때문에 인터넷을이용한 다른 서비스와 융합하기도 수월하다.

최근에는 통신사에서 인터넷 전화를 위한 네트워크 설비를 갖추고, 저렴한 요금 정책으로 인터넷 전화가입자를 모집하고 있어 사용자가 빠르게 증가하고 있다.

8 각종 엔터테인먼트 서비스

인터넷은 일상생활에서 다양한 정보를 검색하는 데 편리하게 이용된다. 영화나 연극을 보기 전에 해당 정보를 검색하여 예고편을 미리 감상할 수 있고, 좋아하는 음악을 검색해 듣거나 필요하면 구매할 수도 있다.

인터넷을 이용한 컴퓨터 게임도 인기이다. 특히 여러 사람이 함께 게임 시나리오를 개척하는 RPG^{Role Playing Game}와 MMORPG^{Massive Multiplayer Online RPG}는 일반 게임과는 차별화된 재미로 많은 인기를 끌고 있다.

사이버 공간의 아바타^{avatar}에 대한 관심도 매우 높다. 아바타란 분신 또는 화신을 의미하는데 사이버 공간에서 사용자를 대신하는 캐릭터를 말한다. 아바타는 사이버 쇼핑몰, 사이버 이벤트, 배너 광고 등에서 매우 효과적으로 사용되며, 사이버 교육의 강사로 학습 효과를 높이는 데 사용되기도 한다. 최근에는 3D 기술의 발전으로 실제 인간과 매우 유사한 아바타가 탄생하여 입체감과 현실감 높은 서비스를 제공하고 있다.

그림 7-31 **MMORPG 및 3D 아바타의 예**

07 무선 네트워크 기술

일반적으로 '네트워크'하면 유선 네트워크만 떠올리곤 하는데, 요즘은 다양한 형태의 무선 네트워크 기술이 발달하면서 무선까지 포함하는 개념으로 자리 잡았다.

2010년 이전까지만 해도 대부분의 사무실에서는 유선으로 네트워크에 연결된 컴퓨터를 사용하였다. 하지만 2010년 이후부터는 휴대하기 편하고 언제 어디서나 인터넷에 연결할 수 있는 휴대용 컴퓨터(노트북, 스마트폰 등)를 사용하는 경우가 늘어났다. 이러한 변화의 배경에는 무선 네트워크 기술의 급격한 발전이 있다.

대표적인 무선 네트워크 기술에는 이동통신 기술, 무선 LAN^{Wireless LAN} 기술, 무선 PAN^{WPAN, Wireless Personal Area Network} 기술 등이 있다. 이동통신 기술은 시간과 장소에 관계없이 이동하면서 음성 및 데이터를 송수신할 수 있는 기술이다. 1세대는 아날로그 방식을 사용했고 2세대부터는 디지털 방식을 사용했다. 현재는 3세대와 4세대 디지털 방식이 일반화되어 있다. 무선 LAN 기술은 이동통신 기술과 달리 이동성이 약하고 핫스팟^{hot-spot} 지역을 중심으로 운영되는 단점이 있지만, 대역폭이 커서 빠른 속도로 데이터를 송수신할 수 있는 장점이 있다. 무선 PAN 기술은 가까운 거리에서 모바일 기기 간에 데이터를 송수신할 수 있는 기술로 블루투스^{Bluetooth}, NFC^{Near Field Communication}, 지그비^{Zigbee}, 비콘^{Beacon}, UWB^{Ultra Wide Band} 등이 대표적이다.

1 이동통신

1.1 3G 이전 이동통신

이동통신 기술은 1세대^{1G, 1Generation} 기술인 아날로그 방식 이후 30년 동안 전 세계적으로 괄목할 만한 기술 혁명을 이루었다. 1세대부터 3세대까지 주요 특징을 정리하면 다음과 같다.

- **1세대^{1G}** : 1978년에 상용화된 AMPS 기술은 음성^{voice} 서비스를 제공한다.
- **2세대^{2G}** : 1992년과 1995년에 각각 상용화에 성공한 GSM^{Global System for Mobile communications}과 CDMA^{Code Division Multiple Access} 기술은 음성 및 데이터 서비스를 제공한다.
- **3세대^{3G}** : 2000년에는 동기 방식인 CDMA가 CDMA EV-DO^{Evolution Version-Data Only}로, 비동기 방식인 GSM이 WCDMA^{Wideband CDMA}로 진화하였다. 이들 방식은 화상 통화, 멀티미디어 전송, 인터넷 서비스 등을 제공한다.

1.2 4G/5G 이동통신

이동통신 기술은 2012년 이후부터 3GPP의 릴리즈8 규격을 기반으로 정지 시 1Gbps, 이동 시 100Mbps 이상의 속도를 구현하는 All-IP 기반의 4세대[4G] 또는 4세대 LTE[4G LTE] 기술로 진화하였다. 3세대에서 4세대로 넘어갈 때 가장 크게 발전한 부분은 이동통신 네트워크가 All-IP 기반의 패킷 네트워크로 통합된 점이다. 스마트 기기의 대중화와 무선 인터넷 수요의 증가가 이러한 변화를 이끌었다.

5세대[5G] 이동통신 기술은 2020년 상용화를 목표로 개발 중이다. 4세대 LTE보다 주파수 용량을 확장한 1,000배 빠른 초고속 무선 통신 기술이다. 사람, 사물, 정보가 언제 어디서나 연결될 수 있도록 사용자당 1Gbps, 기지국당 100Mbps~100Gbps 전송 속도를 제공한다. 이것은 현재 1초 만에 받을 수 있는 데이터를 1,000분의 1초 만에 받을 수 있다는 의미이다.

5세대 기술이 추구하는 목표는 다음과 같다.

• 최대 500km/h의 이동성 보장
• 사용자당 1,000분의 1의 에너지 효율성 향상
• 사용자와 인터랙션을 통한 감성 만족
• 수많은 주변기기와 원활한 소통

표 7-9 **이동통신 기술의 진화 과정**

특징	1세대	2세대	3세대	4세대	5세대
최고 전송 속도	14.4Kbps	144Kbps	14Mbps	75Mbps	1Gbps
가능 서비스	음성	음성, 문자	음성, 멀티미디어 문자, 화상 통화	음성, 데이터, 실시간 동영상	홀로그램, 사물인터넷, 입체 영상
상용화 시기	1984년	2000년	2006년	2011년	2020년

2 무선 LAN

무선 LAN은 사무실, 공장, 집안과 같은 환경에서 유선 네트워크와 같은 통신 서비스를 무선으로 제공하는 기술이다. 노트북이나 스마트폰 같은 기기에 무선 LAN 어댑터를 장착하여 사용한다. 공공시설에서는 무선 네트워크 통신 사업자들이 지하철, 공항, 호텔 등 특정 거리를 중심으로 사용자들이 자유롭게 인터넷을 사용할 수 있도록 무선 LAN AP를 설치하여 운영하고 있다.

인터넷

케이블 모뎀

무선 라우터

무선 어댑터가 장착된
데스크탑

무선 어댑터가 장착된
노트북

그림 7-32 **무선 LAN**

무선 LAN은 물리 계층에 직접 시퀀스 확산 스펙트럼DSSS, Direct Sequence Spread Spectrum과 직교주파수 분할다

중OFDM, Orthogonal Frequency Division Multiplexing 방식을 사용하며, MAC 계층에 CSMA/CACarrier Sense Multiple Access/

Collision Avoidance 기법을 사용한다. 무선 LAN의 표준화 진행 과정과 세부 규격은 다음 그림과 표와 같다.

802.11a/g (OFDM, 54Mbps)	802.11n (OFDM, MIMO, 600Mbps)	802.11ac (OFDM, MU-MIMO, 6.9Gbps)
1999년/2003년	2009년	2014년

그림 7-33 **무선 LAN의 진화 과정 [03]**

표 7-10 **무선 LAN의 세부 규격**

항목	802.11b	802.11a	802.11g	802.11n	802.11ac
전송 방식	DSSS	OFDM	OFDM	OFDM	OFDM
안테나 기술	SISO	SISO	SISO	MIMO	MU-MIMO
주파수 대역	2.4GHz	5GHz	2.4GHz	2.4/5GHz	5GHz
채널 대역폭	20MHz	20MHz	20MHz	20/40MHz	20/40/80MHz
최대 전송률	11Mbps	54Mbps	54Mbps	600Mbps	6.9Gbps
표준 연도	1999년	1999년	2003년	2009년	2014년

TIP 안테나 기술 약어 표기
· SISO : Single-Input Single-Output
· MIMO : Multiple-Input Multiple-Output
· MU-MIMO : Multiple-User Multiple-Input Multiple-Output
· OFDM : Orthogonal Frequency Division Multiplexing

3 무선 PAN

무선 PAN^{WPAN, Wireless Personal Area Network} 기술은 가까운 거리에 있는 모바일 기기 간에 데이터를 송수신할 수 있는 기술이다. 무선 개인 근거리통신망 기술이라고도 부른다. 대표적으로 블루투스, NFC, 지그비, UWB 등을 들 수 있다.

3.1 블루투스

블루투스^{Bluetooth}는 다양한 기기 간에 무선으로 데이터 통신을 할 수 있도록 만든 무선 PAN 기술이다. 1994년에 에릭슨^{Ericsson}이 IBM, 노키아, 도시바와 함께 블루투스 SIG^{Special Interest Group}를 통해 개발했으며, 1999년에 IEEE 802.15.1 규격으로 공식 발표하였다.

그림 7-34 **블루투스**

2002년에 발표된 블루투스 초기 버전인 1.1과 1.2는 최대 속도가 723.1Kbps에 달하며, 2004년에 발표된 블루투스 2.0+EDR^{Enhanced Data Rate}은 3Mbps, 2009년에 발표된 블루투스 3.0+HS^{High Speed}는 24Mbps에 달한다. 2010년에 발표된 블루투스 4.0은 2014년에 블루투스 4.2로 업데이트되었으며 최대 속도가 240Mbps에 달한다. 블루투스 4.2는 IPv6 및 저전력 기술, 개인 정보 보호 기능 등을 적용한 것이 특징이다.

다음 그림은 2014년에 애플이 사물인터넷용으로 블루투스 기술을 적용하여 만든 아이비콘^{iBeacon}이다. 아이비콘은 실내 위치 확인 시스템^{IPS, Indoor Positioning System}이다. 예를 들면 백화점에서 비콘이 설치된 제품 앞에 서면 제품과 관련된 정보가 고객 스마트폰에 자동으로 수신되는 식이다.

그림 7-35 애플의 아이비콘 [04]

3.2 NFC

NFC^{Near Field Communication}는 약 10센티미터 정도로 가까운 거리에서 최대 424Kbps로 장치 간에 양방향 무선 통신을 가능하게 해주는 RFID 기술이다. 스마트폰에 NFC 칩을 탑재하면 모바일 결제를 하거나 상품 정보를 전송받을 때 사용할 수 있다. NFC는 비접촉식 무선 통신 기술임에도 불구하고 암호화 기술이 적용되어 있기 때문에 역, 공항, 차량, 레스토랑, 극장 등 다양한 곳에서 활용할 수 있다. 우리나라에서는 이동통신 사업자들이 각종 모바일 결제 서비스를 NFC를 활용하여 시행하고 있는데, SK의 T-Smart Wallet, KT의 Olleh myWallet, LG 유플러스의 Smart Wallet 등이 대표적이다.

그림 7-36 NFC 칩을 탑재한 스마트폰으로 결제하는 장면 [05]

NFC 기술은 2002년에 일본의 소니^{Sony}와 네덜란드의 NXP 반도체가 공동으로 개발하였다. 2004년에 NFC포럼이 설립되면서 NFC라는 용어가 널리 사용되기 시작했다. NFC포럼은 2010년부터 NFC포럼 회원사에 NFC포럼 인증 마크를 부여하고 적합성 및 상호 운용성 시험을 통과한 NFC 기기에 N-마크를 사용할 수 있도록 하고 있다.

그림 7-37 N-마크

3.3 지그비

지그비^{ZigBee}는 지그재그$^{zig-zag}$로 날아다니면서 다른 동료들에게 정보를 전달하는 벌^{bee}의 정보 전달 체계에 착안하여 붙여진 이름이다. 10~100미터 정도의 거리에서 소형 기기 간에 저전력으로 개인 통신망을 구성하여 250Kbps의 속도로 데이터를 송수신한다.

무선 네트워크 하나당 기기를 최대 255대까지 연결할 수 있으며, AA건전지 두 개로 1년에서 2년까지 사용할 수 있을 만큼 전력 소모가 적다. 블루투스 등 다른 근거리 무선 통신 기술에 비해 단순하고 저렴하며, 저전력임에도 넓은 범위의 통신이 가능하기 때문에 가정 자동화, 재고 관리, 무선 센서 네트워크 등에 사용된다.

지그비에 대한 표준 작업은 2003년에 IEEE 802.15에서 이루어졌고, 첫 표준은 2004년에 Zigbee 2004, 두 번째 표준은 2006년에 Zigbee 2006, 세 번째 표준은 2007년에 ZigBee PRO로 발표되었다. 한편, 비영리 조직인 지그비 얼라이언스$^{Zigbee\ Alliance}$는 2014년에 기존의 무선 표준들을 하나의 표준으로 합친 ZigBee 3.0을 발표하였다. ZigBee 3.0은 가정 자동화, 조명, 에너지 관리, 스마트 기기, 보안, 센서, 헬스케어 모니터링 장치 등을 포함하는 광범위한 영역을 정의하고 있다.

그림 7-38 지그비 얼라이언스 로고 [06]

3.4 UWB

UWB$^{Ultra\ Wide\ Band}$는 10미터 내의 거리에서 저전력으로 넓은 주파수 대역폭을 통해 대용량 데이터를 빠르고 안정적으로 전송하는 기술이다. 전력 소모는 무선 LAN의 10분의 1 수준이며 전송 속도는 최소 10Mbps~1Gbps 수준이다. 기가헤르츠 이상으로 넓은 대역폭을 사용하기 때문에 전파 투과 성능이 우수하여 빌딩 내부, 도심지, 산림 지역에서도 응용이 용이하다. 다른 근거리 무선 통신 기술에 비해 전파 간섭 현상이 매우 적다.

UWB는 매우 짧은 펄스를 이용한 레이더 기술을 통신에 적용한 방식이기 때문에 고정밀 위치 추적에도 사용된다. 일반적으로 근거리 무선 통신 기술을 이용한 실내외 위치 추적 오차는 수미터 정도지만 UWB는 센티미터 수준으로 추적할 수 있다. 2014년에 SK텔레콤이 UWB를 이용하여 경기도 양주 필룩스 조명박물관에서 방문 고객의 위치를 확인하는 서비스인 T스마트포지션을 시연하였는데 이때 방문객의 위치 오차를 50센티미터 이내로 줄일 수 있었다.

다음 그림은 지그비, 블루투스, 와이파이 기술과 비교하여 UWB 기술의 전송 속도와 전송 거리를 나타낸 것이다.

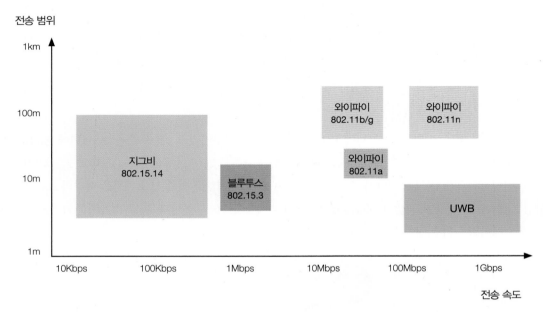

그림 7-39 **UWB의 전송 범위와 전송 속도** [07]

1 네트워크

컴퓨터끼리 정보를 주고받을 수 있도록 연결된 통신망이다.

2 프로토콜

- 프로토콜 정의 : 서로 다른 기종의 컴퓨터끼리 통신을 하기 위해 데이터 전송 형식이나 전송 절차 등에 관해 미리 정해 놓은 규칙이다.
- 프로토콜 절차 : 컴퓨터 간에 데이터를 송수신하려면 연결 설정, 데이터 전송, 연결 해제 단계를 거쳐야 한다.

3 OSI 참조 모델

1978년에 국제통신연합^{ITU}에서 오픈 시스템$^{open\ systems}$ 간 통신을 하기 위해 필요한 기능을 7계층으로 나누어 서비스^{service}와 프로토콜^{protocol}을 정의한 모델이다.

4 OSI 참조 모델의 7계층

- 물리 계층 : 송수신 시스템의 연결에 대한 기계적, 전기적 특성과 물리적인 신호의 제어 절차를 정의한다.
- 데이터링크 계층 : 전송되는 데이터의 물리적 전송 오류를 감지하고 복구하는 오류 제어 기능을 수행한다.
- 네트워크 계층 : 송신 측에서 전송한 데이터가 네트워크에서 최적의 경로로 수신 측에 전송될 수 있도록 경로 배정과 혼잡 제어 기능을 수행한다.
- 전송 계층 : 연결된 네트워크의 기능이나 특성에 영향을 받지 않고 오류 제어, 흐름 제어 기능을 수행하여 신뢰성 있는 데이터 전송을 수행한다.
- 세션 계층 : 송수신 컴퓨터의 응용 프로그램 간 네트워크 대화 제어 및 동기화^{synchronization}를 유지하는 기능을 수행한다.
- 표현 계층 : 송수신 컴퓨터의 응용 프로그램 간 송수신되는 데이터의 구문^{syntax}과 의미^{semantics}에 관련된 기능으로 변환^{translation}, 암호화^{encryption}, 압축^{compression} 기능을 수행한다.
- 응용 계층 : 최상위 계층으로 사용자의 데이터 처리를 도와주고, 사용자나 응용 프로그램 사이에서 데이터의 송수신을 처리하는 서비스를 제공한다.

5 네트워크 구성 형태와 규모에 따른 분류

- 구성 형태 : 컴퓨터 네트워크는 구성 형태에 따라 메시형^{mesh}, 스타형^{star}, 트리형^{tree}, 버스형^{bus}, 링형^{ring}, 하이브리드형^{hybrid}으로 나뉜다.
- 규모 : 컴퓨터 네트워크는 규모에 따라 근거리통신망^{LAN}, 도시통신망^{MAN}, 광역통신망^{WAN}으로 나뉜다.

6 네트워크 교환 방식

- 정의 : 네트워크를 확장하여 원거리까지 데이터를 전송할 수 있게 하는 기술이다.
- 종류 : 회선 교환 네트워크^{circuit switching network}, 패킷 교환 네트워크^{packet switching network}, 메시지 교환 네트워크^{message switching network} 등이 있다.

7 인터넷

인터네트워크^{internetwork}의 약어로 네트워크의 네트워크를 의미한다.

8 월드 와이드 웹

HTML이라는 웹 표준으로 문서를 작성하며, HTTP를 통해 송수신 호스트 간에 데이터를 전송하는 기술이다.

9 하이퍼텍스트와 하이퍼미디어

- 하이퍼텍스트 : 텍스트 정보가 링크로 연결된 문서 구조이다.
- 하이퍼미디어 : 텍스트뿐만 아니라 사운드, 이미지, 그래픽, 동영상 등의 데이터가 링크로 연결되어 있는 문서 구조이다.

10 웹 브라우저

웹 서버로부터 받은 하이퍼미디어 문서를 사용자가 볼 수 있도록 해주는 클라이언트 소프트웨어이다. 종류에는 모자이크, 내비게이터, 인터넷 익스플로러, 파이어폭스, 사파리, 크롬 등이 있다.

11 인터넷 활용 서비스

인터넷을 활용한 서비스에는 전자메일, 텔넷, 파일 전송 서비스, 전자상거래, 인터넷뱅킹, IPTV, 인터넷 전화, 컴퓨터 게임, 각종 엔터테인먼트 서비스 등이 있다.

12 무선 네트워크 기술

- 이동통신 : 시간과 장소에 관계없이 이동하면서 음성 및 데이터를 송수신할 수 있는 기술이다. 1세대는 아날로그 방식, 2세대부터는 디지털 방식, 현재는 3세대와 4세대 디지털 방식이 일반화되어 있다.
- 무선 LAN : 이동통신 기술과 달리 이동성이 약해 핫스팟^{hot-spot} 지역을 중심으로 운영되지만 대역폭이 넓어 빠른 속도로 데이터를 송수신할 수 있다.
- 무선 PAN : 가까운 거리에서 모바일 기기 간에 데이터를 송수신할 수 있는 기술로 블루투스, 지그비, NFC, 비콘, UWB 등이 있다.

정오형 문제

1 서로 다른 컴퓨터라도 프로토콜만 있으면 상호 연결될 수 있다.   참 거짓

2 OSI 참조 모델은 5계층으로 구성된 네트워크 모델이다.   참 거짓

3 물리 계층은 송수신 시스템의 연결에 대한 기계적, 전기적 특성과 물리적인 신호의 제어 절차를   참 거짓
정의한 계층이다.

4 오류 제어 기능은 전송 계층만 가지고 있다.   참 거짓

5 웹 브라우저는 OSI 모델의 응용 계층에 해당한다.   참 거짓

6 네트워크에 컴퓨터, 교환기, 통신 회선이 서로 연결되어 있는 물리적인 구성 형태를 프로토콜   참 거짓
이라고 한다.

단답형/선택형 문제

1 컴퓨터들이 정보를 주고받을 수 있도록 연결된 통신망을 (   )(이)라고 한다.

2 서로 다른 기종의 컴퓨터끼리 데이터를 송수신하기 위하여 데이터 전송 형식이나 전송 절차 등에 관한 규
칙을 정해 놓은 통신 규약을 (   )(이)라고 한다.

3 OSI 참조 모델에서 물리적 전송 오류를 감지하고 복구하는 계층은?

4 OSI 참조 모델에서 송신 측에서 전송한 데이터가 네트워크에서 최적의 경로로 수신 측에 전송될 수 있도록
경로 배정과 혼잡 제어를 수행하는 계층은?

5 여러 개의 네트워크를 상호 연결한 네트워크를 (   )(이)라고 한다.

6 HTML이라는 웹 표준으로 문서를 작성하여 HTTP를 통해 송수신 호스트 간에 전송하는 기술을
(   )(이)라고 한다.

7 (   )은(는) 텍스트 정보가 링크로 연결된 문서 구조이다.

8 프로토콜의 기능에 대한 설명으로 틀린 것은?

① 주소 지정 : 송신 컴퓨터가 보낼 데이터에 송신 측과 수신 측의 주소를 추가하는 기능을 말한다.

② 캡슐화 : 송신 컴퓨터가 수신 컴퓨터에 데이터를 전송할 때, 전송 시 필요한 여러 가지 제어 정보를 데이터에 붙이는 것을 말한다.

③ 오류 제어 : 컴퓨터 간에 데이터를 효율적으로 전송하기 위한 데이터 전송과 응답 방식을 말한다.

④ 연결 제어 : 컴퓨터 간에 데이터를 전송할 때 연결 설정, 데이터 전송, 연결 해제 단계를 수행하는 것을 말한다.

9 OSI 모델의 각 계층의 설명 중 틀린 것은?

① 물리 계층은 기계적, 전기적 특성과 물리적인 신호의 제어 절차를 정의한 계층이다

② 데이터링크 계층은 전송되는 데이터의 물리적 전송 오류를 감지하고 복구하는 계층이다.

③ 세션 계층은 송수신 컴퓨터의 응용 프로그램 간 네트워크 대화 제어 및 동기화를 유지하는 계층이다.

④ 응용 계층은 송수신 컴퓨터의 응용 프로그램 간 송수신되는 데이터의 변환, 암호화, 압축을 수행하는 계층이다.

10 네트워크 구성 형태의 신뢰도가 가장 높은 것은 어떤 것인가?

① 메시형

② 스타형

③ 버스형

④ 링형

11 네트워크의 구성 형태에 대한 설명 중 틀린 것은?

① 트리형은 허브를 이용하여 스타형을 계층적으로 구성한 형태이다.

② 버스형은 하나의 통신 회선에 여러 대의 컴퓨터를 연결한 구성 형태이다.

③ 링형은 모든 컴퓨터가 그물 모양처럼 서로 점 대 점으로 연결된 구성 형태이다.

④ 스타형은 각 컴퓨터가 허브에 점 대 점으로 연결된 구성 형태이다.

12 네트워크 분류에 대한 설명 중 틀린 것은?

① LAN은 비교적 근거리에 있는 컴퓨터, 프린터 등의 장비를 연결하기에 적합하다.

② MAN은 LAN보다 좀더 넓은 범위의 네트워크로, 도시 정도의 떨어진 거리에 있는 컴퓨터를 연결한 통신망이다.

③ WAN은 국가 또는 대륙과 같은 매우 넓은 지역을 대상으로 하는 통신망이다.

④ LAN, MAN, WAN에서 각 네트워크를 연결하는 데 허브가 사용된다.

13 패킷 교환 네트워크에 대한 설명 중 틀린 것은?

① 각 패킷의 전송 경로는 다를 수 있다.

② 회선 교환 네트워크에 비해 통신 채널을 효율적으로 공유할 수 있다.

③ 음성 데이터를 송수신하기 위해 설계된 기술이다.

④ 수신 측은 송신 측에서 보낸 패킷을 재정렬하기 위한 시간이 필요하다.

14 세대별 이동통신 기술에 대한 설명으로 틀린 것은?

① 1세대 기술은 음성 서비스만 제공 가능하다.

② 2세대 기술에는 GSM과 CDMA 기술이 있다.

③ 3세대 기술의 최고 전송 속도는 100Mbps이다.

④ 5세대 기술은 4세대보다 1,000배 빠른 초고속 무선 통신 기술이다.

15 서비스 품질을 의미하는 용어로, 네트워크에서 일정 정도 이하의 지연 시간과 데이터 손실률을 보장하는 서비스는 무엇인가?

① VoIP

② QoS

③ MMORPG

④ IPTV

16 무선 PAN 기술에 해당하지 않는 것은?

① 블루투스

② NFC

③ 지그비

④ CDMA

주관식 문제 --

1 OSI 참조 모델의 7계층을 나열하고 각 계층에 대해 설명하시오.

2 컴퓨터 네트워크의 구성 형태에 대해 설명하시오.

3 근거리통신망의 특징을 설명하시오.

4 회선 교환 네트워크와 패킷 교환 네트워크의 차이점을 설명하시오.

5 무선 개인 근거리통신망 기술의 종류를 나열하고 각각을 설명하시오.

08

소프트웨어 공학

소프트웨어 생산의 경제 원리_소프트웨어를 효율적으로 개발 · 운영하는 방법

IT COOKBOOK

학습목표

- 소프트웨어 공학의 개념을 이해하고 등장 배경을 알아본다.
- 소프트웨어 개발 생명주기 모델과 개발 방법을 알아본다.
- 소프트웨어 유지 보수 절차와 품질관리 유형을 알아본다.
- 소프트웨어 공학의 발전 동향을 살펴본다.

PREVIEW

소프트웨어 공학은 적은 비용으로

고품질의 소프트웨어를 만들어내는 방법을 다루는 학문이다.

소프트웨어 생산이 수요를 따라가지 못하고, 개발 비용이 많이 들고, 일정이 지연되는

이른바 '소프트웨어 위기' 상황이 발생하면서 등장하게 되었다.

이 장에서는 소프트웨어 공학의 등장 배경과 개념, 소프트웨어 개발/유지 보수/품질관리 방법,

소프트웨어 공학 분야의 최근 발전 동향 등을 살펴본다.

소프트웨어 공학의 개요

소프트웨어가 회사 업무 및 일상생활에 끼치는 영향력이 커질수록 품질에 대한 사용자의 요구 또한 점점 커지고 있다. 그만큼 품질 좋은 소프트웨어를 개발하기 위해서는 컴퓨터에 대한 지식과 프로그래밍 능력뿐만 아니라 소프트웨어가 사용되는 응용 분야에 대한 이해가 필요하다.

1 소프트웨어 공학의 개념

우리가 일반적으로 사용하는 워드프로세서, 포토샵, 모바일 게임 등은 모두 소프트웨어이다. 소프트웨어 공학은 이러한 소프트웨어의 개발 계획부터 운용, 유지 보수, 폐기까지의 전 과정에 필요한 이론과 기술을 다룬다. 소프트웨어 공학의 목표는 체계적이고 공학적인 방법으로 주어진 비용과 정해진 기간 내에 고객이 원하는 품질 높은 소프트웨어를 개발하는 것이다.

공학적으로 잘 작성된 소프트웨어의 특징은 다음과 같다.

■ 사용자 요구사항 충족

개발을 완료한 소프트웨어 중에는 사용자가 기대한 기능을 제대로 수행하지 못하는 경우가 종종 있다. 이런 문제는 대개 사용자와 개발자 사이의 대화가 부족했기 때문에 일어난다. 아무리 우수한 기법으로 만든 소프트웨어라고 해도 사용자의 요구사항을 만족시키지 못한다면 존재할 이유가 없다.

■ 높은 신뢰성

소프트웨어의 신뢰성이란 '소프트웨어 개발 생명주기' 중간에 오류가 발생하는 빈도를 확률적으로 표현한 것이다. 당연히 빈도가 낮을수록 신뢰성이 높은 소프트웨어이다. 신뢰성을 높이려면 분석, 설계, 구현, 테스트 등 소프트웨어 개발의 전반적인 과정을 공학적인 방법으로 접근해야 한다.

■ 유지 보수의 용이성

소프트웨어는 개발된 후에도 지속적으로 관리되어야 하므로 유지 보수 비용이 계속해서 든다. 유지 보수 비용을 줄이려면 소프트웨어 프로그램 자체와 관련된 문서를 표준 절차에 따라 잘 정리해 둬야 한다.

■ 쉬운 인터페이스

소프트웨어는 사용하기 쉽고 편리한 사용자 인터페이스를 제공해야 한다. 이를 위해 시스템 사용자의 능력과 수준을 고려하여 설계해야 한다.

2 소프트웨어 공학의 등장 배경

1960년대에 소프트웨어를 개발하는 것은 예술 작품을 만드는 것과 유사했다. 예술가가 자신만의 독특한 개성에 따라 작품을 만들어내듯, 소프트웨어 개발자도 자신만의 소프트웨어를 만들어냈다. 당시 소프트웨어는 특정 분야에서 소규모로 운영되었기 때문에 크기가 작고 단순했으며, 문제의 해결 방법도 명확했다. 따라서 소수의 프로그래머가 소프트웨어를 개발하고 운영하는 데도 큰 어려움이 없었다.

하지만 시간이 흐를수록 소프트웨어 활용 범위는 넓어졌고, 규모는 커지고 수요가 늘어나면서 다음과 같은 '소프트웨어 위기software crisis' 상황이 생겨났다.

- 사용자의 요구사항은 점점 늘어났고, 수백수천 장의 문서로 만들어진 요구사항을 정확히 분석하기도 어려워졌다.
- 소프트웨어 개발이 주먹구구식으로 진행되어 개발 비용이 많이 들었고 개발 일정도 지연되기 일쑤였다.
- 개발자 개인의 독창성에만 의지하다 보니 개발자의 역량과 취향에 따라 소프트웨어의 성패가 좌우됐다.
- 다른 공산품처럼 불량품에 대한 관리와 품질보증에 대한 정량적인 개념이 없어 체계적이고 기술적인 테스트가 불가능했으며, 이러한 문제는 곧 소프트웨어 품질 문제로 이어졌다.

다음 그림은 소프트웨어 위기 상황을 상징적으로 보여준다.

그림 8-1 **소프트웨어 위기 상황**

결국 소프트웨어 위기 상황을 해결하기 위해 공학engineering 패러다임을 적용하게 된다. 이후 1968년에 독일에서 개최된 NATO 컨퍼런스에서 소프트웨어 공학software engineering이라는 용어가 처음으로 등장했다.

3 소프트웨어 공학이 다루는 지식

소프트웨어 공학이 다루는 지식은 무엇일까? 이에 대한 가장 객관적인 답은 SWEBOK^{Software Engineering Body Of Knowledge} 규정에 나와 있다. SWEBOK는 전기전자컴퓨터 분야의 국제학회인 IEEE^{Institute of}

Electronics and Electrical Engineering 산하의 소프트웨어 공학 표준위원회에서 2004년에 제시한 규정이다. SWEBOK는 소프트웨어 공학이 다루는 지식을 다음 그림과 같이 열한 개 영역으로 나눠 설명한다.

그림 8-2 SWEBOK 열한 개 주요 영역

① **소프트웨어 요구 분석** : 사용자가 요구하는 기능을 추출, 분석, 검증, 관리하는 데 필요한 지식

② **소프트웨어 설계** : 사용자의 요구를 만족하는 솔루션을 설계하는 데 필요한 지식

③ **소프트웨어 구축** : 설계대로 프로그램을 작성하고 검증하는 데 필요한 지식

④ **소프트웨어 테스트** : 개발된 소프트웨어가 사용자의 요구를 만족하는지 테스트하는 데 필요한 지식

⑤ **소프트웨어 유지 보수** : 소프트웨어 유지 보수의 개념, 방법, 비용 측정에 관한 지식

⑥ **소프트웨어 형상 관리** : 소프트웨어 구성 요소를 파악하여 이에 가해지는 변경이 적절한지 판단하고 관리하는 데 필요한 지식

⑦ **소프트웨어 공학 관리** : 소프트웨어 프로젝트의 계획, 실행, 평가, 조정 등의 관리에 필요한 지식

⑧ **소프트웨어 공학 프로세스** : 소프트웨어 프로세스의 정의, 구현, 측정, 관리, 변경, 개선에 관한 지식

⑨ **소프트웨어 공학 도구와 방법** : 소프트웨어 개발 방법 및 도구와 컴포넌트 통합에 관한 지식

⑩ **소프트웨어 품질** : 소프트웨어 품질의 개념과 품질 속성, 품질보증을 위한 계획 및 활동에 관한 지식

⑪ **기타 관련 지식** : 컴퓨터 공학 및 과학, 경영학, 수학, 프로젝트 관리, 품질관리, 소프트웨어 인간 공학, 시스템 공학 등 기타 지식

SWEBOK는 새로운 기술과 개념이 발전함에 따라 지금도 계속 수정, 보완되고 있지만 큰 틀로 보면 열한 개 지식을 소프트웨어 공학에서 다루는 기본 지식으로 정의해도 무관하다.

여기서 잠깐

IEEE

IEEE(Institute of Electrical and Electronics Engineers)는 전기전자공학 전문가들의 국제 조직으로 I-Triple-e(eye-triple-e 아이트리플이)로도 불린다. 1963년에 설립되었고 현재 뉴욕에 위치하고 있으며 전기전자 및 컴퓨터 분야의 주요 표준을 제정하고 연구한다. 160개국 37만 명이 넘는 회원이 활동하고 있는 전기전자공학 분야 최대 기술 조직이다.

02 소프트웨어 개발 생명주기

1 소프트웨어 개발 생명주기

소프트웨어 개발 생명주기^{SDLC, Software Development Life Cycle}란 소프트웨어를 개발하는 시점부터 사용이 완전히 끝나 폐기될 때까지의 전 과정을 단계별로 나눈 것을 말한다. 일반적으로 요구 분석, 설계, 구현, 테스트의 4단계를 거치는데, 개발하는 방법에 따라 약간씩 차이가 있다.

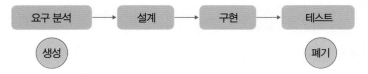

그림 8-3 **소프트웨어 개발 생명주기**

소프트웨어 개발 생명주기의 대표적인 모델을 살펴보면 다음과 같다. 가장 전통적인 방법으로 알려진 폭포수 모델^{waterfall model}, 사용자의 의견을 중요하게 여기는 프로토타입 모델^{prototype model}, 위험 관리를 중요하게 여기는 나선형 모델^{spiral model}, 최근에 등장한 소규모 소프트웨어 개발에 유리한 익스트림 프로그래밍 모델^{eXtreme programming model} 등이다.

2 폭포수 모델

폭포수 모델^{waterfall model}은 소프트웨어 개발의 전형적인 기본 모델로 1970년대에 소개되어 널리 알려졌다. 폭포수라는 이름이 붙은 이유는 폭포수가 아래로 떨어지듯이 소프트웨어 개발의 각 단계가 순차적으로 진행되기 때문이다. 다음 그림과 같이 폭포수 모델은 각 단계에서 양방향으로 표시된 화살표가 나타난다. 이것은 앞 단계의 결과가 확인된 후에야 비로소 다음 단계로 나아갈 수 있다는 의미로, 중간 결과를 점검하여 결함이 있으면 앞 단계로 되돌아가 결함을 수정할 수 있다는 말이다. 만일 앞 단계에서 아무런 이상이 없음을 확인하고 다음 단계로 넘어갔다면 더 이상 앞 단계로 되돌아갈 수는 없다. 폭포수 모델은 각 단계가 끝난 후 나와야 할 결과물을 정의한다. 그래야만 그 결과물에 대한 확인을 하고 다음 단계로 나아갈 수 있기 때문이다.

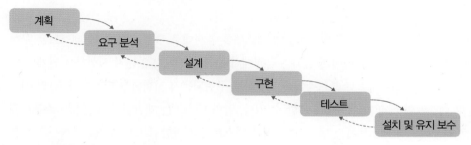

그림 8-4 **폭포수 모델**

■ **계획**

소프트웨어 개발의 타당성을 분석하고 필요한 비용, 자원, 기간 등을 산정하는 단계이다. 타당성을 분석하려면 문제를 잘 이해하는 것이 선결 조건이다. 문제를 잘 이해해야 필요한 자원과 소요 기간을 정확히 예측할 수 있고, 추후 개발 과정에서 발생할 수 있는 위험을 최소화할 수 있기 때문이다.

■ **요구 분석**

개발할 소프트웨어의 기능, 제약 조건, 목표 등을 시스템 사용자와 함께 명확히 정의한다. 요구 분석의 목적은 소프트웨어 기능과 함께 성능, 사용의 용이성, 보안성, 신뢰성 등의 품질 수준을 파악하는 것이다. 요구 분석의 결과물은 요구 분석서로 나와야 하는데, 이것은 사용자가 요구한 내용이 소프트웨어에 잘 반영되었는지 확인하기 위한 문서이다. 요구 분석서는 사용자와 개발자 간의 의사소통 수단으로도 사용되므로 간결하고 정확하며 이해하기 쉽게 작성해야 한다.

■ **설계**

요구 분석의 결과를 소프트웨어로 어떻게 구현할 것인가를 다루는 단계이다. 이 단계에서는 시스템 구조 설계, 프로그램 설계, 사용자 인터페이스 설계를 수행한다. 시스템 구조 설계는 시스템을 이루는 모듈의 구조와 관계를 설계하는 것이고, 프로그램 설계는 각 모듈 안에서의 처리 절차나 알고리즘을 설계하는 것이다. 인터페이스 설계는 메뉴 형식, 화면 입출력 방법 등 인터페이스 종류와 수단을 결정하여 설계하는 것이다. 설계 단계의 결과물은 설계서이다.

■ **구현**

앞 단계에서 설계한 모듈을 프로그램으로 작성하는 단계로 코딩^{coding} 작업이라고 한다. 코딩된 각 모듈은 테스트의 기본 단위로 단위 테스트를 거친다. 구현 단계의 결과물은 단위 테스트까지 거친 프로그램으로, 구현 과정이 효과적으로 수행되려면 코딩 작업과 단위 테스트 작업 모두 회사 표준에 따라 일관성 있게 진행되어야 한다.

■ 테스트

구현 단계를 거친 프로그램은 통합 테스트와 시스템 테스트를 순서대로 수행한다. 통합 테스트는 구현된 소프트웨어의 각 모듈이나 프로그램이 통합되는 과정에서 문제가 생기지 않는지 시험하는 단계이고, 시스템 테스트는 사용자의 요구대로 소프트웨어가 적합하게 구현되는지 시험하는 단계이다. 한편 시스템 테스트는 알파 테스트와 베타 테스트로 구분할 수 있다. 알파 테스트는 개발회사가 완성된 소프트웨어를 자체적으로 사용하면서 테스트하는 방법이다. 베타 테스트는 개발한 소프트웨어를 본격적으로 출시하기 전에 테스트하는 방법으로 미리 정해진 특정 고객들에게 사용해보도록 하여 고객의 만족도를 알아보는 방법이다.

■ 설치 및 유지 보수

테스트 단계에서 이상이 없었다면 인수를 받아 설치하는 과정이다. 설치 및 유지 보수 절차는 소프트웨어 성격과 개발 프로젝트 계약 조건에 따라 달라진다. 일반적으로 사용자가 소프트웨어를 설치할 수 있도록 설치 절차를 안내하거나 설치 명령어를 제품에 포함시키는 경우가 많다. 소프트웨어 규모가 크거나 주문 개발 방식인 경우에는 개발자가 사용자의 컴퓨터에 직접 설치해주기도 한다. 소프트웨어가 인수되면 유지 보수를 수행한다. 유지 보수란 소프트웨어를 사용하면서 나타나는 문제점을 수정하거나 새로운 기능을 추가하는 과정을 의미한다.

폭포수 모델은 응용 분야가 단순하거나 잘 알고 있는 경우에 적합하다. 복잡하고 어려운 문제에는 정형화된 세부적인 과정이 필요하지만, 단순한 문제는 한 번의 과정으로 개발할 수 있기 때문이다. 폭포수 모델의 장단점은 다음 표와 같다.

표 8-1 **폭포수 모델의 장단점**

장점	· 응용 분야가 단순하거나 잘 알고 있는 경우에 적합하다. · 문서화가 잘 되어 있어 사용하는 데 특수 지식을 필요로 하지 않는다. · 앞 단계에 대한 결과물을 확인한 후 진행하기 때문에 안정적이다.
단점	· 요구사항이 애매할 경우 업무 분석에 과도한 시간이 필요하다. · 중간에 수정 요구가 있으면 그만큼 수정 비용이 늘어난다. · 문서를 만드는 데 과도하게 매달릴 수 있다.

3 프로토타입 모델

프로그램에 대한 전문 지식이 부족한 사용자라면 개발할 소프트웨어의 목표나 기능에 대해 개략적으로 요구할 수는 있지만 기술적인 세부 내용까지 요구하기는 어렵다. 이러한 경우 프로토타입 모델prototype model이 유용하다. 프로토타입 모델은 소프트웨어의 일부 또는 전체 모형이 될 만한 것을 제시하는 것으로, 소프트웨어의 전반적 과정을 보여주는 시나리오나 화면 모형 등이 여기에 속한다. 프로토타입 모델은 시범 소프트웨어를 만들어 사용자가 직접 시뮬레이션을 해 봄으로써 실제 사용하는 것처럼 느끼게 하여 사용자의 반응을 분석하고 피드백하는 방식이다. 각 단계는 다음 그림과 같다.

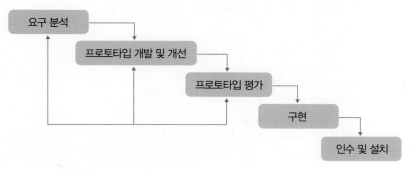

그림 8-5 **프로토타입 모델**

■ **요구 분석**

사용자는 한 번에 완전한 요구사항을 낼 수 없다. 따라서 폭포수 모델처럼 모든 요구사항을 완전하게 분석하지 않고, 개발자가 예상되는 요구사항을 정리하여 1차로 분석한 후 이를 토대로 프로토타입 개발을 준비한다.

■ **프로토타입 개발 및 개선**

요구 분석 결과를 토대로 개발자가 입출력 중심의 프로토타입을 개발해 사용자에게 소프트웨어의 모습을 미리 보여준다. 사용자는 이를 보고 요구사항에 대한 구체적인 모습을 그릴 수 있다. 또한 개발자와의 의견 교환을 통해 개선 사항을 요구할 수 있고, 개발자는 이를 검토한 후 다시 프로토타입에 반영할 수 있다.

■ **프로토타입 평가**

1차로 개발된 프로토타입은 여러 차례 개선 과정을 거치는데 그때마다 사용자에게 검증 및 평가를 받는다. 대개는 사용자에게 프로토타입을 직접 사용할 기회를 준 뒤 수정할 부분이나 필요 없는 부분을 식별하게 하고, 프로토타입을 수정한 후 다시 사용해보게 한다.

■ **구현**

평가를 거친 프로토타입을 기반으로 실제 소프트웨어를 구현하는 단계이다. 프로토타입이 가지는 제한점인 입출력 중심의 소프트웨어에서 벗어나 하드웨어 성능이나 프로세스를 모두 고려한 최적의 소프트웨어가 되도록 구현해야 한다.

■ **인수 및 설치**

폭포수 모델의 설치 및 유지 보수 단계와 유사한 단계로 모든 구현이 완료된 소프트웨어를 설치하는 것을 말한다. 유지 보수 개념이 생략된 이유는 중간에 수정을 억제하는 폭포수 모델과 달리 프로토타입 모델은 중간에 수시로 수정이 가능하기 때문이다.

프로토타입 모델은 사용자의 요구가 불투명하거나 과거에 잘 사용하지 않았던 새로운 기술의 소프트웨어를 개발할 때 유용하다. 프로토타입 모델의 장단점은 다음과 같다.

표 8-2 **프로토타입 모델의 장단점**

장점	· 사용자는 예상되는 결과물을 미리 보면서 수정을 요청할 수 있다. · 소프트웨어를 개발하는 데 사용자의 적극적인 참여를 유도할 수 있다. · 개발자가 사용자의 요구사항을 자세하게 알 수 있다.
단점	· 사용자가 프로토타입이 최종 산출물과 같다고 믿어 소프트웨어가 곧 완성될 거라 오해할 수 있다. · 오해를 할 경우 사용자는 전체 개발 일정을 단축하라고 요구하기 마련이고, 이는 소프트웨어 품질에 악영향을 끼칠 수 있다. · 개발자 입장에서는 중간 과정을 점검할 수 있는 산출물이 없기 때문에 프로토타입의 개발 및 개선 과정을 관리하기 어렵다.

4 나선형 모델

나선형 모델spiral model은 1988년에 보엠Boehm이 제안한 모델로 위험 관리를 위해 개발되었다. 나선형 모델의 특징은 개발을 위한 계획 및 정의 단계 다음에 위험 요소와 차선책에 대해 검토하는 위험 분석 단계가 있다는 점이다. 프로젝트 초기에 실패 요인과 위험 요소를 미리 찾아내 대비할 수 있다. 나선형 모델은 다음 그림과 같이 계획 및 정의, 위험 분석, 개발, 고객 평가의 주기가 한 번으로 끝나는 것이 아니라 나선 모양처럼 여러 번의 주기를 거치면서 반복되다가 최종적으로 완성된다. 각 진화 단계마다 실시되는 내용은 다음과 같다.

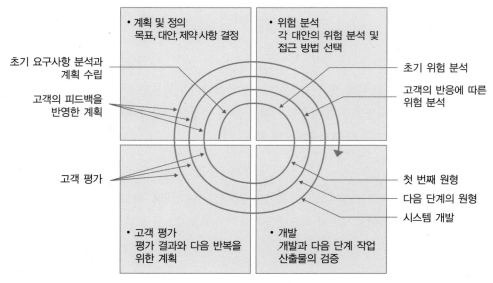

그림 8-6 **나선형 모델**

■ **계획 및 정의**

초기 요구사항 분석을 통해 개발 계획을 수립하고 목표, 대안, 제약 사항을 결정한다. 주기가 반복되어 다음 주기가 돌아오면 고객이 평가한 결과를 피드백하여 다시 계획에 반영한다.

■ **위험 분석**

초기에는 각 대안별 위험도를 분석하고, 다음 주기에는 고객의 반응을 반영하여 가장 적합하다고 판단되는 대안을 선택한다.

■ **개발**

첫 번째 프로토타입을 개발한다. 다음 주기에는 고객의 평가, 계획 및 정의 단계를 거쳐 위험 분석 결과를 종합적으로 반영하여 새로운 프로토타입을 개발한다. 마지막 주기에는 최종적으로 구현된 소프트웨어를 개발한다.

■ **고객 평가**

개발된 결과물에 대해 고객에게 평가를 받는 단계로 최종 결과물이 산출될 때까지 반복한다.

나선형 모델은 대규모 시스템의 소프트웨어 개발에 적합하다. 재정적으로 또는 기술적으로 위험 부담이 큰 경우 위험 분석을 하면서 소프트웨어를 발전시키자는 취지이다. 즉 요구사항이나 아키텍처를 이해하기 어렵거나 근본적으로 기술에 문제가 있는 경우에 적합하다. 나선형 모델의 장단점은 다음과 같다.

표 8-3 **나선형 모델의 장단점**

장점	· 다른 모델에 비해 완전하고 신뢰성 있는 소프트웨어를 개발할 수 있다. · 위험 요인을 사전에 분석하여 제거하거나 낮출 수 있다.
단점	· 시간과 비용이 많이 든다.

5 익스트림 프로그래밍 모델

익스트림 프로그래밍 모델eXtreme programming model은 1990년대 초에 켄트벡Kent Beck이 고안한 모델이다. 당시 주류 소프트웨어 개발 프로세스가 대규모 소프트웨어를 중심으로 접근되었다면 익스트림 프로그래밍 모델은 소규모 소프트웨어 개발에 적합하게 개발되어 주목을 받았다.

익스트림 프로그래밍 모델은 애자일agile 개발 프로세스 중 하나이다. 애자일 개발 프로세스는 전통적 방식의 소프트웨어 개발 프로세스가 문서화하는 데 지나치게 많은 시간과 노력이 소모되어 소규모 소프트웨어 개발에 적합하지 않다는 점에 착안하여 고안됐다.

전통적 방식의 소프트웨어 개발 프로세스는 폭포수 모델과 계획 기반 개발을 따른다. 일련의 차례와 탄탄한 계획을 기반으로 개발을 진행하기 때문에 이해하기도 쉽고 사용하기도 쉽다. 하지만 과중한 문서

부담과 사용자와의 의사소통 부족으로 시행착오가 발생하는 등의 부작용이 생길 수 있다.

반면 애자일 개발 프로세스는 사용자와 개발자가 한 조를 이루어 협동하면서 단기간에 전력을 다해 개발을 추진하기 때문에 폭포수 모델과 같은 문제점을 최소화할 수 있다. 즉 애자일 개발 프로세스는 문서화에 드는 노력을 줄이고 소프트웨어 개발 및 테스트에 중점적으로 투자하는 가벼운 방법론이다.

익스트림 프로그래밍 모델은 고객, 관리자, 개발자 사이에 이뤄지는 다음의 네 가지 가치를 중요하게 여긴다.

- **의사소통**communication : 개발자, 고객, 동료 개발자 간의 의사소통을 중요하게 여긴다.
- **단순성**simplicity : 단순하고 명확하게 설계한다.
- **피드백**feedback : 되도록 초기에 고객에게 소프트웨어를 전달하여 피드백을 받는다.
- **용기**courage : 개발자는 요구사항과 기술의 변경에 용감하게 대응한다.

다음 표는 익스트림 프로그래밍을 효과적으로 수행하기 위해 실천해야 할 사항을 열두 가지로 정리한 것이다.

표 8-4 익스트림 프로그래밍의 열두 가지 실천 사항

실천 사항	내용
계획 세우기	우선순위와 기술 사항을 고려하여 개발 범위를 결정한다.
소규모 릴리즈	짧은 주기로 버전을 발표해 기술 변화에 신속히 대응한다.
상징(metaphor) 사용	전체 시스템에 추상화 개념을 적용한다. 추상화란 작업할 때 꼭 필요한 정보만 드러내고 나머지 정보는 드러내지 않는 개념이다.
단순한 디자인	사용하지 않는 기능은 추가하지 않으며, 필요 이상으로 복잡한 구조나 알고리즘을 요구하지 않는다.
지속적인 테스팅	단위 테스트를 지속적으로 수행한다. 코드를 조금씩 작성하는 방식으로 테스트를 빠르게 진행한다.
리팩토링	프로그램을 쉽게 이해하고 추후에 효과적으로 변경할 수 있도록 내부 설계 및 코딩을 수정한다.
짝(pair) 프로그래밍	두 명이 한 팀으로 프로그래밍한다. 테스트 코드를 먼저 작성하고 코드를 수정하면서 프로젝트를 진행한다.
공동 코드 소유	누구나 코드를 수정할 수 있고 책임도 함께 공유한다.
지속적인 통합	지속적으로 통합 작업을 수행한다.
주당 40시간 근무	시간외 근무를 하지 않는다. 시간외 근무를 반복하다 보면 형편없는 코드를 작성할 가능성이 높아지기 때문이다.
현장 고객 지원	고객을 개발 현장에 상주시켜 개발에 관한 의견을 수시로 교환한다.
코딩 표준	서로 동의한 코드 표준에 맞춰 코딩한다. 코드에 대한 의미 전달이 명확해지고 코드 품질에 대한 책임 공유가 보장된다.

소프트웨어 개발 방법은 크게 구조적 개발 방법structured development method과 객체 지향 개발 방법object oriented method으로 나눌 수 있다. 구조적 개발 방법은 소프트웨어의 큰 뼈대를 먼저 만든 후 점차 작은 부분을 맞춰나가는 것이고, 객체 지향 개발 방법은 작은 부분을 먼저 만든 후 이를 조립식으로 연결하는 것이다. 1970년대 중반까지는 C언어 같은 절차 지향 언어에 맞는 구조적 개발 방법이 대세를 이루었다면, 자바 같은 객체 지향 언어가 등장한 이후에는 객체 지향 개발 방법이 많이 사용되고 있다.

소프트웨어 개발 방법을 이야기하기에 앞서 2절에서 배운 소프트웨어 개발 생명주기 모델과 소프트웨어 개발 방법의 개념이 어떻게 다른지 짚어보기로 하자. 비슷한 점이 있다 보니 혼동하여 쓰는 경우가 종종 있기 때문이다. 차이점을 확실히 살펴본 다음 본격적으로 소프트웨어 개발 방법의 종류와 특징을 살펴보자.

1 소프트웨어 개발 방법의 이해

부산에서 서울로 가는 여행을 계획한다고 가정해보자. 교통편으로 비행기를 이용할 수도 있고 기차나 자동차를 이용할 수도 있다. 소프트웨어 개발 생명주기 모델은 교통편으로 비행기를 탈지 아니면 자동차를 탈지 선택하는 것이다. 한마디로 상황에 따라 적절한 수단을 선택하는 일에 해당한다. 소프트웨어 개발 방법은 자동차를 선택할 경우 가장 빠르고 안전하게 도착할 수 있도록 도로 상태나 자동차 성능 등을 고려하여 지도를 선택할지 내비게이션을 선택할지 이도저도 아니라면 길을 잘 아는 가이드의 도움을 받을지 선택하는 일에 해당한다. 즉, 소프트웨어 개발 방법은 해당 상황에 적합한 구체적인 수단을 찾는 일에 해당한다. 이처럼 소프트웨어 개발 생명주기 모델은 소프트웨어 개발 방법보다 넓은 범주에 속하는 것을 알 수 있다.

(a) 소프트웨어 개발 생명주기 모델(이동 수단 선택)

(b) 소프트웨어 개발 방법(내비게이션, 지도, 가이드 등 구체적인 활용 방법 선택)

그림 8-7 소프트웨어 개발 생명주기 모델과 소프트웨어 개발 방법의 비교

2 구조적 개발 방법

구조적 개발 방법은 전통적 개발 방법론에 속하며 1979년에 소프트웨어 공학의 대부라 불리는 디마르코^{DeMarco}가 제안하였다. 소프트웨어를 기능적 관점에서 바라보고, 소프트웨어에 요구되는 정보의 흐름과 정보의 변환이 어떻게 이루어지는지 분석한 후, 이를 바탕으로 소프트웨어를 설계하는 방법이다. 기능적 관점이란 '무슨 기능을 포함시킬 것인가?'라는 질문을 중심으로 모델링을 하는 것으로, 큰 틀을 먼저 분석하고 점차 작은 단위로 분할해 나가는 하향식 접근 방식$^{top\ down\ approach}$이다. 구조적 개발 방법은 구조적 분석, 구조적 설계, 구현, 테스트의 4단계로 진행된다.

2.1 구조적 분석

사용자의 요구를 파악하여 문서로 정리하는 단계로 관련 문서 조사, 사용자와의 면담과 협조 등을 거쳐 마무리된다. 구조적 분석$^{structured\ analysis}$에서는 소프트웨어를 구성하는 프로세스 사이의 데이터 흐름을 파악하는 것이 중요하다. 데이터는 프로세스를 거치면서 다른 형태로 변환되어 출력된다. 구조적 분석은 자료 흐름도, 자료 사전, 소단위 명세서를 작성하는 순서로 진행된다.

■ 자료 흐름도

자료 흐름도$^{DFD,\ Data\ Flow\ Diagram}$란 소프트웨어 내부의 프로세스, 자료 저장소, 자료의 흐름을 나타내는 그래프이다. 다음 그림은 장학금 대상자를 선정하는 것과 관련된 자료 흐름도이다. 그림을 보면 프로세스는 원, 자료 저장소는 데이터베이스를 나타내는 원기둥, 자료의 흐름은 화살표로 표시된 것을 알 수 있다.

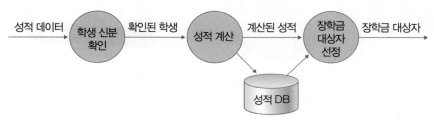

그림 8-8 자료 흐름도의 예

■ 자료 사전

자료 사전DD, Data Dictionary은 자료 흐름도에서 사용된 모든 자료를 모은 것이다. 자료마다 정의 부분과 설명 부분을 구분하여 표시한다. 다음 그림은 성적 데이터를 자료 사전 형태로 나타낸 예이다.

〈정의 부분〉
성적 데이터 = 학번 + 학생 이름 + 학년 + 과목 코드 + 과목명 + [분반] + 해당 과목 성적

〈설명 부분〉
학번 = 입학 연도 2자리 + 전공 2자리 + 일련번호 4자리
과목 코드 = 10진수 4자리
분반 = 1 | 2 | 3

그림 8-9 자료 사전의 예

■ 소단위 명세서

소단위 명세서mini specification는 자료 흐름도에서 작성한 프로세스의 작업 과정을 자세히 기술한 것으로 프로세스 명세서라고도 부른다. 다음 그림은 성적 계산 과정을 소단위 명세서로 나타낸 예이다.

학생 데이터를 읽음
　　신분이 확인된 학생 데이터가 존재하면,
　　　　　성적 데이터 파일 읽음
　　　　　과목별 성적 계산
　　　　　과목별 점수 합산
　　　　　평균 계산
　　　　　평균 출력
　　신분이 확인된 학생 데이터가 존재하지 않으면,
　　　　　종료
반복

그림 8-10 소단위 명세서의 예

2.2 구조적 설계

구조적 설계structured design는 개발될 소프트웨어의 요구사항 분석을 마친 다음 수행한다. 구조적 분석이 소프트웨어 기능에 초점을 맞추는데 비해 구조적 설계는 소프트웨어가 요구사항을 기술적으로 어떻게 구현할 것인지에 초점을 맞춘다. 구조적 설계는 전체 소프트웨어의 뼈대를 나타내는 구조도structure chart를 작성한 후 프로그램 설계, 자료 설계, 사용자 인터페이스 설계로 나눠 수행한다.

■ 구조도 작성

구조도에서 각 소프트웨어 모듈은 사각형으로 표시하고, 모듈 사이의 호출 관계는 화살표로 표시하여 계층적 트리 모양으로 작성한다. 다음 그림은 성적 처리 구조도를 나타낸 예이다. 성적 처리 구조도의

초기 단계를 가정했기 때문에 모듈 사이의 데이터 호출 관계는 생략했다.

그림 8-11 **성적 처리 구조도**

■ **프로그램 설계/자료 설계/사용자 인터페이스 설계**

프로그램 설계란 프로그램 모듈별로 알고리즘을 설계하는 것이다. 알고리즘은 정확성, 효율성, 적합성의 세 가지 원칙에 따라 작성되어야 한다.

- **정확성** : 정의된 기능을 정확하게 수행해야 한다. 예를 들어 반복문을 수행할 때 반복 횟수를 한 번 덜 수행하거나 한 번 더 수행하는 경우 정확성이 떨어졌다고 한다.
- **효율성** : 알고리즘을 수행하는 데 소요되는 컴퓨터 자원의 양이 효율적이어야 한다. 예를 들어 스마트폰이나 MP3 등은 데스크톱에 비해 메모리가 제한되어 있으므로 효율성을 고려하여 설계해야 한다.
- **적합성** : 수행되는 하드웨어와 소프트웨어의 성능에 맞는 알고리즘을 선택해야 한다.

자료 설계란 자료를 저장할 파일이나 데이터베이스 구조를 설계하는 것이다. 파일이나 데이터베이스 구조를 설계하기 위해 일차적으로 자료 사전을 참조하는 경우가 많다. 하지만 자료 사전만으로는 데이터베이스에 잘못된 데이터가 들어가는 것을 효과적으로 통제하기 어렵다. 따라서 여러 종류의 제약 조건을 반영한 ER^Entity Relationship 모델을 사용하여 데이터베이스를 설계한다.

사용자 인터페이스 설계란 사용자가 입력장치를 통해 시스템에 명령을 전달하고 시스템으로부터 응답받는 방법을 설계하는 것이다. 보통 아이콘으로 된 객체를 직접 조작하는 그래픽 인터페이스와 웹 사이트의 웹 페이지를 통해 조작하는 웹 인터페이스가 주류를 이룬다.

2.3 구현

구현^implementation은 설계 단계에서 작성한 내용을 바탕으로 소스 코드를 작성하는 단계이다. 소스 코드는 구조적 프로그래밍 기법으로 작성하며 구조적 프로그래밍 기법의 특징은 다음과 같다.

- 프로그램을 구성하는 각 요소는 작은 규모로 조직화된다.
- 순차 구조, 선택 구조, 반복 구조로 모든 제어의 흐름을 표현한다.
- 제어 흐름은 단일한 입구와 출구^single entry, single exit를 가진다. 제어 구조가 겹쳐 있더라도 유지되어야 한다.
- 가능한 goto 문은 사용하지 않는다.

2.4 테스트

테스트^{test}는 오류를 발견하려는 의도를 가지고 프로그램을 실행하는 프로세스이다. 이 말은 테스트의 목표가 오류가 없다는 것을 보여주는 것이 아니라 오류가 존재한다는 것을 인정하고 테스트를 통해 더 많은 오류를 찾아내야 한다는 뜻을 담고 있다. 테스트는 크게 4단계로 진행되는데 각 모듈을 시험하는 단위 테스트, 모듈을 통합하면서 시험하는 통합 테스트, 시스템 차원에서 요구사항이 모두 만족되는지 시험하는 시스템 테스트, 최종적으로 완성된 소프트웨어를 시험하는 인수 테스트가 있다.

3 객체 지향 개발 방법

소프트웨어에 대한 요구사항은 개발 후에도 계속하여 변한다. 따라서 소프트웨어는 변경된 요구사항을 수용할 수 있어야 하며, 이를 위해 유연성과 적응력을 갖도록 설계되어야 한다. 그러나 전통적인 구조적 개발 방법으로는 소프트웨어 변경이 쉽지 않다. 구조적 개발 방법 자체가 크고 복잡한 문제를 기능적으로 분할하여 구현하는 방식이라 주로 함수 중심의 구현 방식을 택하게 되었고 그만큼 데이터 관리가 복잡해졌기 때문이다. 또한 미리 업무 수행 순서를 정해 놓고 처리하기 때문에 예기치 않은 돌발 사건에 대한 처리가 다소 취약하다.

객체 지향 개발 방법은 이런 문제점을 보완한다. 구조적 개발 방법이 하향식 접근 방식$^{top\ down\ approach}$을 적용했다면 객체 지향 개발 방법은 객체 중심의 상향식 접근 방식$^{bottom\ up\ approach}$을 적용하여 기능보다는 정보와 데이터 중심으로 소프트웨어를 개발한다.

객체 지향 프로그램은 데이터와 기능이 분리된 구조적 프로그램과는 달리 이들을 묶어 하나의 객체로 만들어 사용한다. 객체는 캡슐화되어 있어 객체 내부의 세부 내용을 사용자가 몰라도 되고, 클래스 단위로 프로그램을 확장하기 쉬워 소프트웨어를 재사용할 수 있다. 흔히 오해하는 것 중 하나가 단순히 자바나 C++ 같은 객체 지향 언어로 프로그래밍하면 실제 객체 지향 개발 방법의 장점이 얻을 수 있다고 기대하는 것이다. 그렇지 않다. 객체 지향 프로그램의 장점을 얻으려면 객체 지향 언어로 프로그래밍하는 것과 더불어 객체 지향 패러다임이 내포된 분석, 설계, 구현, 테스트를 함께 해야 한다.

3.1 객체 지향 분석

객체 지향 분석$^{object\ oriented\ analysis}$은 사용자의 요구를 유스케이스 다이어그램$^{usecase\ diagram}$으로 작성하는 요구 추출과 추출된 요구를 분석하여 클래스 다이어그램$^{class\ diagram}$과 순서 다이어그램$^{sequence\ diagram}$으로 작성하는 요구 분석으로 나눠서 작업된다.

■ 요구 추출

요구 추출requirement extraction에서는 소프트웨어를 이용할 사람 즉 액터actor를 찾은 후, 액터와 소프트웨어 사이의 인터페이스 과정을 기술한 시나리오를 작성한다. 작성된 시나리오를 기반으로 특정 사용자의 사례를 일반화시켜 작성하면 유스케이스usecase가 된다. 유스케이스는 한눈에 이해하기 쉽도록 유스케이스 다이어그램으로 그린다. 다음 그림은 수강 신청 유스케이스 다이어그램을 나타낸 예이다.

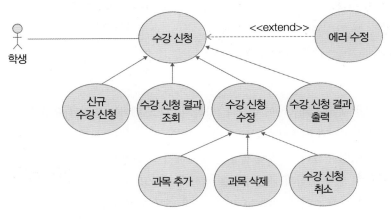

그림 8-12 **수강 신청 유스케이스 다이어그램**

■ 요구 분석

요구 추출이 끝나면 개발자는 사용자의 요구사항을 어떻게 구현할 것인지 분석한다. 요구 분석requirement analysis은 다음의 과정을 거친다.

클래스/객체 찾기	클래스/객체를 특성별로 구분하여 찾는다.

클래스/객체 사이의 상호 작용 모형화	찾은 클래스/객체 사이에 어떤 메시지가 오가는지 파악하여 순서 다이어그램(sequence diagram)으로 표현한다. 다음 그림은 수강 신청 유스케이스를 순서 다이어그램으로 나타낸 것이다. 클래스 간에 어떤 메시지가 오가는지 발생하는 순서대로 보여준다.

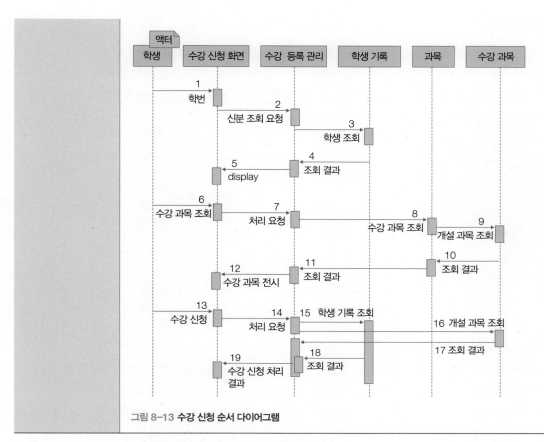

그림 8-13 **수강 신청 순서 다이어그램**

| 클래스/객체 사이의 연관 관계 찾기 | 클래스/객체 사이에 연관 관계를 클래스 다이어그램(class diagram)으로 표현한다. 다음 그림은 수강 신청 클래스 다이어그램을 나타낸 것이다. 사각형은 클래스를 의미하고 클래스 사이를 연결한 선은 관계를 의미한다. 과목 목록과 개설 과목 사이에 있는 다이아몬드 기호는 개설 과목이 과목 목록에 속하는 것을 의미한다. |

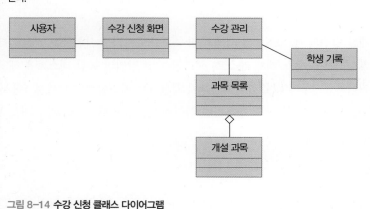

그림 8-14 **수강 신청 클래스 다이어그램**

| 객체 속성 추가 | 객체가 가지는 속성을 세부적으로 분석하여 추가한다. |

3.2 객체 지향 설계

설정한 객체를 구체화하는 작업으로 객체에 속한 속성이나 기능^{funtion}을 정의한다. 또한 각 객체 사이의 메시지 전달 과정에서 빠진 객체와 기능을 보완해서 재정의한다. 다음 그림은 학생 기록 객체를 상세화한 예이다. 사각형의 윗부분에는 각 객체의 속성(학번, 이름, 학년, 주소)이 포함되고, 아랫부분에는 객체가 수행해야 할 기능이 포함된다.

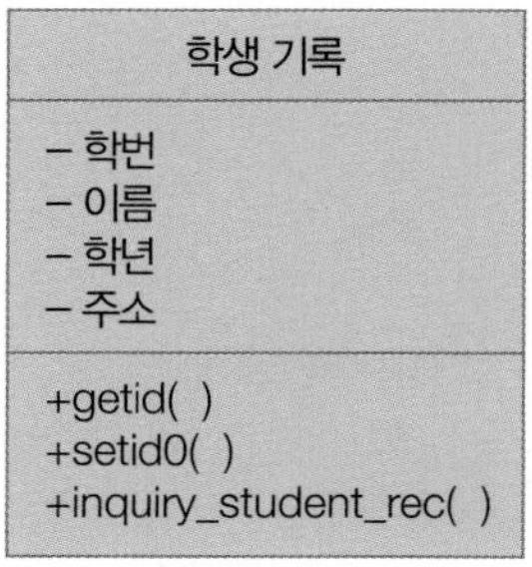

학생 기록
− 학번 − 이름 − 학년 − 주소
+getid( ) +setid0( ) +inquiry_student_rec( )

그림 8-15 **학생 기록 객체**

3.3 구현

설계한 클래스/객체 상호 간의 메시지 전달 과정을 실제로 코딩하는 단계이다. 객체 지향 개발 방법에서는 소프트웨어를 효과적으로 구현할 수 있도록 여러 가지 방법을 지원한다. 디자인 패턴$^{design\ pattern}$과 리팩토링^{refactoring} 방법이 대표적인데 이 둘은 소프트웨어를 재활용할 수 있도록 돕는다. 디자인 패턴은 자주 사용하는 유형의 소프트웨어 구조를 표준화된 틀로 만들어 코딩하는 일종의 '프로그래밍 설계 틀'이다. 비슷한 다른 업무에 재활용할 수 있기 때문에 대부분의 전문가들이 사용한다. 리팩토링은 시간에 쫓겨서 체계적으로 구현하지 못한 소프트웨어를 이해하고 변경하기 쉽게 프로그램 내부 구조를 수정할 수 있으며, 개발 도중에도 병행하여 사용할 수 있다.

3.4 테스트

객체 지향 개발 방법의 테스트는 각 객체의 함수나 프로시저를 시험하는 메소드 테스트, 개별적인 클래스/객체를 시험하는 클래스/객체 테스트, 구조적 개발 방법의 통합 테스트에 해당하는 객체 집합 테스트, 소프트웨어가 요구사항대로 개발되었는지 시험하는 시스템 테스트까지 4단계에 걸쳐 진행된다. 소프트웨어가 웹 기반으로 만들어진 경우라면 웹의 특성을 고려한 테스트가 추가로 필요하다.

일반적으로 소프트웨어 개발 비용에는 관심이 많지만 유지 보수 비용은 대수롭지 않게 여기는 경우가 많다. 하지만 과거 수십 년 간의 통계에 따르면 소프트웨어 개발 비용이 30% 수준이고 유지 보수 비용은 70%를 넘어선다고 알려져 있다. 유지 보수 비용이 개발 비용의 두 배를 넘어선 것이다. 실제로 소프트웨어 공학이 발전하게 된 주요 배경을 되짚어보면 '유지 보수 비용을 어떻게 하면 줄일 수 있을까?'라는 고민에서 출발하기도 했다. 앞으로 환경 변화에 대응하는 것은 선택이 아니라 필수이다. 소프트웨어를 지속적으로 수정하고 개선해 나가는 일 역시 불가피하다는 점에서 유지 보수는 매우 중요하다.

1 소프트웨어 유지 보수 절차

소프트웨어 유지 보수는 다음과 같이 4단계로 이루어진다.

■ 분석

현재 소프트웨어에 수정할 부분이 있는지, 수정한다면 오류를 해결하기 위해서인지 기능을 개선하기 위해서인지 등을 파악한다. 이를 위해서는 해당 소프트웨어의 사용 설명서나 소스 코드를 확보한 후 분석하는 작업이 선행되어야 한다. 코드를 수정한다면 수정하는 부분 이외에 영향을 받는 다른 부분이 있는지 확인하고, 있다면 어떤 문제를 일으키는지 등을 확인해야 한다. 유지 보수 담당자는 소프트웨어의 구조와 내용에 대해 상세한 지식을 가지고 있어야 하며, 형상 관리를 위해 사용하는 양식과 툴을 활용할 수 있어야 한다.

■ 설계

고객의 요구사항에 대해 구현 계획을 점검하고, 테스트 데이터를 사전에 유형별로 준비해 둔다.

■ 구현

설계된 내용에 따라 소프트웨어를 수정한다.

■ 테스팅

리그레션 테스트를 수행한다. 리그레션 테스트란 소프트웨어가 수정되거나 변경될 경우 영향을 받을 가능성이 가장 큰 부분을 중심으로 테스트하는 것이다. 해당 소프트웨어 전체를 테스트하는 것은 비용이 많이 들기 때문에 가능성이 높은 부분을 선택해서 테스트하는 것이 효율적이다.

2 소프트웨어 유지 보수 비용

다음 그림은 소프트웨어 개발 비용과 소프트웨어 유지 보수 비용을 나타낸 그래프이다. 그림에서 보이는 것처럼 소프트웨어 개발 비용은 구현과 테스팅 단계에서 가장 많이 발생하고, 소프트웨어 유지 보수 비용은 분석과 설계 단계에서 가장 많이 발생하며 테스팅 단계에서도 꽤 많이 발생하는 것을 알 수 있다.

즉, 소프트웨어 개발이 코딩 중심이라면 유지 보수는 이해가 중심이 되는 작업이다. 이러한 특성을 이해하면 유지 보수 비용을 절감하는 데 도움이 된다. 소프트웨어 개발 단계부터 프로그램의 이해도를 높일 수 있도록 표준화된 개발 방법을 따르고, 디자인 패턴 같은 검증된 기법을 사용하며, 프로그램 문서화 등을 체계적으로 수행하여 유지 보수 비용을 줄이도록 노력해야 한다.

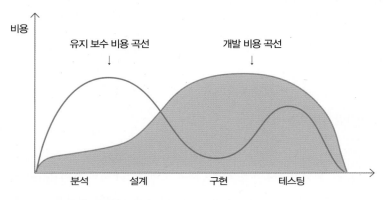

그림 8-16 소프트웨어 개발 비용과 유지 보수 비용의 비교

05 소프트웨어 품질관리

소프트웨어 품질은 소프트웨어 공학에서 중요하게 다루는 주제 중 하나로 크게 두 가지 유형으로 나눈다. 첫째는 산출 결과물인 제품product에 대한 평가를 말하며, 둘째는 프로세스process 품질에 대한 평가를 말한다.

1 소프트웨어 제품 품질

소프트웨어 제품 품질은 국제표준인 ISO/IEC9126에서 정한 정의와 기준에 따라 측정되고 평가된다. ISO/IEC9126에서는 기능성, 신뢰성, 사용 용이성, 효율성, 유지 보수성, 이식성 등 여섯 가지 기준에 따라 제품 품질을 측정한다.

① **기능성**functionality : 요구사항이 무엇인지 식별하고 제품에 요구된 기능과 실제 제품이 정확히 일치하는지 측정한다.

② **신뢰성**reliability : 수명주기 중 고장이 날 때까지의 평균 기간을 의미하며 MTBF^{Mean Time To Failure}라고도 부른다. 예를 들어 수명주기가 1년(365일)인데 평균 한 달에 한 번 꼴로 고장이 난다면 신뢰성 지수는 96.7%이다.

③ **사용 용이성**usability : 사용자가 얼마나 편리하게 사용할 수 있는가를 나타낸다.

④ **효율성**efficiency : 비용 대비 효과 차원에서 얼마나 빠른가를 나타낸다. 비용을 고려하지 않고 단순히 빠르기만 측정할 때 기준은 성능performance으로 나타낸다. 그러나 성능이 좋아도 비용이 많이 들면 효율성이 떨어질 수 있다.

⑤ **유지 보수성**maintainability : 고장이 난 후 평균 수리 기간이 얼마나 걸리는 지를 나타낸다. MTTR^{Mean Time To Repair}이라고도 부른다.

⑥ **이식성**portability : 해당 소프트웨어를 다른 시스템에서 동작시켰을 때 문제없이 돌아갈 수 있는지를 나타낸다. 잘 돌아가는 시스템이 많을수록 이식성이 좋다고 한다.

'신뢰성이 좋다', '유지 보수성이 좋다'라는 말은 언뜻 비슷하게 들리지만 다음과 같은 차이가 있다. 예를 들어 평소에 잘 아프지 않는 사람은 신뢰성이 좋은 경우에 해당하고, 아팠을 때 회복하는 데 걸리는 시간이 짧은 사람은 유지 보수성이 좋은 경우에 해당한다.

2 소프트웨어 프로세스 품질

소프트웨어 프로세스 품질은 제품 품질과 달리 최종 결과물이 아닌 개발 과정 중의 품질을 의미한다. 자동차를 생산할 때 차체 조립 공정, 인테리어 공정, 페인트 공정처럼 공정별로 품질을 평가하듯 소프트웨어도 수십 개의 프로세스별로 개발 과정을 분석하고 평가한다.

대표적인 프로세스 품질평가 표준은 ISO의 SPICE^{Software Process Improvement and Capability dEtermination}와 CMM^{Capability Maturity Model}을 들 수 있다.

■ SPICE

아시아, 유럽, 호주 등에서 주로 사용하는 프로세스 품질평가표준으로 1995년에 ISO에서 제정하였다. 총 40개의 프로세스를 대상으로 성숙도를 평가하고 미비점은 성능 개선을 촉구한다. 다음 표처럼 프로세스 성숙도를 0단계부터 5단계까지 여섯 단계로 구분하여 평가한다.

표 8-5 SPICE 성숙도 단계별 수준

단계	수준	설명
5	최적화(optimizing)	현재는 물론 미래 프로세스에 적용해도 목표를 만족시키며 지속적으로 개선할 수 있는 수준
4	예측(predictable)	표준 프로세스가 일관된 통제에 따라 수행되며 정량적으로 성과를 측정할 수 있는 수준
3	확립(established)	표준으로 정해진 프로세스에 따라 결과가 산출되는 수준
2	관리(managed)	정해진 절차 및 계획에 따라 결과가 산출되는 수준
1	비정형적 실행(performed)	계획에 따라 꾸준히 결과물이 산출되는 것이 아니라 일시적으로 산출되는 수준
0	불안정(incomplete)	작업 산출물이나 결과를 기대하기 어려운 수준

■ CMM

1992년에 미국 국방성의 지원을 받아 만들어진 모델이다. SPICE와 유사하나 1단계부터 5단계까지 다섯 단계로 나눠 평가된다. 미국 국방성에서는 CMM에 따라 평가받은 결과를 토대로 입찰업체를 선정한다. 따라서 세계 유수의 업체가 관심을 가지고 참여하고 있다.

소프트웨어 공학의 발전 동향

소프트웨어 공학은 최근 10년 동안 여러 분야에 걸쳐 발전해 왔다. 소프트웨어 공학의 대표적인 발전 동향을 살펴보면 첫째, 인터넷의 확산에 따른 웹 엔지니어링의 발전, 둘째, 복잡한 업무 구조를 더욱 효과적으로 구현하기 위한 관점 지향 프로그래밍의 등장, 셋째, 개발된 소프트웨어를 재사용하기 위한 컴포넌트 기반의 소프트웨어 증대 등을 들 수 있다.

1 웹 엔지니어링

인터넷이 세계적으로 확산됨에 따라 웹을 이용한 업무 수행과 엔터테인먼트 분야의 확장이 빠르게 진행되고 있다. 이는 소프트웨어 공학에서 다루는 원리, 개념, 방법이 웹에도 적용되어야 한다는 당위성을 갖게 한다. 즉 웹을 이용한 소프트웨어 개발이 소프트웨어 공학에서도 주요한 의미를 갖게 된 것이다.

웹 기반 소프트웨어는 일반 소프트웨어와 다음과 같은 차이가 있다.

- 네트워크 필수 : 웹 기반 소프트웨어는 네트워크가 필수이다. 인터넷과 인트라넷을 막론하고 다양한 클라이언트에 대해 서비스를 제공할 수 있어야 한다.
- 콘텐츠 중심 : 웹 기반 소프트웨어는 하이퍼미디어를 사용하여 텍스트, 그래픽, 오디오, 비디오 등 다양한 멀티미디어 서비스를 제공한다.
- 지속적 진화 : 웹 기반 소프트웨어는 일반 소프트웨어에 비해 빠르게 진화한다.

이러한 특성에 맞춰 가장 두각을 나타낸 분야가 웹 서비스 아키텍처 분야이다. 웹 서비스 아키텍처는 웹에서 사용할 수 있는 서비스를 이용해 소프트웨어 애플리케이션을 구성하는 아키텍처 스타일이다. 최근 상당히 높은 수준의 서비스 실행 도구를 제공할 만큼 발전했다.

2 관점 지향 프로그래밍

개발자가 이해하고 구현해야 하는 소프트웨어의 구조와 구현 내용이 갈수록 복잡해지고 다차원적으로 변하고 있다. 이를 감당하기 위해 등장한 개념이 관점 지향 프로그래밍AOP, Aspect Oriented Programming이다. 관점 지향 프로그래밍은 객체 지향 프로그래밍의 뒤를 잇는 또 하나의 프로그래밍 언어 구조이다.

관점 지향 프로그래밍을 이해하는 가장 기초적 원리는 관심의 분리separation of concerns이다. 관심의 분리는 컴퓨터 프로그래밍의 기본 원리 중 하나로 거의 모든 프로그래밍 패러다임이 관심의 분리 과정을 통해 문제 영역problem domain을 독립적인 모듈로 분해한다는 것이다. 절차 지향 프로그래밍에서는 분해된 관심을 프로시저로 구성했고, 객체 지향 프로그래밍에서는 클래스로 구성했다.

관점 지향 프로그래밍은 객체 지향 프로그래밍에서 충분히 분리해낼 수 없는 관심이 존재한다는 문제에서 출발했다. 예를 들어 은행 업무를 처리하는 시스템에서 핵심 관심은 예금 입출금, 계좌 이체, 이자 계산, 대출 처리 등이며 객체 지향 프로그래밍에서는 이러한 것들을 클래스와 컴포넌트 형태로 구성한다. 즉, 모듈화된 각각의 클래스는 추상화 작업 등을 통해 서로 느슨한 연결 상태loosely coupled로 만들어 재사용되거나 확장된다. 객체 지향 프로그래밍이 우리에게 준 비전은 이런 모듈화를 통한 간결하고 깔끔한 코드 작성과 재사용성이다.

하지만 은행 업무를 처리하는 시스템의 각 모듈은 해당 업무를 처리하기 위한 내용만 존재해서는 완전할 수 없다. 일단 각 업무를 처리하는 클래스에는 향후 시스템을 분석하거나 추적하기 위해 로그를 작성하는 기능이 필요하다. 또 인증 받은 사용자가 접근하는지 체크하고 권한 여부를 따지는 보안 기능도 필요하다. 그밖에 예외 상황이나 문제가 발생했을 때 그것을 기록에 남기는 부분도 있어야 하고, 필요하면 관리자에게 전자메일도 발송해야 한다. 이러한 부가적인 기능은 독립적인 클래스로 작성될 수 있지만, 그렇게 구현된 기능을 호출하고 사용하는 코드는 핵심 모듈 안에 모두 포함되어야 한다. 결국 핵심 모듈은 지저분해지고 생산성과 재사용성이 떨어져 원래 가지고 있던 객체 지향 프로그램밍의 장점이 퇴색된다.

이 경우 관점 지향 프로그래밍을 적용하면 효과적이다. 하지만 관점 지향 프로그래밍은 여전히 생소하고 이해하기 어렵기 때문에 객체 지향 프로그래밍을 완전히 대체하기는 어렵다. 다음 표는 관점 지향 프로그래밍과 객체 지향 프로그래밍을 비교한 내용이다.

표 8-6 관점 지향 프로그래밍과 객체 지향 프로그래밍의 비교

항목	관점 지향 프로그래밍	객체 지향 프로그래밍
목적	부문별 조립을 통한 생산성 제고	상속 및 재사용을 통한 효율성 제고
산출물	관점	클래스
장점	환경 독립성, 횡단 관심 공통 적용	객체 재활용
단점	구현하고 이해하는 데 오랜 시간 소요	객체별 독립성 유지가 어려움

3 컴포넌트 기반 소프트웨어 개발

개발자들은 하드웨어와 마찬가지로 소프트웨어도 교체가 필요한 부분을 갈아 끼우면 바로 동작하는 모델을 꿈꿔왔다. 이러한 열망 아래 등장한 것이 컴포넌트 기반 소프트웨어이다. 컴포넌트란 재사용이 가능한 독립적인 소프트웨어 구성 단위를 의미한다. 최근에 컴포넌트에 대한 관심이 증가하면서 컴포넌트를 구현할 수 있는 표준화된 아키텍처EJBEnterprise Java Beans, COM+, CORBA Component Model가 정립되었다. 컴포

넌트에 대한 정의는 다양하지만 '독립적으로 개발할 수 있고 배포할 수 있는 애플리케이션 빌딩 블록' 정도로 간단히 정의할 수 있다. 컴포넌트는 크기와 적용 분야에 따라 다음과 같이 분류할 수 있다.

■ 사용자 인터페이스 컴포넌트
작은 규모라 재사용 빈도는 가장 높지만 다른 컴포넌트에 비해 재사용했을 때 효용 가치는 떨어진다.

■ 기술 기반 컴포넌트
소프트웨어의 종류와 상관없이 다양한 분야에서 사용되는 공통의 컴포넌트이다. 어떤 구체적인 비즈니스 논리나 프로세스를 포함한다기보다 공통 기술적 서비스 관련 내용을 담는다. 예외 처리 컴포넌트, 보안 컴포넌트, 에러 처리 컴포넌트, 트랜잭션 컴포넌트 등이 있다.

■ 비즈니스 기반 컴포넌트
비즈니스 영역에 상관없이 공통적으로 사용되는 비즈니스 객체나 프로세스를 컴포넌트화한 것이다. 특정 비즈니스 영역에 국한되지 않기 때문에 다양한 비즈니스 영역에서 사용되며 재사용하기에도 효용 가치가 높다. 날짜 변경 컴포넌트, 통화 변경 컴포넌트 등이 있다.

■ 비즈니스 컴포넌트
특정 영역에 속한 비즈니스에 대한 컴포넌트로 사원, 주문, 급여, 임대 등과 같이 구체적인 비즈니스를 지원한다. 이들은 특정 영역의 비즈니스에서는 재사용 가치가 높지만, 비즈니스 컴포넌트를 개발하기 위한 노력이 일반 소프트웨어를 개발할 때보다 많이 요구된다.

■ 애플리케이션 컴포넌트
특정 애플리케이션에 필요한 사용자 인터페이스와 비즈니스 제어 흐름을 함께 정의한 컴포넌트로 주문 처리 컴포넌트, 고객 관리 컴포넌트 등이 있다. 재사용의 가치는 가장 크지만, 비즈니스 제어 흐름과 사용자 인터페이스 유형이 일치해야만 재사용할 수 있어 재사용 빈도는 떨어진다.

1 소프트웨어 공학의 목표

체계적이고 공학적인 방법으로, 주어진 비용과 정해진 기간 내에 고객이 원하는 품질 높은 소프트웨어를 개발하는 것이다.

2 소프트웨어 공학이 다루는 지식

전기전자컴퓨터 분야의 국제학회인 IEEE^{Institute of Electronics and Electrical Engineering} 산하의 소프트웨어 공학 표준위원회에서 2004년에 제시한 SWEBOK^{Software Engineering Body Of Knowledge} 규정에 나와 있다.

3 소프트웨어 개발 생명주기

소프트웨어 개발에서부터 사용이 완전히 끝나 폐기될 때까지의 전 과정을 단계별로 나눈 것이다.

4 소프트웨어 개발 생명주기 모델

- **폭포수 모델** : 소프트웨어 개발의 각 단계가 순차적으로 진행된다. 응용 분야가 단순하거나 잘 알고 있는 경우에 적합하다.
- **프로토타입 모델** : 소프트웨어의 일부 또는 전체 모형이 될 만한 것을 제시하는 것으로 소프트웨어의 전반적인 과정을 보여주는 시나리오나 화면 모형 등이 여기에 속한다. 사용자의 요구가 불투명하거나 과거에 잘 사용하지 않던 새로운 기술의 소프트웨어를 개발할 때 유용하다.
- **나선형 모델** : 개발을 위한 계획 및 정의 단계 다음에 위험 요소와 차선책에 대해 검토하는 분석 단계가 있다. 이는 프로젝트 초기에 실패 요인과 위험 요소를 미리 찾아내 대비하자는 취지이다. 계획 및 정의, 위험 분석, 개발, 고객 평가의 주기가 한 번으로 끝나는 것이 아니라 나선 모양처럼 여러 번의 주기를 거치면서 반복되다가 최종적으로 완성된다.
- **익스트림 프로그래밍 모델** : 전통적인 방식의 소프트웨어 개발 프로세스가 문서화에 너무 많은 오버헤드가 있어 소규모 소프트웨어 개발에 적합하지 않다는 점에 착안하여 고안되었다. 문서화에 드는 노력을 줄이고 소프트웨어 개발 및 테스트에 중점적으로 투자하는 가벼운 방법론이다.

5 소프트웨어 개발 방법

- **구조적 개발 방법** : 소프트웨어의 큰 틀을 먼저 분석하고, 점차 작은 단위로 분할해 나가는 소프트웨어 개발 방법이다. 구조적 분석, 구조적 설계, 구현, 테스트의 4단계로 진행된다.
- **객체 지향 개발 방법** : 데이터와 기능이 분리된 구조적 프로그램과는 달리 패키지화한 객체라는 개념을 이용한다. 객체 지향적 분석, 객체 지향적 설계, 구현, 테스트의 4단계로 진행된다.

6 객체 지향 개발 방법의 우수성

객체 지향 개발 방법은 구조적 개발 방법보다 운영과 유지 면에서 우수하다. 내부 데이터를 감추는 기능으로 추상화에도 유리하고, 클래스 단위로 프로그램을 확장하므로 소프트웨어 재사용성에서도 유리하다.

7 소프트웨어 유지 보수

소프트웨어 개발 비용이 30% 수준인데 비해 유지 보수 비용은 70%를 넘는 만큼 전체 비용 측면에서 소프트웨어 유지 보수는 매우 중요하다. 사용자 요구사항 분석, 요구사항 구현을 위한 설계, 실제 구현, 테스트하는 과정을 거쳐 진행된다.

8 소프트웨어 품질관리

소프트웨어 품질은 소프트웨어 공학에서 중요하게 다루는 주제 중 하나로 크게 두 가지 유형으로 구분된다. 첫째는 산출 결과물인 제품^{product}에 대한 평가를 말하고, 둘째는 프로세스^{process} 품질에 대한 평가를 말한다.

9 소프트웨어 공학의 발전 동향

최근 소프트웨어 공학은 웹 엔지니어링의 지속적 발전, 관점 지향 프로그래밍으로의 전환, 재사용을 위한 컴포넌트 수요의 증대 등으로 빠르게 진화하고 있다.

정오형 문제

1 SWEBOK는 열한 개의 주요 영역을 소프트웨어 공학이 다루는 지식으로 규정한다. 　[참] [거짓]

2 프로토타입 모델은 사용자의 요구사항이 명확할 때 사용한다. 　[참] [거짓]

3 나선형 모델은 숙달된 업무의 개발에 적합하다. 　[참] [거짓]

4 익스트림 프로그래밍 모델은 큰 조직의 대규모 소프트웨어 개발에 유리하다. 　[참] [거짓]

5 소단위 명세서는 자료 흐름도에서 작성한 프로세스의 자세한 작업 과정을 기술한다. 　[참] [거짓]

6 전체 소프트웨어에 대해 설계하는 것을 객체 설계라고 한다. 　[참] [거짓]

7 유스케이스 다이어그램에서 액터는 개발할 대상 업무에 속한다. 　[참] [거짓]

8 블랙박스 테스트는 소스 코드 로직을 분석하여 잘못된 부분을 찾아내는 방법이다. 　[참] [거짓]

9 관점 지향 프로그래밍을 이해하는 가장 기초가 되는 개념은 관심의 분리이다. 　[참] [거짓]

10 소프트웨어 품질 평가 기준 중 CMM^{Capability Maturity Model}은 제품에 의한 평가 방식의 일종이다. 　[참] [거짓]

단답형/선택형 문제

1 단위 테스트는 (　　　　　) 테스트와 (　　　　　) 테스트로 구분된다.

2 구조적 분석 단계는 자료 흐름도 작성, (　　　　) 작성, (　　　　) 작성의 순서대로 진행된다.

3 소프트웨어 테스트는 모듈을 시험하는 (　　　　), 모듈을 통합하면서 시험하는 (　　　　), 시스템 차원에서 요구사항이 모두 만족되었는지 시험하는 (　　　　), 최종적으로 완성된 소프트웨어 대해 시험하는 (　　　　)이(가) 있다.

4 객체 지향 분석에서 요구 추출은 (　　　　) 찾기, (　　　　) 작성, (　　　　) 작성의 과정으로 나누어 작업한다.

5 다음의 설명 중 틀린 것은?

① 자료 흐름도 : 객체 간의 상관관계를 나타낸다.

② 유스케이스 다이어그램 : 사용자의 요구를 추출하는 과정에서 작성된다.

③ 순서 다이어그램 : 객체 사이의 메시지 흐름을 나타낸다.

④ 클래스 다이어그램 : 클래스 구조와 클래스 간의 상관관계를 나타낸다.

6 다음의 설명 중 틀린 것은?

① 소프트웨어 구현에서 디자인 패턴과 리팩토링이라는 방법을 이용하면 효과적이다.

② 웹 기반 소프트웨어는 네트워크와 콘텐츠가 일반 소프트웨어에 비해 중요하다.

③ 관점 지향 프로그래밍의 주요한 산출물은 클래스이다.

④ 컴포넌트는 '독립적으로 개발할 수 있고 배포할 수 있는 애플리케이션 빌딩 블록'으로 정의된다.

7 객체 지향 개발 방법의 테스트가 구조적 개발 방법의 테스트와 다른 점은?

① 블랙박스 테스트를 이용한다.

② 화이트박스 테스트를 이용한다.

③ 시나리오 기반 테스트가 많이 이용된다.

④ 사용자의 요구대로 개발되었는지 검증하는 시스템 테스트를 실시한다.

8 소프트웨어 유지 보수 절차를 바르게 나열한 것은?

① 설계−분석−구현−테스팅

② 분석−설계−구현−테스팅

③ 테스팅−분석−설계−구현

④ 테스팅−설계−분석−구현

9 소프트웨어 제품 품질 측정 기준에 대한 설명으로 틀린 것은?

① 기능성 : 사용자가 얼마나 편리하게 사용할 수 있는가를 나타낸다.

② 신뢰성 : 수명주기 중 고장이 날 때까지의 평균 기간을 의미한다.

③ 효율성 : 비용 대비 효과 차원에서 얼마나 빠른가를 나타낸다.

④ 유지보수성 : 고장이 난 후 평균 수리 기간이 얼마나 걸리는 지를 나타낸다.

1 소프트웨어 개발 생명주기 모델을 제시하고 각각의 장단점을 설명하시오.

2 구조적 개발 방법과 객체 지향 개발 방법의 차이점을 비교 설명하시오.

3 소프트웨어 품질 평가 중 제품product 평가와 프로세스process 평가의 차이점을 설명하시오.

학문을 넘어서 인생이 녹아 있는 소프트웨어 공학

글 채수원
(NHN 생산성 혁신랩)

누구나 좋은 소프트웨어를 만들고 싶어 한다. 그 '누구나'가 개인이 되었든 특정 단체나 회사가 되었든 좋은 소프트웨어를 만든다는 것은 '좋은 소프트웨어란 무엇인가'를 정의하는 것만큼이나 어렵다. 하지만 한 가지 확실한 점은 소프트웨어는 '사람'이 '사람'을 위해 만든다는 점이다. 즉, 소프트웨어에는 기본적으로 우리의 삶이 반영되어 있다. 따라서 우리가 이루고 있는 사회만큼이나 불완전하고 복잡하며 미묘하다.

예전에는 이런 소프트웨어가 가지는 문제를 뛰어난 자질을 가진 소프트웨어 엔지니어가 있으면 해결할 수 있다고 믿었고, 실제로 그러한 경우도 많았다. 하지만 지금은 우리가 반영하고 극복해야 하는 문제들이 어느 한두 사람의 능력으로는 감당할 수 없는 수준으로 거대해졌다.

이제는 소프트웨어가 간단한 수식 계산이나 일기장 또는 가계부 역할을 하는 수준이 아니라, 우리의 생활 곳곳에 끼어들어 삶의 모든 것을 움직이는 시대가 된 것이다. 금융, 통신, 군사, 의학, 경영, 교육, 법률, 행정 등 기존에 사람의 손과 머리로 하던 일을 소프트웨어로 작업하게 되었고, 그만큼 우리가 원하는 소프트웨어도 복잡하게 바뀌었다.

필자는 지난 10여 년간 소프트웨어 분야에서 일하면서 수없이 많은 프로젝트들이 엉망진창으로 망가지는 것을 경험했다. 대학 시절 취미 삼아 만들고 그만둔 소프트웨어가 아닌, 거대 기업이 지원하고 많은 인력과 비용과 시간을 들인 프로젝트를 말이다. 대부분의 실패한 프로젝트들은 비용을 맞추지 못하거나 기간을 넘기거나 고객이 원하는 기능을 전부 구현하지 못한 경우이다. 때로는 비용, 기간, 기능 모두 목표를 달성했지만 필자가 느끼기에 실패했다고 생각되는 프로젝트도 많았다. 이를테면 프로젝트를 함께한 인원들이 다시는 그 프로젝트에 투입되고 싶지 않다고 이를 갈며 말하거나 일 자체를 그만둬 버리는 경우가 그런 경우이다.

그렇다면 프로젝트는 왜 망가졌던 것일까? 대개 한 가지 이유로 실패하는 경우는 드물고, 몇 가지 치명적인 이유와 수많은 자잘한 원인으로 인해 실패한다. 하지만 이 점 한 가지는 분명하다. 소프트웨어 개발 프로젝트의 성패는 개발자 개개인의 능력만 가지고 되는 것은 아니라는 점이다. 따라서 좀 더 체계적이고 좀 더 지능적으로 소프트웨어 개발 프로젝트를 진행해야 한다. 바로 그 부분이 소프트웨어 공학이 이루고자 하는 영역이다.

현업에 종사하고 있는 필자의 입장에서 볼 때 가장 뛰어난 소프트웨어 개발 방법론은 애자일agile 방법론이다. 외국에서는 이미 보편화된 방법론으로 국내에서도 LG, 삼성, SK 등 대기업뿐만 아니라 NHN, 카카오 같은 포털업체, 엔씨소프트, 넥슨 같은 게임업체 등 수많은 기업이 적극적으로 도입하고 있다. 애자일 방법론은 방법론이 아니라 문화라고 칭해도 될 만큼 적용 방식이 자유롭다. 좀 더 능동적이고 적극적인 개개인의 노력을 필요로 하지만 그만큼 확실하게 동작한다.

애자일 방법론에도 여러 가지가 있는데 그중에서도 현재는 XP$^{\text{eXtreme Programming}}$와 스크럼^{scrum}이 주류이다. 입사 면접을 볼 때, 이 두 방법론에 대해 학습한 경험을 이야기하면 많은 도움이 될 것이다. 물론 꼭 입사 준비가 아니더라도 인생에 도움이 될 이야기가 많이 들어 있으니 기회가 되면 관련된 책을 읽어보길 권한다. 엔지니어링을 넘어 인문학적이고 사회공학적인 이야기들이 녹아 있는 방법론이기도 하다. 단순히 기술만이 아니라 진보적이고 적극적인 기법을 배울 수 있다. 소프트웨어 엔지니어를 꿈꾸는 학생이 있다면 '애자일' 단어만큼이나 유연하고 민첩한 엔지니어가 되어서 언젠가 만날 수 있기를 기대한다. 필자 역시 현장에서 열심히 달리고 있겠다.

CHAPTER 09

정보 보안

선택이 아닌 필수_정보 보안 기술과 정보 윤리

학습목표

- 정보 보안의 목표, 정보 보안을 위협하는 공격 형태, 정보 보안 서비스에 대해 공부한다.
- 악성코드의 개념과 종류를 공부한다.
- 해킹의 개념과 종류를 공부한다.
- 암호화 기술, 인증 기술, 네트워크 보안 기술 등 정보 보안 기술에 대해 공부한다.
- 컴퓨터 범죄 사례와 정보 윤리에 대해 공부한다.

PREVIEW

인터넷과 모바일 기술의 발전으로 언제 어디서나 인터넷을 사용할 수 있게 되었지만,

그 만큼 개인 정보가 범죄에 이용되지 않을까 하는 우려도 많이 하게 되었다.

실제로 온라인을 통한 개인 정보 유출 사건이나

금융기관의 전산망 해킹 사고 등이 이러한 우려의 목소리를 키우고 있다.

이와 같이 컴퓨터 범죄가 늘어나고 있는 요즘 정보 보안의 중요성은 아무리 강조해도 지나치지 않다.

이 장에서는 정보 보안을 위협하는 여러 가지 공격 형태와 이에 대응하는 보안 기술을 배운다.

더불어 올바른 정보 윤리 의식을 갖추기 위해 어떤 노력을 기울여야 하는지도 함께 알아본다.

01 정보 보안의 개요

최근 저명인이나 유명 연예인의 개인 정보 유출 사건, 금융기관 전산망의 해킹 사고 등 불법으로 정보를 빼내어 금전적 이득을 노리는 컴퓨터 범죄가 급증하고 있다. 대표적인 예로 2011년 4월에 농협에서 발생한 전산망 해킹 사고를 들 수 있다. 당시 농협은 전산망에 저장된 방대한 자료가 손상되어 며칠 동안 은행 업무가 마비돼 큰 피해를 입었다. 이 사건은 초기에는 협력업체가 벌인 사고로 알려졌지만, 이후 농협에서는 내부 전문가의 사이버 테러일 가능성이 높다고 발표했고 검찰은 북한의 소행이라고 발표했다. 이 사건은 여러 가지 추측이 난무한 가운데 아직까지도 정확한 원인이 밝혀지지 않고 있다.

그림 9-1 2011년 4월 농협 전산망 해킹 사고

1 정보 보안의 개념

지금은 그 어느 때보다 정보 보안이 중요한 시대이다. 정보 보안이란 정보를 수집하여 가공하고 저장한 후 송수신하는 과정에서 발생하는 정보의 불법 훼손 및 변조, 유출 등을 방지하기 위한 관리적, 기술적 방법을 말한다. 따라서 정보 보안의 개념은 정보를 제공하는 공급자뿐만 아니라 정보를 사용하는 사용자 측면에서도 이해할 필요가 있다.

2 정보 보안의 목표

정보에 대한 외부의 위협은 단순하게 정보의 접근에서부터 정보의 수정, 노출, 훼손, 파괴까지 날이 갈수록 범위가 넓어지고 종류도 다양해지고 있다. 정보 보안의 목표는 기밀성^{confidentiality}, 무결성^{integrity}, 가용성^{availability}을 확보하는 것이다.

■ **기밀성**

허가되지 않은 사용자 또는 객체가 해당 정보의 내용을 알 수 없도록 비밀을 보장하는 것이다. 정보가 유출되더라도 정보에 대한 접근을 통제하거나 암호화 기술을 적용하여 기밀을 유지한다.

■ **무결성**

허가되지 않은 사용자 또는 객체가 정보를 함부로 수정할 수 없도록 만드는 것이다. 즉 수신자가 정보를 수신하거나 보관되어 있던 정보를 꺼내 보았을 때 정보가 중간에 수정되지 않았음을 확인하여 정보의 정확성이나 완전성을 보장한다.

■ **가용성**

허가된 사용자나 객체가 정보에 접근하면 언제든지 사용할 수 있도록 만드는 것이다. 사용자가 정보를 요구했을 때 정보의 접근에 지연이 생기거나 방해를 받지 않도록 하며, 사용자의 정보 요구를 거부하지 않도록 한다. 이와 같은 요구 조건을 만족시키려면 정보의 백업backup과 중복성replication을 유지해야 한다.

3 정보 보안을 위협하는 공격 형태

컴퓨터 시스템에서 송수신자 간의 정상적인 통신 과정은 다음 그림과 같다. 먼저 송신자는 수신자에게 정보를 전송해도 되는지 묻고, 수신자로부터 수락 응답을 받으면 즉시 정보를 전송한다.

그림 9-2 **정상적인 정보의 통신 과정**

정보의 송수신 과정에서 정보 보안을 위협하는 공격 형태로는 정보 가로막기interruption, 정보 가로채기 interception, 정보 수정modification, 정보 위조fabrication 등이 있다.

3.1 정보 가로막기

정보 가로막기는 다음 그림과 같이 송신자가 수신자에게 정보를 전송해도 되는지 물은 다음 수신자로부터 수락 응답을 기다리는 사이에 일어난다. 수신자로 위장한 제3자인 공격자가 송신자에게 전송이 불가능하다는 응답을 보내는 것이다. 중간에 끼어들어 고의적으로 정보의 흐름을 차단하는 행위이다.

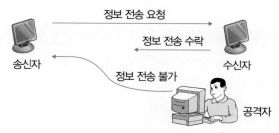

그림 9-3 **정보 가로막기**

3.2 정보 가로채기

정보 가로채기는 다음 그림과 같이 수신자로부터 수락 응답을 받은 송신자가 정보를 전송할 때 일어난다. 허가받지 않은 침입자인 공격자가 전송 중인 정보를 불법으로 도청 또는 유출시키는 행위이다. 이때 송수신자는 정보가 가로채인 사실을 전혀 모른다.

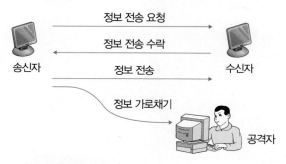

그림 9-4 **정보 가로채기**

3.3 정보 수정

정보 수정은 다음 그림과 같이 수신자로부터 수락 응답을 받은 송신자가 정보를 전송할 때 일어난다. 허가 받지 않은 침입자인 공격자가 전송 중인 정보를 가로챈 후 정보의 전체 또는 일부를 수정하여 수신자에게 보내는 행위이다. 송수신자는 정상적으로 정보가 전송되었다고 판단하지만, 수신자는 잘못된 정보를 수신하게 되므로 나중에 송신자가 잘못 보낸 것으로 오해할 수 있다.

그림 9-5 **정보 수정**

3.4 정보 위조

정보 위조는 다음 그림의 (a)와 같이 수신자로부터의 수락 응답이 송신자가 아닌 공격자에게 보내져 공격자가 송신자인 것처럼 위장해 정보를 보내거나, (b)와 같이 송신자가 수신자에게 정보를 보내지 않는 경우에도 공격자가 송신자인 것처럼 위장하여 정보를 보내는 행위이다. 두 가지 경우 모두 수신자는 문제가 없다고 판단하지만 결과적으로 잘못된 정보를 수신하게 되므로 송신자가 잘못된 정보를 보낸 것으로 오해할 수 있다.

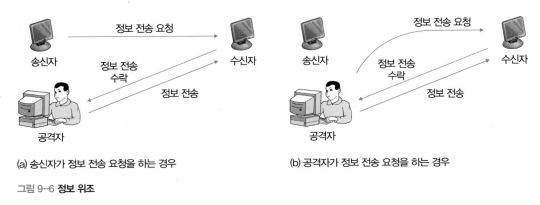

(a) 송신자가 정보 전송 요청을 하는 경우   (b) 공격자가 정보 전송 요청을 하는 경우

그림 9-6 **정보 위조**

4 정보 보안을 위한 서비스

정보 보안을 위한 서비스에는 인증authentication, 접근 제어access control, 부인 방지nonrepudiation 등이 있다.

■ **인증**

정보시스템에서 송신자 및 수신자의 신분을 확인하는 서비스이다. 송신자가 수신자에게 정보를 전송할 때 수신자는 송신자를 확인할 수 있어야 하고, 적법한 송신자가 아닌 제3자(침입자)가 송신할 수 없어야 한다.

■ **접근 제어**

허가되지 않은 사용자가 정보에 접근할 수 없도록 막는 서비스이다. 정보 등급에 따라 접근을 제한한다.

■ **부인 방지**

송신자 또는 수신자가 정보를 송신 또는 수신한 후 그 사실에 대해 부인하지 못하도록 하는 서비스이다. 이 서비스는 송신자 입장에서는 허가된 수신자가 메시지를 정말 수신했는지 아닌지 확인할 수 있고, 수신자 입장에서는 적법한 송신자가 메시지를 정말로 송신했는지 아닌지 확인할 수 있다.

02 악성코드

악성코드는 컴퓨터에 악영향을 끼칠 수 있는 모든 소프트웨어를 말한다. 악성 소프트웨어^{malicious software}의 약자인 맬웨어^{malware} 또는 악성 프로그램^{malicious program}이라고 부르기도 한다. 과거에는 단순히 컴퓨터 바이러스 정도만 칭했으나 1990년대 말부터는 감염 방법과 증상이 다양해지면서 자세히 분류되기 시작했다.

1 악성코드의 개념

악성코드는 주로 웹 페이지를 검색하거나 P2P 서비스를 이용하거나 셰어웨어^{shareware}를 사용하거나 불법 복제 프로그램을 사용하거나 전자메일에 첨부된 파일을 열 때 침투한다. 주요 증상으로는 네트워크 트래픽 발생, 시스템 성능 저하, 파일 삭제, 전자메일 자동 발송, 개인 정보 유출 등이 있다.

악성코드를 예방하려면 의심스러운 웹사이트를 방문하지 않도록 하고, 잘 모르는 사람이 보낸 수상한 메일은 열지 말아야 한다. 메신저로 전달되는 인터넷 링크나 첨부 파일 역시 함부로 접속하거나 열지 않는 것이 좋다. 인터넷을 사용할 때는 보안 등급을 설정해 두고 통합 보안 프로그램을 설치해 항상 최신 버전으로 유지해야 한다. 평소에 실시간 감시 기능을 켜 두는 것이 좋다.

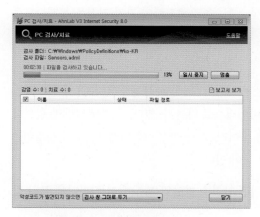

그림 9-7 **통합 보안 프로그램의 실행**

악성코드는 컴퓨터 바이러스^{computer virus}, 웜^{worm}, 트로이목마^{Trojan horse} 등으로 분류된다. 흔히 유해 프로그램을 악성코드로 말하기도 하는데 유해 프로그램은 악의적인 목적으로 만들어진 것은 아니지만 다른 악성코드나 타인에 의해 악용될 수 있으므로 주의해야 한다.

2 컴퓨터 바이러스

■ 개념과 감염 경로

컴퓨터 바이러스는 사용자 컴퓨터 내부에 있는 프로그램이나 실행 가능한 데이터에 자신 또는 변형된 자신을 복사하는 명령어들의 조합이다. 생물학적 바이러스가 생물체에 침투하여 질병을 일으키는 것처럼 컴퓨터 바이러스 역시 컴퓨터에 침투해 자료를 손상시키거나 다른 프로그램을 파괴하여 컴퓨터의 작동을 방해한다.

컴퓨터 바이러스는 불법 복제한 CD를 사용하거나 여러 사람이 공동으로 사용하는 컴퓨터에서 작업한 USB를 통해 감염된다. 인터넷으로 자료를 주고받을 때 감염되기도 한다.

■ 증상

컴퓨터 바이러스에 감염된 컴퓨터의 주요 증상은 다음과 같다.

- 컴퓨터가 구동되지 않거나 구동되더라도 평소보다 시간이 오래 걸린다.
- 자동으로 하드디스크가 포맷된다.
- 특정 프로그램이 실행되지 않거나 실행되더라도 평소보다 오래 걸린다.
- 메모리나 하드디스크 용량이 줄어든다.
- 파일이 열리지 않거나 파일 이름이나 크기가 변경된다.
- 컴퓨터 화면에 이상한 글자가 나타나거나 프로그램의 크기가 달라진다.

■ 분류

컴퓨터 바이러스의 기원은 1949년에 폰 노이만이 발표한 논문 중 '프로그램이 자기 자신을 복제함으로써 증식할 수 있다'는 가능성을 제시한 것에서 유래했다. 최초의 컴퓨터 바이러스는 1986년에 파키스탄Pakistan의 한 프로그램 제작자가 만든 브레인 바이러스brain virus로 알려져 있다.

컴퓨터 바이러스는 활동 방식에 따라 감염 즉시 활동하는 바이러스, 일정 시간 동안 잠복해 있다가 활동하는 바이러스, 특정 기간이나 특정한 날에만 활동하는 바이러스로 나눌 수 있다. 특정한 날에만 활동하는 바이러스로는 13일의 금요일에만 활동하는 예루살렘 바이러스Jerusalem virus와 미켈란젤로의 생일인 3월 6일에만 활동하는 미켈란젤로 바이러스Michelangelo virus 등이 있다.

컴퓨터 바이러스는 관점에 따라 다양하게 분류할 수 있지만 안철수 박사의 분류에 따르면 다음 표와 같이 나눌 수 있다.

표 9-1 바이러스의 분류

분류	특징	종류
제1세대 원시형 바이러스 (primitive virus)	· 도스나 윈도우 초기 버전에서 출현한 대부분의 바이러스를 칭한다. · 구조가 단순해 분석하기 쉽다.	미켈란젤로 바이러스, 브레인 바이러스, 돌 바이러스(stoned virus), LBC 바이러스, 예루살렘 바이러스(Jerusalem virus), CIH 바이러스
제2세대 암호화 바이러스 (encryption virus)	· 백신이 등장하면서부터 출현했다. · 백신이 바이러스를 진단할 수 없도록 바이러스가 암호화되어 저장되어 있다.	폭포 바이러스(cascade virus), 느림보 바이러스(slow virus)
제3세대 은폐형 바이러스 (stealth virus)	· 컴퓨터를 감염시킨 후에도 메모리 손실이나 파일 크기의 변화가 없는 것처럼 은폐한다. · 기억 장소에 기생하면서 감염된 파일의 길이가 늘어나지 않은 것처럼 보이게 한다. · 백신 프로그램이 치료하려고 해도 감염되기 전의 내용을 보여줌으로써 바이러스가 없는 것처럼 속인다.	브레인 바이러스(brain virus), 조시 바이러스(Joshi virus), 방랑자.1347 바이러스(Wanderer.1347 virus), 프로도 바이러스(Frodo virus)
제4세대 갑옷형 바이러스 (armor virus)	· 암호를 푸는 부분을 감염시켜 실행할 때마다 자기 변형을 시도하기 때문에 사용자나 백신 프로그램이 감염 사실을 알지 못하게 한다.	고래 바이러스(whale virus), 다형성 바이러스(polymorphic virus)
제5세대 매크로 바이러스 (macro virus)	· 아래아한글이나 MS 오피스 같은 응용 프로그램의 매크로 내부에서 기생하여 동작한다.	엑셀 매크로 바이러스(ExcelMacro virus)
제6세대 차세대 바이러스 (next generation virus)	· 개인 정보의 유출 및 도용이나 시스템의 파괴 및 장악 등 사이버 범죄에 사용되어 심각한 피해를 줄 수 있는 바이러스를 모두 말한다.	-

TIP 매크로 : 자주 사용하는 여러 개의 명령어를 하나의 키 동작으로 실행시키는 것을 말한다.

■ 예방

컴퓨터가 바이러스에 감염되지 않도록 예방하려면 복제품이 아닌 정품 소프트웨어를 사용해야 한다. 또한 외부에서 가져왔거나 네트워크를 통해 받은 파일은 사용하기 전에 반드시 백신 프로그램으로 검사한 후 사용한다.

3 웜

■ 개념과 감염 경로

웜은 독립적으로 자기 복제를 실행해 번식하는 컴퓨터 프로그램 또는 실행 가능한 코드이다. 컴퓨터 바이러스는 다른 프로그램에 기생하여 실행되는데 반해 웜은 독자적으로 실행된다. 따라서 네트워크를 통해 스스로 감염되는 특징을 가지고 있다. 우리나라에서 발견된 대표적인 웜에는 I-Worm/Happy99, I-Worm/ExploreZip, I-Worm/PrettyPark 등이 있다.

웜은 번식을 위해서 다른 사람에게 보내는 전자메일에 자신을 첨부하는데, 실제로 작성된 메일의 크기보다 더 큰 메일이 상대방에게 전달되기도 한다. 전자메일 프로그램의 주소록을 뒤져 주소록에 포함된 모든 사람들에게 웜이 첨부된 전자메일을 자동으로 보내기도 한다.

I-Worm은 전자메일에 웜을 첨부하여 보내는데 모두 동일한 이름이어서 사용자가 조금만 관심을 가지면 첨부 파일이 웜인지 아닌지 여부를 금방 파악할 수 있다. 그러나 최근 발견된 웜은 전자메일을 보낼 때마다 불규칙적으로 이름을 바꿔 붙이기 때문에 쉽게 파악하지 못하는 경우도 있다.

■ 증상

웜은 컴퓨터 시스템에 무리를 줄 뿐만 아니라 특정 파일을 0바이트로 만들거나 하드디스크를 포맷하기도 하는 등 컴퓨터 바이러스와 증상이 비슷하다. 네트워크를 통해 스스로 감염되기 때문에 인터넷 속도를 느리게 하며 사용자의 정보를 빼내기도 한다.

4 트로이목마

■ 개념과 감염 경로

트로이목마는 정상적인 프로그램으로 가장하여 숨어 있다가 프로그램이 실행될 때 활성화되어 자료 삭제, 정보 탈취 등 의도하지 않은 기능을 수행하는 프로그램 또는 실행 가능한 코드를 말한다. 다음 그림과 같이 전자메일이나 소프트웨어에 숨어 있다가 인터넷을 통해 특정 컴퓨터가 감염되면, 해커가 감염된 컴퓨터의 정보를 탈취한다. 트로이목마는 목마 속에서 나온 그리스 병사들이 트로이를 멸망시킨 것에 비유하여 붙여진 이름으로 상대편이 눈치채지 못하게 몰래 숨어든다는 의미를 갖고 있다.

그림 9-8 **트로이목마의 감염 과정**

트로이목마는 컴퓨터 바이러스와 달리 복제 능력이 없어 다른 파일을 감염시키지 않으므로 해당 파일만 삭제하면 치료가 가능하다. 대표적인 프로그램에는 Trojan.Win32.Bymer, Win-Trojan/Quz, Win-Trojan/Wscanreg, Hot Keys Hook, Ecokys 등이 있다. 트로이목마는 주로 인터넷에서 다운로드한 파일을 통해 전파된다.

■ 증상

트로이 목마는 해커가 악의적인 목적으로 컴퓨터의 자료를 빼내갈 수 있으므로 주의해야 한다. 사용자가 누른 자판 정보를 외부에 알려주기 때문에 신용카드 번호나 비밀번호 등이 유출될 수 있다.

5 기타 유해 프로그램

유해 프로그램은 컴퓨터 바이러스처럼 악의적인 목적으로 사용자에게 피해를 주는 것은 아니지만, 컴퓨터를 이용하기 불편하게 하거나 다른 악성코드에 의해 악용될 수 있는 프로그램을 말한다. 요즘은 영향을 미치는 정도가 악성코드에 버금갈 정도로 규모가 커지고 있다. 유해 프로그램의 종류에는 스파이웨어spyware, 키로거key logger, 조크joke 등이 있다.

■ 스파이웨어

스파이웨어spyware는 일반적으로 어떤 사람이나 조직에 관한 정보를 수집하는 데 도움을 주는 기술을 의미한다. 하지만 정보 보안 분야에서는 사용자의 동의 없이 설치되어 광고나 마케팅용 정보를 수집하거나 개인 정보를 몰래 훔쳐가는 프로그램을 말한다. 대개 인터넷에 무료로 공개된 소프트웨어를 다운로드할 때 설치되거나 특정 사이트에서 제공하는 툴바toolbar 형태로 설치된다. 최근에는 사용자 이름은 물론, IP 주소, 즐겨찾기 URL, 아이디, 패스워드까지 수집하여 악의적으로 사용되기도 한다.

■ 키로거

키로거key logger는 키보드로부터 정보를 수집하여 저장하고, 필요한 경우 특정 전자메일로 저장된 정보를 전송하는 프로그램이다. 키로거는 여러 사람이 사용하는 컴퓨터에 몰래 설치되어 비밀번호와 신용카드 번호를 수집하는 등 악용 사례가 많다. 실제로 PC방에 몰래 설치된 키로거 때문에 인터넷뱅킹 비밀번호를 도난당해 자신이 모르는 사이에 현금이 빠져나가는 피해를 입은 사람도 있다.

■ 조크

조크joke는 악의적인 목적 없이 사용자의 심적 동요나 불안을 조장하는 가짜 컴퓨터 바이러스이다. 웜의 일종인 러브 바이러스love virus의 변종이다. 농담을 뜻하는 '조크'라는 이름처럼 악의가 없기 때문에 다른 컴퓨터 바이러스에 비해 피해는 크지 않다. 조크는 가짜 바이러스라는 점에서 전자메일, 메신저, 문자 메시지 등에 거짓 정보나 괴담 등을 실어 사용자를 속이는 혹스hoax와 비슷하다. 2000년 이후부터는 만우절 무렵인 4월에 많이 출현했다.

조크의 가장 큰 특징은 공통적으로 악성 바이러스 흉내를 낸다는 점이다. 모니터 화면을 거꾸로 보여주거나, CD-ROM 드라이브를 저절로 열리게 하거나, 하드디스크 드라이브가 포맷되는 화면을 보여주는 등의 여러 형태를 보인다. 이때 사용자가 놀라거나 당황해 컴퓨터를 종료하거나 실행 중인 프로그램을 종료하면 작업 중이던 자료를 잃어버릴 수 있으므로 주의해야 한다.

03 해킹

1 해킹의 개념

해킹이란 다른 사람의 컴퓨터 또는 정보시스템에 침입하여 정보를 빼내는 행위를 말한다. 이러한 행위를 하는 사람을 해커hacker라고 하는데, 이 용어는 1950년대 말에 미국 MIT의 TMRCTech Model Railroad Club라는 동아리에서 처음 사용되었던 '해크hack'에서 유래했다. 해크는 '작업 과정 그 자체에서 느껴지는 순수한 즐거움'이라는 뜻을 갖고 있다.

처음에는 해킹이 컴퓨터 전문가들이 순수하게 작업 과정 자체의 즐거움을 탐닉하는 행위를 뜻하였으나 다른 사람의 컴퓨터에 침입하여 정보를 빼내 이익을 취하거나 파일을 없애 버리고 전산망을 마비시키는 등의 악의적 행위로 바뀌면서 점차 나쁜 의미로 변질되었다. 원래는 파괴적 행위를 하는 사람들을 크래커cracker라고 하여 해커와 구분하였으나 요즘은 혼용해서 사용한다.

해킹의 종류에는 도스DoS, Denial of Service, 디도스DDoS, Distributed Denial of Service, 스푸핑spoofing, 스니핑sniffing, XSSCross Site Scripting, 피싱phishing 등이 있다.

2 도스

도스DoS, Denial of Service는 해킹 기법 중 비교적 간단한 방법에 속하며 서비스 거부 공격으로도 불린다. 다음 그림과 같이 공격자가 좀비 컴퓨터zombie computer를 이용하여 공격 대상 컴퓨터나 네트워크에 과도한 데이터를 보내 시스템의 성능을 급격히 떨어트린다. 공격을 받은 컴퓨터로는 사용자가 정보를 검색하거나 다운로드할 수 없게 된다.

도스는 공격 대상 컴퓨터의 관리자 권한을 획득하여 정보를 위조하거나 변조하는 것이 아니라, 공격 대상 컴퓨터의 자원을 독점하여 파괴함으로써 사용자들의 정상적인 사용을 방해한다. 대표적으로 Ping of Death, SYN Flooding 등이 있다.

공격자   DoS 공격 명령   좀비 컴퓨터   DoS 공격   컴퓨터   시스템 서비스 중지

그림 9-9 **도스의 동작**

3 디도스

디도스^{DDoS, Distributed Denial of Service}는 분산 서비스 거부 또는 분산 서비스 거부 공격으로도 불린다. 공격자는 여러 대의 좀비 컴퓨터를 분산 배치하여 공격 대상 컴퓨터나 네트워크를 동시에 공격한다. 공격을 받은 컴퓨터는 사용자가 정상적으로 접속할 수 없는 것은 물론 심한 경우에는 시스템에 치명적인 손상을 입게 된다. 디도스는 서비스 공격을 위한 가상의 접속자를 만든 후 처리할 수 없을 정도로 엄청난 분량의 패킷을 동시에 발생시켜 공격 대상 컴퓨터를 공격한다.

다음 그림처럼 디도스 공격자는 함께 공격에 가담할 좀비 컴퓨터를 찾아 공격 프로그램을 설치한다. 이때 공격 프로그램은 주로 웜과 같은 악성코드를 이용하는 경우가 많다. 많은 공격자가 하나의 대상을 공격해야 하기 때문이다. 좀비 컴퓨터에 공격 프로그램이 설치되면 공격자는 좀비 컴퓨터에게 명령을 내려 공격 대상 컴퓨터를 공격하게 만든다. 좀비 컴퓨터는 자신의 의지와 상관없이 공격자에 의해 원격 제어되기 때문에 자신이 공격에 가담하고 있다는 사실조차 알지 못한다. 수많은 컴퓨터가 운영자도 모르는 사이에 해킹의 숙주로 이용된다. 대표적으로 2009년 7월에 한국과 미국의 주요 정부기관, 포털 사이트, 은행 사이트에 공격이 가해진 사례가 있다. 이때 수만 대의 컴퓨터가 좀비 컴퓨터로 악용되었다.

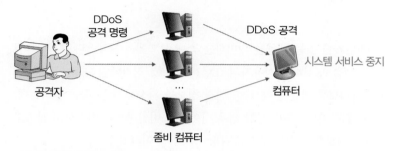

그림 9-10 디도스의 동작

4 스푸핑

스푸핑^{spoofing}은 '속이다'와 '사기를 치다'는 의미로 공격자가 MAC 주소, IP 주소, 전자메일 주소 같은 자신의 정보를 위장하여 정상적인 사용자나 시스템이 위장된 가짜 사이트를 방문하도록 유도한 후 정보를 빼가는 수법이다. 예를 들어 소비자가 믿을 만한 유명업체 명의로 스팸 메일^{spam mail}을 발송하여 전자메일의 개봉 빈도를 높인다거나 은행에서 보낸 것으로 사칭한 전자메일을 발송하여 고객이 공격자가 만들어 놓은 가짜 사이트에 접속하도록 유도하여 고객의 중요 정보를 빼가는 식이다. 이 방법은 TCP/IP의 취약점을 이용하여 도스나 디도스와 같은 다른 해킹 수단으로 이용되기도 한다.

스푸핑은 어떤 정보를 속이느냐에 따라 IP 스푸핑^{Internet Protocol spoofing}, ARP 스푸핑^{Address Resolution Protocol spoofing}, DNS 스푸핑^{Domain Name System spoofing}, 전자메일 스푸핑^{electronic mail spoofing} 등으로 나뉜다. 다음 그림은 IP 스푸핑의 동작을 나타낸 것이다. IP 스푸핑은 신뢰 관계에 있는 두 시스템 사이에서 허가받지

않은 공격자가 자신의 IP 주소를 신뢰 관계에 있는 임의의 시스템 IP 주소로 바꿔서 특별한 신원 확인 절차 없이 상대 시스템에 접속하여 해킹하는 수법이다.

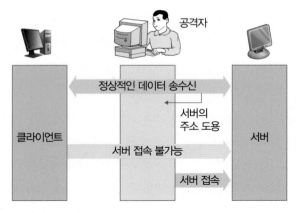

그림 9-11 **IP 스푸핑의 동작**

5 스니핑

스니핑sniffing은 코를 킁킁거리며 무엇인가를 찾는 행동을 의미하는 스니프sniff에서 유래했다. 다음 그림과 같이 네트워크에서 주고받는 데이터를 도청하여 사용자의 ID, 비밀번호, 전자메일 내용, 쿠키cookie 등을 가로챈다. 쿠키는 사용자가 웹사이트를 방문할 때 각종 연결 정보를 저장해 두는 곳을 말하는데, 쿠키 정보를 이용하면 사용자가 해당 웹사이트를 재방문할 경우 아이디나 비밀번호를 입력하지 않고도 로그인할 수 있다. 이러한 쿠키 정보를 가로채는 것을 쿠키 스니핑cookie sniffing이라고 한다.

그림 9-12 **스니핑의 동작**

최근 유무선 네트워크에 전문적인 스니핑 도구를 설치하여 사용자의 중요 정보를 빼가는 일이 자주 생기고 있다. 따라서 인터넷뱅킹 같은 중요한 정보를 다룰 때는 항상 조심해야 한다.

6 XSS

웹 기술이 발전하면서 대부분의 웹사이트가 자바스크립트JavaScript, 비주얼 베이직 스크립트Visual Basic script, 액티브 엑스Active X 등과 같은 스크립트 기반의 방식으로 동작한다. XSSCross Site Scripting는 이러한 웹 응용 시스템의 취약성을 악용한 해킹 수법으로 동작 방식은 다음 그림과 같다. 공격자가 게시판에 악성 스크립트가 포함된 글을 등록하여 사용자가 게시물을 열람하게 만든다. 사용자가 게시물을 열람하는 순간 악성 스크립트가 실행되어 사용자 정보를 공격자에게 전달한다. 전자메일을 사용하는 경우도 마찬가지이다. 공격자가 악성 스크립트를 포함한 전자메일을 보내면 수신자가 전자메일을 읽는 순간 수신자의 정보가 공격자에게 전달된다.

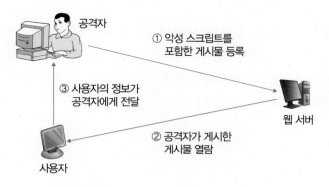

그림 9-13 **XSS의 동작**

7 피싱

피싱phishing은 1996년에 해커들이 AOLAmerica OnLine의 신용도가 높은 사용자 계정을 도용한 사례에서 유래되었다. 피싱phishing의 철자는 개인 정보private data와 낚시fishing를 합성한 조어라는 설과 위장 수법이 정교하기 때문에 낚시질fishing과 정교한sophisticated의 발음이 겹치는 f를 ph로 바꿔 phishing으로 썼다는 설이 있다.

피싱은 공격자가 금융기관 등으로 위장하여 개인 정보를 알아낸 뒤 이를 이용하는 사기 수법이다. 예를 들어 다음 그림과 같이 공격자가 특정 금융기관을 발신자로 하여 개인 정보를 입력하도록 촉구하는 안내문과 함께 웹사이트로의 링크가 포함된 전자메일을 임의의 수신자에게 보낸다. 수신자는 정상적인 금융기관이라고 생각하고 웹사이트에서 안내한 대로 자신의 비밀번호, 신용카드 번호, 인증 번호 등의 개인 정보를 입력한다. 공격자는 이렇게 불법으로 취득한 개인 정보로 가짜 ID를 발급받아 물건을 구매한다.

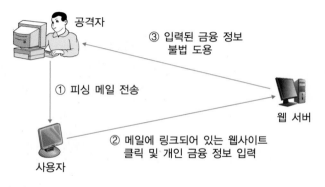

그림 9-14 **피싱의 동작**

실제로 인터넷에서 URL에 사용되는 특수한 서식을 이용해 실제 웹사이트인 것처럼 속여 사용자들의 개인 정보를 빼앗은 수법이 속출하고 있다. 최근에는 금융기관의 도메인 주소^{DNS}를 탈취해 사용자가 금융기관 웹사이트에 접속한 것처럼 착각하게 만들어 개인 정보를 내놓도록 하는 진화된 피싱 형태인 파밍^{pharming}도 출현했다.

8 모바일 디바이스 해킹

모바일 디바이스 해킹^{mobile device hacking}은 말 그대로 스마트폰이나 태블릿 PC 같은 모바일 기기를 대상으로 해킹하는 것을 말한다. 해킹의 대상은 디바이스를 제어하는 소프트웨어인 펌웨어^{Firmware}뿐만 아니라 응용 프로그램까지 모두 포함한다.

모바일 디바이스 해킹 방식은 다음과 같다.

- 특정 앱^{App}의 업데이트를 사칭해 악성 앱 링크를 문자 메시지로 보낸다. 사용자가 앱 링크를 클릭하면 자신도 모르는 사이에 악성 앱이 설치된다.
- 지하철, 커피숍 등에서 쓰이는 공용 와이파이^{Wi-Fi}를 이용해 타인의 스마트폰을 훔쳐본다.
- QR코드로 악성코드를 유포한다.

모바일 디바이스 해킹 피해는 다음과 같다.

- 스마트폰에 저장된 주소록, 문자 메시지, 금융 정보 등의 개인 정보를 빼내 악용한다.
- 스마트폰 카메라나 마이크를 의도적으로 작동시켜 사생활을 엿본다.
- 스마트폰의 GPS 위치 정보를 활용해 사용자의 위치를 추적한다.
- 스마트폰을 좀비 스마트폰으로 만들어 해당 지역 통신사 기지국을 공격하는 해킹 도구로 사용한다.

모바일 디바이스 해킹은 사전 예방이 가장 중요하다. 구체적인 방법은 다음과 같다.

- 스마트폰 비밀번호를 항상 설정해 둔다.
- 블루투스 같은 무선 네트워크는 사용할 때만 켠다.
- 중요한 정보는 스마트폰에 저장하지 않는다.
- 문자 메시지나 SNS로 수신된 의심스러운 URL은 클릭하지 말고, 알 수 없는 파일은 설치하지 않는다.
- 모바일 백신을 최신 버전으로 업데이트하고 실시간 감시 기능을 켜 놓는다.

 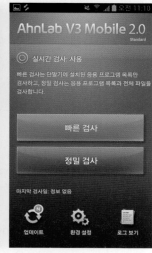

(a) 비밀번호 설정   (b) 모바일 백신 설치

그림 9-15 **모바일 디바이스 해킹 사전 예방** [01]

이밖에도 해킹 피해를 원천적으로 차단할 수 있는 기술이 있다. 바로 2014년에 한국전자통신연구원[ETRI]에서 개발한 미모[MeeMo]라는 보안 칩이다. 미모는 크기가 10원짜리 동전의 10분의 1[$5×5mm$]로 해커가 스마트폰에 악성코드를 심더라도 보안 칩에 저장된 원래의 정보 값과 비교해 다를 경우 이를 알려준다. 따라서 스마트폰에 저장된 공인인증서나 비밀번호 같이 중요한 정보가 유출되거나 악성코드에 의해 모바일 디바이스 플랫폼이 위·변조되는 것을 방지할 수 있다.

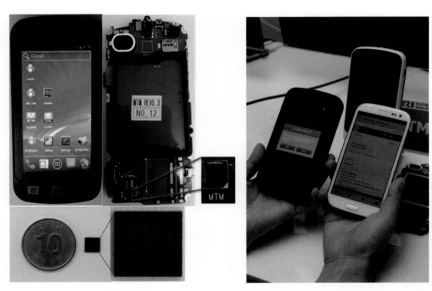

그림 9-16 한국전자통신연구원에서 개발한 미모 보안 칩 [02]

사물인터넷 해킹

모바일 기기 외에 사물인터넷 기기도 해킹에서 예외일 수는 없다. 2014년에 카스퍼스키 랩(Kaspersky Lab)에서 조사한 결과 카페 또는 공항과 같은 공공장소에서 공격자가 구글 글라스(구글의 스마트 안경) 사용자의 디바이스에 저장된 정보를 가로챌 수 있다고 밝혔다. 스마트 시계로 유명한 삼성전자의 갤럭시 기어2 역시 몰래카메라로 악용될 우려가 있고 애플리케이션을 설치하는 과정에서 스파이 기능을 가진 악성 앱이 설치될 수도 있다고 확인되었다. 악성 앱이 설치될 경우 사용자의 위치 정보 및 대화 내용을 도용하고 도청하는 도구로 악용될 수 있다.

04 정보 보안 기술

현대는 인터넷이 급속히 확산되면서 정보가 홍수처럼 쏟아지는 시대이다. 전자메일을 통해 자료를 주고 받고 각종 웹사이트를 방문해 자료를 다운로드하거나 업로드한다. 대부분의 관공서와 기업은 사이버 공간에서 업무를 처리하며, 금융기관이나 인터넷 쇼핑몰은 전자상거래를 주도한다. 하지만 이에 따라 인터넷에서 유통되는 각종 정보의 유출이 심각한 사회문제로 대두되고 있다.

1 정보 보안 기술의 개념

정보 보안 기술은 컴퓨터 범죄를 억제하고 정보 자산을 보호하기 위한 기술 및 시스템을 말한다. 정보 보안 기술은 크게 암호화 기술, 인증 기술, 네트워크 보안 기술로 나눌 수 있다. 암호화 기술은 평문을 암호문으로 바꾸는 기술이고, 인증 기술은 정보를 보낸 사람과 문서 내용을 인증하는 기술이며, 네트워크 보안 기술은 해킹의 위협으로부터 시스템을 보호하는 기술이다.

2 암호화 기술

암호cipher는 비밀을 유지하기 위해 상호 간에 약속한 기호이다. 암호화는 암호를 사용해 평문plain text을 암호문cipher text으로 변환하는 암호화encryption와 암호문을 원래의 평문으로 복원하는 복호화decryption 과정으로 이루어진다. 다음 그림은 암호화 기술의 개념을 설명한 것이다.

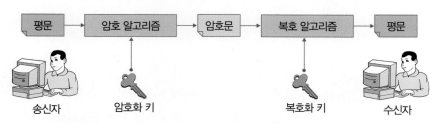

그림 9-17 **암호화 기술의 개념**

암호화 기술은 동작 형태에 따라 대체 암호substitution cipher와 전치 암호transposition cipher로 나뉘고, 사용하는 키의 방식에 따라 비밀 키 암호화secret key encryption와 공개 키 암호화public key encryption로 나뉜다.

2.1 대체 암호

대체 암호substitution cipher는 고대 로마의 줄리어스 시저Julius Caesar가 군사적인 목적으로 만든 것에서 유래되었다. 대체 암호는 일정한 규칙을 적용하여 평문의 각 글자를 다른 글자로 대체하여 암호화한다. 다음 그림은 평문의 각 알파벳을 다섯 문자만큼 오른쪽으로 이동시켜 암호문 문자를 생성하는 대체 암호의 예이다.

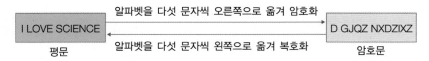

그림 9-18 **대체 암호의 예**

2.2 전치 암호

전치 암호transposition cipher는 B.C. 500년경에 있었던 고대 그리스와 스파르타의 전쟁 비밀문서에서 유래되었다. 전치 암호는 평문을 재배열하는 방식으로 만들어지는데, 송신자가 막대에 종이를 감아 평문을 횡으로 쓴 다음 종이를 풀면 각 문자가 재배치되어 다른 사람은 평문을 읽을 수 없다. 수신자는 송신자가 사용한 막대와 동일한 막대에 전달받은 종이를 감고 횡으로 읽으면 평문을 읽을 수 있다. 즉, 전치 암호는 평문을 어떤 규칙에 의해 재배열하는 방식이다. 다음 그림은 평문의 각 알파벳을 거꾸로 재배열하여 암호화하는 전치 암호의 예이다.

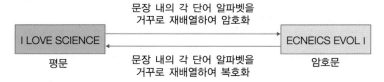

그림 9-19 **전치 암호의 예**

2.3 비밀 키 암호화

비밀 키 암호화secret key encryption는 암호화와 복호화에 동일한 키를 사용하는 방법이다. 송신자가 평문을 비밀 키로 암호화한 후 송신하면 수신자는 송신자가 가진 키와 동일한 키로 암호문을 복호화한다. 암호화와 복호화에 사용되는 키가 동일하다고 해서 대칭 암호화symmetric encryption라고도 한다.

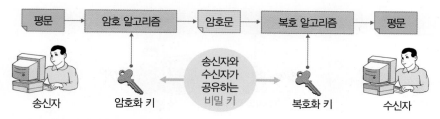

그림 9-20 **비밀 키 암호화의 개념**

비밀 키 암호화는 암호화 알고리즘의 보안 문제가 중요하지 않으므로 저렴한 비용으로 암호화 알고리즘을 사용할 수 있다. 대신 핵심은 키에 있으므로 키의 전달 방법, 유지 관리 및 비밀 유지가 매우 중요하다. 대표적인 비밀 키 암호화 방법으로는 미국국립표준기술연구소^{NIST, National Institute of Standards and Technology}가 1977년에 만든 DES^{Data Encryption Standard}가 있다.

DES는 1970년대 초에 IBM에서 개발된 루시퍼^{Lucifer}를 기반으로 제작되었으며, 1977년에 NIST의 암호화 표준으로 채택되었다. 표준으로 채택된 후 5년마다 안전성을 검증 받아 사용되었으나 1998년 이후로는 승인을 받지 못했다. DES는 64비트의 입력 블록을 56비트의 비밀 키를 이용하여 블록 암호화한다. 짧은 길이(56비트)의 비밀 키를 사용하므로 현재 컴퓨터 성능이라면 비밀 키를 쉽게 찾아낼 수 있다. 실제로 DES에 의한 암호문을 1998년에는 초당 9백억 개의 키를 실험하여 56시간 만에 해독하였으나 1999년에는 2,450억 개의 키를 실험하여 22시간 만에 해독한 바 있다.

DES의 안정성 문제가 제기되자 NIST는 1997년부터 DES를 대체할 새로운 블록 암호화 알고리즘 개발을 공모했다. 공모를 통해 올라온 열다섯 개 후보 중 최종으로 라인달^{Rijndael}이 선정되었으며 이 알고리즘은 AES^{Advanced Encryption Standard}로 채택되었다. AES는 128비트의 입출력 블록과 128비트, 192비트, 256비트의 세 가지 가변 비밀 키를 제공하는 강력한 암호화 알고리즘이다.

2.4 공개 키 암호화

공개 키 암호화^{public key encryption}는 비밀 키 암호화와 달리 송신자가 평문을 암호화할 때는 수신자의 공개 키^{public key}를 사용하고, 수신자가 암호문을 복호화할 때는 수신자만이 알 수 있는 비공개 키^{private key}를 사용하는 방법이다. 이 방법은 암호화할 때 사용하는 키가 언제나 공개되어 있어 누구나 자유롭게 암호화할 수 있지만 암호문을 복호화할 때는 비공개 키를 가진 사람만이 해독할 수 있다. 이렇게 암호화와 복호화하는 데 서로 다른 키를 사용하기 때문에 비대칭 암호화^{asymmetric encryption}라고도 한다.

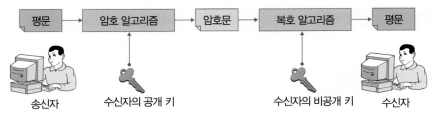

그림 9-21 공개 키 암호화의 개념

공개 키 암호화는 공개 키로 암호화하기 때문에 키를 안전하게 보관하는 데 신경 쓸 필요가 없다. 하지만 비밀 키 암호화에 비해 암호화 알고리즘이 복잡하여 처리 속도가 느린 편이다. 대표적인 공개 키 암호화 방법에는 RSA^Rivest Shamir Adleman가 있다.

RSA는 1977년에 MIT 수학자인 론 리베스트^Ron Rivest, 아디 셰미르^Adi Shamir, 레오나르드 아델만^Leonard Adleman이 개발한 암호화 방법으로 현재까지 널리 사용되고 있다. RSA는 임의의 큰 수를 소인수분해하는 데 많은 시간이 소요되지만 반대로 소인수분해한 결과 값을 알면 소인수들을 곱하여 임의의 수를 간단히 얻을 수 있다는 원리를 이용한 것이다. 예를 들어 공개 키 N이 두수의 곱(N=A*B)으로 표현된다고 가정하자. 송신자는 공개 키 N을 사용해서 평문을 암호화시켜 수신자에게 보내고, 수신자는 자신의 비공개 키인 A와 B를 이용하여 암호문을 복호화한다. RSA는 비공개 키 해독에 슈퍼컴퓨터로도 1만년 이상이 소요되므로 거의 모든 분야에 응용되지만, 비공개 키를 만들기까지 계산량이 많다는 것이 단점으로 꼽힌다.

3 인증 기술

컴퓨터 사용이 일반화되면서 기존에 종이로 작성되던 매매 계약서나 중요한 문서들이 컴퓨터로 작성되기 시작했다. 이에 따라 계약자 상호 간에 신원과 문서 내용을 인증해야 할 필요성이 시급해졌다. 인증 기술이란 컴퓨터로 주고받는 문서에 대한 작성자의 신원을 보증하고 문서 내용을 인증하는 데 사용되는 기술을 말한다.

3.1 전자 서명

매매 계약서와 같은 중요한 종이 문서는 직접 서명하거나 인감을 날인하는 방법으로 문서 작성자의 신원과 문서 내용을 증명한다. 전자 서명^electronic signature이란 기존의 서명 또는 인감과 동일한 역할을 하는 서명을 전자 문서에 그대로 적용한 것을 말한다. 전자 문서에 첨부되어 사용되며, 논리적으로 결합된 전자적 형태의 정보로 서명자가 해당 전자 문서에 서명했음을 보증한다.

전자 서명은 전자 문서 자체를 암호화하는 것이 아니므로 제3자가 문서를 열람하는 데 아무런 장애가 없다. 다만 전자 서명의 작성자가 그 전자 문서를 작성하였다는 사실과 작성 내용이 송수신 과정에서 위조 또는 변조되지 않았다는 사실을 증명해야 한다. 더불어 작성자가 전자 서명을 한 사실을 나중에 부인할 수 없도록 해야 한다. 다음 그림은 인감과 전자 서명의 개념을 비교한 것이다.

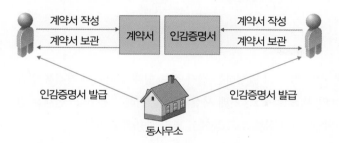

(a) 인감

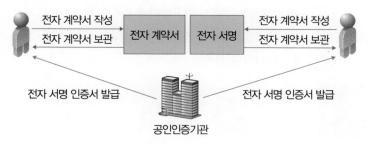

(b) 전자 서명

그림 9-22 인감과 전자 서명의 비교

현재 전자 서명은 각종 인터넷 민원 서비스, 인터넷 쇼핑, 인터넷뱅킹 등 사이버 거래에서 발생할 수 있는 개인 정보 도용을 막기 위해 널리 사용되고 있다.

3.2 디지털 서명

디지털 서명^{digital signature}은 정보가 중간에 변경되지 않은 원래 정보임을 보장하는 메시지 인증과 사용자가 바로 그 사용자임을 증명하는 사용자 인증을 모두 말한다.

- 메시지 인증 : 다음 그림과 같이 송신자가 비공개 키를 사용하여 평문을 암호화하여 수신자에게 보내면, 수신자는 송신자의 공개 키로 암호문을 복호화하여 수신한 문서가 송신자가 보낸 것인지 확인하는 방법이다.
- 사용자 인증 : 해당 정보에 접근하는 사용자가 허가된 사람인지 아닌지를 확인하고 접근 권한을 제어하는 방법이다.

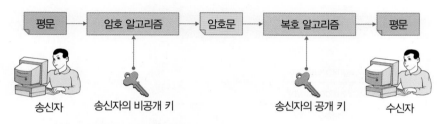

그림 9-23 디지털 서명의 메시지 인증 방법

디지털 서명은 데이터의 위조 방지, 데이터의 변조 검증, 부인 방지, 재사용 불가 및 서명자 인증 등의 기능을 만족해야 한다.

3.3 공인인증서

공인인증서certificate는 공인인증기관CA, Certification Authority이 발행하는 전자 정보 형태의 사이버 거래용 인감 증명서이다. 공인인증서는 신원 확인, 정보의 위조 및 변조, 거래 사실 증명을 위해 사용된다. 현재는 전자상거래, 사이버 금융 거래, 각종 증명서 발급, 개인 정보 조회 등에서 널리 사용되고 있다.

공인인증서에는 인증서 버전, 인증서 일련번호, 인증서 유효 기간, 발급기관 이름, 가입자 이름 및 신원 확인 정보, 전자 서명 방식 등이 포함된다. 사용 방법은 인터넷뱅킹이나 인터넷 쇼핑을 할 때 비밀 키를 암호화한 패스워드만 입력하면 자동으로 전자 서명이 생성되어 공인인증서와 함께 첨부된다. 다음 그림은 인터넷뱅킹을 할 때 공인인증서를 선택하는 과정을 나타낸 것이다.

그림 9-24 공인인증서 사용 예

우리나라의 최상위 인증기관은 한국인터넷진흥원KISA, Korea Internet & Security Agency이며, 전자서명법 규정에 의하여 지정된 공인인증기관은 다음 표와 같다.

표 9-2 공인인증기관

공인인증기관	홈페이지 주소
한국정보인증㈜	http://www.signgate.com/
㈜코스콤	http://www.signkorea.com/
한국전자인증㈜	http://www.crosscert.com/
한국무역정보통신	http://www.tradesign.net/
금융결제원	http://www.yessign.or.kr

4 네트워크 보안 기술

네트워크 보안 기술은 외부의 공격으로부터 내부 시스템을 보호하는 기술로 소프트웨어와 하드웨어를 총망라한다. 종류에는 방화벽firewall, 침입 탐지 시스템IDS, Intrusion Detection System, 허니팟honey pot 등이 있다.

4.1 방화벽

방화벽firewall은 화재가 발생했을 때 불이 더 이상 번지지 않도록 차단하는 벽을 말한다. 하지만 컴퓨터 네트워크 분야에서 방화벽이란 외부의 공격으로부터 시스템을 보호하고 내부의 중요한 정보가 유출되지 않도록 차단하는 하드웨어와 소프트웨어를 말한다. 방화벽을 사용하면 컴퓨터 네트워크 연결 회선의 효율적 제어를 통해서 내부에서 외부로 또는 외부에서 내부로 출입하는 모든 정보의 출입 규모를 조정할 수 있다. 단, 모든 정보가 방화벽을 통해 출입해야 하므로 통신 속도가 느려지는 단점이 있다. 방화벽은 패킷 필터링packet filtering 방식과 응용 게이트웨이application gateway 방식이 있다.

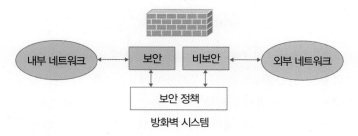

그림 9-25 **방화벽의 개념**

■ 패킷 필터링

패킷 필터링은 TCP/IP 프로토콜을 사용하는 네트워크에서 3계층인 네트워크 계층과 4계층인 전송 계층을 대상으로 패킷을 분석한 후 허가되지 않은 패킷의 수신이나 발신을 막는 방식이다. 주로 송신자와 수신자의 IP 주소와 포트 주소를 분석하여 네트워크 접근을 허용할지 말지 결정한다.

이 방식은 다른 방식에 비해 비교적 속도가 빠르고 설치가 쉬워 널리 사용된다. 그러나 3, 4계층보다 상위 계층인 응용 계층에서 발생하는 전송 데이터를 파악하지 못하므로 해커에 의해 패킷 헤더가 조작되더라도 대처하기 어렵다. 인터넷 연결 장비인 라우터router 중에서 스크리닝 라우터screening router는 기본적으로 패킷 필터링 기능을 가지고 있다.

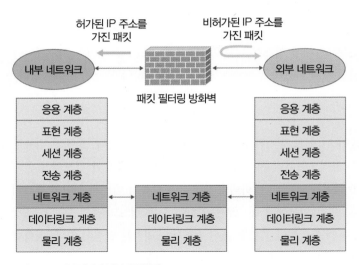

그림 9-26 **패킷 필터링 방식의 방화벽**

■ **응용 게이트웨이**

응용 게이트웨이는 TCP/IP 프로토콜을 사용하는 네트워크에서 응용 계층에 해당하는 전자메일, 텔넷, FTP, 웹 등의 각 서비스 트래픽 중 허가되지 않은 트래픽의 출입을 통제하여 네트워크를 보호하는 방식이다. 이 방식은 내부 네트워크와 외부 네트워크의 연결이 프록시 서버proxy server를 통해 이루어지므로 외부 네트워크로부터의 공격에 강하다. 그러나 새로운 응용 서비스가 추가되면 프록시 서버도 함께 추가되어야 하므로 그만큼 비용이 늘어난다.

프록시 서버는 클라이언트와 서버 사이에서 데이터 중계를 담당하는데, 방화벽과 함께 동일 컴퓨터 내에 있을 수도 있고 별도의 서버에 존재하면서 기능을 수행할 수도 있다.

프록시 서버는 클라이언트로부터 어떤 인터넷 주소에 대한 정보를 요청받으면 자신의 데이터베이스를 검색하여 해당 정보를 클라이언트에게 전달한다. 해당 정보가 없으면 원격 서버를 통해 정보를 검색한 후 자신의 데이터베이스에 저장하고 이 정보를 클라이언트에게 전달한다. 따라서 네트워크의 트래픽을 줄이고 데이터의 전송 시간을 향상시킨다. 또한 인터넷 동시 접속자가 많은 경우, 음란 사이트 등 유해 사이트를 차단해야 하는 경우, 내부 사용자 IP 주소를 사설 IP 주소로 설정하여 보안을 강화해야 하는 경우, 해커 등 외부의 침입을 방지해야 하는 경우에 매우 유용하다. 주로 보안과 규제가 필요한 기업이나 학교 등에서 많이 쓰인다.

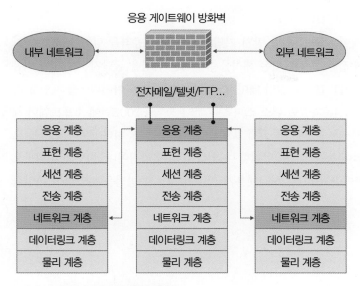

그림 9-27 응용 게이트웨이 방식의 방화벽

4.2 침입 탐지 시스템

침입 탐지 시스템[IDS, Intrusion Detection System]은 악의를 가진 숙련된 해커에 의한 공격을 탐지하는 시스템이다. 일반적으로 다양한 해킹 규칙을 자체적으로 내장하여, 방화벽이 탐지할 수 없는 모든 종류의 악의적인 네트워크 트래픽 및 컴퓨터 사용을 실시간으로 탐지하고 대응한다. 건물에 비유하면 방화벽은 건물에 들어가기 전 입구에 설치된 경비 시스템이고, IDS는 건물 곳곳에 설치된 감시카메라에 해당한다.

IDS는 설치 위치와 목적에 따라 호스트 기반 IDS[HIDS, Host based IDS], 네트워크 기반 IDS[NIDS, Network based IDS], 두 가지 방식을 결합한 하이브리드 기반 IDS[Hybrid based IDS]로 나눌 수 있다. 호스트 기반 IDS는 호스트에 설치되어 호스트의 동작과 상태 등을 분석하여 침입을 식별한다. 네트워크 기반 IDS는 네트워크에 설치되어 네트워크 트래픽 흐름을 분석하여 침입을 감시하는 침입 탐지 시스템이다.

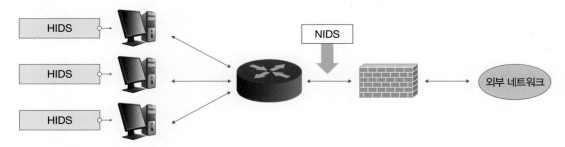

그림 9-28 HIDS와 NIDS

4.3 허니팟

허니팟honey pot은 컴퓨터 침입자를 속이는 최신 침입 탐지 기법으로 실제로 공격을 당하는 것처럼 보이게 하여 해커를 추적하고 정보를 수집한다. 허니팟은 해커를 유인하는 함정을 꿀단지honey pot에 비유한 것이다. 1990년대 중반에 미국의 MIT 교수로 있던 데이비드 클록David Clock이 아이디어를 제안했고, 1999년에 선마이크로시스템즈의 보안 전문가였던 랜스 스피츠너Lance Spitzner와 2002년에 소프트웨어 제조 회사인 SAICScience Applications International Corporation가 실제 프로젝트를 수행했다. 허니팟은 침입자를 오래 머물게 하여 추적이 가능하게 만들어 능동적으로 방어할 수 있다는 점이 특징이다. 다수의 허니팟으로 구성된 네트워크를 허니넷honey net이라고 하며, 허니넷은 해커들의 행동과 방법을 파악하여 다양한 해킹 수법에 대처한다.

한국인터넷진흥원KISA에서 2015년 9월에 배포한 〈월간 악성코드 은닉 사이트 탐지 동향 보고서〉에 따르면 국내의 악성코드 피해 유형 중 정보 유출이 67%로 가장 높다고 한다. 그 다음으로 드롭퍼dropper, 금융 사이트 파밍pharming, 키로깅keylogging, 다운로더, 애드웨어adware의 순이었다. 컴퓨터 범죄는 개인은 물론 사회적으로도 경제적 손실이 크므로 피해가 생기지 않도록 철저히 예방하는 것과 동시에 가해자를 엄격히 처벌해야 한다.

1 컴퓨터 범죄 사례

2011년 4월, 4인조 악동 해커 집단인 룰즈섹LulzSec의 해킹 사건은 미국과 유럽 등 전 세계를 혼란에 빠트렸다. 이 사건으로 일본의 소니 플레이스테이션 네트워크Sony PlayStation Network를 이용하는 전 세계 7,700만 명의 계정이 유출되었다. 이 사건 외에도 룰즈섹은 미국 FBI 애틀란타Atlanta 지부를 비롯하여 CIA 웹사이트를 마비시키기도 했다. 이렇듯 악성코드와 해킹에 의한 컴퓨터 범죄는 날이 갈수록 증가하고 있고 더 대담해지고 있다.

1.1 디도스 공격 사례

디도스 공격 유형은 날이 갈수록 다양해지고 공격 범위도 확대되고 있다. 발생 비율도 높아 대응 방안이 절실하다. 시만텍Symantec의 2010년 기업 현황 보고서에 따르면 2005년부터 2007년까지 3년간 디도스 공격에 의한 피해액이 약 4,000억 원에 이르렀다고 한다. 우리나라는 2009년부터 2013년까지 디도스 공격이나 해킹 등으로 8,600억 원의 피해가 발생했다. 사례별로 살펴보면 2009년 7.7 디도스 공격으로 500억 원, 2011년 3.4 디도스 공격으로 100억 원, 2013년 3.20 사이버 테러 및 6.25 사이버 공격으로 8,000억 원의 피해를 입었다.

■ 7.7 디도스 사건

2009년 7월 7일에 발생한 디도스 공격이다. 한국과 미국 등 전 세계적으로 16개국 86여 개의 사이트가 공격을 받았으며, 피해액이 400~500억 원에 이르렀다. 7.7 디도스 공격은 악성코드에 감염된 좀비 컴퓨터가 계획된 시각에 지정된 사이트를 공격하면서 시작되었다. 공격자의 의도가 파악되지 않는 지능적인 공격이라 방어하기가 매우 어려웠다. 특히 민간 기업보다는 정부기관, 언론사, 금융기관, 교육기관 등 사회의 중추적인 역할을 담당하는 기관을 대상으로 감행되었기 때문에 국가 차원의 중대한 사이버 테러로 인식되었다.

■ 3.4 디도스 사건

2011년 3월 4일에 발생한 디도스 공격이다. 네이버, 다음, 옥션 등의 포털 사이트와 청와대, 국가정보원, 국방부 등의 정부기관과 금융기관에 이르기까지 총 40여 개 기관이 공격을 받아 서비스가 일시적으로 마비된 사건이다. 공격에 동원된 좀비 컴퓨터 수는 총 116,299대로 7.7 디도스 공격에 사용되었던 PC 수와 비슷했다.

3.4 디도스 공격은 7.7 디도스 공격보다 한층 더 진화된 공격 방식을 사용하였다. 공격에 사용된 악성 코드인 맬웨어malware는 7.7 디도스 공격에 사용되었던 맬웨어와 달리 정해진 시간에 공격하는 것이 아니라 컴퓨터가 한 번 감염되고 치료되기 전까지 계속 악성 트래픽 공격을 감행했다. 하드디스크 파괴도 7.7 디도스 공격의 경우에는 명령 서버로부터 명령을 받고 일정 기간이 지난 후 실행되었지만, 3.4 디도스 공격은 명령을 받는 즉시 실행되었다. 경찰은 총 35개국 수사기관에 협조 공문을 보내 공격자를 수색했지만 밝혀내는 데는 실패했다. 경찰은 배후로 북한을 지목하기도 했다.

1.2 소셜 네트워크와 모바일 기기를 이용한 범죄 사례

보이스 피싱voice phishing 피해는 경찰의 지속적인 단속과 금융회사의 노력으로 줄어드는 추세지만 메신저, 트위터twitter, 페이스북facebook 등과 같은 소셜 네트워크 서비스SNS, Social Network Service를 기반으로 한 피싱 피해는 날이 갈수록 늘어나고 있다.

또한 모바일 앱과 스마트폰을 겨냥한 사이버 공격 역시 늘어나는 추세이다. 예를 들어 악성코드를 내장한 가짜 앱이 정상 앱으로 위장하여 스마트폰에 설치되면 대량의 좀비 스마트폰이 만들어진다. 좀비 스마트폰이 공격에 들어가면 무선 통신 네트워크3G/4G/Wi-Fi에 대량 패킷이 발생하고 통신망 전체가 혼란에 빠질 수 있다. 스마트폰을 이용한 디도스 공격도 예상할 수 있다. 오픈 플랫폼을 기반으로 한 스마트폰은 악성코드의 제작과 배포가 용이하기 때문이다.

2 정보 윤리

요즘 사이버 공간에서는 악성 댓글, 스팸 메일 유포, 개인 정보 남용, 허위 정보 유출, 불법 콘텐츠 다운로드, 불법 정보 변조, 해킹 등 비윤리적인 행위가 날이 갈수록 심각해지고 있다. 이러한 사회적 현상에 대해 기본적인 정보 윤리 의식 확립이 필요하다.

2.1 정보 윤리 실태 조사

한국정보화진흥원은 〈2010년 정보 문화 실태 조사〉에서 우리나라 국민의 정보 윤리 현황을 정보 예절, 정보 규범, 온라인 신뢰라는 세 가지 항목으로 나누어 조사했다. 그 결과 정보 예절 항목에서 욕설 사용 반대가 86.8%를 차지했고 비속어 사용 반대도 82.0%로 높았다. 인터넷 이용자 상당수가 부정적인 언어 사용에 대한 문제점을 인식하고 있음을 알 수 있다. 하지만 인터넷을 이용할 때 수칙을 신중하게 살펴보느냐는 질문에 37.6%만이 살펴본다고 대답했다.

정보 규범 항목에서는 개인 정보를 남용한 적이 있다가 3.2%, 타인을 비방한 적이 있다가 5.4%, 허위 정보를 유출한 적이 있다가 2.4%로 나타났다. 수치가 전년에 비해 약간 낮아졌다. 하지만 콘텐츠를 무단으로 다운로드한 적이 있다가 29.5%, 신분을 위조한 적이 있다가 7.8%로 일부 항목은 전년에 비해 오히려 수치가 높아졌다. 정보 규범은 인터넷 이용자들의 일탈 행동을 말하는 것으로 일탈자 열 명 중 네 명은 자신의 행동이 민형사상 책임을 가져올 수 있다는 점을 알면서도 일탈 행동을 하는 '의도적 일탈자'로 나타났다.

마지막으로 온라인 신뢰 항목은 웹사이트에 대한 이용자의 신뢰 정도를 말하는 것이다. 이용자 절반 이상이 정부나 지자체 등의 공공기관 사이트와 포털 사이트를 신뢰하고 있다고 답한 반면, 민간 사이트 및 정보 콘텐츠에 대해서는 신뢰하고 있다는 답이 30% 미만으로 낮았다.

정보 윤리 실태 조사의 또 다른 예로 우리나라의 인터넷 유해 정보 접속 실태를 살펴보면 다음 표와 같다. 방송통신심의위원회가 〈2014년 인터넷 불법 유해 정보 실태 조사 보고서〉로 작성한 내용 중 일부이다.

표 9-3 **인터넷 유해 정보 유형**

유형	비율
성매매 및 음란 정보	26.9%
도박 등 사행성 정보	22.8%
권리 침해 정보	13.5%
불법 식의약품 정보	10.4%
기타 법령 위반 정보	10.1%

표 9-4 **인터넷 유해 정보 접속 경로**

접속 경로	비율
스팸 메일	44.9%
포털 사이트 카페/블로그	38.4%
인터넷 팝업/배너 광고	34.1%
모바일 메신저 서비스	33.5%

2.2 정보 윤리 강화 방안

사이버 공간에서의 비윤리적인 행위는 개인은 물론 사회를 병들게 한다. 이러한 문제를 해결하려면 정부, 교육기관, 민간단체가 범국민적인 정보 윤리 교육을 실시해야 한다. 또한 인터넷 콘텐츠 사업자의 책임감도 중요하다. 인터넷 콘텐츠 사업자는 사이버 공간에서 타인 비방, 스팸 메일 유포, 허위 정보 유출, 콘텐츠 무단 다운로드 등 불법 행위를 하는 네티즌을 제제하고, 필요할 경우 민형사상 책임을 지도록 적극적으로 협력해야 한다.

1 정보 보안

- 개념 : 정보를 수집, 가공, 저장, 검색, 송수신하는 과정에서 발생하는 정보의 훼손, 변조, 유출 등을 방지하기 위한 관리적, 기술적 방법을 의미한다.
- 목표 : 기밀성^{confidentiality}, 무결성^{integrity}, 가용성^{availability}을 확보하는 것이다.

2 정보 보안을 위협하는 공격 형태

정보 가로막기^{interruption}, 정보 가로채기^{interception}, 정보 수정^{modification}, 정보 위조^{fabrication} 등이 있다.

3 정보 보안을 위한 서비스

인증^{authentication}, 접근 제어$^{access\ control}$, 부인 방지$^{non\ repudiation}$가 있다.

4 악성코드의 개념

컴퓨터에 악영향을 끼칠 수 있는 모든 소프트웨어를 총칭하며, 맬웨어^{malware} 또는 악성 프로그램$^{malicious\ Program}$이라고도 한다.

5 악성코드의 종류

- 컴퓨터 바이러스 : 컴퓨터 내에 침투하여 자료를 손상시키거나 다른 프로그램들을 파괴하여 컴퓨터의 정상적인 작동을 방해한다. 전자메일이나 외부 저장장치를 통해 감염된다.
- 웜 : 컴퓨터 바이러스와 비슷하지만 다른 프로그램에 기생하여 실행되는 것이 아니라 독자적으로 실행된다. 네트워크를 통해 스스로 감염되는 특징이 있다.
- 트로이목마 : 정상적인 프로그램으로 가장하여 숨어 있다가 프로그램이 실행될 때 활성화되어 자료 삭제, 정보 탈취 등 의도하지 않은 기능을 수행한다. 컴퓨터 바이러스와 달리 다른 파일을 감염시키지 않으므로 해당 파일만 삭제하면 치료할 수 있다.

6 해킹의 개념

다른 사람의 컴퓨터 또는 정보 시스템에 침입하여 정보를 빼내는 행위이다.

7 해킹의 종류

- 도스 : 공격자가 좀비 컴퓨터를 이용하여 공격 대상 컴퓨터나 네트워크에 과도한 데이터를 보내 시스템의 성능을 급격히 저하시키는 해킹 방법이다.
- 디도스 : 여러 대의 좀비 컴퓨터를 분산 배치하여 동시에 공격 대상 컴퓨터나 네트워크에 데이터를 보내 공격하는 해킹 방법이다. 공격을 받은 컴퓨터는 시스템에 치명적 손상을 입는다.

- 스푸핑 : 공격자가 MAC 주소, IP 주소, 전자메일 주소 등 자신의 정보를 위장하여 정상적인 사용자나 시스템이 위장된 가짜 사이트를 방문하도록 유도한 뒤 정보를 빼가는 해킹 수법이다.
- 스니핑 : 네트워크에서 주고받는 데이터를 도청하여 사용자의 ID, 비밀번호, 전자메일의 내용, 쿠키 등을 가로채는 해킹 수법이다.
- XSS : 웹 응용 시스템의 취약성을 악용하여 공격하는 해킹 수법이다.
- 피싱 : 공격자가 금융기관 등으로 위장하여 개인 정보를 알아낸 뒤 이를 이용하는 사기 수법이다.
- 모바일 디바이스 해킹 : 스마트폰이나 태블릿 PC 등 모바일 기기를 대상으로 한 해킹을 말한다.

8 암호화 기술

평문을 암호문으로 바꾸는 기술로 동작 형태에 따라 대체 암호substitution cipher와 전치 암호transposition cipher로 나뉘고, 사용하는 키의 방식에 따라 비밀 키 암호화secrete key encryption와 공개 키 암호화public key encryption로 나뉜다.

9 인증 기술

컴퓨터로 주고받는 문서에 대한 작성자의 신원을 보증하고, 문서 내용을 인증하는 데 사용되는 기술로 전자 서명electronic signature, 디지털 서명digital signature, 공인인증서certificate 등이 있다.

10 네트워크 보안 기술

외부의 공격으로부터 내부 시스템을 보호하는 기술로 방화벽firewall, 침입 탐지 시스템IDS, Intrusion Detection System, 허니팟honey pot 등이 있다.

11 컴퓨터 범죄 사례

악성코드와 해킹에 의한 컴퓨터 범죄는 날이 갈수록 증가하고 있다. 특히 2009년 7월 7일에 발생한 7.7 디도스 공격은 한국과 미국 등 전 세계적으로 16개국 86여 개 사이트가 공격을 받았다. 피해액만 400~500억 원으로 추정된다.

12 정보 윤리

요즘 사이버 공간에서는 악성 댓글, 스팸 메일 유포, 개인 정보 남용, 허위 정보 유출, 불법 콘텐츠 다운로드, 불법 정보 변조, 해킹 등 비윤리적인 행위가 날이 갈수록 심각해지고 있다. 이러한 사회적 현상에 대해 기본적인 정보 윤리 의식 확립이 필요하다.

정오형 문제

1 제2세대 암호화 바이러스는 백신이 바이러스를 진단할 수 없도록 암호화되어 저장된다. 참 거짓

2 제4세대 갑옷형 바이러스는 암호를 푸는 부분 자체를 감염시켜 실행할 때마다 자기 변형을 참 거짓
  시도함으로써 사용자나 백신 프로그램이 감염 사실을 알지 못하게 막는다.

3 웜은 독립적으로 자기 복제를 실행하여 번식하는 컴퓨터 프로그램 또는 실행 가능한 코드이다. 참 거짓

4 키로거는 어떤 사람이나 조직에 관한 정보를 수집하는 데 도움을 주는 기술을 의미한다. 참 거짓

5 도스^{DoS}는 공격자가 좀비 컴퓨터를 이용하여 공격 대상 컴퓨터나 네트워크에 과도하게 많은 참 거짓
  데이터를 보내 시스템의 성능을 급격히 저하시킨다.

단답형/선택형 문제

1 정보 보안에서 (   )은(는) 허가되지 않은 사용자 또는 객체가 해당 정보의 내용을 알 수 없도록
  하여 비밀을 보장하는 것이다.

2 (   )은(는) 송신자 또는 수신자가 정보를 송신 또는 수신한 후 그 사실에 대해 부인하지 못하도
  록 하는 서비스이다.

3 (   )은(는) 컴퓨터에 악영향을 끼칠 수 있는 모든 소프트웨어를 총칭하며 맬웨어 또는 악성 프로
  그램이라고도 한다.

4 (   )은(는) 자기 복제 능력이 있지만, 정상적인 프로그램으로 가장하여 숨어 있다가 프로그램이
  실행될 때 활성화되어 자료의 삭제, 정보의 탈취 등 의도하지 않는 기능을 수행하는 프로그램 또는 실행 가
  능한 코드이다.

5 (   )은(는) 다른 사람의 컴퓨터 또는 정보 시스템에 침입하여 정보를 빼내는 행위이다.

6 (   )은(는) 여러 대의 좀비 컴퓨터를 분산·배치하여 동시에 공격 대상 컴퓨터에 서비스 거부 공
  격을 시도하는 해킹 방법이다.

7 (   )은(는) 네트워크에서 주고받는 데이터를 도청하여 사용자의 ID, 비밀번호, 전자메일 내용, 쿠키 등을 가로채는 수법이다.

8 (   )은(는) 송신자가 평문을 암호화할 때 수신자의 공개 키를 사용하고, 수신자는 암호문을 복호화할 때 수신자만 알 수 있는 비공개 키를 사용하는 방법이다.

9 정보 보안의 목표와 거리가 먼 것은?

① 기밀성 유지

② 무결성 보장

③ 가용성 증대

④ 정보의 공유 보장

10 문장의 빈 곳에 알맞은 용어는 무엇인가?

> (   )은(는) 감염 대상을 가지고 있지만 (   )은(는) 감염 대상을 가지고 있지 않으며, (   )은(는) 자체 번식 능력이 없으나 (   )은(는) 자체 번식 능력이 있다.

① 바이러스, 웜, 바이러스, 웜

② 웜, 바이러스, 바이러스, 웜

③ 바이러스, 웜, 웜, 바이러스

④ 웜, 바이러스, 웜, 바이러스

11 제3세대 은폐형 바이러스에 해당하지 않는 것은?

① 브레인 바이러스

② 조시 바이러스

③ 방랑자.1347 바이러스

④ 예루살렘 바이러스

12 좀비 컴퓨터를 이용하여 공격 대상 컴퓨터나 네트워크에 과도한 데이터를 보내 시스템의 성능을 급격히 떨어트리는 해킹 기법은 무엇인가?

① 도스

② 스푸핑

③ 스니핑

④ 피싱

13 다음 설명 중 틀린 것은?

① 트로이목마는 정상적인 프로그램으로 가장하여 숨어 있다가 의도하지 않은 기능을 수행하는 악성코드이다.

② 예루살렘 바이러스는 특정한 날에만 활동한다.

③ 키로거는 키보드로부터 정보를 수집하여 저장하고 필요하면 특정 전자메일로 저장된 정보를 전송하는 프로그램이다.

④ 도스Dos는 분산 서비스 거부 공격이라고 한다.

14 모바일 디바이스 해킹의 사전 예방법으로 적절하지 않은 것은?

① 항상 스마트폰의 비밀번호를 설정해 놓는다.

② 블루투스 같은 무선 네트워크는 사용할 때만 켜 놓는다.

③ 중요한 정보는 스마트폰에 저장하지 않는다.

④ 문자 메시지나 SNS로 수신된 의심스러운 URL은 클릭하여 확인한 후 신고한다.

15 다음 설명 중 틀린 것은?

① 공개 키는 모두에게 공개된 키를 말한다.

② 비밀 키 암호 시스템에서는 송신자와 수신자가 동일한 키를 가지고 있다.

③ DES는 비밀 키 암호화의 대표적인 방법이다.

④ 디지털 서명은 송신자가 수신자에게 문서를 보낼 때 송신자의 공개 키를 사용하여 평문을 암호화한다.

16 실제로 공격을 당하는 것처럼 보이게 하여 해커를 추적하고 정보를 수집하는 네트워크 보안 기술은 무엇인가?

① 패킷 필터링

② 응용 게이트웨이

③ 침입 탐지 시스템

④ 허니팟

주관식 문제 --

1 스푸핑에 대해 설명하시오.

2 비밀 키 암호화 방법에 대해 설명하시오.

3 디지털 서명에 대해 설명하시오.

4 패킷 필터링에 대해 설명하시오.

5 방화벽과 침입 탐지 시스템을 비교하여 설명하시오.

6 사이버 공간에서 일어나고 있는 비윤리적인 행위를 나열하고 예방법을 기술하시오.

생활과 보안
그리고 IT를 이해하는 우리의 자세

글 양대일
(삼일회계법인)

필자가 대학 생활을 시작하던 1990년대 중반에는 불편한 것들이 많았다. 휴대폰은 거의 없었고, 인터넷이란 것도 접해보지 못한 시절이었다. 또 지금처럼 대형마트나 대형은행도 많지 않았다. 그러나 20년이 지난 지금은 어린아이도 휴대폰과 인터넷을 사용하고, 몇몇의 대형마트와 대형은행이 시장을 장악하고 있다.

이렇게 세상이 편리해지고 조직이 대형화될 수 있었던 이유는 무엇일까? 필자가 볼 때 가장 큰 이유는 IT$^{Information\ Technology}$의 발전이다. IT의 발전은 통신 산업을 획기적으로 발전시켰고, 대규모 사업장의 관리를 가능하게 했다. 여기에 한 가지를 더 꼽을 수 있는데, 그것은 바로 보안^{security}이다.

대규모 데이터 관리에 있어서 보안의 부재는 대규모 데이터의 존재 자체를 어렵게 만든다. 개인 정보나 금융 정보는 물론 회사 영업 정보 등 보안이 보장되지 않은 정보는 없다. 만약 보안이 보장되지 않는다면 사람들은 그 정보를 신뢰하지 않을 것이다. 그만큼 보안은 우리의 생활 속에서 많은 것을 가능하게 해준다.

실제로 인터넷뱅킹을 하기 위해 공인인증서에 패스워드를 입력하고 로그인하는 순간에도 대여섯 가지 암호화 기술이 쓰인다. 버스나 지하철을 타기 위해 교통카드를 단말기에 댈 때나 스마트폰으로 앱이나 콘텐츠를 구매할 때도 포털에서 전자메일을 읽을 때조차 여러 가지 보안 기술이 사용된다.

반대로 보안 기술이 부족하여 어려움을 겪는 경우도 많다. 인터넷뱅킹을 이용하다가 해킹을 당하여 계좌에서 돈이 빠져나간 경우, 유명 쇼핑몰에서 회원 정보가 유출된 경우, 등기부 등본 시스템이 해킹당해 각종 서류의 위·변조가 가능한 경우 등이 모두 그러하다. 이렇듯 보안은 우리 생활과 관련이 매우 깊고 또 중요하다. 최근 빈번한 보안 사고로 인해 보안 전문가를 찾는 사람들이 늘어나고 있다. 하지만 요즘 같은 상황에서 훌륭한 보안 전문가를 찾는 것은 하늘의 별 따기 수준이다. 독자들이 적정 수준 이상의 보안 관련 지식을 쌓는다면 아마 일자리 걱정은 없으리라 생각한다.

보안에 대한 내용은 이쯤에서 마치고, 필자가 독자들에게 당부의 말을 전하고자 한다. IT가 Information Technology의 약자라는 것은 대부분 알고 있지만, IT를 그저 '컴퓨터와 관련된 기술' 정도로 이해하는 사람이 많다. 강조하지만 IT는 Information Technology이다. 즉 컴퓨터는 IT를 위한 일종의 도구이지 목적이 아니다. 따라서 독자들은 자신만의 Information Technology를 이루기 위한 목적으로 컴퓨터를 배워야 한다. 구글이 그러했고, 페이스북 그리고 애플이 그러했다.

PART 03

컴퓨터 응용 기술

컴퓨터 응용 기술

CHAPTER 10

IT COOKBOOK

멀티미디어

컴퓨터의 표현력을 확장하는_멀티미디어 기술의 이해와 활용

학습목표

- 멀티미디어의 정의 및 특징과 멀티미디어 시스템에 대해 알아본다.
- 멀티미디어의 구성 요소인 텍스트, 사운드, 이미지, 애니메이션, 비디오에 대해 알아본다.
- 멀티미디어가 활용되는 디지털 콘텐츠 분야 및 인터넷 기술 응용 분야를 살펴본다.
- 멀티미디어 콘텐츠의 저작권 관리 기술과 보호 기법에 대해 알아본다.

PREVIEW

멀티미디어는 텍스트, 그래픽, 이미지, 사운드, 비디오 등의 매체를 복합적으로 사용해 정보를 표현하는
기술로, 1990년대 이후부터 다양한 콘텐츠 기술의 발전과 함께 본격적으로 사용되기 시작했다.
사람은 오감(시각, 청각, 촉각, 후각, 미각)을 통해 정보를 받아들이는데, 멀티미디어는 텍스트뿐만 아니라
이미지, 사운드, 동영상, 애니메이션 등의 데이터를 활용하여 정보의 표현력과 전달력을 향상시킨다.
이 장에서는 멀티미디어의 개념과 특징, 구성 요소 및 활용 분야에 대해 알아보고,
멀티미디어 콘텐츠의 저작권 관리와 보호 기법에 대해 살펴본다.

01 멀티미디어의 개요

1 멀티미디어의 정의

멀티미디어^{multimedia}는 여러 가지를 의미하는 multi와 정보를 전달하는 매체를 뜻하는 media를 합성한 말이다. 이름 그대로 멀티미디어란 여러 매체를 이용하여 정보를 전달하는 것을 말하며, 이 과정에서 매체와 사용자 간에 상호작용이 일어난다.

일반적으로 멀티미디어의 정의는 다음과 같다.

> 멀티미디어란 텍스트, 그래픽, 이미지, 사운드, 비디오 등의 미디어를 두 개 이상 사용하여 어떤 목적을 가진 콘텐츠로 제작하고 이를 통신매체를 통해 제3자에게 제공하는 기술을 말한다.

멀티미디어라는 용어는 1980년에 애플의 스티브 잡스^{Steve Jobs}가 처음으로 사용했다. 이후 1990년대 들어서 컴퓨터 기술이 급속도로 발전하고 멀티미디어 콘텐츠에 대한 기대감이 커지면서 다양한 응용 분야에 본격적으로 사용되었다. 멀티미디어 서비스의 수요는 컴퓨팅 환경의 급속한 발전에 힘입어 앞으로도 계속 늘어날 것이다.

2 멀티미디어의 특징

멀티미디어의 특징은 디지털화^{digital}, 쌍방향성^{interaction}, 통합성^{integration}, 비선형성^{non-linear}으로 요약할 수 있다.

- **디지털화** : 텍스트, 그래픽, 이미지, 사운드, 비디오 등의 정보가 디지털 데이터로 처리된다.
- **쌍방향성** : 정보 제공자가 사용자에게 일방적으로 정보를 보내는 것이 아니라 쌍방으로 주고받는다.
- **통합성** : 정보가 기존의 단일 미디어 기반으로 전달되는 것이 아니라 여러 종류의 미디어로 통합되어 전달된다.
- **비선형성** : 정보가 일정한 순서의 선형적인 흐름으로 전달되는 것이 아니라 사용자의 선택에 따라 자유롭게 전달된다.

3 멀티미디어 시스템

멀티미디어 콘텐츠는 종류가 다양하고 용량이 크기 때문에 효율적으로 처리할 전용 하드웨어와 소프트웨어가 필요하다. 이를 멀티미디어 시스템이라고 한다. 최근에는 개인용 컴퓨터의 성능이 우수해지면서 멀티미디어 시스템으로 개인용 컴퓨터를 사용하는 경우도 늘고 있다.

3.1 멀티미디어 시스템의 하드웨어

멀티미디어 시스템의 하드웨어는 다음 그림과 같이 입력장치, 출력장치, 저장장치, 네트워크 장치, 기타 장치로 구성된다.

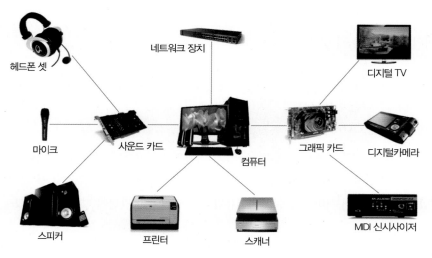

그림 10-1 **멀티미디어 시스템의 하드웨어**

■ 입력장치

멀티미디어 시스템의 입력장치에는 키보드, 마우스, 마이크, 스캐너, 디지털카메라 등이 있다. 스캐너는 문서나 사진을 평평한 유리 위에 놓고 빛을 통과시켜 반사된 빛을 분석한 뒤 이미지로 변환하는 장치이다. 디지털카메라는 촬영된 영상을 디지털 정보로 변환한 후 JPEG, GIF 등과 같은 디지털 이미지 파일로 재구성한다.

이외에도 디지타이저^{digitizer}, 광학문자판독기^{OCR, Optical Character Reader}, 광학마크판독기^{OMR, Optical Mark Reader}, 터치스크린^{touch screen} 등이 있다. 디지타이저는 설계도나 도표 등의 좌표를 입력하는 장치이다. 광학문자판독기는 문서에 새겨진 문자를 빛으로 판독하는 장치로 특정 형태로 타이핑된 문자를 판독하는 데 사용된다. 광학마크판독기는 광학식 마크를 해독하는 장치로 답안지, 설문지, 수강 신청 등에 널리 사용된다. 터치스크린은 화면에 손을 접촉하면 해당 정보가 입력되는 장치로 각종 안내 시스템이나 현금 인출기 등에 사용된다.

그림 10-2 **디지타이저와 터치스크린** [01]

■ 출력장치

멀티미디어 시스템의 출력장치에는 모니터, 프린터, 플로터, 스피커, 헤드폰 셋 등이 있다. 모니터는 컴퓨터의 출력을 화면에 표시하는 디스플레이 장치로, 해상도가 높고 색상 수가 많을수록 비디오 메모리가 많이 필요하다. 프린터와 플로터는 인쇄물을 출력하는 장치이고, 스피커와 헤드폰 셋은 사운드를 출력하는 장치이다.

이외에도 가상공간에서 몰입 효과를 얻을 수 있는 HMD$^{Head Mounted Display}$가 있다. HMD는 머리에 착용하고 대형 영상을 보는 디스플레이 장치로 사용자의 주시 방향을 탐지해 지속적으로 가상공간의 변화를 추적한다. 주로 게임, 운전 훈련, 수술을 할 때 많이 사용한다. 최근에는 가상공간에서 몰입감을 더 높이기 위하여 시각 정보뿐만 아니라 청각, 촉각, 후각 정보를 사용자에게 전달하는 장치도 개발되고 있다.

그림 10-3 **HMD** [02]

■ 저장장치

멀티미디어 데이터를 저장하는 장치에는 컴퓨터 본체에 내장된 하드디스크, CD나 DVD 같은 광디스크, 휴대용 기기에 이용되는 플래시메모리 등이 있다. 이 중에서 플래시메모리는 소비 전력이 낮고 전원이 꺼져도 저장된 정보가 사라지지 않으며 입출력도 자유로워 디지털카메라, MP3 플레이어, PDA, 게임기 등에 많이 사용된다. 플래시메모리의 종류는 크게 저장 용량이 큰 NAND 플래시메모리와 처리 속도가 빠른 NOR 플래시메모리로 구분된다.

최근 노트북 등에서는 NAND 플래시메모리의 일종인 SSD^{Solid State Drive}가 하드디스크를 대신하여 많이 사용된다. SSD는 반도체를 이용하여 정보를 저장하는 장치로 하드디스크에 비해 속도가 빠르다. 또한 기계적인 지연, 실패율, 발열, 소음이 적고, 크기가 작고 무게도 가벼워 태블릿 PC, 스마트폰 등과 같은 모바일 기기에 많이 사용된다.

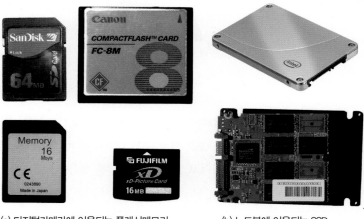

(a) 디지털카메라에 이용되는 플래시메모리   (b) 노트북에 이용되는 SSD

그림 10-4 **플래시메모리의 사용 예 [03]**

■ 네트워크 장치

멀티미디어 시스템의 네트워크 장치에는 네트워크와 컴퓨터를 연결하는 랜 케이블^{LAN cable} 및 무선 어댑터^{wireless adapter}가 있다. 랜 케이블은 데스크톱과 같이 고정된 위치에서 컴퓨터를 인터넷에 연결할 때 사용하고, 무선 어댑터는 이동 환경에서 컴퓨터를 이동통신망이나 와이파이^{Wi-Fi}에 연결할 때 사용한다.

(a) 랜 케이블   (b) 무선 랜 어댑터(USB형)

그림 10-5 **네트워크 장치 [04]**

■ 기타 장치

멀티미디어 시스템을 구성하려면 멀티미디어 전용 비디오 카드, 그래픽 카드, 사운드 카드 등 추가적인 장치가 필요하다.

• 멀티미디어 전용 비디오 카드

방대한 양의 비디오 정보를 고속으로 압축, 저장, 복원하여 모니터에 재생하는 장치이다. 종류에는 외부로부터 입력된 비디오 정보와 컴퓨터 화면을 중첩하여 재생하는 비디오 오버레이 카드video overlay card와 아날로그 비디오 정보를 디지털 비디오 정보로 변환하는 비디오 캡처 카드video capture card가 있다.

• 멀티미디어 전용 그래픽 카드

컴퓨터에서 만들어진 이미지를 모니터에 표현하는 장치이다. 멀티미디어 시스템은 3차원 영상을 재현해야 하는 경우가 많으므로 높은 화질을 구현할 수 있는 그래픽 카드를 선택해야 한다. 다음 그림은 그래픽 카드 제조업체로 유명한 엔비디아Nvidia의 GPU 기반 지포스 그래픽 카드이다. GPUGraphics Processing Unit란 CPU 단독으로 멀티미디어의 입체감을 처리하기에는 버겁기 때문에 이를 보조할 목적으로 개발된 그래픽 연산 전용 프로세서이다. GPU라는 용어는 엔비디아에서 1999년에 지포스GeForce라는 새로운 그래픽 컨트롤러Graphics Controller를 출시하면서 처음 사용하였다.

그림 10-6 엔비디아의 GPU 기반의 지포스 그래픽 카드(6600GT 모델) [05]

• 멀티미디어 전용 사운드 카드

마이크를 통해 입력된 음악이나 소리 등의 아날로그 데이터를 디지털 데이터로 변환하여 저장하고 스피커로 재생하는 장치이다. 대부분의 사운드 카드는 미디MIDI, Musical Instrument Digital Interface를 지원하기 때문에 다양한 전자악기와 연결할 수 있다. 미디는 서로 다른 제조회사에서 만든 악기 간의 음악 정보를 교환하기 위해 컴퓨터와 전자악기 간에 정보를 교환하는 방식과 접속 장치의 규격을 표준화한 것이다. 미디에 관련된 음악 장비에는 사운드 카드를 비롯하여 음을 입력하는 미디 키보드MIDI keyboard, 전기적 신호를 합성하여 음을 발생시키는 미디 신시사이저MIDI synthesizer 등이 있다.

3.2 멀티미디어 시스템의 소프트웨어

멀티미디어 시스템을 구성하는 소프트웨어에는 하드웨어의 운영 및 관리를 담당하는 운영체제, 데이터의 편집 및 제작을 담당하는 편집 소프트웨어, 편집 및 제작이 완료된 데이터의 재생을 담당하는 재생 소프트웨어 등이 있다.

■ 운영체제

멀티미디어 시스템의 운영체제는 저장장치로부터 방대한 양의 멀티미디어 데이터를 읽어들여야 하므로 넓은 대역폭을 가져야 한다. 또한 멀티미디어 데이터의 처리 과정에서 아날로그 및 디지털 데이터를 효율적으로 처리할 수 있어야 한다. 대표적인 멀티미디어 시스템 운영체제로는 다양한 멀티미디어 기능을 지원하며 지속적으로 버전을 업그레이드하는 윈도우가 있다.

■ 편집 소프트웨어

멀티미디어 시스템의 편집 소프트웨어에는 아래아한글, MS 워드 등과 같은 텍스트 편집기와 웨이브 스튜디오Wave Studio, 사운드 포지Sound Forge 등의 사운드 편집기, 포토샵Photoshop과 페인트 샵 프로Paint Shop Pro 등의 이미지 편집기, 플래시Flash나 3D 스튜디오 맥스3D Studio Max 등의 애니메이션 제작기, 프리미어Premiere나 비디오 스튜디오Video Studio 등의 비디오 편집기 등이 있다. 무료로 동영상을 편집할 수 있는 소프트웨어로는 무비메이커Movie Maker와 avi먹스Avimux가 있다.

그림 10-7 **무료 동영상 편집 프로그램 avi먹스** [06]

■ 재생 소프트웨어

대표적인 멀티미디어 데이터의 재생 소프트웨어에는 윈도우 미디어 플레이어^{Windows Media Player}, 리얼 플레이어^{Real Player}, 곰 플레이어^{Gom Player} 등이 있다. 다음 그림은 곰 플레이어의 실행 화면을 나타낸 것이다.

그림 10-8 **곰 플레이어의 실행 화면**

02 멀티미디어의 구성 요소

멀티미디어의 구성 요소는 텍스트, 사운드, 이미지, 애니메이션, 비디오 등이다. 이들 구성 요소는 개별적으로 사용되기도 하지만 실생활과 더 가까운 형태로 제공되기 위해 상호 결합되어 사용되기도 한다.

1 텍스트

텍스트text는 가장 많이 사용하는 데이터 형식으로 주로 키보드를 통해 입력된다. 다른 멀티미디어 데이터에 비해 파일 용량이 작다.

1.1 코드 시스템

컴퓨터 내부에서 텍스트를 표현하는 방식으로는 아스키 코드, 확장 2진화 10진 코드, 유니코드 등이 있다.

■ 아스키 코드

아스키ASCII, American Standard Code for Information Interchange 코드는 전 세계적으로 가장 널리 사용되는 문자 코드로 1963년 미국표준협회ANSI에서 제정했다. 7비트를 사용하여 총 128(2^7)개의 문자 및 숫자를 나타낸다. 독일어나 프랑스어와 같은 영어 이외의 문자를 표현하기 위해 8비트를 사용한 확장 아스키 코드도 있다. 아스키 코드에 대한 자세한 내용은 2장을 참조한다.

■ 확장 2진화 10진 코드

확장 2진화 10진EBCDIC, Extended Binary Coded Decimal for Interchange 코드는 IBM이 IBM 360/370 시스템 전용으로 개발한 코드 체계로 8비트를 사용하여 영문자, 숫자, 특수문자를 나타낸다. 전체 256(2^8)개의 코드 중 약 150여 개만 사용한다. 1950년대부터 1960년대 초까지 IBM 컴퓨터 계열에서 사용되었으나, 아스키 코드가 대세를 이룬 이후에는 사용되지 않았다.

■ 유니코드

국가마다 서로 다른 코드 체계를 사용하면 전 세계적으로 정보를 공유하기가 매우 어려워진다. 인터넷 사용 초기에는 일부 선진국 위주의 코드 체계를 사용해도 큰 문제가 없었으나, 인터넷이 대중화되면서 전 세계가 공통으로 사용할 수 있는 코드 체계가 필요해졌다. 유니코드Unicode는 이런 배경에서 탄생했다. 유니코드는 만국 공통의 국제문자세트UCS, Universal Code Set로 IBM, 애플, 마이크로소프트 등이 제안하여 설립한 유니코드사가 1990년에 발표했다. 이후 1995년에는 ISO/IEC/JTC 1에서 국제 표준[ISO/IEC 10646-1]으로 공식 제정되었다.

유니코드는 문자의 각 코드 값을 모두 16비트로 통일하여 나타낸다. 유니코드는 국가 간 문자의 호환성을 고려함으로써 서로 다른 문자를 사용하는 컴퓨터 간의 데이터 교환을 가능하게 만들었다. 전 세계 26개 언어의 문자와 특수기호에 대한 모든 코드 값을 정의한다.

1.2 폰트

폰트[font]는 텍스트의 모양과 크기에 대한 속성을 나타내는 것으로 글꼴이라고도 한다. 폰트는 비트맵 폰트[bitmap font]와 벡터 폰트[vector font]로 나눌 수 있다.

■ 비트맵 폰트

비트맵 폰트는 텍스트의 모양과 크기를 정의한 폰트로, 도트[dot] 패턴인 비트맵으로 문자를 표현한다. 제작이 어렵지 않고 복잡한 연산을 거치지 않아도 되므로 화면 표시에 많이 사용된다. 그러나 데이터의 크기가 크고, 폰트를 확대하거나 축소할 경우 형태가 거칠어지는 문제가 있다. 문자의 형태가 거칠어지지 않게 하려면 많은 양의 데이터가 필요하다.

■ 벡터 폰트

벡터 폰트는 텍스트의 모양을 외곽선의 벡터를 이용해 수학적으로 계산하여 나타낸다. 문자를 확대하거나 축소하는 경우 수식만 약간 바꾸면 되기 때문에 비트맵 폰트보다 깨끗하게 표현할 수 있다. 또한 폰트에 대한 좌표 값만 저장하기 때문에 데이터 양이 비트맵 폰트보다 훨씬 적다. 다음 그림은 비트맵 폰트와 벡터 폰트를 비교한 것이다.

그림 10-9 비트맵 폰트(왼쪽)와 벡터 폰트(오른쪽) [07]

1.3 텍스트 기반 문서의 파일 형식

텍스트로 이루어진 문서의 파일 형식에는 TXT, DOC, HWP, RTF, PDF 등이 있다.

■ TXT

TXT는 운영체제에서 기본적으로 제공하는 텍스트 편집기를 사용해 만든 문서 파일 형식이다. 예를 들어 윈도우 메모장에서 파일을 저장하면 확장자가 TXT로 저장된다. TXT 파일은 아스키 코드 또는 KS

한글 코드만으로 구성되므로 다른 텍스트 편집기에서도 읽을 수 있다.

■ DOC

DOC는 document의 약자로 마이크로소프트의 MS 워드를 사용하여 만든 문서 파일 형식이다. 문자의 그래픽 효과, 그림 삽입, 워터마크 삽입 등과 같은 특수 효과와 서식 정보 등 문서 작업에 필요한 많은 기능을 포함한다. 이 형식은 마이크로소프트가 제공하는 파워포인트와 같은 다른 응용 프로그램과 호환할 수 있어 문서를 작업하기에 편리하다.

■ HWP

HWP[Hangul Word Processor]는 한글과컴퓨터에서 개발한 워드프로세서 문서의 파일 형식이다. MS 워드와 마찬가지로 문자의 그래픽 효과 등 다양한 기능을 제공한다.

■ RTF

RTF[Rich Text Format]는 마이크로소프트가 주도하여 만든 문서 파일 형식으로, 문자뿐만 아니라 폰트의 종류 및 크기, 그림, 도표 등을 제어하는 정보가 포함된다. 따라서 서로 다른 운영체제나 워드프로세서에서도 사용할 수 있다. 그러나 일반적인 워드프로세서로 만든 파일보다 파일 크기가 크고 처리 시간이 많이 소요된다.

■ PDF

PDF[Portable Document Format]는 어도비[Adobe Systems]에서 개발한 아크로뱃[Acrobat] 또는 이와 유사한 소프트웨어를 이용해 만든 문서의 파일 형식이다. 윈도우, 맥, 유닉스 등 어떤 종류의 컴퓨터에서도 호환이 가능하다. PDF 형식은 포스트스크립트[postscript] 언어에 기반을 두고 만들어졌으며, 시스템 자체에 압축 기능을 포함하고 있어 네트워크를 통해 작은 크기의 파일로도 전송할 수 있다. 또한 레이아웃이나 폰트 정보가 파일 내에 들어 있어 시스템의 사용 환경이 달라져도 영향을 받지 않는다. 문서의 텍스트, 이미지, 그래픽이 파일 내의 정해진 위치에 존재하며, 폰트나 그림이 벡터 기반에서 그대로 표현된다. 따라서 확대하거나 축소해도 그래픽의 해상도가 떨어지지 않아 고품질의 출력물을 얻을 수 있다. PDF 파일은 전자책[e-book] 등의 디지털 출판에도 적합하다. 다음 그림은 전자책으로 출간된 PDF 파일이다.

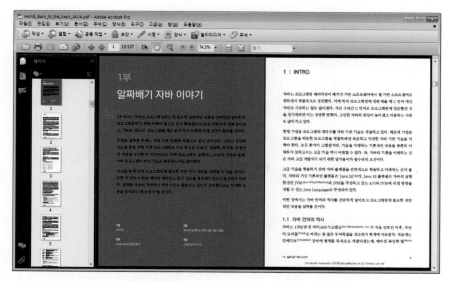

그림 10-10 **전자책으로 출간된 PDF 파일** [08]

2 사운드

사운드^{sound}는 사람의 목소리를 비롯한 우리 주변에서 발생하는 여러 가지 소리를 말한다. 물체가 진동할 때 주위에 생기는 공기압의 변화를 파형^{waveform}의 형태로 표현한 것이다. 사람은 가청 주파수 범위 내에 있는 소리만 들을 수 있으며, 그 범위를 벗어난 소리는 들을 수 없다.

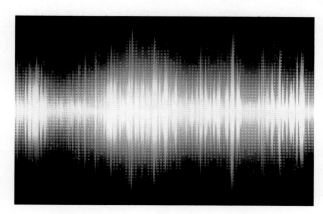

그림 10-11 **사운드** [09]

2.1 사운드의 구성 요소

사운드의 파형은 시간이 지남에 따라 동일한 패턴^{pattern}이 반복적으로 나타난다. 한 개의 패턴을 사이클^{cycle}, 한 개의 패턴이 나타나는 데 걸리는 시간을 주기^{period}, 1초당 주기의 횟수를 주파수^{frequency}라고 한다. 일정한 주기를 가지는 사운드도 있고 그렇지 않은 사운드도 있다.

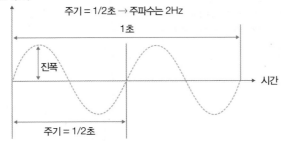

그림 10-12 **파형의 주기, 주파수, 진폭**

사운드를 구성하는 세 가지 요소는 주파수, 진폭, 음색이다.

■ 주파수

주파수frequency는 1초당 주기의 반복 횟수, 즉 파형의 반복 횟수를 의미하며 단위는 헤르츠Hz를 사용한다. 예를 들어 1헤르츠는 1초에 한 개의 파형이, 1킬로헤르츠는 1초에 1,000개의 파형이 발생한 것이다. 주파수는 소리의 높낮이를 결정하는 요소로 주파수가 높을수록 고음이고 낮을수록 저음이다. 음원의 형태가 큰 물체는 작은 물체에 비해 주파수가 낮다. 사람의 가청 주파수 범위는 20헤르츠~2킬로헤르츠이며, 동물은 종에 따라 가청 주파수 대역이 다르다.

■ 진폭

진폭amplitude은 파형의 기준선에서 최고점까지의 폭을 의미하며, 소리의 크기를 결정한다. 즉 진폭이 클수록 소리가 크고 작을수록 작다. 동일한 패턴의 파형 여러 개가 합쳐지면 진폭이 더해지므로 더 큰 소리가 발생한다. 반대로 서로 상반되는 패턴의 파형이 합쳐지면 소리가 상쇄된다. 소리의 크기는 음압의 변화율로 나타내며 단위는 데시벨db, decibel을 사용한다. 보통 사람이 가장 듣기 편한 소리는 0~90데시벨이고 일상적인 대화에서 나타나는 소리는 60데시벨 정도이다.

■ 음색

음색tone color은 파형이 가지는 고유한 특징이다. 따라서 사람의 목소리와 악기의 음 높이가 같더라도 각각의 고유한 특징으로 인해 서로 구별된다. 모든 음은 단일 음으로만 이루어지는 것이 아니라 수많은 배음이 어우러진 복합음 형태로 이뤄진다. 따라서 배음이 어느 정도 비율로 어우러지느냐에 따라 음색이 결정된다.

2.2 사운드 파일 형식

사운드 파일 형식에는 파형을 그대로 표현하는 웨이브wave, 악기의 음표와 연주 시간을 표시하는 미디MIDI, Musical Instrument Digital Interface, 영상 압축 표준 기술을 사운드에 적용한 MP3, MP3보다 압축률이 뛰어난 WMA 등이 있다.

■ 웨이브

웨이브는 1991년에 마이크로소프트와 IBM이 만든 사운드 파일로 웨이브 방식을 사용하는 모든 사운드에 적용된다. 아날로그 오디오 사운드를 녹음하여 디지털화하며, 윈도우에서 소리를 녹음하고 듣는 데 사용한다. 웨이브 파일 형식에는 WAV, VOC, AU, AIFF 등이 있다. WAV는 압축하지 않은 파일 형식인 PCM^{Pulse Code Modulation}과 압축한 파일 형식인 ADPCM^{Adaptive Differential Pulse Code Modulation}을 모두 지원한다. PCM 방식은 압축하지 않은 파일 형식이므로 파일 용량이 크기 때문에 주로 효과음이나 짧은 음악에 사용된다.

■ 미디

미디^{MIDI}는 컴퓨터를 이용해서 악기를 연주하기 위한 파일 형식으로, 악기와 악기 사이 또는 악기와 컴퓨터 사이에 연주 정보를 교환하기 위한 데이터 전송 규격을 말한다. 전자악기마다 사운드를 생성하고 저장하는 방식이 달라 상호 호환성이 보장되지 않는 문제를 해결하기 위해, 모든 악기 간에 공통적으로 데이터를 송수신하기 위한 프로토콜이 필요해짐에 따라 제정되었다. 미디 파일 형식에는 MID, RMI, MOD 등이 있다. MID는 미디에서 사용되는 사운드 파일 형식으로 모든 미디 편집 소프트웨어에서 사용할 수 있다. 그러나 WAV에 비해 용량이 작고 자연음이나 사람 목소리를 재생할 수 없다.

■ MP3

MP3^{MPEG Audio Layer 3}는 1995년 영상 압축 표준인 MPEG 중에서 음악에 관련된 각종 사운드용 데이터를 저장한 파일 형식이다. WAV 등 다른 사운드 파일 형식에 비해 압축 기술이 우수하고 음질도 깨끗해 널리 사용된다. MP3 기술로 40메가바이트에 달하는 음악 파일을 3~4메가바이트로 압축할 수 있다.

■ WMA

WMA^{Window Media Audio}는 마이크로소프트가 1999년에 개발한 음악 데이터 압축 방식이다. MP3와 동일한 음질을 제공하지만 용량은 절반 정도이다. 예를 들어 10메가바이트의 MP3 파일을 WMA로 변환해서 들으면 MP3 파일과 거의 동일한 음질로 들리지만 용량은 5메가바이트 내외이다. 세계 주요 음반사인 소니^{SONY}, 이엠아이^{EMI}, 워너뮤직^{Warner Music Group} 등이 WMA 방식을 채택했기 때문에 보급률은 점점 높아질 것으로 예상된다.

3 이미지

이미지^{image} 또는 화상^{pictorial image}은 스캐너나 디지털카메라를 통해 입력된 시각 정보를 말하며 사진, 팩스 등 인쇄에 관련된 정보도 포함한다. 문헌에 의하면 시각, 청각, 후각, 촉각, 미각 중 인간이 받아들이는 정보의 80% 이상이 시각을 통해 이뤄진다고 한다. 시각적으로 잘 디자인된 이미지는 문자 정보보다 기억에 훨씬 더 오래 남고 이해하기도 쉽다.

그림 10-13 **문자 정보와 이미지 정보의 이해도 차이** [10]

3.1 이미지의 표현 방식

이미지의 표현 방식에는 비트맵 방식과 벡터 방식이 있다.

■ 비트맵 방식

비트맵bitmap 방식은 픽셀pixel, picture element이라고 하는 점을 여러 개 모아 하나의 완성된 이미지를 표현한다. 한 개의 픽셀에는 RGBRed, Green, Blue 값이 저장되는데, R, G, B 값을 이용하여 사용자가 원하는 색을 표현한다. R, G, B 값의 범위는 각각 0~255이다. 비트맵 방식은 이미지를 확대하거나 축소할 경우 이미지의 해상도가 떨어지는 단점이 있다.

■ 벡터 방식

벡터vector 방식은 좌표 개념의 벡터 형태인 점, 직선, 도형으로 이미지를 표현한다. 예를 들어 사각형은 네 개의 꼭짓점에 대한 좌표를 사용하여 그림을 표현하고, 원은 중심점과 반지름에 대한 좌표를 사용하여 표현한다. 비트맵 방식과 비교하면 색상의 품질에는 차이가 없지만 점, 직선, 도형에 대한 표현은 매우 정교해 품질이 매우 높다. 또한 이미지를 확대하거나 축소해도 이미지의 손상이 거의 없어 단순한 선이나 색상을 채우는 이미지를 표현하는 데 적합하다.

그림 10-14 **비트맵 방식(위쪽)과 벡터 방식(아래쪽)** [11]

표 10-1 비트맵 방식과 벡터 방식의 비교

구분	비트맵 방식	벡터 방식
개념	빨강, 초록, 파랑의 값을 적절히 배합하여 픽셀 단위로 색을 표현한다.	수학적으로 계산한 점, 직선, 도형 정보를 이용하여 이미지를 표현한다.
특징	· 이미지를 확대하면 계단 현상이 발생한다. · 이미지의 해상도는 픽셀 수와 1픽셀당 비트 수에 의해 결정된다. · 이미지의 해상도가 높아지면 저장 용량이 커진다. · 모니터 화면에 표시되는 속도는 벡터 방식에 비해 빠르다. · 상세한 명암과 색상을 표현해야 하는 사진에 적합하다.	· 이미지가 정해진 공식에 의해 표현되기 때문에 파일 용량이 작고, 이미지의 크기 변화가 파일 용량에 영향을 주지 않는다. · 이미지를 확대, 축소, 회전하더라도 이미지의 품질에 영향을 주지 않는다. · 이미지의 선과 면의 표현이 매우 선명하다. · 글자, 로고, 캐릭터 등을 표현하기에 적합하다.
파일 형식	BMP, GIF, JPEG(JPG), TIFF 등	AI, WMF, CDR, EPS 등
프로그램 종류	포토샵, 페인터, 페인트 샵 프로 등	일러스트레이터, 코렐드로우 등

3.2 이미지 파일 형식

이미지 파일 형식에는 BMP, GIF, JPEG, PNG 등이 있다.

■ BMP

BMP[BitMaP]는 마이크로소프트가 윈도우 사용자를 위해 개발한 대표적인 이미지 파일 형식으로, 8비트, 16비트, 24비트의 컬러를 지원한다. 압축을 하지 않기 때문에 파일 크기가 크고, 원래의 이미지를 확대하거나 축소하면 해상도가 떨어진다. BMP 형식의 파일은 bmp 확장자를 가지며, 다음 그림과 같이 비트맵 파일 헤더, 비트맵 정보 헤더, RGB QUAD, 픽셀 데이터로 구성된다.

| 비트맵 파일 헤더 |
| 비트맵 정보 헤더 |
| RGB QUAD |
| 픽셀 데이터 |

그림 10-15 **BMP 파일 형식**

■ GIF

GIF[Graphical Interchange Format]는 1987년에 인터넷 서비스 업체인 컴퓨서브[CompuServe]가 이미지를 인터넷에서 빠르게 전송할 수 있도록 색상 정보를 축소시켜 개발한 파일 형식이다. 최대 256개 컬러만 지원하므로 해상도가 높은 사진보다는 단순한 색으로 그려진 그림이나 일러스트나 애니메이션에 주로 사용된다. 사진은 GIF 형식으로 바꿔도 압축 효과가 크지 않지만 일러스트로 제작된 그래픽 파일은 압축 효과가 뛰어나다. GIF 표준으로는 GIF87과 GIF89a가 있다. 1989년에 개정된 GIF89a는 GIF87의 256개 컬러 중 하나를 투명색으로 지정했다.

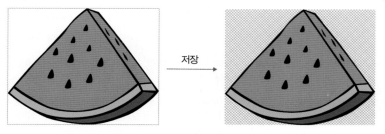

그림 10-16 흰 배경을 투명색으로 지정하여 저장한 GIF 파일 [12]

■ JPEG

JPEG[Joint Photographic Expert Group]는 1992년에 컴퓨터 통신망에서 용량이 큰 이미지 파일을 좀 더 압축해 전송할 수 있도록 개발한 파일 형식이다. JPEG라는 용어는 원래 ISO와 ITU-T 영상 전문가들의 협력이라는 의미였으나 요즘은 정지 영상의 압축과 복원 방식에 대한 국제 표준[ISO/IEC 10918-1]이라는 의미로 사용된다.

JPEG는 손실[loss] 압축 방식과 무손실[lossless] 압축 방식을 모두 지원한다. 예를 들어 24비트로 표현된 이미지는 손실 압축 방식은 최대 1/100까지, 무손실 압축 방식은 최대 1/25까지 압축이 가능하다. 대부분의 JPEG 압축 방식은 DCT[Discrete Cosine Transform]라는 수학 변환 공식을 기반으로 둔 손실 압축 방식을 사용하고, 무손실 압축 방식은 원본에 손실을 가하면 안 되는 의료 영상과 같은 중요한 데이터에 쓰인다. 현재는 2000년에 표준화된 웨이브릿[wavelet] 변환 기반의 차세대 정지 영상 규격인 JPEG 2000이 많이 사용된다. JPEG 2000은 무손실 압축 방식을 사용하여 1/150 정도로 압축이 가능하기 때문에 JPEG보다 성능이 우수하다. 다음 그림은 동일한 이미지를 JPEG와 JPEG 2000으로 압축했을 때의 모습이다.

그림 10-17 JPEG 이미지(왼쪽)와 JPEG 2000 이미지(오른쪽)

■ PNG

PNG[Portable Network Graphics]는 GIF 파일 형식을 대체하기 위해 개발되었다. 1995년에 유니시스[Unisys]는 자사에서 개발한 GIF에 사용되는 LZW 압축 알고리즘에 대해 소프트웨어 특허를 적용하겠다고 언론에 발표했다. 당시 PNG 워킹 그룹[Portable Network Graphics working group]의 책임을 맡고 있던 토머스 보텔[Thomas Boutell]은 유니시스의 이러한 결정이 자유로운 GIF 사용을 막을 것이라 우려해 PNG 파일 형식을 개발했다.

PNG는 JPEG와 GIF의 장점을 지니는 동시에 BMP 수준의 해상도를 갖고 있다. 따라서 GIF보다 압축 효율이 높고, 투명화가 가능하며, 24비트로 컬러를 표현한다. 그러나 용량이 JPEG나 GIF보다 크다는 단점이 있다. PNG는 2003년 국제 표준$^{ISO/IEC\ 15948:2003}$과 W3C$^{World\ Wide\ Web\ Consortium}$ 표준으로 발표되었다. W3C는 PNG를 웹용 그래픽 형식으로 권장하고 있으며, 세계적인 주요 웹 브라우저에서도 PNG를 지원하고 있다.

4 애니메이션

애니메이션^{animation}은 '생명을 불어넣다'라는 애니메이트^{animate}의 명사형으로 '생명을 불어 넣는 일'을 말한다. 즉 생물체가 움직이는 것과 같이 사물의 연속적인 움직임을 나타내는 작업이다.

애니메이션은 정지 이미지를 연속적으로 보여줌으로써 움직이는 것처럼 보이게 하는 시각적인 잔상 효과를 이용한다. 잔상 효과란 이미지가 사라져도 사람의 눈이나 뇌에 이미지가 계속 남아 있는 현상이다. 일반적으로 초당 열다섯 장 이상의 그림을 연속적으로 넘기면 움직임이 자연스럽게 표현된다.

그림 10-18 잔상 효과를 이용한 19세기 놀이 기구 조이트로프 : 원통을 돌리면 원통 안에 그려진 그림이 움직이는 것처럼 보인다. [13]

4.1 애니메이션의 종류

애니메이션의 종류에는 플립 북 애니메이션, 셀 애니메이션, 컴퓨터 애니메이션 등이 있다.

■ 플립 북 애니메이션

종이에 어떤 시나리오에 대한 그림을 동작을 조금씩 바꿔가며 연속적으로 그린 후 빠르게 넘기면 그림이 움직이는 것처럼 보이는데 이를 플립 북 애니메이션$^{flip\ book\ animation}$이라고 한다. 컴퓨터에서는 여러 장의 프레임을 하나의 파일로 저장한 후 연속적으로 보여준다. 1908년에 프랑스에서 발표된 에밀 콜$^{Emil\ Cohl}$의 《판타즈마고리^{Fantasmagorie}》로부터 유래됐으며, 프레임 기반 애니메이션$^{frame\ based\ animation}$이라고도 한다.

그림 10-19 **플립 북 애니메이션의 예** [14]

■ 셀 애니메이션

셀 애니메이션^{cell animation}은 여러 장의 투명 용지로 만든 셀을 겹쳐서 하나의 프레임을 만든 후 연속적으로 보여주는 방식으로 제작된다. 각 프레임은 하나의 배경 셀과 움직임을 반영하는 여러 장의 셀로 구성되며, 연속되는 장면에서는 배경 셀은 그대로 두고 움직임을 반영하는 셀만 다시 만들어 사용한다. 1913년에 존 랜돌프^{John Randolph}에 의해 시작됐으며, 지금은 디즈니^{Disney}를 비롯한 많은 애니메이션 제작사가 이 기법으로 영화를 제작한다. 대표적인 예로 디즈니의 《라이온 킹》과 《백설공주》 등이 있다.

그림 10-20 **셀 애니메이션으로 제작된 《라이온 킹》(왼쪽)과 《백설공주》(오른쪽)**

■ 컴퓨터 애니메이션

컴퓨터 애니메이션^{computer animation}은 컴퓨터를 이용해 2D 또는 3D 이미지를 결합하여 이미지를 연속적으로 보여주는 방식으로 제작된다. 표현하려는 객체^{object}의 회전이나 이동 등의 위치 변화는 물론 크기, 색상, 명도 등의 변화를 컴퓨터로 쉽게 표현할 수 있어 제작비를 절감할 수 있다. 또한 실제와 매우 유사한 영상을 제작할 수 있어 영화, 게임 제작 등에 많이 사용된다. 컴퓨터를 이용한 세계 최초의 컴퓨터 애니메이션은 1961년에 존 휘트니 시니어^{John Whitney. Sr.}가 만든 단편영화 《카탈로그》이다.

컴퓨터 애니메이션은 주로 많은 수의 캐릭터가 등장하는 영화 제작에 이용되며 3차원 게임 제작에도 이용된다. 컴퓨터 애니메이션을 이용해 제작된 영화로는 《반지의 제왕》, 《쥬라기 공원》, 《겨울왕국》 등이 있다.

그림 10-21 컴퓨터 애니메이션으로 제작된 《겨울왕국》(왼쪽)과 《쥬라기 공원》(오른쪽)

4.2 애니메이션 파일 형식

애니메이션 파일 형식에는 애니메이티드 GIF$^{\text{animated GIF}}$, 플래시의 FLA^{FLAsh}와 SWF$^{\text{Shock Wave Flash}}$ 등이 있다.

- **애니메이티드 GIF** : 하나의 파일 안에 여러 개의 이미지가 정해진 순서대로 나타나는 파일 형식이다. 대부분의 웹 브라우저에서 지원되며, 자바^{JAVA}나 쇼크웨이브^{ShockWave}에 비해 만들기 쉽다.
- **FLA와 SWF** : FLA는 편집과 수정이 가능한 압축되지 않은 형태의 플래시 애니메이션 파일 형식이다. FLA를 웹에서 애니메이션 형태로 보려면 SWF 형식으로 변환해야 한다.

애니메이션 전용 파일 형식은 아니지만 웹에서 애니메이션을 어떠한 제약 없이 볼 수 있도록 표준화한 HTML5와 CSS3 파일도 있다.

- **HTML5** : 2014년에 W3C$^{\text{World Wide Web Consortium}}$가 비디오, 오디오 등 다양한 멀티미디어 콘텐츠를 액티브 X의 제약 없이 어떤 웹 브라우저에서도 쉽게 볼 수 있도록 만든 마크업 언어이다. 엄밀히 말해서 애니메이션 전용 파일 형식은 아니고 웹에서 문서, 이미지, 동영상 등 다양한 범주의 콘텐츠를 표현하는 표준 표현 형식이라고 볼 수 있다.
- **CSS3** : HTML5 등의 마크업 언어가 웹에 실제로 표시될 때 레이아웃과 스타일 등을 기술한 언어이다. HTML5가 웹사이트의 몸체를 담당한다면 CSS3는 옷과 액세서리 같이 꾸미는 역할을 담당한다.

5 비디오

비디오^{video}는 프레임^{frame} 단위의 이미지를 초당 24~30장 연속적으로 보여줌으로써 실제로 영상이 움직이는 것처럼 보이게 한다. 시각적 잔상 효과를 이용한다는 점에서 애니메이션과 유사하지만 방대한 양의 데이터를 처리하기 위해 다양한 압축 기법과 파일 형식을 사용한다는 점은 다르다.

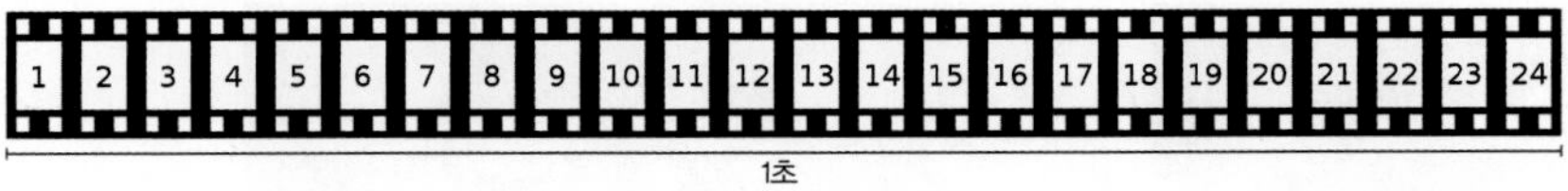

그림 10-22 **프레임의 개념** [15]

컴퓨터에서 비디오를 처리할 때 가장 중요한 요소는 단위 시간당 데이터의 처리 능력, 즉 대역폭^{bandwidth}
이다. 대역폭은 다음과 같이 계산된다.

> 대역폭 = 해상도(가로 픽셀 수×세로 픽셀 수)×컬러 표현 비트 수×초당 프레임 수

예를 들어 해상도가 640×480인 24비트 트루 컬러$^{true\ color}$ 이미지를 초당 30프레임으로 재생할 경우 대
역폭은 다음과 같다.

> $(640 \times 480) \times 24 \times 30 = 221{,}184{,}000$비트

결과를 바이트 단위로 변환하면 다음과 같다.

> $221{,}184{,}000/8 = 27{,}648{,}000$바이트(약 27메가바이트)

이 비디오를 1분 동안 재생하려면 메모리가 $(640 \times 480 \times 24 \times 30 \times 60)/8 = 1{,}658{,}880{,}000$바이트(약
1.6기가바이트) 필요하다. 이와 같이 비디오는 데이터 양이 방대하기 때문에 네트워크를 통해 전송할
경우 시간이 많이 걸리므로 압축 기법이 절대적으로 필요하다.

5.1 비디오 압축 표준

비디오의 압축 방법은 국제 표준인 MPEG$^{Moving\ Picture\ Experts\ Group}$를 따른다. 원래 MPEG라는 용어는 동
영상 전문가 그룹을 지칭하는데, 지금은 압축 표준이라는 의미로 사용된다. MPEG는 MPEG-1, 2, 4,
7, 21까지 표준 규격이 제정되어 있다.

■ MPEG-1

MPEG-1$^{ISO/IEC-11172}$은 1991년에 ISO가 제정한 영상 압축 기술이다. CD-ROM과 같은 디지털 저장
매체에 VHS$^{Video\ Home\ System}$ 테이프 수준의 동영상과 음향을 최대 1.5Mbps로 압축하여 저장할 수 있다.
비디오 CD와 MP3 오디오가 이 규격으로 상품화된 대표적인 예이다.

> **TIP** VHS(Video Home System) : 카세트를 이용하여 동영상을 기록하고 재생할 수 있도록 만든 표준 규격이다. DVD가 보급되기 전에 가정
> 에서도 많이 사용했던 비디오테이프가 이 방식을 적용한 대표적인 예이다.

■ MPEG-2

MPEG-2$^{ISO/IEC-13818}$는 1994년에 ISO가 오디오와 비디오 인코딩^{encoding}에 관해서 MPEG-1을 개선한 표준이다. 디지털 방송의 오디오와 비디오 전송에 사용되며, 원래 MPEG-3으로 개발하려던 HDTV 전송의 표준 규격도 포함시켰다. 현재 DVD 등의 컴퓨터 멀티미디어 서비스, 위성 방송, 유선 방송, 고화질 TV 등의 방송 서비스, 영화나 광고 편집 등에 사용된다.

■ MPEG-3

MPEG-3은 ISO가 MPEG-2를 완성한 후 후속 작업으로 제정한 표준이다. 고선명도 화질을 얻기 위해 개발되었지만 MPEG-2에 흡수·통합되어 규격으로는 존재하지 않는다.

■ MPEG-4

MPEG-4$^{ISO/IEC-14496}$는 ISO가 1998년에 음성 및 비디오 데이터를 전송하고 저장하기 위해 제정한 데이터 인코딩과 복원에 관한 표준이다. MPEG-1은 비디오 CD에, MPEG-2는 방송 또는 HDTV 등에 사용할 목적으로 탄생했지만 MPEG-4는 저속 비트율의 응용 시스템까지 확대하고 적용할 목적으로 규격화되었다. 따라서 MPEG-4는 인터넷뿐만 아니라 이동통신 시스템에서 음성 및 비디오의 압축 표준으로 널리 사용된다. MPEG-4는 통상적으로 인코딩 기술로 알려져 있지만, 실제로 디코딩 과정만 기술되어 있고 인코딩에 대한 규정은 없다.

■ MPEG-7

MPEG-7$^{ISO/IEC-15938}$은 ISO가 2002년에 각종 멀티미디어 정보를 빠르고 효율적으로 검색하기 위해 제정한 차세대 동영상 압축 재생 표준이다. MPEG-7을 이용하면 키워드를 입력해 필요한 문서를 검색하듯이 색상, 물체 모양에 관한 정보를 입력하여 필요한 멀티미디어 자료를 찾을 수 있다. MPEG-7은 동영상 데이터의 검색과 전자상거래 등에 사용된다.

■ MPEG-21

MPEG-21$^{ISO/IEC-21000}$은 ISO가 2009년에 디지털 콘텐츠의 제작, 검색, 유통, 보안의 전 과정을 관리하기 위해 제정한 차세대 디지털 국제 표준이다. MPEG-21은 기존의 모든 MPEG 규격(MPEG-1, 2, 4, 7), W3C, ITU 규격 등 모든 유무선 네트워크 환경에 대한 표준을 포함한다. 따라서 휴대폰, PDA, 웹 TV 등과 같은 유무선 네트워크 기기와 멀티미디어 콘텐츠에 적용할 수 있다.

5.2 비디오 파일 형식

비디오 파일의 형식에는 AVI, ASF, MOV, DivX 등이 있다.

■ AVI

AVI$^{Audio\ Video\ Interleaved}$는 1992년에 마이크로소프트가 개발한 윈도우 기반 파일 형식으로 오디오와 비디오를 번갈아 가면서 저장한다. 대부분의 CD-ROM 타이틀은 AVI 파일을 사용하는데, AVI 파일은 윈도우 이외의 환경에서는 사용할 수 없기 때문에 다른 환경에서 사용하려면 파일 형식을 변환해야 한다. 또한 파일 전체가 모두 메모리에 로드된 후 재생되므로 실시간 동영상 등의 스트리밍 비디오streaming video를 저장하기에는 부적합하다.

■ ASF

ASFActive Streaming Format는 2000년에 마이크로소프트가 개발한 스트리밍 미디어 형식이다. 윈도우 미디어 도구Windows Media Tools를 이용하여 제작한다. 주로 인터넷을 통해 오디오, 비디오 및 생방송을 수신하는 마이크로소프트의 유틸리티인 넷쇼NetShow에서 사용된다.

■ MOV

MOVquick time MOVie는 애플이 개발한 매킨토시 시스템의 파일 형식이다. MOV는 특별한 하드웨어가 없어도 시청할 수 있고, AVI와 달리 비디오나 오디오 및 실시간 스트리밍과 가상현실을 지원한다. 그러나 윈도우 시스템 사용자가 이 파일을 실행하려면 윈도우 미디어 플레이어를 설치하거나 별도의 플러그-인plug-in으로 윈도우용 퀵타임Quick Time을 설치해야 하기 때문에 번거롭다.

■ DivX

DivXDigital video eXpress는 LG전자를 포함한 제조업체들이 미국의 DivX와 서킷시티Circuit City라는 유통업체와 함께 개발한 MPEG-4와 MP3 기반의 비표준 DVD 재생 전용 파일 형식이다. 무단 복제를 방지하고 가격 경쟁력을 유지할 목적으로 개발되었기 때문에 대여한 DVD 타이틀은 48시간 이내에만 재생된다.

DivX는 압축률이 뛰어나 DVD 수준의 영상과 음향을 제공하면서도 파일 크기는 절반에 불과하며 사용법도 간단하다. 그러나 표준화된 동영상 형식이 아니기 때문에 화면과 대사가 일치하지 않는 등 재생 과정에서 기술적인 문제가 있다. 최근에는 영화가 개봉과 동시에 고화질의 DivX 파일로 인터넷에 유통되는 경우가 있어 문제가 발생하기도 한다.

03 멀티미디어의 활용 분야

멀티미디어는 우리 생활 곳곳에서 다양하게 활용되고 있다. 멀티미디어의 활용 분야를 엔터테인먼트, 교육, 비즈니스로 나누어 살펴보자.

1 엔터테인먼트

컴퓨터의 대중화로 각 가정에 컴퓨터가 보급되고 주5일근무제가 정착되면서 여가 시간을 즐기기 위한 영화, 게임, VOD 등의 수요가 늘고 있다.

1.1 영화

사람의 시각 및 청각을 자극하며 멀티미디어 기술을 적극적으로 활용하는 분야로 영화 산업을 들 수 있다. 영화에서 멀티미디어 기술은 주로 직접 촬영하기 어려운 장면에 많이 사용된다. 대표적인 예로《터미네이터》,《쥬라기 공원》,《반지의 제왕》,《트랜스포머》,《아바타》,《그래비티》 등이 있다. 이 중에서 아바타는 자연 풍경을 3차원 그래픽으로 완벽하게 보여준 작품으로 유명하다. 감독은 이를 효과적으로 부각시키기 위해 의도적으로 줄거리를 단순화하고, 관객이 아바타가 만들어 놓은 세계 안으로 몰입하도록 유도했다. 다음 그림은 아바타에 등장하는 캐릭터를 제작하는 과정이다.

그림 10-23 《아바타》에 등장하는 캐릭터의 제작 과정

2013년에 개봉한 《그래비티》는 주인공들이 우주 공간에서 조난당한 후 지구로 귀환하는 과정을 그린 영화이다. 이 영화에서는 우주 공간을 현실감 있게 표현하기 위해 3D와 4DX 기술을 사용하였다. 3D는 3차 화면으로 영상을 보여주는 기술을 말하고, 4DX는 3차원 화면에 움직임과 물 분사, 에어 분사 등의 특수 효과를 추가한 기술을 말한다.

그림 10-24 《그래비티》의 한 장면

1.2 게임

영화 산업과 더불어 멀티미디어 기술을 가장 많이 활용하는 분야는 게임 산업이다. 게임은 고성능의 하드웨어, 대용량의 기억장치, 사용 환경의 편의성, 주변장치의 고급화 등을 요구하기 때문에 최근 이러한 요구사항을 만족시키는 멀티미디어 시스템들이 많이 등장하고 있다. 최근에는 개인용 컴퓨터에서만 즐기던 온라인 게임을 이동 중에도 스마트폰, 태블릿 PC 등에서 즐길 수 있게 되면서 수요가 급증하고 있다.

다음 그림은 《스타크래프트》의 한 장면이다. 《스타크래프트》는 1998년에 미국의 벤처기업인 블리자드에서 출시한 전략 시뮬레이션 게임으로 특성이 다른 세 종족 체제, 수많은 전술, 인터넷을 이용한 대전 방식으로 세계적으로 큰 인기를 끌었다. 한국에서도 높은 인기를 얻어 한때 PC방이 전국적으로 유행하게 만들었으며, 프로게임리그도 출범시켜 e-sports의 시초가 되었다. 프로게이머라는 새로운 직업을 탄생시키기도 했다.

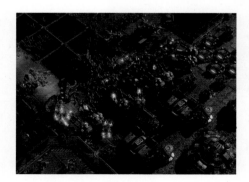

그림 10-25 《스타크래프트》

우리나라는 1994년에 마리텔레콤에서 《단군의 땅》을 출시한 이후 매년 많은 게임을 출시하고 있다. 해외 진출도 활발해서 중국, 대만, 일본, 동남아시아를 비롯하여 미국, 유럽 등에도 게임을 수출하고 있으며, 게임 산업의 세계 최강국으로 평가받고 있다. 대표적인 국내 온라인 게임으로는 《바람의 나라》, 《리니지》, 《던전 앤 파이터》, 《리그 오브 레전드》 등이 있다. 다음 왼쪽 그림은 《리니지》의 한 장면이고 오른쪽 그림은 《리그 오브 레전드》의 한 장면이다.

그림 10-26 《리니지》와 《리그 오브 레전드》

1.3 VOD

VOD$^{\text{Video on Demand}}$는 주문형 비디오 서비스로 가입자가 단방향으로 수신되는 프로그램을 시청하는 것이 아니라 원하는 시간에 원하는 프로그램을 시청할 수 있는 쌍방향 서비스이다. 일반 비디오와 마찬가지로 재생^{play}, 정지^{stop}, 멈춤^{pause}, 빨리 감기$^{\text{fast forward}}$, 빨리 되감기$^{\text{fast rewind}}$, 임의의 위치에서 재생하는 기능 등을 모두 제공한다.

VOD 서비스를 제공받으려면 가입자의 단말기에 셋톱박스$^{\text{settop box}}$를 설치해야 한다. 셋톱박스는 비디오 서버에 저장된 영상이나 음성을 고속 기간망$^{\text{high speed backbone network}}$을 통해 전송받아 재생하거나, 가입자의 요구를 고속 기간망을 통해 비디오 서버에 전송하는 역할을 한다. 비디오 서버에는 저장된 음성과 영상을 실시간으로 검색할 수 있도록 대용량의 데이터베이스가 구축되어 있다. VOD는 기존의 TV와 VCR을 대체할 수 있을 뿐만 아니라 원격진료, 원격교육, 홈뱅킹, 홈쇼핑, 재택근무 등에도 활용될 것으로 기대된다.

그림 10-27 스마트 TV를 이용한 VOD 서비스

2 교육

2.1 온라인 교육

멀티미디어 기술과 통신 기술의 발달은 교육 분야에 많은 변화를 불러일으켰다. 어학 및 각종 입시 학원 등에서 인터넷을 이용한 온라인 강의가 일반화되었으며, 꼭 수업이 아니더라도 개인이 희망하는 강좌를 인터넷을 통해 수강하는 경우도 늘어나고 있다.

디지털 콘텐츠를 활용한 대표적인 온라인 교육으로는 오픈코스웨어인 OCW^{Open Course Ware}를 들 수 있다. OCW는 대학에서 실제로 진행되는 강의를 온라인을 통해 무료로 들을 수 있도록 제공하는 서비스이다. 미국의 MIT에서는 2002년 초부터 일반인을 대상으로 OCW를 개설하여 운영 중인데, 실제 강의에서 사용한 과제, 쪽지시험, 토론자료 등의 유인물을 게시하여 학습의 편의를 돕고 있다. 이를 계기로 미국의 많은 대학이 웹사이트나 유튜브 등에 온라인 무료 강의를 제공하기 시작했다.

국내에서도 2009년부터 고려대를 비롯한 몇몇 대학에서 OCW를 개설하여 운영 중이다. 2014년 9월을 기준으로 참여기관이 157군데나 된다. OCW는 양질의 콘텐츠를 많은 사람과 공유할 수 있다는 점과 대학을 홍보할 수 있다는 점에서 앞으로도 계속 활성화될 것이다.

그림 10-28 MIT(왼쪽)와 고려대(오른쪽)의 OCW 웹사이트

2.2 전자책

전자책은 컴퓨터는 물론 스마트폰, 태블릿 PC와 같은 휴대용 기기로 볼 수 있도록 만든 파일 포맷의 책을 말한다. 저작권 보호를 위해 DRM 기능이 탑재된 특수한 포맷의 파일을 사용하며, 일반 종이책과 달리 동영상이나 링크 기능을 탑재할 수 있어 활용 가능성이 무궁무진하다.

그림 10-29 아이패드에서 전자책을 보는 모습 [16]

전자책 보급이 상대적으로 앞서가는 미국의 경우 2015년을 기준으로 신간 중 전자책이 차지하는 비율이 30%에 이르렀다. 여기에는 전자책 전용 기기인 킨들[Kindle]을 앞세운 아마존의 위력이 크게 작용했다. 아마존은 미국을 포함한 전 세계 전자책 시장의 65%를 차지하고 있다.

3 비즈니스

3.1 전자상거래

전자상거래는 인터넷이 보편화되기 이전에도 PC 통신의 홈쇼핑 형태로 존재해 왔다. 하지만 인터넷 기술과 멀티미디어 기술이 발달하면서 더 많은 인터넷 쇼핑몰이 생기기 시작했고 전자상거래 역시 급격히 늘어났다. 전자상거래는 판매자 입장에서는 광고비를 줄일 수 있고 시간의 제약을 받지 않고 거래할 수 있고, 소비자 입장에서는 다양한 상품에 대한 구매 정보를 한눈에 확인하고 편안하게 쇼핑할 수 있어 편리하다. 그러나 상품 대금을 결제할 때 금융 정보가 노출되지 않도록 철저히 보안을 유지해야 한다.

그림 10-30 인터넷 쇼핑몰(G마켓)

3.2 디지털 광고

스마트폰과 태블릿 PC를 이용하는 디지털 광고 시장은 전 세계적으로 빠르게 성장하고 있다. 한국콘텐츠진행원이 조사한 〈전 세계 디지털 광고비 지출 규모〉를 보면 2014년을 기점으로 디지털 광고비가 전체 광고비의 25%를 넘어섰다. 이러한 디지털 광고 중 눈여겨 볼 만한 매체에는 디지털 사이니지[Digital Signage]가 있다.

디지털 사이니지는 지하철 역사, 버스정류장, 엘리베이터, 은행 등 유동 인구가 많은 곳에 디지털 정보 디스플레이[DID, Digital Information Display]를 설치해 원격지에 있는 관제센터에서 제어하는 옥외광고를 의미한다. 현재는 단순히 동영상만 재생하는 형태지만 향후에는 모션 인식이나 무선 LAN을 통해 사용자와 쌍방향으로 통신하는 형태로 발전할 것이다.

그림 10-31 **디지털 사이니지의 활용 모습 [17]**

3.3 원격진료

원격진료^{telemedicine}는 정보통신 기술을 이용하여 원거리에 있는 환자에게 의료 정보와 의료 서비스를 제공하는 활동이다. 병원이 멀리 떨어져 있어 병원을 방문하기 어려운 환자, 가정에서 치료 받는 장기 요양 환자, 정상인의 재택 건강 관리 등에 활용된다. 원격진료의 적용 범위는 오지나 도서 지역과 같이 첨단 의료 혜택을 받지 못하는 지역에서부터 교도소나 군대와 같은 특수 지역까지 매우 광범위하다.

원격진료는 진료와 건강 관리 외에도 원격진료 화상회의$^{telemedicine\ video\ conference}$, 원격의료영상 저장 전송 시스템$^{PACS,\ Picture\ Archiving\ and\ Communications\ System}$, 가상 병원$^{virtual\ hospital}$ 등을 포함하는 포괄적인 개념으로 영역을 점점 확대해 나가고 있다.

그림 10-32 **의사가 원격지에 있는 환자를 진료하는 장면**

멀티미디어 콘텐츠의 관리와 보호 기법

컴퓨터를 이용한 멀티미디어 서비스가 활성화되는 만큼 각종 멀티미디어 콘텐츠가 불법으로 복제되어 유통되는 양이 늘어났고 이것은 사회적으로 심각한 문제를 일으키고 있다. 멀티미디어 저작물은 무한하게 반복하여 사용해도 원본에 손상이 없고, 수정 및 복제가 용이하며, 고속 네트워크를 이용한 다량 배포가 가능하다. 과거 음반 시장이 MP3 파일의 불법 복제로 무너졌던 사실이 이를 증명한다. 따라서 멀티미디어 저작물에 대한 관리 및 보호는 필수적이다.

멀티미디어 콘텐츠는 디지털 정보를 기반으로 하며, 디지털 콘텐츠라고도 한다. 이 절에서는 디지털 저작권 관리와 보호 기법에 대해서 알아본다.

1 디지털 저작권 관리

디지털 저작권 관리^{DRM, Digital Rights Management}는 멀티미디어 콘텐츠의 불법 복제를 막고, 콘텐츠의 생성에서부터 유통 및 관리까지의 전 과정에 대해 콘텐츠 제공자의 권리와 이익을 보호하기 위한 기술이다. DRM에는 적법한 사용자만 콘텐츠를 사용하고 요금을 지불하도록 하는 디지털 저작권 관리 기술, 저작권 승인과 집행을 위한 보안 기술, 콘텐츠 사용에 대한 지불과 결제 기술이 포함된다.

DRM의 유래는 음악 공유 서비스로 유명한 냅스터^{Napster}가 2001년에 MP3 저작권을 보호하기 위해서 채택한 것이 시초이다. 이후 온라인 콘텐츠가 유료화되면서 디지털 저작권 관리는 중요한 기술로 부각되었는데 MIT에서는 이를 미래 10대 핵심 정보 기술로 선정하기도 했다.

DRM의 근본적인 목적은 콘텐츠 복제 자체를 불가능하게 만드는 게 아니라, 복제는 자유롭게 허용하되 복제된 콘텐츠의 사용료는 반드시 지불할 수 있도록 하는 것이다. 예를 들어 구입한 MP3 파일을 제3자에게 전송할 경우, 전송은 자유롭게 할 수 있지만 전송된 파일을 사용하려면 제3자가 반드시 요금을 지불하도록 해야 한다.

DRM은 다음 그림과 같이 디지털 콘텐츠, 사용자, 라이선스의 세 부분으로 구성된다. 저작권 보호 대상인 디지털 콘텐츠는 기술적인 보호 조치가 되어 있는 상태로 배포되며, 사용자가 이 콘텐츠를 사용하려고 하면 사용 허가 라이선스를 획득한 후 사용하도록 기술적인 통제가 적용된다.

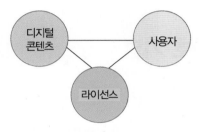

그림 10-33 **DRM의 구성 요소**

2 보호 기법

멀티미디어 콘텐츠를 보호하는 기법에는 콘텐츠를 전송할 때 사용하는 암호 기법, 디지털 정보의 내용을 조작하지 못하도록 막는 디지털 워터마킹 기법, 콘텐츠를 구입한 사용자의 정보를 콘텐츠에 삽입하여 불법 배포를 추적하는 디지털 핑거프린팅 기법 등이 있다.

2.1 암호 기법

암호encryption 기법은 평문plain text을 제3자가 알 수 없도록 암호문cipher text으로 변환하여 전송하는 기법이다. 암호문은 허가된 수신자만이 키key를 이용해 평문으로 해독할 수 있다.

2.2 디지털 워터마킹 기법

물에 젖어 있는 상태에서 그림을 넣는 기술을 워터마킹watermarking이라고 한다. 디지털 워터마킹digital watermarking이란 사진이나 동영상 등의 디지털 콘텐츠에 워터마크를 삽입해 원본의 출처 정보를 제공하는 기술이다. 사진이나 동영상에서 워터마크를 삽입할 때는 워터마크의 속성이 충분히 유지될 수 있도록 파일 전체에 골고루 분산시키고, 한 번 삽입된 워터마크는 원본으로 재생이 어려운 형태로 보관해야 한다. 그리고 파일의 압축과 변환 시에도 정보가 원래대로 유지될 수 있도록 설계해야 한다.

디지털 워터마킹 기술은 가시성에 따라 마크를 인지할 수 있는 가시성 워터마크perceptible watermarking과 마크를 인지할 수 없는 비가시성 워터마크imperceptible watermarking으로 나눌 수 있다. 현재 사용되는 대부분의 워터마킹 기법은 비가시성 워터마킹이다.

다음 그림은 비가시성 워터마킹 기법을 적용한 그림으로 육안으로 구별이 불가능하다.

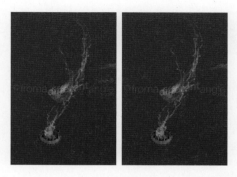

그림 10-34 **디지털 워터마킹 기법의 적용 전(왼쪽)과 적용 후(오른쪽)**

2.3 디지털 핑거프린팅 기법

디지털 핑거프린팅digital fingerprinting 기법의 기본 목표는 불법 복제를 전적으로 방지하는 것이 아니라, 구입자가 정당하게 구입한 콘텐츠를 부정한 방법으로 재배포하는 것을 막는 것이다. 이 기법을 통해 콘텐츠의 구입자가 정당하게 구입한 사람인지 아닌지 식별할 수 있다.

디지털 핑거프린팅 기법은 비밀 정보를 디지털 콘텐츠에 삽입한다는 점에서는 디지털 워터마킹 기법과 동일하지만 저작권자 또는 판매자의 정보가 아닌 콘텐츠를 구입한 사용자의 정보를 콘텐츠에 삽입한다는 점이 다르다.

디지털 워터마킹 기법은 판매되는 모든 콘텐츠에 삽입되는 정보가 동일한 반면, 디지털 핑거프린팅 기법은 판매되는 콘텐츠마다 삽입되는 정보가 다르다. 따라서 이 정보를 식별하면 어떤 구매자에게 판매된 콘텐츠가 불법으로 유통되는지 확인할 수 있고 법적 제재까지 가능하다. 다음 그림은 구매자 정보가 포함된 전자책 내지의 모습이다.

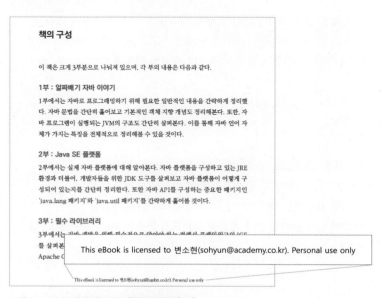

그림 10-35 **구매자 정보가 포함된 전자책 [18]**

1 멀티미디어

텍스트, 그래픽, 이미지, 사운드, 비디오 등의 미디어를 두 개 이상 사용하여 어떤 목적을 가진 콘텐츠로 제작하고 이를 통신매체를 통해 제3자에게 제공하는 기술을 말한다.

2 멀티미디어의 특징

디지털화^{digital}, 쌍방향성^{interaction}, 통합성^{integration}, 비선형성$^{non-linear}$으로 요약할 수 있다.

3 멀티미디어 시스템

- 하드웨어 : 입력장치, 출력장치, 저장장치, 네트워크 장치, 그밖에 기타 장치로 구성된다.
- 소프트웨어 : 하드웨어의 운영 및 관리를 담당하는 운영체제, 데이터의 편집 및 제작을 담당하는 편집 소프트웨어, 편집 및 제작이 완료된 데이터의 재생을 담당하는 재생 소프트웨어 등이 있다.

4 멀티미디어의 구성 요소

멀티미디어는 텍스트^{text}, 사운드^{sound}, 이미지^{image}, 애니메이션^{animation}, 비디오^{video} 등으로 구성된다.

5 텍스트

- 코드 체계 : 컴퓨터 내부에 문자를 표현하는 방식으로 아스키 코드, 확장 2진화 10진 코드 , 유니코드 등이 있다.
- 폰트 : 글꼴이라고도 하며 문자의 모양과 크기에 대한 속성을 나타낸다. 비트맵 폰트와 벡터 폰트로 나눌 수 있다. 비트맵 폰트는 문자의 모양이나 크기를 정의한 폰트로 도트^{dot}의 패턴인 비트맵으로 문자를 나타내며, 벡터 폰트는 문자의 모양을 외곽선의 벡터를 이용해 수학적으로 계산하여 나타낸다.
- 텍스트 파일 형식 : TXT, HWP, DOC, RTF, PDF 등이 있다.

6 사운드

- 구성 요소 : 사운드는 주파수, 진폭, 음색으로 구성된다. 주파수는 1초당 주기의 반복 횟수이고, 진폭은 파형의 기준선에서 최고점까지의 폭이며, 음색은 파형이 가지는 고유한 특징이다.
- 사운드 파일 형식 : 파형을 그대로 표현하는 웨이브^{wave}, 악기의 음표와 연주 시간을 표시하는 미디$^{MIDI,\ Musical\ Instrument\ Digital\ Interface}$, 영상 압축 표준 기술을 사운드에 적용한 MP3, MP3보다 압축률이 뛰어난 WMA 등이 있다.

7 이미지

- **표현 방식** : 이미지는 비트맵 방식과 벡터 방식으로 표현된다. 비트맵 방식은 픽셀이라고 하는 점을 여러 개 모아 하나의 완성된 이미지를 표현하며, 벡터 방식은 좌표 개념의 벡터 형태인 점, 직선, 도형으로 이미지를 표현한다.
- **이미지 파일 형식** : BMP^{BitMaP}, GIF$^{\text{Graphical Interchange Format}}$, JPEG$^{\text{Joint Photographic Expert Group}}$, PNG$^{\text{Portable Network Graphics}}$ 등이 있다.

8 애니메이션

- **종류** : 플립 북 애니메이션, 셀 애니메이션, 컴퓨터 애니메이션 등이 있다.
- **애니메이션 파일 형식** : 애니메이티드 GIF$^{\text{animated GIF}}$, 플래시의 FLA^{FLAsh}와 SWF$^{\text{Shock Wave Flash}}$ 등이 있다.

9 비디오

- **압축 표준** : MPEG라는 용어는 원래 동영상 전문가 그룹을 지칭하였으나 지금은 압축 표준이라는 의미로 사용되고 있으며 MPEG-1, 2, 4, 7, 21까지 표준 규격이 제정되어 있다.
- **비디오 파일 형식** : AVI$^{\text{Audio Video Interleaved}}$, ASF$^{\text{Active Streaming Format}}$, MOV$^{\text{quick time MOVie}}$, DivX$^{\text{Digital video eXpress}}$ 등이 있다.

10 멀티미디어 활용 분야

- **엔터테인먼트** : 영화, 게임, VOD 등이 있다.
- **교육** : 온라인 교육, 전자책 등이 있다.
- **비즈니스** : 전자상거래, 원격진료, 디지털 광고 등이 있다.

11 디지털 저작권 관리

멀티미디어 콘텐츠의 불법 복제를 막고 콘텐츠의 생성에서부터 유통 및 관리까지의 전 과정에 대해 콘텐츠 제공자의 권리와 이익을 보호하기 위한 기술이다.

12 멀티미디어 콘텐츠의 저작권 보호 기법

네트워크 전송 시 사용하는 암호^{encryption} 기법, 디지털 정보의 불법적인 조작을 방지하는 디지털 워터마킹$^{\text{digital watermarking}}$ 기법, 콘텐츠를 구입한 사용자의 정보를 콘텐츠에 삽입하여 불법 배포를 추적하는 디지털 핑거프린팅$^{\text{digital fingerprinting}}$ 기법 등이 있다.

정오형 문제

1 멀티미디어의 특징은 아날로그화, 단방향성, 독립성, 선형성 등이다. [참] [거짓]

2 아날로그 비디오 정보를 디지털 비디오 정보로 변환해주는 카드는 비디오 오버레이 카드이다. [참] [거짓]

3 멀티미디어 소프트웨어 중 프리미어, 비디오 스튜디오는 비디오 편집기이다. [참] [거짓]

4 유니코드는 문자의 각 코드 값을 16비트로 통일해 국가 간 문자의 호환성을 고려한 코드이다. [참] [거짓]

5 소리의 크기는 음압의 변화율로 나타내는데 데시벨이라는 단위를 사용하여 측정한다. [참] [거짓]

단답형/선택형 문제

1 멀티미디어 전용 비디오 카드에는 외부에서 입력된 비디오 정보와 컴퓨터 화면을 중첩해 재생하는
(   )와(과) 아날로그 비디오 정보를 디지털 비디오 정보로 변환하는 (   )이(가) 있다.

2 (   )은(는) 서로 다른 제조회사에서 만든 악기 간에 음악 정보를 교환하기 위해, 컴퓨터와 전자
악기 간에 정보를 교환하는 방식과 접속 장치의 규격을 표준화한 규약이다.

3 (   )은(는) 문자의 각 코드 값을 모두 16비트로 통일하여 전 세계 26개 언어의 문자와 특수문자
에 대한 모든 코드 값을 정의한다.

4 (   )은(는) 문자의 모양과 크기를 정의한 폰트로, 도트의 패턴인 비트맵으로 문자를 나타내기 때
문에 데이터의 크기가 크다.

5 (   )은(는) 문자의 모양을 외곽선의 벡터를 이용하여 수학적으로 계산하여 나타낸 것으로 비트
맵 폰트보다 깨끗한 표현이 가능하다.

6 사운드의 파형은 일정한 시간 간격으로 동일한 패턴이 반복적으로 나타나는데 이를 (   )(이)
라고 한다. 하나의 패턴이 나타나는 데 걸리는 시간을 (   )(이)라고 하고 1초당 주기의 수를
(   )(이)라고 한다.

7 이미지의 표현 방식에는 픽셀이라고 하는 점을 여러 개 모아 완성된 이미지를 표현하는 ( )와(과) 좌표 개념의 벡터 형태인 점, 직선, 도형으로 이미지를 표현하는 ( )이(가) 있다.

8 ( )은(는) 정지 영상의 압축과 복원 방식에 대한 국제 표준이다.

9 ( )은(는) 디지털 저작권 관리를 의미하는데, 콘텐츠 제공자의 권리와 이익을 보호하기 위한 기술이다.

10 멀티미디어 콘텐츠의 저작권 보호 기법에는 네트워크 전송 시 사용하는 암호 기법, 디지털 정보의 불법 내용 조작을 방지하는 ( ), 콘텐츠를 구입한 사용자의 정보를 콘텐츠에 삽입하여 불법 배포를 추적하는 ( ) 등이 있다.

11 멀티미디어의 특징에 대한 설명 중 틀린 것은?

① 다양한 하드웨어가 사용되지만 단일 미디어로 데이터가 전달된다.

② 정보의 제공자와 사용자 간에 쌍방향으로 정보가 전달된다.

③ 텍스트, 이미지, 사운드, 영상 등의 정보가 다양한 형태로 조합되어 전달된다.

④ 다양한 멀티미디어 데이터가 디지털 데이터로 처리된다.

12 전 세계 문자 전부를 표현할 수 있는 코드는?

① 아스키 코드   ② 확장 아스키 코드

③ EBCDIC 코드   ④ 유니코드

13 JPEG에 대한 설명 중 틀린 것은?

① 손실 압축 방식 지원   ② 무손실 압축 방식 지원

③ LZW 압축 방식 지원   ④ DCT 지원

14 다음의 MPEG 표준 중 기능이 다른 것은?

① MPEG-1   ② MPEG-2

③ MPEG-4   ④ MPEG-7

15 MP3의 압축 방식에 해당하는 MPEG 표준은?

① MPEG-1   ② MPEG-2

③ MPEG-4   ④ MPEG-21

주관식 문제 --

1 멀티미디어의 특징을 설명하시오.

2 사운드를 구성하는 세 가지 요소를 그림을 그려 설명하시오.

3 JPEG의 개념과 종류에 대해 설명하시오.

4 애니메이션의 종류를 나열하고 대표적인 작품을 예로 드시오.

5 비디오 파일 형식에는 무엇이 있는지 설명하시오.

6 DRM에 대해 설명하시오.

7 디지털 워터마킹과 디지털 핑거프린팅에 대해 각각 설명하시오.

기술, 감각, 열정이 빚어내는
멀티미디어 디자인

글 이수정
(미디어 아티스트)

멀티미디어는 1990년대부터 일반인에게 친숙한 용어가 되었다. 현재 멀티미디어는 모바일 애플리케이션, GUI 디자인, 영상 회의, 전자출판e-book, 가상현실VR, Virtual Reality, 증강현실AR, Augmented Reality 등은 물론 각종 오락, 의료, 교육, 방송 등 사회 전 분야에 걸쳐 매우 다양하게 응용되고 있다. 분야도 점점 넓어지고 있는데, 멀티미디어 분야는 IT 발전과 이에 따른 생활의 변화와 함께 지속적으로 변형되고 발전하고 있다. 이에 따라 각 대학에서도 멀티미디어 디자인학과, 영상 디자인학과 등을 신설하여 운영하고 있다. 여기에 멀티미디어 디자인의 한 분야로 모션 그래픽스도 각광받고 있다.

모션 그래픽스는 직역하면 그래픽에 움직임을 줘서 만드는 애니메이션을 말한다. 그림만 사용하는 것이 아니라 비디오 등의 영상이나 이미지, 텍스트 등을 공간에 배치하여 다양하게 연출할 수 있다는 점에서 기존 애니메이션과는 구별된다. 모션 그래픽은 광고 등에서 메시지를 전달하기 위해 다양한 시청각적 요소를 창의적으로 연출하는 데 사용한다. 따라서 모션 그래픽 디자이너는 디자인적인 감각뿐만 아니라 기술을 잘 다루는 능력도 필요하다.

모션 그래픽 제작을 위해 사용하는 응용 소프트웨어에는 2D 합성 소프트웨어인 어도비 애프터 이펙트Adobe After Effects, 애플 셰이크Apple Shake, 오토데스크 컴버스천Autodesk Combustion, 누크Nuke 등이 있다. 3D 소프트웨어로는 오토데스크 3DS 맥스Autodesk 3DS MAX, 오토데스크 마야Autodesk Maya, 오토데스크 소프트이미지 XSIAutodesk Softimage XSI, 후디니Houdini, 라이트웨이브LightWave, 시네마포디Cinema4D 등이 있다. 장비는 주로 매킨토시나 워크스테이션을 이용하지만, 하이엔드 장비인 오토데스크 프레임Autodesk Flame 등의 리눅스 기반 장비를 사용하기도 한다.

그림에 움직임을 줘서 생명력을 불어넣는 모션 그래픽 작업은 무척 매력적이다. 집중력과 긴 호흡의 제작 시간이 필요한 만큼 도전하기 쉽지 않은 분야이지만, 일단 그 매력에 빠지면 헤어날 수 없다. 풍부한 상상력과 창의력, 그림에 대한 열정이 있는 사람이라면 도전해 볼 만한 분야이다.

필자가 이 글을 쓰고 있는 바로 이 시간에도 많은 학생들이 모션 그래픽 디자이너의 꿈을 갖고 밤새 작업에 몰두하고 있으리라 생각된다. 멀티미디어 분야에서 디자인을 하고 싶다면 디자인을 전공하지 않았다 해도 크게 문제될 것은 없다. 실제로 모션 그래픽을 포함한 멀티미디어 디자인 분야에는 비전공자가 더 많다. 비전공자로서 멀티미디어 분야에 도전하려면 다양한 방법으로 미술과 디자인에 대한 식견을 넓히길 바란다. 그림은 아는 만큼 보인다는 말이 있다. 멀티미디어 디자인도 결국은 시각적으로 해석하는 일이기 때문에 그 근간에는 시각 디자인이 있다. 따라서 그림을 잘 알고 색상을 잘 사용하는 사람이 유리하다.

멀티미디어 분야에서 일하길 꿈꾸는 학생들이 가장 많이 하는 질문은 어떤 소프트웨어를 얼마나 배워야 하느냐이다. 현존하는 그래픽 관련 소프트웨어는 셀 수 없이 많다. 여러 가지 소프트웨어를 이것저것 기웃거리기보다 자신이 선택한 분야에서 꼭 필요로 하는 소프트웨어를 선택하여 집중적으로 공부하는 편이 낫다. 마지막으로 멀티미디어 디자인도 디자인 분야인 만큼 컴퓨터만이 능사는 아니다. 때로는 드로잉이나 수작업도 자신의 개성을 살릴 수 있는 한 가지 방법이 된다. 그림을 그릴 때 수채화, 유화, 연필화 등에 따라 도구가 달라지듯이 컴퓨터도 단지 하나의 도구임을 잊지 않길 바란다.

CHAPTER 11

최신 모바일 기술

21세기 기술 혁명_모바일 기술과 소셜 네트워크 서비스

학습목표

- 국내외 모바일 기술 동향을 살펴본다.
- 모바일 플랫폼의 특징과 종류를 알아본다.
- 모바일 웹 표준인 HTML5와 디바이스 API의 기술적 특징에 대해 알아본다.
- 소셜 네트워크 서비스의 특징과 유형을 알아본다.
- 모바일 기기가 사회에 끼치는 부정적 영향에 대해 알아본다.

PREVIEW

20세기의 가장 큰 기술 혁명이 '컴퓨터의 탄생'이라면

21세기의 가장 큰 기술 혁명은 '모바일 기술'이다.

20세기 말부터 폭발적으로 성장한 디지털 이동통신 분야는 3G/4G 이동통신 기술 및

와이파이 기술을 대중화시켰고, 애플의 아이폰 같은 스마트폰을 탄생시켰다.

또한 인간관계 패러다임에도 변화를 일으켜 소셜 네트워크 서비스를 대중화시켰다.

이 장에서는 대표적인 모바일 기기인 스마트폰의 시장 및 기술 동향을 알아보고

모바일 플랫폼, 모바일 웹, 소셜 네트워크 서비스의 특징과 종류를 살펴본다.

마지막으로 모바일 기기가 사회에 끼치는 부정적 영향에 대해 알아본다.

모바일mobile이란 '고정되어 있지 않고 움직이는'이라는 뜻으로, 정보통신 분야에서는 이동하며 사용 가능한 모든 통신 기기를 말한다. 모바일 기술의 발전은 우리의 생활양식을 바꾸었고, 그 결과 시간과 장소의 제약 없이 모바일 뱅킹, 모바일 게임, 모바일 영화 등의 서비스를 즐길 수 있게 되었다. 기업의 업무 방식 또한 변화하면서 모바일 비즈니스, 모바일 마케팅으로 수익을 창출하게 되었다. 이 절에서는 대표적인 모바일 기기인 스마트폰의 시장 동향과 기술 동향에 대해 알아본다.

1 스마트폰 시장 동향

스마트폰은 과거에 일부 비즈니스 계층의 전유물이었으나, 최근에는 일반 대중 사이에 빠르게 확산되고 있다. 스마트폰이 주목받는 이유는 와이파이Wi-Fi를 이용해 인터넷, 유튜브YouTube, MP3 등의 멀티미디어 서비스를 제공받을 수 있고, 앱스토어App Store를 통해 다양한 애플리케이션을 활용할 수 있기 때문이다.

스마트폰은 2004년에 RIMResearch In Motion이 출시한 블랙베리Blackberry가 미국 대도시의 사무직 종사자들에게 인기를 끌면서 보급되기 시작했다. 이후 2007년에 애플이 iOS 운영체제를 탑재한 아이폰 2G를, 2010년에 삼성전자가 안드로이드 운영체제를 탑재한 갤럭시S를 출시하면서 수요가 급증했다. 태블릿 PC는 2010년에 애플에서 아이패드를 출시했고, 같은 해에 삼성전자에서 갤럭시 탭을 출시했다. 애플과 삼성전자는 꾸준히 업그레이드 버전을 출시하며 성능과 디자인을 개선시키고 있다. 다음 그림의 (a)는 2015년에 출시된 갤럭시S6와 갤럭시 탭S2이며, (b)는 2015년에 출시된 아이폰6S와 2014년에 출시된 아이패드 에어2이다.

(a) 갤럭시S6와 갤럭시 탭S2   (b) 아이폰6S와 아이패드 에어2

그림 11-1 스마트폰

2015년 1분기를 기준으로 스마트폰 세계 시장 점유율을 살펴보면 다음 표와 같다. 삼성전자가 24.4%로 1위이며, 애플이 17.9%로 2위, 중국 기업인 레노버와 화웨이가 그 뒤를 추격하고 있다.

표 11-1 스마트폰 세계 시장 점유율 비교(2015년 1분기 기준)

순위	기업	국적	판매량(만 대)	점유율
1	삼성전자	한국	8,330	24.4%
2	애플	미국	6,120	17.9%
3	레노버	중국	2,220	6.5%
4	화웨이	중국	1,750	5.1%
5	LG전자	한국	1,540	4.5%
6	샤오미 테크	중국	1,530	4.5%
7	기타 업체	–	12,710	37.1%
합계			34,200	100%

[출처] 카운터포인트 테크놀로지 마켓 리서치, 2015년 4월

2 스마트폰 운영체제 기술 동향

스마트폰 기술의 핵심인 모바일 운영체제는 RIM의 블랙베리[1999년], 마이크로소프트의 윈도우 모바일[2003년], 노키아의 심비안[2007년], 애플의 iOS[2007년], 구글의 안드로이드[2008년]가 선도하고 있다. 국내에서는 2007년에 삼성전자가 독자적인 모바일 운영체제인 바다[Bada]를 출시했고, 이때부터 삼성전자와 LG전자가 OHA[Open Handset Alliance, 개방형 휴대폰 동맹]의 일원으로 안드로이드 개발에 참여하고 있다. 다음 표는 모바일 운영체제의 특징을 나타낸 것이다.

표 11-2 모바일 운영체제별 특징(2014년 4분기 기준)

기업	운영체제	특징	적용 단말기	점유율
구글	안드로이드	· OHA에 의해 개발된 오픈 소스형 운영체제로 시장 점유율 1위 · 오픈 소스 제공으로 소프트웨어의 양산 및 확산이 용이	갤럭시S 시리즈(삼성전자), 넥서스원(HTC), 모토로이(모토로라 모빌리티)	81.5%
애플	iOS	· 앱스토어와 아이튠즈의 파급력으로 가장 많은 앱 보유 · 안정성, 빠른 반응 속도, 사용자 중심의 인터페이스 등이 장점 · 폐쇄적인 정책으로 다른 기기와 호환은 불가능	아이폰, 아이패드	14.8%
마이크로소프트	윈도우 폰	· '윈도우 모바일'에서 2010년에 '윈도우 폰'으로 변경됨 · 라이브 타일(Live Tiles)의 UI 적용 · 허브(Hub)를 통한 통합된 서비스 제공 · 최소 사양의 공통된 OS 기능을 탑재하여 타제조사의 모델과 호환성이 우수	옴니아(삼성전자), 다이아몬드(HTC), HD2(HTC), 루미아(마이크로소프트)	2.7%
RIM	블랙베리	· 멀티태스킹 기능 지원 · 트랙볼, 트랙패드, 터치스크린 등과 같은 특화된 입력장치 지원	BOLD 9000 시리즈	0.4%

3 앱스토어 동향

스마트폰의 또 다른 주요 특징은 앱스토어 같은 애플리케이션 다운로드 서비스를 이용할 수 있다는 점이다. 앱스토어는 개방형 마켓 플레이스로 애플리케이션을 사고파는 공간이다. 국외의 대표적인 앱스토어로는 구글의 구글 플레이[Google Play], 애플의 앱스토어[App Store], 마이크로소프트의 윈도우 마켓플레이스[Window Marketplace] 등이 있으며, 국내의 경우 SKT의 티스토어[T-Store], KT의 올레마켓[Olleh Market] 등이 있다. 앱스토어 출시 초기에는 애플의 앱스토어가 등록 앱 수 및 매출 규모에서 구글 플레이를 앞섰지만 지금은 구글 플레이가 앱스토어를 앞서고 있다.

그림 11-2 앱스토어와 구글 플레이

국내외 앱스토어 현황을 살펴보면 다음 표와 같다.

표 11-3 국내외 주요 앱스토어 현황

구분	앱스토어	내용
단말 제조사	애플 앱스토어	2008년에 아이폰 3G를 출시하면서 아이튠즈의 업데이트 형태로 아이팟, 아이폰 및 아이패드를 대상으로 다운로드 서비스 제공
	심비안 오비스토어	2009년에 노키아가 자사 50여 종의 휴대폰 사용자에게 콘텐츠를 서비스하기 위하여 오픈한 앱스토어
	블랙베리 앱 월드	2009년에 RIM이 미국, 캐나다, 영국에서 오픈한 앱스토어 결제는 페이팔(PayPal)을 이용
	삼성 앱스	2009년 삼성전자가 오픈한 앱스토어 심비안, 윈도우 폰, 바다를 모두 지원
OS 업체	마이크로소프트 윈도우 마켓플레이스	2009년에 마이크로소프트가 오픈한 모바일 앱스토어
	구글 플레이	2008년에 구글이 오픈한 안드로이드용 애플리케이션 다운로드 마켓 '안드로이드 마켓'에서 2012년에 '구글 플레이'로 변경
통신 사업자	SKT 티스토어	2009년에 SKT가 오픈한 모바일 앱스토어
	KT 올레 마켓	2010년에 KT가 오픈한 모바일 앱스토어
	LG U+ 스토어	2010년에 LG U+가 오픈한 모바일 앱스토어 'OZ스토어'에서 'U+ 스토어'로 변경됨

다음 표는 애플의 앱스토어와 구글의 구글 플레이의 특징을 비교한 것이다. 앱스토어와 구글 플레이는 대부분의 항목이 비슷하지만, 애플리케이션 등록 방식이 크게 다르다. 앱스토어는 애플리케이션을 등록할 때 자체적인 검증을 거쳐 기준에 충족되지 않으면 등록할 수 없는 반면, 구글 플레이는 완전 개방이라는 특징 때문에 누구나 애플리케이션을 등록할 수 있다. 따라서 구글 플레이에서는 저품질의 애플리

케이션이 유통될 가능성이 있다. 이러한 문제점을 보완하기 위해서 구글은 15분 이내에 구입한 애플리케이션은 전액 환불받을 수 있다.

표 11-4 앱스토어와 구글 플레이의 특징

항목	앱스토어	구글 플레이
시작 연도	2008년 7월	2008년 8월
운영 주체	애플	자율적
애플리케이션 등록	애플의 허락이 필요	자율적
SDK 다운로드	등록해야 가능	누구나 등록 가능
수익 분배	콘텐츠 공급자와 애플이 7:3 비율로 분배	콘텐츠 공급자와 이동통신 사업자 비율이 7:3
애플리케이션 수(2014년 기준)	120만 개	140만 개
매출 규모(2014년 기준)	250억 달러	150억 달러

최근 모바일 시장은 기존의 이동통신 사업자 중심의 폐쇄적인 서비스 구조에서 개방적인 서비스 구조로 변화하고 있다. 모바일 서비스의 유형도 다양한 애플리케이션 기반의 데이터 서비스로 확대되고 있다. 이에 따라 모바일 플랫폼에 대한 관심이 급증하고 있다. 모바일 플랫폼의 개념, 특징, 종류에 대해 살펴보자.

1 모바일 플랫폼의 개념과 특징

모바일 플랫폼이란 모바일 운영체제를 기반으로 단말기 하드웨어에 상관없이 다양한 애플리케이션이 실행될 수 있도록 지원하는 환경을 말한다. 사용자가 콘텐츠나 애플리케이션을 단말기로 다운로드하면, 모바일 플랫폼은 각종 API를 사용하여 콘텐츠와 애플리케이션을 실행시키는 역할을 한다.

TIP API : Application Programming Interface의 약자로 운영체제와 애플리케이션(응용 프로그램)을 연결해주는 실행 환경을 말한다.

스마트폰에 탑재된 모바일 플랫폼은 크게 API를 개발자에게 제공하는 공개형과 소스 코드를 공개하는 오픈 소스open source형의 두 가지 방식으로 나눌 수 있다. 두 방식의 특징은 다음 표와 같다. 현재까지 출시된 모바일 플랫폼 중 윈도우 폰과 iOS는 공개형에 해당하고, 리모, 안드로이드, 심비안은 오픈 소스형에 해당한다.

표 11-5 **모바일 플랫폼의 특징**

구분	공개형	오픈 소스형
특징	· 라이선스 및 로열티 비용 부담 · 업체별 차별화가 어려움 · 신뢰성과 안정성 우수	· 다양한 모바일 기기에 최적화된 사용자 인터페이스와 애플리케이션 제공 가능 · 독자적인 플랫폼이 없더라도 저렴하게 애플리케이션 개발 가능 · 모바일 콘텐츠의 다양화 유도 및 시장 활성화에 기여
종류	윈도우 폰, iOS	리모, 안드로이드, 심비안

최근 모바일 시장에서는 두 방식의 모바일 플랫폼 중 소스 코드를 공개하는 오픈 소스형 플랫폼 개발이 강화되는 추세이다. 그 이유는 리눅스 기반의 오픈 소스형 플랫폼인 리모와 안드로이드가 시장에서 주목을 받고 있으며, 오픈 소스를 활용하여 다양한 모바일 기기에 활용할 수 있는 애플리케이션 개발 수요가 많기 때문이다. 또한 독자적인 플랫폼을 갖고 있지 못한 기업이라도 오픈 소스형 플랫폼을 이용하면 개발 비용을 절감할 수 있고 다양한 애플리케이션을 확보할 수 있어 매력적이기 때문이다.

모바일 플랫폼 제공업체인 애플, 마이크로소프트, 구글, 노키아 등은 자사의 모바일 플랫폼을 확산시키기 위해 소프트웨어 개발 키트^{SDK, Software Development Kit}를 무료로 공급하고 있다. 이는 자사의 모바일 플랫폼 기반의 애플리케이션을 많이 개발하여 더 많은 사용자를 확보하기 위한 상업적 전략이다.

2 모바일 플랫폼의 종류

모바일 플랫폼의 종류에는 리모 재단의 리모와 타이젠, 캐노니컬의 우분투 터치, 구글의 안드로이드, 애플의 iOS, 마이크로소프트의 윈도우 폰, 노키아의 심비안, RIM의 블랙베리 등이 있다.

2.1 리모

리모 재단^{LiMO Foundation}은 2007년 1월, 리눅스 기반의 오픈 소스 모바일 플랫폼을 제정하기 위해 삼성전자, LG전자, NEC, 보다폰^{Vodafone} 등 서른두 개 업체가 회원사로 참여하여 설립한 재단이다. 리모 재단에서는 스마트폰의 개발 기간을 줄이고 개발 비용을 절감하기 위해 개방형 리눅스 기반 오픈 소스 모바일 플랫폼인 리모^{LiMO, Linux MObile}를 개발했다. 리모는 개발 주체가 특정 기업에 종속되지 않으며, 소스 코드를 회원사에 무료로 공개하며, 기기 및 애플리케이션에 대한 개발과 배포 등이 자유롭다.

리모 플랫폼은 리눅스 커널^{linux kernel} 위에 전화, 네트워킹 등과 같은 미들웨어 계층^{middleware layer}을 제공한다. 미들웨어 계층 위에 응용 관리자, 그래픽 등을 포함한 애플리케이션/UI 프레임워크 계층^{application/UI framework layer}, 애플리케이션 엔진 계층^{application engine layer} 및 다양한 애플리케이션^{reference applications}을 정의한다.

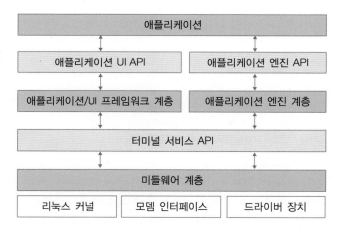

그림 11-3 **리모 플랫폼 구조**

리모 플랫폼은 2008년에 릴리즈 1[R1, Release 1], 2009년에 릴리즈 2, 2010년에 릴리즈 3 버전을 발표했다. 릴리즈 1을 적용한 스마트폰은 리모 회원사를 중심으로 출시되었으며, 삼성전자는 릴리즈 2를 적용한 360H1 모델 스마트폰을 보다폰[Vodafone]에 공급하였다.

2.2 타이젠

타이젠[Tizen]은 2011년 9월에 리모 재단이 발표한 HTML5 기반의 오픈 소스 모바일 운영체제이다. 타이젠의 가장 큰 특징은 스마트폰뿐만 아니라 태블릿 PC, 카메라, 노트북 등 다양한 기기에 적용할 수 있는 개발 환경을 지원한다는 점이다. 그러나 이러한 특징에도 불구하고 개발한 이후에 상용화 계획이 계속해서 늦춰지면서 타이젠 진영에 가세했던 통신사들의 이탈이 가속화되었고 회의론적인 시각이 대두되는 등 진통이 많았다.

그러다 삼성전자가 2013년에 스마트 카메라인 NX2000에 타이젠을 적용하였고, 2014년에 스마트 워치인 기어2/기어S에 타이젠을 적용하여 출시하면서 분위기를 반전시켰다. 2016년에는 타이젠을 탑재한 스마트폰으로 Z1을 출시할 계획이 알려지면서 기대감을 부추기고 있다. 현재 타이젠은 애플이나 구글에 맞서 독자적인 생태계를 구축할 것이라는 의견과 그렇지 못하고 실패할 것이라는 의견이 맞서고 있는 상황이다.

2.3 우분투 터치

우분투 터치[Ubuntu Touch]는 2011년에 영국의 리눅스 솔루션 업체인 캐노니컬[Canonical Ltd]이 발표한 스마트폰, 태블릿 PC, TV 등을 위한 리눅스 기반 모바일 플랫폼이다. 우분투 터치의 가장 큰 장점은 타이젠과 마찬가지로 다양한 모바일 기기에 적용할 수 있다는 점이다. 뿐만 아니라 설치 후 성능이 지속적으로 유지된다는 점도 자랑거리이다. 2015년에 중국의 스마트폰 제조업체인 메이주[Meizu]는 우분투 터치를 탑재한 스마트폰 MX4 우분투 에디션[Ubuntu Edition]을 개발하였다.

TIP 우분투라는 말은 남아프리카공화국의 건국 이념인 '우분투 정신'에서 시작되었다. 우분투는 '네가 있으니 내가 있다'라는 의미로, 다른 사람을 위한 인간애(humanity towards others)를 담고 있다.

2.4 안드로이드

한동안 인터넷 광고 시장에 주력했던 구글[Google]이 2005년 7월에 레큐와이어리스[Reqwireless]라는 모바일 브라우저 회사를 인수하고, 2005년 8월에는 안드로이드[Android. Inc.]라는 모바일 소프트웨어 회사를 인수했다. 이후 2007년 11월에는 이동통신 사업자, 단말기 제조사, 소프트웨어 공급업체, 반도체 제조사 등 마흔일곱 개의 모바일 관련업체가 참여하는 개방형 휴대폰 동맹인 OHA[Open Handset Alliance]를 결성하고, 리눅스를 기반으로 하는 안드로이드[Android]를 발표했다.

안드로이드 플랫폼은 다음 그림과 같이 리눅스 커널[linux kernel]을 기반으로 시스템 서비스를 제공하고, 커널 위에 라이브러리[libraries]와 안드로이드 런타임[android runtime]을 포함한다. 라이브러리 상위 계층에 애플리케이션 프레임워크application framework와 애플리케이션applications을 제공한다.

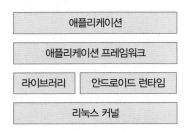

그림 11-4 안드로이드 플랫폼 구조

안드로이드의 전체 구조는 구글 및 OHA^{Open Handset Alliance, 개방형 휴대폰 동맹}의 주도로 개발되었다. 플랫폼에 포함되어 있는 라이브러리는 안드로이드 버전 1.0인 아스트로Astro, 2008년, 1.1인 벤더Bender, 2009년를 시작으로 6.0인 마시멜로Marshmallow, 2015년까지 지속적으로 업그레이드되고 있다.

안드로이드는 개발자가 애플리케이션을 쉽게 개발하여 시험할 수 있도록 소프트웨어 개발 키트SDK도 함께 제공한다. 이 키트는 가상 실행 환경을 제공하기 때문에 실제로 단말기가 없어도 애플리케이션을 개발하여 시험할 수 있다. 안드로이드 플랫폼을 탑재한 스마트폰은 2009년부터 지속적으로 출시되고 있다.

2.5 iOS

애플은 iOS를 기본 모바일 플랫폼으로 사용하고 있다. iOS 플랫폼은 다음 그림과 같이 코어 운영체제 Core OS, 코어 서비스Core Service, 미디어Media, 코코아 터치Cocoa Touch로 구성되어 있다.

- **코어 운영체제** : 커널 API를 제공하고, 메모리, 프로세스, 파일 시스템, 네트워크, 하드웨어 드라이브 등을 관리한다.
- **코어 서비스** : 파일 입출력, 데이터 타입, 소켓 등에 관련된 서비스를 제공한다.
- **미디어** : 비디오, 오디오, 그래픽, 애니메이션 등의 API를 제공한다.
- **코코아 터치** : 아이폰 애플리케이션 개발의 기본이 되는 Foundation각종 클래스 제공 및 UIKit사용자 인터페이스 제어에 관련된 API를 제공한다.

그림 11-5 iOS 플랫폼 구조

iOS는 처음에는 OS X으로 불리다가 2010년 6월부터 공식적으로 iOS로 변경되었다. iOS의 역사를 살펴보면 2007년 6월에 iOS 1.0이 탑재된 아이폰 2G가 출시되었고, 이후 2008년 7월에 iOS 2.0, 2009년 7월에 iOS 3.0, 2010년 6월에 iOS 4.0, 2015년 9월에 iOS 9.0으로 업그레이드됐다.

iOS는 아이폰iPhone, 아이팟 터치iPod touch, 아이패드iPad에 동일하게 사용되기 때문에 동일한 소프트웨어 개발 키트SDK를 이용하여 애플리케이션을 개발할 수 있다. 아이폰 소프트웨어 개발 키트는 스티브 잡스에 의해 2007년 10월에 발표되었고, 2008년 3월에 정식으로 배포되었다.

2.6 윈도우 폰

윈도우 폰은 마이크로소프트의 모바일 운영체제이다. 윈도우 폰의 최초 버전인 윈도우 폰 7은 2010년 하반기에 미국 및 유럽 지역에 출시됐다. 이후 윈도우 폰 8과 윈도우 폰 8.1이 출시되었으며, 2015년 11월 스마트폰 등 모바일 기기의 종류에 관계없이 사용할 수 있는 통합 플랫폼인 윈도우 10 모바일이 출시되었다. 윈도우 10 모바일을 적용한 스마트폰에는 루미아 950이 있다.

윈도우 폰은 라이브 타일live tiles이라는 사용자 인터페이스를 적용하여 화면이 한눈에 들어오도록 하였고, 허브hub를 이용하여 응용 프로그램들의 기능을 통합할 수 있도록 했다. 또한 게임 콘솔인 엑스박스 라이브Xbox Live와 준 엠피쓰리 플레이어Zune MP3 Player, 검색엔진인 빙Bing이 탑재되어 있다. 윈도우폰 애플리케이션은 실버라이트Silverlight와 닷넷.NET 등을 사용하여 개발할 수 있다. 마이크로소프트는 앱스토어로 윈도우 마켓플레이스를 운영하고 있다.

2.7 심비안

1998년에 노키아, NTT 도코모Docomo, 소니 에릭슨Sony Ericsson 등 이동통신 장비업체들은 심비안 재단 Symbian Foundation을 창립하여 심비안Symbian 플랫폼을 개발했다. 이후 2010년 2월에 공개형에서 오픈 소스형으로 전환했는데, 당시 발표된 심비안^3은 완전한 오프 소스 플랫폼으로 고화질 멀티미디어 인터페이스HDMI, High Definition Multimedia Interface 기능을 지원하고 새로운 2D/3D2Dimension/3Dimension 그래픽 구조를 가지고 있었다.

2010년 하반기에 발표된 심비안^4는 새로운 사용자 환경을 채택했으며, 다중 프로세서, VoIP 애플리케이션, 인터넷 라디오, LTE, 블루투스 3.0 등을 지원했고, HTML5를 사용할 수 있는 브라우저를 제공했다. 심비안은 오픈 소스형으로 전환될 당시 시장 점유율이 세계 1위였으나 안드로이드와 iOS의 강세로 시장 점유율이 급격히 떨어졌다.

TIP 고화질 멀티미디어 인터페이스(HDMI) : 압축되지 않은 풀 디지털 오디오와 비디오 신호를 통합하여 전송할 수 있는 초고속 멀티미디어 인터페이스이다.

2.8 블랙베리

RIM의 블랙베리^{Blackberry}는 미국에서 업무용 스마트폰으로 인기가 높은 블랙베리 폰에 사용되는 모바일 플랫폼이다. 회사 내의 전자메일 시스템과 연동하여 업무 메일을 확인할 수 있고 전 세계 블랙베리 사용자 간에 통신을 할 수 있다는 장점 때문에 미국에서는 한때 심비안 다음으로 많이 사용되기도 했다.

블랙베리 개발 도구로는 자바 및 위젯^{widget} 소프트웨어 개발 키트가 있다. 특히 블랙베리 위젯은 HTML^{Hyper Text Markup Language}, CSS^{Cascading Style Sheet}, 자바스크립트^{JavaScript} 등 웹 애플리케이션 개발 기술을 이용하여 전자메일, 캘린더, 문서 편집 등의 기능을 수행하는 애플리케이션을 제작할 수 있다. 그러나 이러한 특징에도 불구하고 블랙베리는 심비안과 마찬가지로 안드로이드와 iOS의 강세로 시장 점유율이 급격히 떨어지고 있다.

모바일 웹

모바일 웹^{mobile web}은 스마트폰 같은 모바일 단말기에서 웹 서비스를 제공하는 기술이다. 초기에는 모바일 단말기에서도 PC에서 인터넷 사이트를 보는 것과 같이 동일한 화면을 볼 수 있도록 풀 브라우징 full browsing 웹 서비스를 제공했다. 하지만 요즘은 위치 기반 서비스나 소셜 네트워크 서비스^{SNS} 등 모바일 환경에 최적화된 웹 서비스를 제공하는 형태로 발전하고 있다. 최근에 HTML5^{Hyper Text Markup Language 5}, 디바이스 API^{Device API} 등 차세대 웹 응용 표준으로 불리는 새로운 모바일 표준이 만들어짐에 따라 더욱 강력한 서비스를 제공하고 있다.

그림 11-6 **모바일 웹으로 길 찾기 [01]**

1 HTML5

기존에 웹 페이지를 만들려면 HTML이나 XHTML 같은 프로그래밍 기술을 사용했다. 그러나 HTML은 단순하지만 확장이 어려웠고, XHTML^{Extensible Hypertext Markup Language}은 확장은 쉽지만 지나치게 복잡했다. 이에 대한 대응책으로 새로운 마크업 언어를 개발하기 위해 2004년 6월에 관련업계 전문가들이 모여 WHATWG^{Web Hypertext Application Technology Working Group}를 구성했다. 이 워킹 그룹에서는 단순하면서도 다양한 웹 페이지 제작에 효과적으로 사용할 수 있고 확장도 쉬운 HTML5 표준안 1.0을 만들었다. 이후 2007년부터 W3C^{World Wide Web Consortium}가 WHATWG의 결과물을 인계받아 HTML5 개발을 진행하였다. 그리고 2014년 10월에 최종 표준안을 발표했다.

그림 11-7 **HTML5 로고**

HTML5 표준은 다양한 API를 제공하고, 보다 손쉽게 비디오와 오디오 데이터를 처리하며, 내장 스토리지와 데이터베이스를 사용하는 등 효과적으로 웹 페이지를 개발할 수 있는 기능을 지원한다. HTML5의 설계 원칙은 다음과 같다.

- 호환성 : 기존의 HTML 문서 및 브라우저와 호환이 되어야 한다.
- 독립성 : 구현할 때 발생하는 문제점을 독립적으로 구분하고 독립적으로 해결할 수 있어야 한다.
- 오류 처리 : 오류 처리 방법을 반드시 제시해야 한다.
- 접근성 : 전 세계 언어를 지원하고 웹 접근성을 보장해야 한다.

HTML5는 기술적으로는 크게 시맨틱 마크업$^{semantic\ markup}$ 부분과 API$^{Application\ Programming\ Interface}$ 부분으로 나눌 수 있다. 시맨틱 마크업 부분에서는 기존 HTML4보다 훨씬 더 명확하게 의미를 표현할 수 있도록 마크업 기능이 추가되었다. 그로 인해 웹폼$^{web\ form}$, SVG$^{Scalable\ Vector\ Graphic}$, 비디오/오디오의 미디어 요소^{elements} 등의 웹 콘텐츠 기반의 다양한 표현이 가능해졌다. API 부분에서는 웹 기반 응용 서비스 개발을 지원하기 위해 HTML4에서 없었던 지리적 정보 표준^{geolocation}, 웹 SQL 데이터베이스, 웹 소켓$^{web\ socket}$, 웹 워커$^{web\ worker}$ 등의 기능이 추가되었다. HTML5가 기존의 HTML4에 비해 추가된 특징은 다음과 같다.

- 서로 다른 도메인 간에도 메시지 송수신을 할 수 있다.
- 태그 하나로 오디오 및 비디오 파일을 실행할 수 있다.
- 자바스크립트로 동적 그래픽을 생성할 수 있다.
- 캔버스에 텍스트 표현을 할 수 있다.
- 페이지에 파일을 드래그 앤 드롭할 수 있다.
- 웹 페이지를 캐시에 저장해서 오프라인으로 작업할 수 있다.
- HTML 문서에서 SVG 기능을 이용할 수 있다.

2 디바이스 API

모바일 단말기에서 웹 서비스를 제공하는 데 가장 큰 제한은 단말기의 하드웨어를 제어할 수 없다는 점이다. 일반 PC에서 인터넷을 사용할 때와 달리 모바일 단말기에서는 사용 플랫폼의 제약이 크고 단말기의 기능을 다양하게 활용할 수 없다. 디바이스 API$^{Device\ API}$는 이에 대한 해결책으로 제안된 기술로, 모바일 단말기의 하드웨어 자원, 예를 들어 GPS, 센서, 주소록, 일정, 카메라 제어, 배터리 정보, 갤러리, 파일 시스템 등에 접근할 수 있도록 하는 API 표준이다. 디바이스 API 표준의 종류는 다음 표와 같다. 보안에 대비한 추가 표준안은 개발 중이다.

표 11-6 디바이스 API 표준의 종류

종류	설 명	개발기관
애플리케이션 론처 (application launcher)	디바이스에 설치된 애플리케이션 접근 API	한국전자통신연구원
콘택트 (contact)	디바이스 주소록 접근 API	프랑스 텔레콤
갤러리 (gallery)	디바이스 내 미디어 갤러리 접근 API	한국전자통신연구원
미디어 캡처 (media capture)	디바이스 내 오디오, 이미지, 비디오 접근 API	인텔, 노키아, 도이치 텔레콤
메시징 (messaging)	디바이스 내 SMS/MMS/email 접근 API	텔레포니카, 오페라 소프트웨어, 에릭슨
파워박스 (powerbox)	사용자 개인 리소스를 브라우저에서 요청하기 위한 웹 기반 전달 API	구글
시스템 인포메이션 (system Information)	디바이스의 기본 속성(배터리 용량, 네트워크 대역폭, CPU 부하 등)에 대한 API	인텔, 오페라 소프트웨어

[출처] wonsuk73.com/19

다음 그림은 디바이스 API의 개념을 보여준다.

그림 11-8 **디바이스 API의 개념** [02]

소셜 네트워크 서비스

우리는 인터넷에서 모르는 사람과 만나 친구가 되기도 하고, 심지어 평생의 반려자를 만나 결혼하기도 한다. 이렇듯 인터넷에서 개인 정보를 바탕으로 타인과 상호 교제하는 서비스를 소셜 네트워크 서비스 social network service 또는 줄여서 SNS라고 한다. SNS의 소셜social은 공동체를 의미하고, 네트워크network는 상호 간에 연결된 관계망을 의미하며, 서비스service는 이러한 것이 가능하도록 기반을 만들어주는 것을 의미한다. SNS는 처음에 인터넷에서 시작했으나 모바일 기술이 발전하면서 요즘은 주로 모바일 단말기에서 이용한다.

1 소셜 네트워크 서비스의 개념과 특징

IT 분야의 리서치 및 자문 회사인 가트너Gartner, Inc.는 2011년에서 2012년 사이에 10대 전략 기술 중 하나로 소셜 기술social technology을 선정했다. 그러나 소셜 네트워크social network 또는 소셜 컴퓨팅social computing은 개념이 명확히 정립된 기술 분야로 보기는 힘들고, 사람과 사람 간의 관계를 기반으로 한 다양한 기술이 묶여 서비스 형태로 드러난 것이라 할 수 있다.

다음은 보이드와 엘리슨Danah M. Boyd & Nicole B. Elison, 2008이 SNS에 대해 정의한 내용이다.

> 웹에 기반을 둔 특정 시스템 내에서 개인의 정보를 공개 또는 반공개적으로 제공하거나 받을 수 있고, 서로 접속하고 있는 다른 사용자들의 목록을 형성할 수 있으며, 시스템 안에서 다른 사람들을 관찰할 수 있는 웹 기반 서비스이다.

이를 조금 더 쉽게 설명하면 '사이트 내 회원들이 서로 친구를 소개하거나 공통 관심사를 가진 사람들끼리 친구가 되는 등 새로운 인간관계를 맺을 목적으로 만들어진 커뮤니티형 사이트 또는 서비스'로 정의할 수 있다. 즉 SNS는 사용자 간의 자유로운 의사소통과 정보 공유 그리고 인맥 확대 등을 통해 사회적 관계를 생성하고 유지하고 강화시켜 주는 온라인 서비스이다.

SNS의 특징은 다음과 같다.

- 서버 중심으로 서비스가 실행되고 포털이 정하는 정책에 따라 사용 방식이 결정된다.
- 사용자의 콘텐츠 소유권이 제한적으로 인정된다.
- 온라인 커뮤니티의 확장으로 볼 수 있으며, 웹 기반의 정적static 소셜 관계를 기반으로 하기 때문에, 미리 정해진 개별 취미와 친밀도 위주의 서비스를 제공한다.
- 웹에서 모바일 기기로 영역이 변경 및 확장되고 있다.

SNS의 특징 중 '웹에서 모바일 기기로의 영역 변경 및 확장'은 사람들로 하여금 실시간으로 서로의 기쁨, 즐거움, 정보를 공유할 수 있게 한다. 이것은 엔터테인먼트, 검색, 방송, 커머스 등 다양한 서비스와 직접 연동되어 새로운 수익 모델을 만들기도 한다.

2 소셜 네트워크 서비스의 종류

SNS는 포털 사이트나 커뮤니티 사이트 같은 업체가 사용자의 가입을 받아, 사용자 간 관계를 맺어주거나 그룹을 만들어 관리해주는 서비스 형태로 제공된다. 우리나라에서는 이미 2000년대부터 싸이월드cyworld나 각종 포털 사이트의 블로그blog 등을 통해 서비스되고 있었지만, 2004년에 미국에서 개설한 페이스북facebook을 계기로 폭발적으로 성장하였다.

2.1 페이스북

페이스북facebook은 2004년 2월 당시 하버드대 학생이었던 마크 엘리엇 저커버그Mark Elliot Zuckerberg가 '더 페이스북TheFaceBook'이라는 이름으로 시작한 SNS이다. 같은 해 6월 저커버그는 캘리포니아 주의 팔로알토Palo Alto로 회사를 옮긴 뒤 페이팔paypal의 공동 창립자인 피터 디엘Peter Thiel로부터 첫 투자를 받았다. 이후 2005년에 도메인 이름을 facebook.com으로 변경하고 지금의 페이스북 토대를 마련했다. 페이스북은 현재 세계에서 가장 큰 규모의 SNS로 전 세계 76개국 언어를 제공하며 이용자 수는 2015년 3분기를 기준으로 15억 명을 넘어섰다.

페이스북이 다른 SNS와 다른 점은 실명으로 가입한다는 점이다. 또한 얼굴 사진을 게재하도록 하는 점도 특징이다. 이밖에도 프로필 란에 거주지, 생년월일, 성별, 출신 학교, 근무처, 신앙 및 정치관, 사용 언어 등의 항목을 두고 있다. 다른 SNS에 비해 입력해야 하는 내용이 상세한 편이다. 그 이유는 페이스북이 학교나 회사 등 실제 사회에서의 인간관계를 중심으로 한 교류 사이트이기 때문이다. 사용자들은 13세 이상이면 공통의 관심사를 가진 사용자 그룹에 누구든지 가입할 수 있으며, 이 그룹은 직장, 학교 등과 같은 특성으로 분류된다.

페이스북의 폭발적 성장은 바로 관계를 사용하는 서비스라는 점에 기인한다. 한때 페이스북의 가입자 수가 정체되고 기존 사용자의 방문 횟수도 줄었을 때, 그들은 사람들의 자산이라 할 수 있는 인간관계를 공개함으로써 외부 개발업체가 이를 사용할 수 있게 했다. 이를 바탕으로 많은 소셜 응용 프로그램들이 개발되었고, 사용자들은 이런 소셜 응용 프로그램을 사용하기 위해 다시 페이스북을 방문하게 되었다.

그림 11-9 페이스북 창업자인 저커버그(왼쪽)와 페이스북의 초기 화면(오른쪽) [03]

일부에서는 페이스북 사용자의 개인 정보가 인터넷에 공개되는 것을 우려하기도 한다. 이에 대해 페이스북 측은 개인 정보의 공개 수준을 설정할 수 있기 때문에 문제가 없다고 대응했다. 그러나 여전히 페이스북 비평가들은 페이스북이 사용자들을 자아도취에 빠지게 하며, 시간을 낭비하게 만들어 강박 상태에 놓이게 하며, 개인의 사생활을 침해할 수 있다고 문제 삼았다.

이에 대해 2011년에 미국 연방무역위원회^{FTC, Federal Trade Commission}는 조사를 진행했고, 페이스북이 사용자의 동의 없이 광고주에게 개인 정보를 넘긴 사실을 밝혀냈다. 이를 해결하기 위해 미국 연방무역위원회는 페이스북 측에 향후 20년간 외부기관의 정기 감사를 받도록 했다. 현재, 중국, 베트남, 이란 등 일부 국가는 종교 또는 정치적인 이유로 페이스북을 전적으로 또는 간헐적으로 차단하고 있다.

2.2 트위터

팟캐스트 서비스 업체인 오비어스^{Obvious}의 최고경영자 에번 윌리엄스^{Evan Williams}는 임직원들과 새로운 사업에 대해 회의를 하다가 '어린이 소그룹에서 일어나는 일을 알려주는 단문 문자 메시지 서비스'를 생각해 냈고 이 서비스를 트위터^{twitter}로 만들었다. 서비스 이름은 휴대폰 진동에 착안하여 '씰룩거리다, 경련이 일어나다'라는 뜻을 가진 트위치^{twitch}로 붙이려 하였지만 어감이 좋지 않다는 의견이 있어 '새가 지저귀다'라는 뜻을 가진 '트위터^{twitter}'로 정해졌다.

트위터는 2006년 7월부터 본격적으로 서비스를 시작했으며, 2007년 미국 텍사스 주 오스틴에서 개최된 사우스 바이 사우스웨스트 페스티벌^{SXSW, South by Southwest festival}의 웹 부문 수상을 계기로 세상에 알려지기 시작했다. 트위터 사용자 수는 2015년 3분기를 기준으로 3억 700만 명 수준이다. 사용자 중에는 기업이나 단체, 저명한 정치가나 아티스트 등도 많다.

트위터는 다수의 사용자가 참여하는 커뮤니케이션 네트워크지만, 일반적인 SNS와는 다른 점이 많다. 그중 하나가 트윗twit으로 불리는 140자 이내의 단문을 입력하는 서비스이다. 한 번에 입력하는 글자 수가 많지 않으므로 전 세계 이용자와 짧은 글로 대화를 주고받을 수 있다. 실시간 대화라고 봐도 될 정도로 이야기가 오가기 때문에, 누군가가 시작한 이야기가 급속히 퍼져 세계적인 이슈가 되기도 한다. 각 사용자의 트윗은 최신 3,200건만 저장된다.

트위터에서는 사용자끼리 팔로우follow라는 형태로 연결되는 점도 독특하다. 팔로우란 흥미 있는 내용을 투고하는 사용자의 트윗을 계속 수신하는 서비스로, 팔로우하면 그 사용자의 트윗이 자신의 팔로우 리스트에 표시된다. 이는 페이스북과는 달리 서로 친구 관계를 형성하는 것이 아니기 때문에 팔로우를 할 때 친구 신청을 하거나 승인받을 필요가 없다. 팔로우는 친구 관계를 형성하는 방식이 아니라, RSS^{Really Simple Syndication}나 메일 매거진을 일방적으로 구독하는 것에 가까운 방식이다. 이러한 개념을 바탕으로 수많은 팔로우를 거느린 정보 생산자의 메시지는 리트윗retweet을 통해 빠른 속도로 전파된다.

한편, 트위터에서는 사용자끼리 서로 대화하는 방법이 갖춰져 있으며, 팔로우한 사용자끼리는 직접 메시지를 교환할 수 있는 다이렉트 메시지 기능도 있다. 또한 해시 태그hash tag라는 기능을 통해 특정 테마에 관한 불특정 다수의 트윗을 추출할 수 있다. 이를 통해 많은 사용자들이 트위터를 정보 수집에 사용하기도 한다. 그러나 트위터는 페이스북과 마찬가지로 보안 취약 문제와 개인 정보 유출 문제를 숙제로 안고 있다.

그림 11-10 트위터의 창업자인 에번 윌리엄스(왼쪽)와 트위터의 초기 화면(오른쪽) [04]

2.3 구글 플러스

구글은 2007년 10월에 웹사이트 개발자들이 다양한 애플리케이션을 손쉽게 추가할 수 있도록 도와주는 표준 오픈 플랫폼인 오픈 소셜open social을 발표하면서 SNS 사업을 시작했다. 그러나 대내외적인 경쟁사에 밀려 성과가 매우 부진하였다. 이후 지메일gmail을 기반으로 하는 버즈buzz를 발표하여 SNS 시장을 확보하려는 노력을 계속했지만 성공하지 못한 채로 2011년에 서비스를 종료했다. 이어서 2011년 6월에 구글의 창업자인 래리 페이지Larry Page가 구글 플러스Google+, Google Plus, G+를 웹사이트와 모바일 기기에서 사용할 수 있도록 했다.

구글 플러스는 페이스북과 트위터의 장점을 모아 보다 강력한 서비스를 제공한다. 커뮤니티 기능인 서클circle은 사용자들을 관심사나 전문성에 따라 카테고리별로 나누어 지인들과 정보를 공유할 수 있도록 해준다. 또한 중요한 지인의 소식이 게시될 때마다 알려주는 기능을 갖추고 있어 지인 관계 관리에도 도움을 준다. 그 외에도 지도의 길 찾기 정보나 뉴스매체의 속보를 언제 어디서나 쉽게 공유할 수 있도록 하며, 오랫동안 연락이 닿지 않았던 친구나 동료를 검색하여 쉽게 찾을 수 있도록 돕는다.

 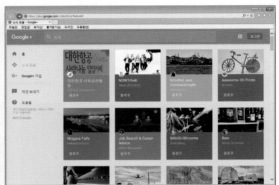

그림 11-11 **구글의 창업자인 래리 페이지(왼쪽)와 구글 플러스의 초기 화면(오른쪽)** [05]

2.4 위치 기반 소셜 서비스

스마트폰의 사용이 보편화되면서 사용자의 위치 정보를 쉽게 알 수 있게 되었다. 위치 정보를 켜놓고 페이스북이나 트위터에 글을 올리면 자신의 위치가 표시되는데, 이를 위치 기반 소셜 서비스라고 한다.

포스퀘어Foursquare는 2009년에 데니스 크롤리Dennis Crowley와 나빈 셀바두라이Naveen Selvadurai가 만든 위치 기반 소셜 서비스이다. GPS로 자신의 위치를 실시간으로 확인하여 친구들과 공유하는 형태인데, 사용자는 자신의 모바일 기기의 앱 또는 단문 메시지를 이용해 방문한 장소 또는 참석하는 이벤트 등에 체크인을 하고 사진과 글 그리고 함께 한 사람을 태그하여 그 장소에서 자신만의 추억을 남길 수 있다. 포스퀘어에 등록되어 있지 않은 장소는 직접 등록하기도 한다. 포스퀘어 사용자 수는 2015년 4월을 기준으로 약 5천 5백만 명이고 가입 업체는 약 7천만 개이다.

그림 11-12 **포스퀘어 서비스 화면**

국내의 위치 기반 소셜 서비스로는 2010년부터 서비스 중인 씨온^{SeeOn}이 있다. 씨온은 누적 사용자 정보를 기반으로 원하는 곳의 위치를 정확히 찾아주고 사용자 간의 정보 공유를 쉽게 할 수 있도록 해준다. 2014년 8월을 기준으로 약 5백만 명의 사용자를 보유하고 있다.

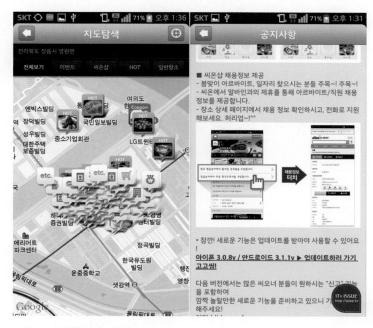

그림 11-13 **씨온 서비스 화면**

모바일 기기의 사회적 영향

모바일 기기는 일상생활 곳곳에 사용되면서 더 이상 없어서는 안 될 도구가 되었다. 아침에 일어나면 스마트폰으로 날씨와 뉴스를 확인하고, 운전할 때는 내비게이션을 사용하여 원하는 장소를 찾아간다. 영화 감상, 인터넷 쇼핑 등 예전에는 컴퓨터를 켜야만 가능했던 일들도 이제는 스마트폰이나 태블릿 PC로 즐긴다. 그러나 이렇게 빠르고 편리한 모바일 기기가 우리의 정신과 신체에 부정적인 영향을 미치기도 한다. 대표적인 예로 디지털 치매와 스마트폰 중독 문제가 있다.

1 디지털 치매

디지털 치매digital dementia란 모바일 기기의 과도한 사용으로 뇌 기능이 손상되어 어느 순간부터 인지 기능을 상실하는 질병을 말한다. 일반적으로 알려진 치매는 기억력 감퇴는 물론 언어 능력, 이해력, 판단력, 사고력 같은 인지 기능의 장애로 정상적인 생활이 힘든데 반해 디지털 치매는 단순히 기억력만 감퇴된다. 단, 디지털 치매가 심해지면 치매로 발전할 수 있고 우울증을 불러와 통제력을 잃거나 사회성을 떨어트릴 수 있으므로 주의해야 한다.

디지털 치매를 예방하려면 뇌에 지속적으로 지적 자극을 주어야 한다. 가급적 내비게이션 사용을 자제하고 길을 외워서 운전하는 것이 좋다. 또한 지인에게 전화를 할 때도 번호를 기억해 직접 입력하는 것이 좋다. 악기를 다루거나 스포츠 활동을 하고 가족이나 친구들과 함께 보내는 시간을 늘리는 것도 좋은 방법이다.

그림 11-14 디지털 치매 [06]

2 스마트폰 중독

사회가 발전하면서 중독에 대한 개념이 도박, 쇼핑, 인터넷, 스마트폰 등으로 확장되고 있다. 한국정보화진흥원NIA은 인터넷 중독을 '인터넷의 과다한 사용으로 스스로 자제하지 못하고 이를 끊으면 금단 현상이 나타나 일상생활 자체가 어려운 상태'라고 정의하였다. 스마트폰 중독 역시 '스마트폰의 과다한 사용으로 스스로 자제하지 못하고 이를 끊으면 금단 현상이 나타나 일상생활 자체가 어려운 상태'를 말한다.

스마트폰 중독자가 되면 스마트폰이 없으면 불안감을 느끼고 자력으로 아무것도 할 수 없을 것 같은 심리적 공황 상태에 빠진다. 최근 게임 중독자 수 역시 매우 큰 폭으로 증가하고 있는데, 스마트폰 중독과 무관해 보이지 않는다. 전 세계적으로 스마트폰 중독 현상은 기억력 장애, 주의력 결핍 장애, 집중력 장애를 가진 어린이와 청소년을 양산하고 있다.

미래창조과학부가 발표한 〈2014년 인터넷 중독 실태 조사〉 결과를 보면 스마트폰을 사용하는 청소년 및 성인 중 14.2%(450만 명)가 스마트폰 중독 위험군으로 나타났다. 연령별로는 10대가 29.2%, 20대가 19.6%, 30대가 11.3%, 40대가 7.9%, 50대가 4.8%로 청소년의 중독 현상이 가장 심각한 것을 드러냈다. 청소년이 스마트폰 중독에 빠지는 원인으로는 내성이 생겨서 끊을 수 없다가 45.7%, 스마트폰이 없으면 일상생활에 장애가 있다가 38.3%, 스마트폰을 끊으면 금단 현상이 생긴다가 33.9%, 스마트폰에서 제공하는 가상 세계를 지향한다가 23.4% 순이었다.

스마트폰 중독은 일반 질병과 마찬가지로 치료보다 예방이 더 중요하다. 특히 부모들은 청소년 자녀들과 스마트폰 중독의 유해성에 대해 진지하게 토론하는 시간을 갖는 것이 필요하다. 아울러 사람과 사람의 직접적인 관계를 통해 서로 대화하고 공유하는 소중함을 알 수 있도록 하는 것이 중요하다.

그림 11-15 **스마트폰 중독** [07]

1 스마트폰의 성장 배경

스마트폰은 과거에 일부 비즈니스 계층의 전유물이었으나, 최근에는 일반 대중 사이에 빠르게 확산되고 있다. 그 이유는 와이파이$^{Wi-Fi}$를 이용해 인터넷, 유튜브^{YouTube}, MP3 등의 멀티미디어 서비스를 제공받을 수 있고, 앱스토어$^{App\ Store}$를 통해 다양한 애플리케이션을 활용할 수 있기 때문이다.

2 스마트폰 운영체제

RIM의 블랙베리, 마이크로소프트의 윈도우 폰, 노키아의 심비안, 애플의 iOS, 구글의 안드로이드 등이 있다.

3 앱스토어와 구글 플레이의 차이점

앱스토어는 애플리케이션을 등록할 때 자체적인 검증을 거쳐 기준에 충족되지 않으면 등록을 막는 반면, 구글 플레이는 완전 개방이라는 특징 때문에 누구나 애플리케이션을 등록할 수 있다.

4 모바일 플랫폼

- 정의 : 모바일 운영체제를 기반으로 단말기 하드웨어에 상관없이 다양한 애플리케이션들이 실행될 수 있도록 지원하는 환경을 말한다.
- 구현 방식 : API를 개발자에게 제공하는 공개형과 소스 코드를 공개하는 오픈 소스$^{open\ source}$형이 있다.
- 종류 : 리모 재단의 리모와 타이젠, 캐노니컬의 우분투 터치, 구글의 안드로이드, 애플의 iOS, 마이크로소프트의 윈도우 폰, 노키아의 심비안, RIM의 블랙베리 등이 있다.

5 모바일 웹

- 정의 : 스마트폰 같은 모바일 단말기에서 웹 서비스를 제공하는 기술이다.
- 표준 기술 : 웹 페이지를 만들기 위해 사용하는 HTML의 최신 규격인 HTML5와 모바일 단말기의 하드웨어 자원에 접근할 수 있도록 돕는 디바이스 API가 있다.

6 소셜 네트워크 서비스

- 정의 : 인터넷에서 개인 정보를 바탕으로 타인과 상호 교제하는 서비스이다.
- 종류 : 페이스북, 트위터, 구글 플러스, 포스퀘어 등이 있다.

7 소셜 네트워크 서비스의 특징

- 서버 중심으로 서비스가 실행되고 포털이 정하는 정책에 따라 사용 방식이 결정된다.
- 사용자의 콘텐츠 소유권이 제한적으로 인정된다.
- 온라인 커뮤니티의 확장으로 볼 수 있으며, 웹 기반의 정적^{static} 소셜 관계를 기반으로 하기 때문에, 미리 정해진 개별 취미와 친밀도 위주의 서비스를 제공한다.
- 웹에서 모바일 기기로 영역이 변경 및 확장되고 있다.

8 모바일 기기의 사회적 영향

- 디지털 치매 : 모바일 기기의 과도한 사용으로 뇌 기능이 손상되어 어느 순간부터 인지 기능을 상실하는 질병을 말한다.
- 스마트폰 중독 : 스마트폰의 과다한 사용으로 스스로 자제하지 못하고 이를 끊으면 금단 현상이 나타나 일상생활 자체가 어려운 상태를 말한다.

정오형 문제 --

1 스마트폰 앱스토어 운영은 통신 사업자만 할 수 있다.　　　　　　　　　　　　　참　거짓

2 아이폰의 모바일 플랫폼은 오픈 소스형이다.　　　　　　　　　　　　　　　　　참　거짓

3 애플의 iOS는 리눅스 커널 기반으로 시스템 서비스를 제공한다.　　　　　　　　　참　거짓

4 HTML5는 모바일 단말기의 하드웨어 자원에 접근할 수 있도록 하는 API 표준이다.　참　거짓

5 구글 플러스는 사용자끼리 '팔로우'하는 형태로 연결된다.　　　　　　　　　　　　참　거짓

6 포스퀘어는 위치 기반 소셜 네트워크 서비스이다.　　　　　　　　　　　　　　　참　거짓

단답형/선택형 문제 --

1 2004년 (　　　　　　　)(이)가 출시한 블랙베리는 미국 대도시의 사무 종사자를 중심으로 각광받으며 보급되기 시작했다.

2 리모 플랫폼은 리눅스 커널 위에 전화, 네트워킹 등과 같은 (　　　　　　)을(를) 제공하고, 그 위에 응용 관리자, 그래픽 등을 포함한 (　　　　　　), 애플리케이션 엔진 계층 및 다양한 애플리케이션을 정의한다.

3 (　　　　　　)은(는) 기존의 윈도우 모바일 기반에서 동작되는 스타일러스 조작 방식을 터치스크린 방식으로 개선한 모바일 기기이다.

4 (　　　　　　)은(는) 휴대폰을 포함한 다양한 모바일 단말기 환경에서 웹 기반의 서비스를 제공하는 기술이다.

5 (　　　　　　)은(는) 현재 세계에서 가장 큰 규모의 SNS이다.

6 (　　　　　　)은(는) 2006년에 미국의 벤처 기업인 오비어스에서 개발한 소셜 네트워크 서비스이다.

7 모바일 운영체제를 선도하는 주요 기업이 아닌 것은?

① 애플

② 구글

③ 루슨트 테크놀러지

④ RIM

8 모바일 플랫폼에 대한 설명 중 옳은 것은?

① 운영체제와 직접적인 연관이 없다.

② 모바일 단말기 하드웨어의 규격에 관한 것이다.

③ 모바일 기기의 무선 통신 프로토콜의 규격에 관한 것이다.

④ API를 개발자에게 제공하는 공개형과 소스 코드를 공개하는 오프 소스형이 있다.

9 모바일 플랫폼에 대한 다음 설명 중 옳은 것은?

① 윈도우 폰과 iOS는 공개형에 속한다.

② 안드로이드는 공개형에 속한다.

③ 심비안은 리모가 주도적으로 만든 모바일 플랫폼이다.

④ 안드로이드는 모바일 플랫폼 사용에 라이선스 및 로열티 비용 부담이 있다.

10 다음 중 iOS와 관련 없는 것은?

① Core OS

② Media

③ Cocoa Touch

④ QEMU

11 다음 중 모바일 웹과 관련 없는 것은?

① HTML5

② W3C

③ 디바이스 API

④ WAP

주관식 문제 --

1 세계 주요 스마트폰 시장 현황을 설명하시오.

2 모바일 운영체제 선도 기업을 나열하고, 각 기업의 모바일 운영체제에 대해 설명하시오.

3 공개형과 오픈 소스형 모바일 플랫폼 중에서 앱스토어 운영의 활성화에는 어느 것이 더 좋은지 말하고 그 이유를 설명하시오.

4 안드로이드와 애플의 모바일 플랫폼 구조를 각각 설명하시오.

5 디지털 치매에 대해 설명하시오.

6 스마트폰 중독을 예방하는 방법을 설명하시오.

CHAPTER 12

미래 컴퓨팅 기술

새로운 기술 트렌드_미래 컴퓨팅의 개념과 기술 이해

학습목표

- 유비쿼터스 컴퓨팅의 개념을 이해하고 특징과 종류를 알아본다.
- 유비쿼터스 기반 기술과 응용 기술에는 어떤 것이 있는지 알아본다.
- 사물인터넷의 개념을 이해하고 사물인터넷의 구조, 핵심 기술, 상용화 사례를 알아본다.
- 클라우드 컴퓨팅의 개념을 이해하고 클라우드 컴퓨팅의 장단점과 핵심 기술을 알아본다.
- 빅데이터의 개념을 이해하고 빅데이터의 특성과 빅데이터 분석 기술을 알아본다.

PREVIEW

미래 컴퓨팅 기술을 한 마디로 정의할 수는 없지만 필자는 '현재 존재하거나 개발 중인
기술들을 융합해 미래 사회에 필요한 서비스를 제공하는 새로운 기술'이라고 생각한다.
이러한 입장에서 볼 때 미래 컴퓨팅 기술은 2000년대부터 발전해 오고 있는
유비쿼터스 컴퓨팅ubiquitous computing을 필두로 하여 사물인터넷IoT, Internet of Things,
클라우드 컴퓨팅cloud computing, 빅데이터 컴퓨팅big data computing 기술 등의 모습으로 발전하고 있다.
이 장에서 이러한 미래 컴퓨팅 기술의 등장 배경, 개념, 핵심 기술, 활용 사례에 대해 알아본다.

01 유비쿼터스 컴퓨팅의 개요

1 유비쿼터스 컴퓨팅의 개념

유비쿼터스^{ubiquitous}라는 단어는 1988년에 미국 제록스^{Xerox}의 팔로알토 연구소$^{PARC, Palo\ Alto\ Research\ Center}$에서 일하던 마크 와이저$^{Mark\ Weiser}$ 박사가 처음 사용하였다.

1991년에 마크 와이저 박사는 미국의 대표 과학 저널인 《Scientific American》의 〈The computer for the 21st century〉라는 논문에서 유비쿼터스 컴퓨팅 개념을 처음으로 소개했다. 이 논문에서는 유비쿼터스 컴퓨팅을 '가장 심오한 기술은 사라지는 것이다. 이는 일상생활과 구분이 안 될 정도로 생활의 일부가 되는 것이다'라고 소개했다.

유비쿼터스 컴퓨팅은 컴퓨터가 일상생활 속에 너무 자연스럽게 녹아들어 존재가 잘 구분되지 않는 것을 말한다. 즉 일상생활에 사용되는 모든 사물에 칩^{chip}을 넣어 컴퓨터를 언제 어디서나 존재하게 하여, 사람들이 의식하지 않고 자연스럽게 이용하도록 만든 것이다. disappear, invisible, calm의 개념과 비슷한 개념이다.

스마트 헬스케어

스마트 홈

스마트 타이어

유비쿼터스 컴퓨팅

스마트 와치

스마트 슈즈

스마트 가전

그림 12-1 **유비쿼터스 컴퓨팅 환경**

마크 와이저 박사가 제안한 유비쿼터스 컴퓨팅$^{ubiquitous\ computing}$은 HCI$^{Human\ Computer\ Interaction}$, 컴퓨팅 및 네트워킹, GUI 분야의 연구 결과를 기초로 완성되었다. 마크 와이저 박사가 말하는 유비쿼터스 컴퓨팅의 핵심 개념은 두 가지인데, 첫째는 언제나 존재하는 '보이지 않는 컴퓨터$^{invisible\ computer}$'이고, 둘째는 사용자가 의식하지 않고 자연스럽게 사용하는 '조용한 컴퓨터$^{calm\ computer}$'이다.

■ 보이지 않는 컴퓨터

우리가 어떤 물건을 새로 구입하여 사용할 때, 처음에는 낯설어 서툴게 다루지만 계속 쓰다보면 자신도 모르게 익숙해져 손쉽게 다룰 수 있다. 보이지 않는 컴퓨터invisible computer도 비슷한 개념이다. 보이지 않는 컴퓨터는 센서, 디스플레이, 부품 등의 장치를 일상생활의 사물 속에 내장시키고 네트워크를 통해 연결시키는 형태이다. 따라서 사람들은 일상생활에서 일부러 의식하지 않고 자연스럽게 컴퓨터를 사용하게 된다.

마크 와이저 박사는 보이지 않는 컴퓨터를 구현하기 위해 사회과학자, 인류학자 등 타 분야 전문가들로부터 영감을 얻어 컴퓨터와 네트워크 환경을 설계했다. 그 결과 보이지 않는 컴퓨터에서는 각 사용자가 사무실에서 다양한 무선 컴퓨터 장치를 사용했다. 왜냐하면 이들 장치는 기존 개념과 달리 사용자들에게 보이지 않지만 일상생활 곳곳에 자연스럽게 존재했기 때문이다.

■ 조용한 컴퓨터

마크 와이저 박사는 센서, 디스플레이, 부품 등의 장치를 사물에 내장시켜 네트워크로 연결하여 사용하는(언제나 존재하는) '보이지 않는 컴퓨터'를 주장했다. 그러나 당시 언론은 〈Big Brother Comes to the Office〉라는 기사를 통해 정보를 제어하는 방법에 대한 문제점을 지적했다. 즉 컴퓨터가 보이지 않으면 무엇이 있는지, 무엇이 연결되었는지, 무엇이 고장 났는지, 어떤 정보가 흘러가는지, 어떤 결과가 나타날지 전혀 알 수가 없다는 것이다.

마크 와이저 박사와 동료 연구원들은 그동안의 실험에서 발견된 문제점과 사용자의 사생활 침해 문제를 극복하기 위해 조용한 컴퓨터calm computer를 논의하기 시작했다. 논의한 결과물로 1996년에 〈The Coming Age of Calm Technology〉라는 논문을 발표했다.

조용한 컴퓨터란 컴퓨터의 하드웨어적 요소와는 다른 개념으로, 사용자의 마음 상태를 묘사한 것이다. 사람이 어떤 생활양식에 익숙해지면 자신이 하는 일에 편하게 집중할 수 있듯이, 컴퓨터도 이와 유사한 개념으로 만들어져야 한다는 것이다. 즉 조용한 컴퓨터는 사람이 자신의 일에 집중할 수 있도록 그 존재를 표면적으로 드러내지 않지만 조용히 사람을 도와주는 역할을 한다는 의미를 담고 있다.

2 유비쿼터스 컴퓨팅의 특징

유비쿼터스 컴퓨팅은 5C와 5Any로 설명할 수 있다.

■ 5C

- 각종 컴퓨터 기기가 우리의 일상생활 속으로 스며들어 밖으로 드러나지 않는 조용한 상태에서Calm,
- 서로 유기적으로 연결되어 협동하는 것이다Connectivity.
- 그리하여 언제 어디서나 컴퓨팅할 수 있도록 하며Computing,

- 필요한 정보나 서비스를 맞춤 방식의 콘텐츠로 제공하며[Contents].
- 사람과 사물 사이에서 통신은 물론 사물 간의 통신도 가능하게 하여 삶의 질을 향상시킨다[Communication].

■ 5Any

- 언제[Any time],
- 어디서나[Anywhere],
- 어떤 종류의 네트워크에 관계없이[Any network],
- 어떤 단말기로도[Any device],
- 다양한 서비스를[Any service] 제공받을 수 있게 한다.

유비쿼터스 컴퓨팅의 특징을 네 가지로 요약하면 다음과 같다.

- 네트워크는 항상 연결되어 있어야 한다[connectivity].
- 사용자에게 친화력 있는 인터페이스로 사용자에게 보이지 않아야 한다[invisible].
- 현실 세계에서 언제 어디서나 사용할 수 있어야 한다[accessibility].
- 사용자의 상황에 따라 서비스 내용이 변해야 한다[context].

3 유비쿼터스 컴퓨팅의 종류

유비쿼터스 컴퓨팅은 구현 기술에 따라 웨어러블 컴퓨팅[wearable computing], 노매딕 컴퓨팅[nomadic computing], 퍼베이시브 컴퓨팅[pervasive computing], 감지 컴퓨팅[sentient computing]으로 나뉜다.

■ 웨어러블 컴퓨팅

웨어[wear]는 '입다'라는 의미 외에도 신다, 쓰다, 끼다, 휴대하다 등의 의미를 가지고 있다. 웨어러블 컴퓨팅[wearable computing]이란 착용형 혹은 의복 형태의 개인용 컴퓨터를 통틀어 가리키는 것으로, 옷이나 안경처럼 액세서리 형태로 착용하여 사람과 같이 숨 쉬고 느끼면서 주변 환경을 인지하는 컴퓨팅 기술이다. 초기에는 기존 컴퓨터를 모듈별로 분해하여 사용자의 몸에 적절히 분산시키는 수준에 그쳤지만, 최근에는 초소형 저전력 플랫폼 설계가 가능해지면서 액세서리와 같은 신체 착용형 시스템으로 개발되고 있다.

웨어러블 컴퓨팅은 초기에 양손을 자유롭게 사용하면서 작업 매뉴얼을 봐야 하는 비행기 정비사를 위해 개발되었다. 최근에는 건강 관리 등의 의료 분야, 택배 및 창고 관리의 물류 분야 등으로 응용 범위가 확대되고 있다. 또한 일반 사용자를 위한 범용 웨어러블 컴퓨팅도 등장했다.

그림 12-2 웨어러블 컴퓨팅의 예

일반 사용자를 위한 범용 웨어러블 컴퓨팅의 요구사항은 다음과 같다.

- 입고 다니는 옷이나 액세서리처럼 자연스럽게 입고 벗을 수 있어야 한다.
- 사용자의 요구에 즉각 반응해야 한다.
- 기기 사용에 따른 안정성을 보장해야 한다.
- 착용에 따른 문화적 이질감을 극복할 수 있어야 한다.
- 장치를 사용하는 것보다 장치와 융합할 수 있는 사용자 인터페이스 기능을 지원해야 한다.

이러한 요구사항을 구현하려면 하드웨어 플랫폼 기술, 사용자 인터페이스 기술, 상황 인지 기술, 저전력 기술, 근거리 무선 통신 기술 등이 필수적이다.

■ 노매딕 컴퓨팅

노매딕^{nomadic}은 '유목의', '방랑의'라는 뜻으로, 유목민처럼 여기저기 떠돌아다니는 것을 의미한다. 노매딕 컴퓨팅은 1995년에 UCLA에서 제안한 프로젝트로 노트북이나 휴대폰 같은 기기와 결합해 언제 어디서나 외부와 접속할 수 있는 기술을 말한다. 즉 네트워크의 이동성을 극대화하여 사용자가 자유자재로 이동하면서 컴퓨터를 사용하는 기술이다. 이른바 어디서든 연결된 환경을 실현하는 컴퓨팅 기술이다.

노매딕 컴퓨팅의 대표적인 예로 무선 인터넷 서비스를 들 수 있다. 무선 인터넷 서비스는 사용자가 어떤 장소에서 컴퓨터 작업을 하다가 다른 장소로 이동하더라도 계속해서 무선으로 네트워크에 연결하여 컴퓨터 작업을 할 수 있는 서비스이다. 최근에는 스마트폰 등 모바일 기술의 발전으로 더 안정적인 노매딕 컴퓨팅 환경이 제공되고 있다.

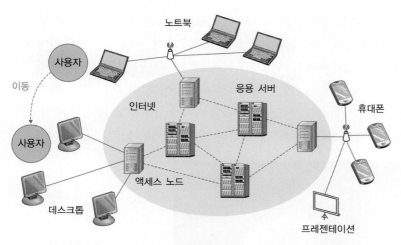

그림 12-3 **노매딕 컴퓨팅 환경**

■ 퍼베이시브 컴퓨팅

퍼베이시브pervasive는 '편재하는', '퍼지는', '보급되는', '스며드는'이라는 뜻을 갖고 있다. 퍼베이시브 컴퓨팅이란 생활 속 구석구석에 파고든 컴퓨터 관련 기술을 의미한다. 1998년 이후에 IBM을 중심으로 개념이 정립되었다.

퍼베이시브 컴퓨팅은 모든 사물에 컴퓨터를 심어서 도처에 컴퓨터가 퍼져 있는 기술을 말한다. 어디에서 무엇을 하건 컴퓨터가 널리 퍼져 있으며, 네트워크로 연결되어 있어 사용자가 편리하게 사용할 수 있다. 스마트폰, PDA, 인터넷 냉장고 등과 같이 컴퓨터와 네트워크 기술이 접목된 가전제품이 대표적인 예이다.

■ 감지 컴퓨팅

인간은 감각기관을 통해 외부 환경의 상태를 느낀다. 감지 컴퓨팅이란 인간의 감각기관 같은 센서 장치를 이용해 정보를 획득하고 처리하는 기술이다. 센서 장치는 우리 주변 곳곳에 심어져 있다.

감지 컴퓨팅은 감지하는 대상에 따라 사용자의 행위 감지와 주변 환경 감지로 구분된다. 사용자의 행위 감지는 사용자가 사물을 만지거나, 보거나, 말하거나, 제스처를 취하거나, 움직이거나 하는 등을 컴퓨터가 감지하는 것이다. 주변 환경 감지란 사람, 동물, 물체 등에서 발생되는 여러 가지 환경 정보의 변화를 감지하는 것으로 움직임, 거리 정보, 냄새, 소리, 빛, 진동, 온도, 압력 등이 환경 정보에 해당된다.

감지 컴퓨팅의 대표적인 예로 MIT 미디어랩Media Lab의 해비타트 프로젝트havitat project를 들 수 있다. 이 프로젝트는 컵에 RFID를 부착해 탁자 위에 놓으면, 탁자가 주변을 감지해 원격지에 있는 남자친구의 탁자 위에 화면을 디스플레이하는 과제이다.

여자친구가 탁자 위에 커피 잔을 올려놓으면 원격지의 남자친구 탁자 위에는 커피 잔 화면이 디스플레이된다. 이를 통해 남자친구는 여자친구가 휴식을 취하고 있음을 알 수 있다. 탁자 위에 커피 잔이 오랫동안 놓여 있을수록 디스플레이되는 그림은 점점 더 크게 그려지므로 남자친구는 여자친구의 휴식 정도를 알 수 있다. 이는 원격지에 떨어져 있는 두 연인의 현재 상황을 제공하여, 서로의 생활을 더 가깝고 친밀하게 느낄 수 있도록 만들어준다. 해비타트 프로젝트는 생활 속에서 사물의 상태를 감지해서, 이를 인간의 감정 상태를 이해하기 위한 수단으로 활용하므로 상당히 인간 중심적이다.

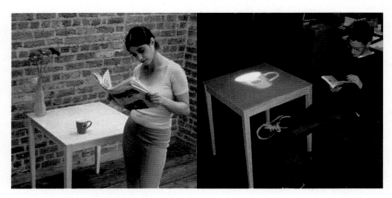

그림 12-4 **MIT 미디어랩의 해비타트 프로젝트**

02 유비쿼터스 컴퓨팅 기반 기술

유비쿼터스 컴퓨팅 기술은 유비쿼터스 환경을 구현하기 위한 기반 기술과 실생활에서 유비쿼터스 기술이 활용되는 응용 기술로 나눌 수 있다. 각 기술의 종류는 다음과 같다.

- 기반 기술 : RFID, 유비쿼터스 센서 네트워크, 증강 현실, 생체인식
- 응용 기술 : 홈 네트워크, U-헬스케어, U-시티

이번 절에서 기반 기술을 살펴보고 다음 절에서 응용 기술을 살펴보기로 하자.

1 RFID

RFID[Radio-Frequency IDentification]는 RFID 태그[tag]가 부착된 상품을 RFID 리더[reader]가 자동으로 인식하여 상품의 물류 및 재고 현황을 실시간으로 파악하는 기술이다. 상품 관리 비용을 획기적으로 절감하는 기술이기도 하다. 1946년에 소련의 첩보전에 쓰이는 장비를 제작할 때 처음으로 쓰였다. 이때 제작된 장비는 공기 중의 전파를 변조하여 정보를 송신하는 기능을 가지고 있었다. 비록 정보 인식 및 저장 기능은 없었지만, 전파 변조를 통해 정보를 전달할 수 있다는 점에서 RFID의 시초라고 할 수 있다. 지금의 RFID와 가장 유사한 형태는 1973년에 마리오 카둘로[Mario Cardullo]가 개발한 전파와 음파 및 빛까지 통신에 사용한 장비이다. 이것은 현재 대부분의 RFID 기술에 적용되고 있다.

1.1 RFID 시스템의 구성과 동작 원리

RFID 시스템을 구성하기 위해서는 다음 그림과 같이 RFID 태그와 RFID 리더가 필요하다. RFID 태그와 RFID 리더는 편의상 태그와 리더로 줄여 부르기도 한다. 태그는 안테나와 집적회로로 이뤄지는데, 집적회로 안에 고유의 인식 정보를 기록하여 그 정보를 안테나를 통해 리더에 송신한다. 태그의 정보는 태그에 부착된 대상을 식별하는 데 이용된다.

리더는 여러 개의 태그 정보를 동시에 인식할 수 있고, 인식 시간이 짧기 때문에 실시간으로 상품의 물류 및 재고 현황을 파악할 수 있으며 인식률도 매우 높은 편이다. 주파수 대역에 따라 원거리에 위치한 태그를 인식할 수 있고, 태그 종류에 따라 태그 정보를 바꿀 수도 있다.

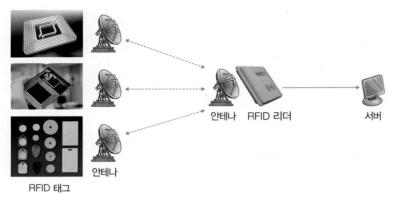

그림 12-5 **RFID 시스템의 구성**

RFID 시스템의 동작 원리는 다음과 같다.

- 리더는 상품의 정보를 요청하는 RF 신호를 태그에게 전송한다.
- 태그는 리더가 전송한 RF 신호를 받으면 상품에 부착된 태그의 칩에 저장된 정보를 리더에게 전송한다.
- 리더는 태그에게 받은 정보를 해독하여 네트워크를 통해 서버에 전송한다.
- 서버는 태그가 부착된 상품의 정보를 리더로부터 수신한 후, GUI 방식으로 상품 관리자에게 제공한다.

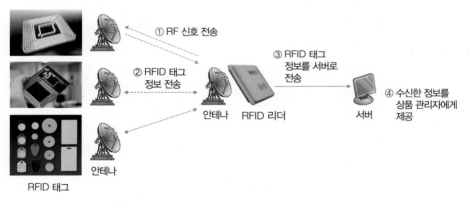

그림 12-6 **RFID 시스템의 동작 원리**

1.2 RFID 시스템과 바코드 시스템의 비교

바코드 시스템barcode system은 빛을 이용해 물체를 인식하는 기술로 인식 거리가 RFID 시스템에 비해 매우 짧고 주변 환경에 매우 민감하여 인식률도 낮은 편이다. 바코드 라벨에 표현할 수 있는 정보의 양도 제한되어 있으며 바코드의 정보를 수정하거나 재입력하는 것도 불가능하다. 또한 바코드 라벨에 오염 물질이 묻어 있을 경우 쉽게 손상된다.

RFID 시스템은 바코드 시스템과 달리 전파를 이용해 상품에 부착된 태그 정보를 인식한다. 먼 거리에서도 태그를 읽을 수 있으며, 태그와 리더 사이에 물체가 있더라도 정보를 수신할 수 있다. RFID 시스템은 동일한 상품이라도 상품마다 고유 번호를 부여할 수 있기 때문에 상품의 위조 및 변조가 어렵다. 다음 표는 RFID 시스템과 바코드 시스템의 특징을 비교한 것이다.

표 12-1 RFID 시스템과 바코드 시스템의 비교

구분	RFID 시스템	바코드 시스템
인식 방법	· 비접촉식 무선 방식	· 광학 방식
인식 거리	· 최대 100미터 내외	· 수십 센티미터 내외
특징	· 국가, 제조업체, 상품명 외에 생산 일자, 유통 기간, 출고/재고 현황 등 다양한 정보의 입력과 출력 가능 · 데이터 저장 용량은 2^{128}개	· 국가, 제조업체, 상품명에 대한 정보만 입력 가능 · 데이터 저장 용량은 2^7개

1.3 RFID의 활용 분야

RFID는 일상생활에서 다양하게 활용된다. 태그를 신분증에 부착해 직원들의 건물 출입을 통제하거나 여권에 부착해서 국가 간 출입을 통제할 수 있다. 태그를 동물의 피부에 이식해 야생 동물 보호나 가축 관리에 활용하고, 어린아이의 가방과 옷에 부착해 미아 방지용으로도 활용할 수 있다. 그 외에도 육상 선수들의 기록 측정, 상품의 생산 이력 추적, 고속도로의 통행료 징수 및 교통카드 등에 광범위하게 활용할 수 있다.

태그를 사람 몸에 이식한 사례도 있다. 멕시코의 법무부에서는 기밀문서 보관실 출입 통제를 위해 직원들의 몸에 RFID 태그를 이식하는 것을 허가했다. RFID 업체인 베리칩^{VeriChip}은 애틀랜타 당뇨병 엑스포$^{Atlanta Diabetes Expo}$에서 당뇨병 환자들에게 RFID 태그를 이식했다. 이를 통해 환자들이 의식이 없는 채로 병원에 수송되어도 리더를 이용하여 몸 안에 있는 RFID 태그 정보를 읽어 환자에 관한 상세한 정보를 파악할 수 있다.

RFID는 바코드의 대체품으로도 주목받고 있다. RFID 태그는 메모리로 집적회로를 사용하기 때문에 단순한 음영으로 정보를 기록하는 바코드보다 더 다양한 정보를 기록할 수 있다. 따라서 바코드처럼 물건의 종류만 식별하는 것이 아니라, 개개인의 물건마다 일련번호를 부여할 수 있어 물건의 재고 관리 및 절도 방지에 큰 도움이 된다.

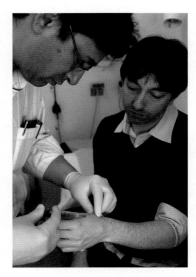

그림 12-7 RFID 마이크로칩을 환자에게 이식하는 장면 [01]

1.4 RFID의 문제점

RFID는 현재 다양한 분야에 널리 활용되고 있으나 문제점도 있다. 가장 대표적인 문제점은 개인 정보의 유출이다. 신분증에 RFID 태그가 붙어 있을 경우, 리더만 있으면 누구라도 내 정보를 얻을 수 있다. 또한 바코드 대신 RFID를 이용할 경우, 각 물품마다 일련번호가 붙어 있기 때문에 소비자가 결제를 하고 태그를 제거하지 않으면 소비자의 이동 경로가 다른 사람에게 추적당할 수 있다. 이렇게 현재 RFID 기술은 태그 정보 및 센서 노드의 위조 및 변조, 위장된 리더, 도스DoS 공격, 개인 정보 유출 등 다양한 위협에 노출되어 있다. 미국은 2010년에 건강의료보험 개혁 법안이 통과되면서 신체에 RFID 태그를 삽입하는 내용을 담아 논란이 되었다.

2 유비쿼터스 센서 네트워크

유비쿼터스 센서 네트워크는 약자로 USN^{Ubiquitous Sensor Network}이라고 한다. USN은 다음 그림과 같이 인간이 생활하는 공간, 사용하는 기기 등 모든 사물에 컴퓨터와 네트워크 기능을 부여하여 환경과 상황을 자동으로 인지하게 함으로써, 생활의 편리성과 안전성을 높여준다.

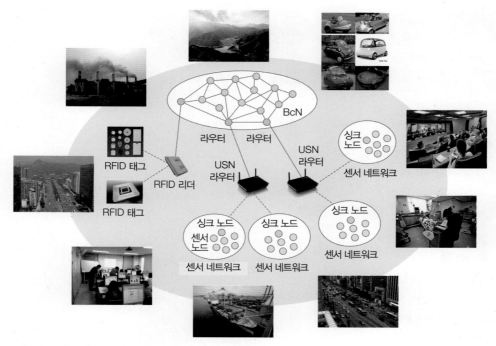

그림 12-8 USN의 개념

2.1 유비쿼터스 센서 네트워크의 구조와 동작 과정

USN은 센서 네트워크의 센서 노드에서 감지한 데이터를 USN 응용 서비스가 사용할 수 있도록 제공하는 네트워크이다. USN의 구조와 서비스 동작 과정은 다음과 같다.

■ 구조

- 각 센서 노드$^{\text{sensor node}}$가 센서 네트워크에 연결된다.
- 각 센서 네트워크는 USN 라우터를 통해 IP 기반 접속 네트워크에 연결된다.
- IP 기반 접속 네트워크는 LAN, WLAN, CDMA, 와이브로^{WiBro} 또는 위성망 등 기존의 인프라 네트워크를 융합한 BcN$^{\text{Broadband Convergence Network}}$에 연결된다.

■ 동작 과정

- USN 응용 서비스는 USN 미들웨어를 통해 BcN 및 IP 기반 접속 네트워크에 연결되어 각 센서 노드의 데이터를 이용한다.
- 이때 센서 노드의 데이터는 RFID 리더 또는 싱크 노드$^{\text{sink node}}$를 통해 라우터에 전달된다.

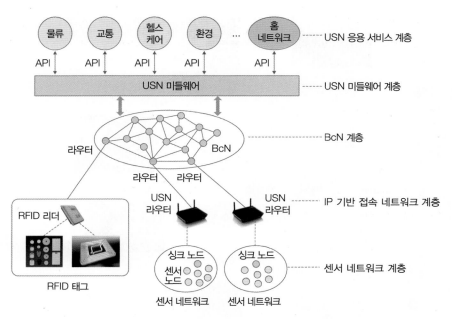

그림 12-9 **USN의 구조와 서비스 동작 과정**

2.2 유비쿼터스 센서 네트워크의 구성 요소

앞에서 살펴본 USN의 구조와 서비스 동작 과정에서 언급된 USN의 구성 요소에 대해 자세히 살펴보자.

■ 센서 네트워크

네트워크를 구성하는 일정 지역에 크기가 1세제곱 밀리미터로 작은 센서 노드를 수 개에서 수천 개 설치해 통신하는 구조이다. 기본적으로 센서 노드와 싱크 노드로 구성된다.

- 센서 노드 : 외부의 변화를 감지하는 유비쿼터스 컴퓨팅의 입력장치 역할을 한다. 감지를 하기 위한 센서, 감지된 아날로그 정보를 디지털 신호로 변환하기 위한 ADC$^{\text{Analog to Digital Converter}}$, 데이터 처리에 필요한 프로세서 및 메모리, 전원 공급용 배터리, 데이터 송수신을 위한 무선 송수신기^{transceiver} 등으로 구성된다.
- 싱크 노드 : 센서 노드에서 감지된 데이터를 수집하여 외부 네트워크로 전달하기 위한 게이트웨이 역할을 한다.

■ USN 라우터

센서 노드가 수집한 데이터를 IP 기반 접속 네트워크를 통해 USN 응용 서비스에 제공할 수 있도록 센서 네트워크와 외부 네트워크를 연동하는 시스템이다. 일반적으로 싱크 노드와 외부 네트워크인 BcN 사이에 위치하지만 필요에 따라 싱크 노드가 USN 라우터 내에 위치하기도 한다.

■ USN 미들웨어

USN 응용 서비스의 요청에 따라 센서 네트워크로부터 수집된 데이터를 외부 네트워크를 통해 수신한다. 수신한 데이터를 필터링 및 분석하여 의미 있는 상황 정보로 추출, 저장, 관리, 검색한 후 USN 응용 서비스에 제공한다. USN 미들웨어를 개발하려면 실시간 질의 처리, 요구 질의의 다양성, 대용량의 센싱 데이터 가공, 센서 네트워크 환경 조건 등을 모두 고려해야 한다.

3 증강 현실

증강 현실AR, Augmented Reality은 현실 세계와 가상 화면을 결합하여 보여주는 기술이다. 컴퓨터 그래픽 기법으로 실제 환경에 가상 객체를 합성하여 가상 객체가 실제로 존재하는 것처럼 보이게 한다. 다른 말로 혼합 현실MR, Mixed Reality이라고도 한다.

가상현실에서는 사용자가 실제 환경을 볼 수 없다. 하지만 증강 현실은 실제 환경과 가상 객체를 혼합하여 보여주기 때문에 사용자가 실제 환경과 함께 현실감 넘치는 정보를 얻을 수 있다. 예를 들어 스마트폰 카메라로 주변을 비추면 인근에 있는 상점의 위치, 전화번호 등의 정보가 실제 화면에 겹쳐서 표시된다.

증강 현실을 사용하는 대표적인 예가 웨어러블 컴퓨터이다. 특히 머리에 쓰는 형태의 컴퓨터 화면장치는 사용자가 보는 실제 환경에 그래픽, 문자 등을 겹쳐서 보여줌으로써 증강 현실을 가능하게 한다.

그림 12-10 헤드업 디스플레이 형태의 증강 현실 [02]

3.1 증강 현실 기술

증강 현실을 구현하는 기술로는 디스플레이 기술, 마커marker 인식 기술, 영상 합성 기술 등이 있다.

■ 디스플레이 기술

증강 현실에 사용되는 디스플레이 기술은 다음 표와 같이 머리에 착용하는 형태의 HMDHead Mounted Device와 머리에 착용하지 않는 형태의 Non-HMDNon HMD로 나뉜다. Non-HMD는 다시 대형 디스플레이, 소형 디스플레이, 핸드헬드hand-held형으로 나뉜다. 핸드헬드형은 이동이 편리하고 간편하여 수요가 증가하고 있으며, 대부분 카메라가 내장되어 있어 증강 현실 구현에 좋은 조건을 갖추고 있다.

표 12-2 증강 현실의 디스플레이 기술의 종류

종류 \ 특징	HMD	Non-HMD		
		대형 디스플레이	소형 디스플레이	핸드헬드
패널 형태	접안 LCD	CRT, DLP, 프로젝션, 스크린 등	CRT, DLP, PDP 등	LCD
몰입감	높음	보통	낮음	낮음
착용감	매우 불편	착용할 필요 없음	착용할 필요 없음	간편
휴대성	매우 불편	불가	불편	우수
장점	높은 몰입감	-	개발이 용이	휴대성 우수
단점	착용감이 나쁨	음영 발생	시선과 화면이 불일치할 가능성이 높음	저화질

■ 마커 인식 기술

증강 현실은 실제 화면에 가상 객체를 접목하여 보여주기 때문에 정확한 영상을 얻으려면 가상 객체를 화면의 원하는 위치에 정확히 배치하는 3차원 좌표가 필요하다. 주로 마커를 이용하여 상대적 좌표를 추출하고 가상 객체를 실제 화면에 합성시킨다.

■ 영상 합성 기술

영상 합성 기술은 실제 화면과 가상 객체를 합쳐 입체적인 3차원 공간에 영상을 이질감 없이 부드럽게 나타내는 기술이다. 사용자와 가상 객체 사이의 실시간 상호작용을 통해 강렬한 현실감을 느끼게 한다.

3.2 모바일 증강 현실

스마트폰은 카메라, GPS, 자세나 밝기를 감지하는 각종 센서, 3G, 와이파이 등을 갖추고 있어 증강 현실을 구현할 수 있는 최적의 환경을 제공한다. 스마트폰을 이용한 모바일 증강 현실MAR, Mobile Augmented Reality은 실시간 정보를 보며 상품을 구매하는 최근 소비 현상과 맥락을 같이 하기 때문에 성장 가능성이 매우 높다.

모바일 증강 현실은 다음 그림과 같이 모바일 기기를 사용하여 내가 보는 물체, 내가 속한 환경에 대한 정보를 가상 화면에 자연스럽게 겹쳐서 보여주는 기술이다. 즉, 스마트폰과 같은 모바일 기기에 내장된 카메라로 사람, 건물 등 주변을 비추면 관련된 실제 화면 정보를 3D 가상현실의 화면과 겹쳐서 보여준다.

그림 12-11 **모바일 증강 현실의 예**

최초의 상용 모바일 증강 현실 애플리케이션에는 스마트폰의 카메라 뷰^{view}에 사용자 주변 정보를 표시해주는 위키튜드^{Wikitude}의 증강현실 서비스와 사용자가 촬영한 영상을 업로드하면 DB를 검색하여 관련 정보를 제공해주는 구글의 고글스^{Goggles}가 있다.

그림 12-12 **위키튜드의 증강 현실**

4 생체인식

생체인식^{biometrics}은 살아 있는 사람의 신원을 생리학적 특징이나 행동적 특징을 기반으로 하여 인증하는 기술이다. 이는 인간의 특성을 디지털화하여 보안용 패스워드로 활용된다. 생체인식은 인간의 특성을 이용하기 때문에 기존 시스템의 성능 저하와 같은 단점을 개선할 수는 있으나 윤리적 또는 법률적 문제가 생길 위험이 따른다.

4.1 생체인식 정보

생체인식을 위한 신체 정보는 생리학적 정보와 행동적 정보로 나눌 수 있다. 생리학적 정보에는 홍채, 망막, 손 모양, 정맥, 지문, 얼굴 등이 있으며, 행동적 정보는 성문(음성), 필체, 키 스트로크$^{key stroke}$, 걸음걸이 등이 있다. 다음 표는 각 생체인식 정보의 장단점을 비교한 것이다.

표 12-3 생체인식 정보의 장단점

정보의 종류		장점	단점
생리학적 정보	홍채	위조가 불가능하다.	대용량의 홍채 정보를 저장해 두어야 한다.
	망막	안전성이 우수하다.	사용할 때 거부감이 있다.
	손 모양	간편하고 실시간 처리가 가능하다.	정확도가 떨어진다.
	정맥	위조가 불가능하다.	추출이 어렵다.
	지문	비용이 저렴하다.	지문이 손상된 경우 적용할 수 없다.
	얼굴	인식이 빠르다.	조명 및 자세에 따라 다르게 인식될 수 있다. 즉 인식의 정확도가 떨어진다.
행동적 정보	성문	비용이 저렴하고 멀리서 접근해도 잘 인식한다.	처리 속도의 지연이 발생하고, 인체 상태에 쉽게 영향을 받는다.
	필체	비용이 저렴하다.	인체 상태에 쉽게 영향을 받고, 잘못 인식될 확률이 높다.

생리학적 정보는 행동적 정보에 비해 상대적으로 안정적이고 개인적인 변화가 적지만, 인식 활용 장치의 부피가 크고 비싸며 사용자에게 거부감을 줄 수 있다. 반면 행동적 정보는 인식 활용 장치가 단순하고 저렴하며 사용자에게 자연스러운 느낌을 줄 수 있으나, 신체 특징에 영향을 받고 심리 상태에 따라 변화가 크다.

4.2 생체인식 기술

생체인식 기술은 생체인식 정보에 따라 홍채 인식, 망막 인식, 손 모양 인식, 정맥 인식, 지문 인식, 얼굴 인식, 성문 인식, 서명 인식 등이 있다.

■ 홍채 인식

홍채는 인체 중에서 가장 복잡하고 정교한 섬유 조직으로 되어 있다. 홍채 인식은 사람의 눈 중앙에 있는 검은 동공과 공막(흰자위) 사이에 위치하는 도넛 모양의 홍채 무늬 패턴을 이용하여 인식한다. 홍채 인식은 다음 그림과 같이 인식 대상자의 눈 영역에 대한 이미지를 획득하는 이미지 획득 단계image acquisition step, 획득한 이미지로부터 홍채를 추출하는 홍채 추출 단계iris localization step, 추출된 홍채를 데이터베이스에 저장된 홍채의 패턴과 비교하는 패턴 비교 단계pattern matching step로 이루어진다.

홍채는 사람마다 모양이 다르기 때문에 저장된 홍채 코드의 3분의 1만 대조해도 신원을 확인할 수 있다. 따라서 모든 생체인식 기술 중에서 인식률이 가장 높다. 그러나 홍채 인식에 필요한 기기를 소형화하기가 어렵고 비용이 많이 든다. 홍채 인식은 출입 통제 시스템, 은행의 ATM 기기, 컴퓨터 보안 분야 등에 많이 활용된다.

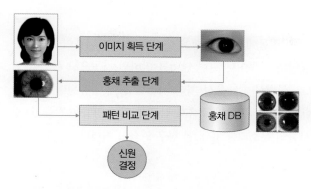

그림 12-13 홍채 인식 과정

■ 망막 인식

망막 인식은 안구 배면에 있는 모세혈관의 구성이 평생 변하지 않는다는 특성을 이용한 기술이다. 지문보다 더 많은 속성을 갖고 있지만 사용자가 눈을 망막 스캐너에 매우 가까이 대야 해서 불편해 한다.

■ 손 모양 인식

손 모양 인식은 사람마다 손가락의 길이가 다르다는 점에서 착안한 기술이다. 생체인식 기술 중 가장 먼저 사용된 기술로 손가락 형태에 대한 영상을 분석하여 추출된 특징으로 사용자를 인식한다. 손 모양 인식은 간편하고 처리량이 적어 실시간으로 처리할 수 있지만 정확도는 떨어진다.

■ 정맥 인식

정맥 인식은 손등이나 손목의 정맥 형태가 사람마다 다르다는 점에서 착안한 기술이다. 간단한 상처나 일반적인 광 투과성 물질에 의한 오염이 발생하더라도 인식이 가능하고 복제가 불가능하기 때문에 인식률이 높다. 그러나 손등의 피부에서 정맥의 분포 부분을 추출하기가 어렵고, 인식에 필요한 하드웨어를 구성하기가 복잡하며 비용이 많이 든다.

■ 지문 인식

지문 인식은 가장 오랫동안 사용되고 있는 생체인식 기술이다. 지문은 땀샘이 융기하여 일정한 흐름이 형성된 것으로 사람마다 모양이 다를 뿐 아니라 평생 변하지 않는 특성이 있다. 따라서 식별 성능에 대한 신뢰도, 안정도, 인식 속도가 다른 생체인식 기술보다 높다. 또한 지문을 식별하는 센서와 관련 칩이 소형이고 저렴하기 때문에 다른 생체인식 기술보다 응용 범위가 넓다. 그러나 지문이 손상되거나 아예 없어진 경우에는 적용이 불가능한데, 우리나라 전체 인구의 5% 정도가 이 경우에 속한다.

■ 얼굴 인식

얼굴은 사람을 인식할 때 사용하는 가장 대표적인 부분이다. 얼굴을 인식하려면 영상에서 얼굴 부분만 따로 분리하는 작업이 필요하다. 얼굴 인식 방법으로는 얼굴 혈관에서 발생하는 열상을 적외선 카메라로 촬영하는 얼굴 특징 기반 방식과 3차원 얼굴 영상을 이용한 얼굴 영상 기반 방식이 있다.

■ 성문 인식

성문 인식 기술은 음성의 강약과 높낮이 등 음성의 진동에 대한 특징을 분석한 후 데이터베이스에 있는 음성 정보와 비교하여 인식하는 방법이다. 상대방의 이름이나 관련 단어를 말하면 자동으로 통화를 연결해주는 휴대폰이나 컴퓨터 명령어를 음성으로 실행시키는 음성 처리 시스템 등에 활용된다. 그러나 사용자의 건강 상태에 따라 음성의 특성이 변할 수 있고, 주변의 소음과 잡음에 의해 영향을 받을 수 있다. 또한 의도적으로 목소리를 바꾸거나 다른 사람의 목소리를 흉내 낼 경우 인식이 어렵다.

■ 서명 인식

서명은 작성한 문서, 그림, 조각품 등 인간이 문자 생활을 한 이후부터 아주 오랫동안 사용되어 온 기술이다. 서명 인식 기술은 작성된 서명을 카메라 또는 스캐너 등으로 인식한 후 그 모양을 분석하여 서로 대조하는 오프라인 방식과 컴퓨터를 이용하여 전자패드에 직접 서명할 때의 움직임, 속도, 압력 등을 분석하여 진위 여부를 판별하는 온라인 방식이 있다. 서명 인식 기술은 위조 전문가에 의해 변조될 수 있기 때문에 신뢰성 유지를 위해서 지문 인식이나 홍채 인식 등 다른 생체인식 기술과 병행해 사용한다.

유비쿼터스 컴퓨팅 응용 기술

2절에서 유비쿼터스 컴퓨팅 기반 기술에 대해 살펴보았다. 이 절에서는 유비쿼터스 컴퓨팅 응용 기술에 대해 살펴볼 것이다. 홈 네트워크, U-헬스케어, U-시티에 대해 살펴보자.

1 홈 네트워크

홈 네트워크home network는 가정에서 사용하는 다양한 기기를 네트워크로 연결하여 사용자들이 원격지에서 단말기를 이용해 홈 네트워크에 접속할 수 있도록 하는 기술이다. 좁은 의미로는 유무선을 통합하는 네트워크 기술에 한정되지만, 넓은 의미로는 유무선 통합 네트워크에 다양한 기기를 통합하고 이러한 기기를 제어하고 관리하는 소프트웨어까지 총칭한다.

그림 12-14 **홈 네트워크 사례** [03]

1.1 홈 네트워크의 구성

홈 네트워크의 구성은 다음 그림과 같다. 홈 네트워크는 가정 내의 다양한 홈 기기, 홈 기기를 연결하는 유무선 홈 네트워크, 홈 네트워크에 연결된 홈 기기를 외부에서 접속할 수 있도록 돕는 액세스 네트워크, 홈 네트워크를 외부 액세스 네트워크와 연결하는 홈 게이트웨이, 홈 기기를 제어하는 홈 서버로 구성된다. 마지막으로 미들웨어는 홈 네트워크에 연결된 각종 시스템이 하드웨어, 네트워크 프로토콜, 운영체제 등에 관계없이 통합 시스템으로 수행될 수 있도록 연동시키는 역할을 한다.

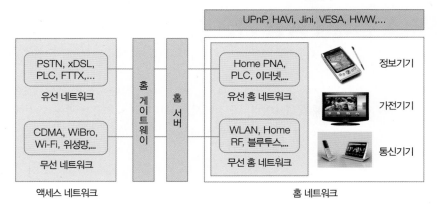

그림 12-15 **홈 네트워크 구성도**

■ 홈 기기

가정에서 사용하는 PC, 프린터 등의 사무용 기기, TV, 에어컨, 냉장고, 전자레인지, 세탁기 등의 가전 기기, 디지털 TV, 비디오카메라, 게임기 등의 엔터테인먼트 기기가 해당된다.

■ 홈 네트워크

홈 기기들을 상호 연결하는 네트워크로 유선 홈 네트워크와 무선 홈 네트워크로 나뉜다. 유선 홈 네트 워크 기술에는 Home PNA$^{Home \ Phoneline \ Networking \ Alliance}$, 전력선 통신$^{PLC, \ Power \ Line \ Communication}$, 이더넷 ^{Ethernet}, 고성능 직렬 버스$^{IEEE \ 1394}$ 등이 있다. 무선 홈 네트워크 기술에는 WLAN, Home RF$^{Home \ Radio \ Frequency}$, 블루투스, 적외선 등이 있다.

■ 액세스 네트워크

홈 네트워크 내의 각종 홈 기기를 내부 또는 외부에서 접속하기 위한 것으로 전화망^{PSTN}, ADSL$^{Asymmetric \ Digital \ Subscriber \ Line}$, FTTH$^{Fiber \ To \ The \ Home}$ 또는 이동통신 네트워크를 사용한다.

■ 홈 게이트웨이

홈 네트워크 내의 각종 홈 기기와 외부 액세스 네트워크를 연결해주는 장치로 주택 안팎의 경계선에 위 치한다. 홈 외부에 있는 전화선이나 인터넷 회선과 홈 내부에 있는 각종 기기를 연결한 홈 네트워크를 하나로 연결하여 기기를 통합하고 제어한다.

■ 홈 서버

홈 네트워크 안에 있는 각종 홈 기기의 동작을 제어하는 장치이다. 홈 네트워크와 통합되어 있는지 여부 에 따라 통합형 홈 서버와 분리형 홈 서버로 나뉜다.

■ 미들웨어

홈 네트워크 내에서 다양한 하드웨어, 네트워크 프로토콜, 운영체제를 사용하는 장치들이 복잡한 이(異)기종 환경에서도 수행될 수 있도록 운영체제와 응용 프로그램 간에 인터페이스를 제공한다. 대표적인 미들웨어에는 마이크로소프트의 UPnP^{Universal Plug and Play}, 소니를 비롯한 일본과 유럽 아홉 개 가전회사에서 제안한 HAVi^{Home Audio and Video interoperability}, 오라클의 지니^{Jini} 등이 있다. 국내에서도 삼성전자의 VESA^{Video Electronics Standards Association}와 HWW^{Home Wide Web} 등이 있다.

2 U-헬스케어

선진국을 중심으로 1990년대부터 본격적으로 연구된 생명공학기술^{BT, Bio Technology}은 인간게놈 프로젝트^{HGP, Human Genome Project}의 성공적인 수행을 이끌었다. 그 결과 생체 및 유전자 정보를 포함한 생물 정보학^{bioinformatics} 분야가 급속도로 발전하게 되었고, 이와 더불어 IT를 이용한 U-헬스케어에 대한 관심도 매우 높아졌다.

U-헬스케어^{Ubiquitous Healthcare}는 유무선 통신 인프라를 기반으로 한다. 일반인, 만성질환자, 노인, 환자 등이 병원에 가지 않고 가정에서 생활하면서 필요한 신체 정보를 측정하고 전송하며, 신체 상태를 모니터링하여 건강 상태에 변화가 생겼을 때 바로 의료 서비스를 받을 수 있는 기술이다. 예를 들면 어떤 노인이 아침에 일어나 화장실에 들어가는 순간, 센서에 의해 자동으로 혈압과 체온이 체크되고, 변기에 앉으면 자동으로 당뇨 수치가 체크된다. 이렇게 수집된 정보는 네트워크를 통해 주치의 단말기에 전달되고, 주치의는 원격으로 이를 체크하여 문제가 있을 때 원격으로 바로 진료할 수 있다.

2.1 U-헬스케어 기술

U-헬스케어 기술은 다음 그림과 같이 생체 정보를 수집하는 생체 정보 감지 기술, 수집된 정보를 송수신 단말기와 네트워크로 전송하는 생체 정보 인터페이스 기술, 받은 정보를 분석하여 가치 있는 정보로 변환하는 생체 정보 처리 기술로 나눌 수 있다.

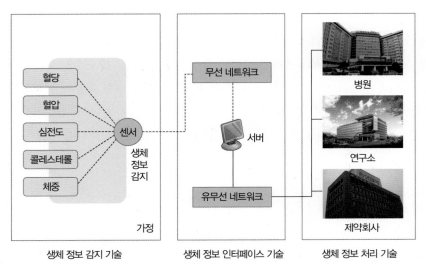

생체 정보 감지 기술 　　 생체 정보 인터페이스 기술 　　 생체 정보 처리 기술

그림 12-16 U-헬스케어 기술

■ 생체 정보 감지 기술

인간의 각종 생체 정보를 정확하게 감지하기 위한 기술이다. 주로 웨어러블 센서와 환경 센서가 사용된다. 웨어러블 센서는 손목시계, 목걸이, 반지 등 사용자가 착용한 옷이나 휴대폰에 내장된 센서를 이용하여 생체 정보를 감지하고, 환경 센서는 거울, 침대, 변기, 의자, 욕조, 칫솔 등 사용자가 생활하는 주거 공간에 내장된 센서를 이용하여 생체 정보를 감지한다.

■ 생체 정보 인터페이스 기술

센서에서 감지한 생체 정보를 전송하는 무선 인터페이스 기술이다. 센서와 서버 간의 통신이 무선 네트워크를 통해 이뤄지기 때문에 RF 칩이 소형화되고 저전력화되어야 하며, RF MEMS$^{\text{Micro-Electro Mechanical System}}$를 개발해야 한다. 또한 유무선 네트워크를 통해 감지된 생체 정보를 병원, 연구소, 제약회사 등에 실시간으로 송수신하는 네트워킹 기술도 필요하다.

■ 생체 정보 처리 기술

인체에서 감지되어 전송된 생체 정보를 수집, 저장, 분류, 분석하여 각종 질환에 대한 건강 정보 파라미터들을 추출하는 기술이다. 선진국에서는 생체 정보 처리 기술에 대한 연구 개발을 일찍부터 시작했고 현재는 개발한 기술을 상품화하는 데 주력하고 있다.

2.2 U-헬스케어 과제

U-헬스케어에는 혈당계, 혈압계, 심박 측정계$^{\text{heart rate monitor}}$, 산소포화도 측정계^{pulseoximeter}, 심전도 측정계$^{\text{ECG monitor}}$, 체중계 등 개인의 생체 정보를 측정하기 위한 개인 건강기기가 많이 사용된다. 최근에는 노인의 생체 정보를 지속적으로 모니터링하는 생체 정보 모니터링 기기와 일상생활 패턴을 모니터링하여

건강 정보를 수집하는 개인 건강 측정기기가 많이 보급되고 있다.

이와 같은 다양한 건강기기를 기반으로 U-헬스케어 시스템을 구축하기 위해서는 환자의 신체 상태를 측정하고, 측정된 정보를 적절하게 관리하기 위한 시스템 간 표준 또는 인터페이스가 필요하다. 그러나 현재 출시된 각종 건강기기는 제조사마다 서로 다른 소프트웨어와 통신 프로토콜을 쓰기 때문에 호환이 이루어지지 않는다. 각종 건강기기 간의 상호 운용성 문제를 해결할 수 있는 국제 표준이 필요한 상황이다.

3 U-시티

U-시티U-city에 대한 개념은 기관 또는 국가마다 조금씩 다르게 쓰인다. 한국정보사회진흥원은 '도시 기능과 관리의 효율화를 위해 기존 정보 인프라를 혁신하고 유비쿼터스 기술을 기간시설에 접목시켜, 도시 안에서 발생하는 모든 업무를 실시간으로 대처하고 정보통신 서비스를 제공하여, 주민에게 편리하고 안전하며 안락한 생활을 제공하는 신개념 도시'라고 정의하고 있다. 기업에서는 첨단 IT 서비스가 확장된 개념의 도시 정도로 생각한다. 해외에서는 U-시티라는 용어를 아직까지 많이 사용하지 않으며, 도시 정보 인프라 구축 관점에서 미디어 시티media city 또는 인터넷 시티Internet city 등의 개념으로 사용한다.

U-시티의 개념은 관점에 따라 약간 차이가 나지만 일반적으로 '언제 어디서나 첨단 정보통신망을 인프라로 하여 다양한 유비쿼터스 서비스를 제공받을 수 있는 도시'라는 점에서 맥락이 닿는다.

3.1 U-시티 분류

U-시티 서비스는 행정, 교통, 교육, 의료, 방범 및 방재, 환경 및 비즈니스 등 도시 생활과 관련한 모든 것을 포함하며, 각 영역의 서비스가 융합되어 최적의 생활환경을 만든다. 즉 도시 자체에서 고부가가치를 창출한다. 다음 표는 U-시티를 편리한 도시, 건강한 도시, 안전한 도시, 쾌적한 도시로 나눠 기술한 것이다.

표 12-4 U-시티 분류

분류	내용
편리한 도시	U-교통, U-물류, U-행정, U-교육, U-work 등
건강한 도시	U-보건·복지(병원, 응급 구조, 건강 관리) 등
안전한 도시	U-방범·화재, U-시설 관리(공공시설) 등
쾌적한 도시	U-환경(대기·토양·수질오염), U-주거단지 등

유비쿼터스 기술을 적용한 U-시티와 기존 도시가 다른 점은 IT 인프라의 차이이다. 기존 도시의 IT 인프라는 그때마다 필요에 의해 구축된 반면, U-시티의 IT 인프라는 종합 도시 계획에 의해 총괄적으로 구축되고 언제 어디서든지 필요할 때마다 인프라를 이용할 수 있다는 점이 다르다.

3.2 U-시티 기술

U-시티 서비스를 제공하려면 다양한 유비쿼터스 기술이 필요하다. U-시티는 RFID, USN, 광대역통합망BcN 등의 기술을 적용하여 시민들에게 필요한 통신, 방송, 인터넷 융합 서비스를 제공한다. 다음 표는 U-시티 서비스를 제공하는 데 필요한 기반 기술을 나타낸 것이다.

표 12-5 U-시티 서비스 기반 기술

항목	내용
RFID	RFID 태그 및 리더를 활용하여 물품의 정보를 무선 주파수로 송수신하여 처리하는 기술
USN	사물에 부착된 센서 노드를 통해 필요한 정보를 수신하고 분석한 후 생활에 활용하는 기술
센서	다양한 환경에서 발생하는 현상에 대한 정보를 감지하는 기술
BcN	통신, 방송, 인터넷이 융합된 광대역 멀티미디어 서비스를 제공하는 통합 네트워크
IPv6	모든 유비쿼터스 기기를 식별하기 위한 128비트 주소 체계
와이브로	사용자가 이동 중에도 고속으로 인터넷을 하거나 데이터를 전송할 수 있도록 하는 기술
DMB	차세대 디지털 방송 기술을 이용하여 이동 중에도 TV, 라디오 등의 서비스를 제공받을 수 있도록 하는 기술
WLAN	이동 환경에서 무선으로 인터넷 또는 고속 데이터를 전송할 수 있도록 하는 기술
지그비	가정 또는 사무실과 같이 10~20미터 정도의 근거리에서 무선으로 데이터를 송수신하는 기술
블루투스	근거리에 있는 휴대 장치끼리 무선으로 데이터를 송수신하는 기술
그리드 컴퓨팅	네트워크를 통해 수많은 컴퓨터를 연결하여 계산 능력을 극대화시킨 디지털 신경망 기술
암호 기술	사용자의 정보를 해킹 당하지 않고 안전하게 네트워크를 통해 송수신하는 기술

U-시티 서비스를 제공하려면 기반 기술뿐 아니라 다음 표와 같은 응용 기술이 필요하다. 예를 들어 차량 운전자에게 운행 중 필요한 여러 정보를 제공해주는 텔레매틱스, 집 밖에서 집 안에 있는 각종 홈 기기를 제어해주는 홈 네트워크 등이 U-시티 서비스에 필요한 응용 기술이다.

표 12-6 U-시티 서비스 응용 기술

항목	내용
텔레매틱스	자동차와 무선 통신을 결합한 기술로 차량 운전자에게 위치 정보, 교통 정보, 긴급 구조 등의 서비스를 제공
홈 네트워크	집 밖에서 집 안에 있는 각종 홈 기기를 제어하는 기술
GPS	세계 어느 곳에서든지 인공위성을 이용하여 자신의 위치를 정확히 파악하는 위성 항법 장치 기술
GIS	지리 공간 데이터를 분석하고 가공하여 교통, 통신 등과 같은 지형 관련 분야에 활용하는 기술
ITS	전자, 정보, 통신, 제어 등의 기술을 교통 체계에 접목시킨 지능형 교통 시스템 기술
LBS	휴대폰이나 PDA와 같은 이동통신망과 IT 기술을 종합적으로 활용한 위치 정보 기반의 시스템 및 서비스 기술
도시 통합 관제 기술	U-시티에서 발생하는 모든 도시 정보를 통합 및 분석하여 실시간으로 제공하는 기술

사물인터넷

1 사물인터넷의 등장 배경

사물인터넷은 1999년에 P&G[Procter & Gamble]에서 브랜드 매니저로 일하던 케빈 애쉬튼[Kevin Ashton]이 처음 사용한 용어로 우리 주변의 모든 사물을 인터넷에 연결하여 서로 대화하고 교감하며 정보를 주고받을 수 있도록 만든 서비스라고 정의했다.

이와 유사한 개념으로 1991년에 마크 와이저 박사가 창안한 유비쿼터스 컴퓨팅이 있다. 유비쿼터스 컴퓨팅은 사물들이 서로 연결된다는 점에서 사물인터넷과 유사하나 사물과 사물, 사물과 사람이 상호 소통하는 지능형 환경 수준까지는 미치지 못했고 모든 사물에 칩을 넣어 어느 곳에서든 사용할 수 있도록 구현한 것이다.

또한 사물인터넷 개념이 정착되기 전 사물지능통신[M2M, Machine-to-Machine]에 대한 연구도 매우 활발하게 진행되었다. 사물지능통신은 동일한 유형의 사물끼리 서로 통신할 수 있는 기술을 의미한다. 결국 사물인터넷은 유비쿼터스 컴퓨팅, 사물지능통신 등의 기술이 더욱 발전된 형태라고 볼 수 있다.

2 사물인터넷의 개념

사물인터넷은 각종 사물에 센서와 통신 기능을 내장하여 인터넷에 연결하는 기술이다. 여기서 사물이란 사람을 비롯하여 가전제품, 모바일 기기, 웨어러블 컴퓨터 등 다양한 임베디드 시스템을 말한다. 사물인터넷에 연결되는 사물은 자신을 구별할 수 있는 유일한 IP로 네트워크에 연결되어야 하며, 외부 환경으로부터의 데이터를 획득하기 위해 센서를 내장해야 한다.

3 사물인터넷의 구조

사물인터넷의 구조는 다음 그림과 같이 데이터 생성[data creation], 네트워크 연결[network connection], 데이터 처리[data processing], 서비스 제공[service provision]의 네 가지 영역으로 구성된다.

| 데이터 생성 | ⟷ | 네트워크 연결 | ⟷ | 데이터 처리 | ⟷ | 서비스 제공 |

그림 12-17 **사물인터넷의 구조**

- 데이터 생성 : 각종 센서가 자연 현상을 감지하여 디지털 값으로 변환한다.
- 네트워크 연결 : 데이터 영역에서 생성된 센싱 데이터를 이동통신, 위성통신, 와이파이$^{\text{Wi-Fi}}$, 비콘^{beacon} 등을 이용해 인터넷 등의 네트워크에 연결한다.
- 데이터 처리 : 데이터 연결 영역에 의해 전송된 각종 센싱 데이터들을 수집, 저장, 분석, 가공한다. 이때 수많은 센싱 데이터 중 특정 응용 서비스에 필요한 데이터만 뽑아내는 필터링^{filtering} 기술이 필요하다.
- 서비스 제공 : 데이터 처리 영역에서 사용되는 데이터들을 네트워크에 연결된 사물들이 이해할 수 있는 방식으로 나타낸다. 이때 사물의 대상이 사람인 경우에는 컴퓨터에서 동작하는 응용 프로그램 또는 스마트폰 앱 형태로 서비스를 제공하고, 장치인 경우에는 센서나 동력 구동 장치 형태로 서비스를 제공한다.

4 사물인터넷의 핵심 기술

사물인터넷의 핵심 기술은 보는 관점에 따라 다를 수 있으나 일반적으로 센싱 기술, 네트워킹 기술, 인터페이스 기술, 디바이스 기술로 구분된다.

- 센싱 기술 : 가속도, 중력, 온도, 습도, 열, 가스, 조도, 초음파 등 다양한 현상을 센서로 감지하여 사물과 주위 환경으로부터 정보를 수집하는 기술이다. 최근 MEMS$^{\text{Micro Electro Mechanical Systems}}$, 반도체 SoC$^{\text{System On Chip}}$, 임베디드 소프트웨어 기술의 발전으로 과거보다 더 지능화된 스마트 센서가 널리 활용되고 있다.
- 네트워킹 기술 : 인간과 사물, 서비스 등의 분산된 컴퓨팅 자원을 서로 연결하는 유무선 네트워크 기술이다. 4세대$^{\text{4G}}$ 이동통신, 위성통신, 와이파이, 블루투스, NFC, 지그비, UWB 등이 해당된다.
- 인터페이스 기술 : 센서에 의해 감지된 센싱 정보를 이용하여 특정 기능을 수행하는 응용 서비스와 상호 연동하기 위한 기술이다. 정보의 수집, 저장, 분석, 가공 기술과 보안, 데이터 마이닝, 웹 서비스 기술 등으로 구성된다.
- 디바이스 기술 : 사물인터넷에 사용되는 장치와 관련된 기술이다. 대표적인 장치로는 스마트폰, 웨어러블 기기 등이 있다.

5 사물인터넷의 상용화 사례

5.1 해외 사례

구글, 페이스북, 애플은 사물인터넷을 적용한 제품을 주도적으로 출시하고 있다. 주로 웨어러블 기기가 많다.

■ 구글 글라스

구글 글라스google glass는 구글이 개발한 헤드 마운티드 디스플레이HMD, Head Mounted Display가 장착된 웨어러블 컴퓨터의 일종이다. 안경처럼 착용하기 때문에 손을 쓰지 않고 정보를 얻을 수 있으며, 음성 명령을 통해 인터넷과 상호작용할 수 있다.

구글 글라스는 다양한 분야에 활용될 수 있다. 시각장애나 청각장애를 가진 사람은 길을 안내받을 수 있고, 운전자는 자동차 안에서 손을 쓰지 않고도 음악을 듣거나 교통정보를 얻을 수 있다. 편리한 점도 많지만 사생활 침해나 안전 문제 같은 문제점도 가지고 있다. 모든 사물이 별도의 IP를 받아 관리되므로 해킹의 대상이 될 수 있기 때문이다. 이러한 문제는 구글 글라스가 앞으로 풀어내야 할 숙제이기도 하다.

구글은 구글 글라스 익스플로러 에디션을 2014년 4월에 일반인에게 1,500달러에 한정 판매하였고, 2015년 1월에 추가 연구개발을 이유로 발매를 중지하였다.

그림 12-18 **구글 글라스** [04]

■ 오큘러스 리프트

오큘러스 리프트oculus rift는 2012년에 파머 러키Palmer Luckey가 Oulus VR이라는 회사를 설립하여 개발한 가상현실 게임을 위한 장비이다. 헤드셋headset을 쓰고 머리를 움직이면 머리가 향하는 방향으로 화면을 제공한다. 왼쪽과 오른쪽 렌즈는 오목하게 굽어진 파노라마 디스플레이 영상을 제공하기 때문에 넓은 시야각을 확보할 수 있다. 눈동자만 움직여도 가상현실의 영상을 볼 수 있게 해준다.

단, 시야각이 110°로 한정되어 있고 머리를 움직이는 속도에 비해 화면이 움직이는 속도가 느려 시각 정보와 청각 정보가 일치하지 않는 경우가 있다. 또한 모션을 제대로 인식하지 못하거나 사용 중 멀미가 나는 등의 문제가 있어 해결책이 필요한 상황이다.

오큘러스 리프트는 2012년에 오큘러스 리프트 DK1 버전을 출시하였고, 2014년에 오큘러스 리프트 DK2 버전을 출시하였다. 같은 해에 페이스북이 20억 달러에 인수하였다.

그림 12-19 **오큘러스 리프트** [05]

■ 스마트 워치

스마트 워치^{smart watch}는 시계 형태로 착용하는 기기이다. 최초의 스마트 워치는 2006년에 소니 에릭슨에서 발표한 MBW-100 모델로 알려져 있으며, 단순히 시계에 블루투스 통신 모듈을 탑재해 휴대폰과 연동하는 수준으로 구현되었다. 최근에 출시되는 모델은 모바일 운영체체를 탑재하여 앱을 구동하는 형태로 출시되고 있다. 스마트 워치는 스마트폰과 연동하여 사용하는 연동형과 단독으로 사용하는 단독형으로 나눌 수 있다.

• **연동형** : 스마트폰과 연동하여 사용할 수 있지만 연동할 때마다 블루투스로 연결을 해야 해서 번거롭다.
• **단독형** : 무선 헤드셋, 마이크로폰, 통화용/데이터용 모뎀, SIM 카드 슬롯 등의 자체 통신 기능을 가지고 있다. 전화와 문자 기능 등을 이용할 수 있지만 스마트폰과 연동하기는 어렵다.

스마트 워치는 전화, 문자, 스케줄 관리는 물론 심박계, 만보기, 혈당 체크 같은 건강 관리 기능이 탑재되어 있다. 다음 그림은 2014년에 출시된 모토롤라의 모토360과 삼성전자의 기어2이다.

그림 12-20 **모토360, 기어2** [06]

■ 구글카

구글카google car는 스탠포드대Stanford University 및 카네기멜론대Carnegie Mellon University 연구팀, 무인자동차 경주인 DARPA 그랜드 챌린지The DARPA Grand Challenge 우승자들이 모여 시작한 프로젝트이다. 이 프로젝트는 교통사고를 예방하고 탄소 배출을 줄이는 것은 물론 운전자 없이 주행할 수 있도록 자동차를 만드는 것이 목표이다. 2009년부터 도요타의 일반 차량을 개조해 자동차를 개발하고 시험 주행을 해 왔다.

구글카는 운전에 필요한 다양한 정보를 수집한 후 이를 분석해 의사결정을 내리는 방식으로 운행된다. 즉, GPS를 통해 현재 위치와 목적지를 끊임없이 비교하면서 원하는 방향으로 핸들을 돌리고, 차량 내부의 레이더, 카메라, 레이저 스캐너 등을 통해 주변의 차량, 사물, 사람, 신호 등 다양한 정보를 감지한다. 이를 종합적으로 분석하여 차량의 방향이라든지 속도 등 운전에 필요한 최종 의사결정을 내린다.

구글카 시험은 숙련된 드라이버가 운전석에 앉고 조수석에는 엔지니어가 탑승하여 진행된다. 2012년에는 시각장애인을 태우고 20만 마일을 주행하는 시험을 성공적으로 마쳤고, 2014년에는 70만 마일을 주행하여 기록을 갱신했다.

그림 12-21 **구글카** [07]

5.2 국내 사례

우리나라 3대 통신사업자의 사물인터넷 상용화 사례를 살펴보자.

■ 스마트 팜 서비스

SK텔레콤은 2013년에 제주도 서귀포와 경북 성주를 대상으로 지능형 비닐하우스 관리 시스템인 스마트 팜 서비스를 시작하였다. 이 시스템을 이용하면 농부가 직접 모바일 기기를 이용해 비닐하우스 내부의 온도와 습도, 급수와 배수, 사료 공급 서비스를 제어할 수 있다.

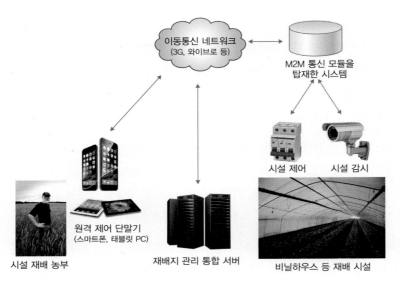

그림 12-22 SK텔레콤의 지능형 비닐하우스 관리 시스템 [08]

■ **스마트 홈서비스**

KT는 2011년부터 스마트폰을 활용하여 원격지에서 실시간으로 방범, 전등 제어, 출입문 제어, 검침 서비스가 가능한 스마트 홈서비스를 제공하고 있다. 이 서비스는 센서 네트워크를 가정에 도입하여 가정을 더 건강하고 편리한 공간으로 바꾸는 것이 목표이다.

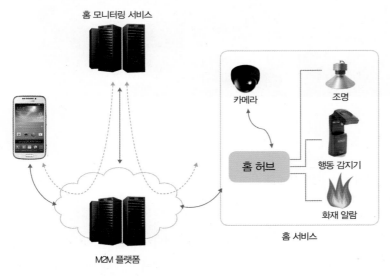

그림 12-23 KT의 스마트홈 서비스 [09]

■ 실시간 차량 관제 서비스

LG 유플러스는 2012년 여수 세계박람회 기간 동안 LTE를 기반으로 한 사물인터넷 솔루션을 적용한 차량 관제 서비스를 제공한 바 있다. 이 서비스를 이용하면 승객 관리, 운행 상태와 속도, 이동 거리 등의 차량 정보를 실시간으로 교통관제센터에 전송하여 사고나 교통 정체 등의 상황에 유연하게 대처할 수 있다.

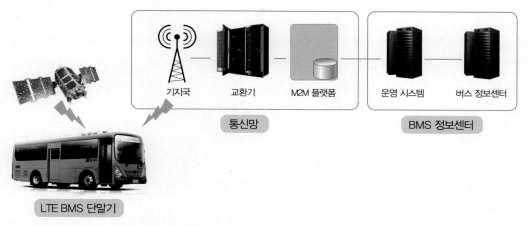

그림 12-24 **LG 유플러스의 실시간 차량 관제 서비스** [10]

1 클라우드 컴퓨팅의 등장 배경

클라우드 컴퓨팅이라는 용어는 2006년 9월에 구글에서 엔지니어로 일하던 크리스토프 비시글리아 Christophe Bisciglia가 구글의 최고 경영자인 에릭 슈비트Eric Emerson Schmidt에게 서버, 스토리지, 소프트웨어 등의 임대 사업을 설명하면서 쓰기 시작했다. 구름을 뜻하는 클라우드라는 이름을 쓴 이유는 기업 또는 개인 사용자가 '구름' 속에 있는 IT 자원을 이용한다는 것을 표현하기 위해서였다.

클라우드 컴퓨팅은 인터넷 기반 컴퓨팅 기술로, 인터넷의 데이터 서버에 프로그램을 두고 필요할 때마다 컴퓨터나 모바일 기기로 불러와서 사용하는 서비스이다. 각종 자원을 사용자가 직접 소유하면서 관리하던 기존 방식과 달리 사용자가 필요한 자원을 가상화된 형태로 네트워크를 통해 제공받는 방식이다. 즉 소유와 관리가 분리된 서비스로 볼 수 있다.

2 클라우드 컴퓨팅의 개념

미국 국립표준기술연구원NITS, National Institute of Standards and Technology에 따르면 클라우드 컴퓨팅의 정의는 다음과 같다.

> 언제 어디서나 필요할 때마다 네트워크, 서버, 스토리지 등의 공유된 컴퓨팅 자원을 최소한의 관리와 노력으로(또는 시스템 운영자에 요청하지 않더라도) 신속하게 서비스할 수 있는 모델이다.

사용자 관점에서 클라우드 컴퓨팅은 구름 뒤편에 숨겨져 있는 복잡한 구조로 얽혀 있는 컴퓨터 시스템이다. 전자메일 서버가 어디에 있는지 모르지만 전혀 불편함 없이 전자메일을 주고받을 수 있는 것과 같다. 즉, 클라우드 컴퓨팅이란 구름 뒤에 가려진 복잡한 컴퓨터 시스템 구조를 사용자가 알 필요 없이 자신이 원하는 서비스를 언제 어디서든지 사용할 수 있도록 하는 서비스이다.

여기서 클라우드 컴퓨팅과 클라우드 서비스의 개념이 헷갈릴 수 있는데, 국내 정보통신 표준화 기구인 한국정보통신기술협회TTA에서 정의한 내용은 다음과 같다.

■ **클라우드 컴퓨팅**

가상화^{virtualization} 기술과 분산 처리 기술을 기반으로 인터넷을 통해 대규모 컴퓨터 자원을 임대하고, 사용한 만큼 요금을 지불하는 컴퓨팅 환경을 말한다. 여기에서 가상화 기술은 실제 자원을 논리적인 단위로 나누고 통합하여 여러 사용자가 활용할 수 있도록 하는 기술이다. 분산 처리 기술은 하나의 중앙처리장치가 네트워크에 연결된 여러 자원을 모두 처리하는 중앙 집중 처리 방식이 아닌 데이터가 발생한 각 자원이 자체적으로 처리하는 방식이다.

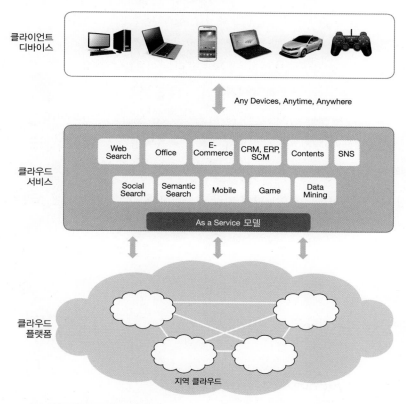

그림 12-25 **클라우드 컴퓨팅 개념도** [11]

■ **클라우드 서비스**

클라우드 컴퓨팅 환경에서 제공되는 서비스를 말한다. 구체적으로 살펴보면 사용자 맞춤형으로 제공되는 주문형$^{on-demand}$ 아웃소싱 IT 서비스를 의미한다. 클라우드 서비스는 서비스 유형에 따라 다음과 같이 세 개의 계층으로 구성된다.

- **IaaS**$^{Infrastructure\ as\ a\ Service}$ **계층** : 서버, 스토리지 등 하드웨어 자원을 임대한다.
- **PaaS**$^{Platform\ as\ a\ Service}$ **계층** : 소프트웨어 개발에 필요한 플랫폼을 임대한다.
- **SaaS**$^{Software\ as\ a\ Service}$ **계층** : 사용자가 원하는 소프트웨어를 임대한다.

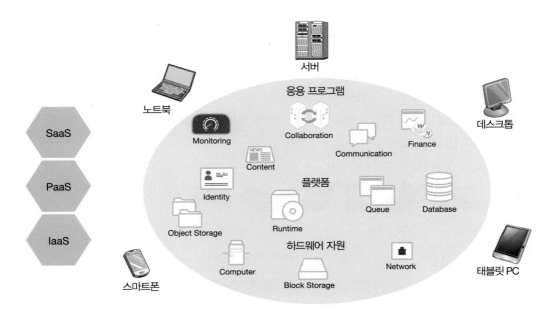

그림 12-26 **클라우드 서비스 개념도**

클라우드 컴퓨팅은 불특정 다수가 이용하느냐 아니냐에 따라 공공 클라우드[public cloud], 사설 클라우드[private cloud], 하이브리드 클라우드[hybrid cloud]로 나눌 수 있다.

3 클라우드 컴퓨팅의 장단점

클라우드 컴퓨팅의 장단점은 다음 표와 같다.

표 12-7 **클라우드 컴퓨팅의 장단점**

장점	· 꼭 필요한 자원만 선택하여 구매하고 나머지는 임대하여 사용할 수 있다. · 임대한 자원도 사용한 만큼만 비용을 지불하므로 합리적이다. · 자원 사용 환경 변화를 낮은 비용으로 신속히 대응할 수 있다.
단점	· 클라우드 서비스의 안정성을 확신하기 어렵다. · 주요 정보를 클라우드 서버에 저장할 경우 보안 문제가 생길 수 있다. · 클라우드화 작업을 할 때 표준화 준비가 미흡하면 인적, 물적 비용이 증가할 수 있다.

4 클라우드 컴퓨팅의 핵심 기술

클라우드 컴퓨팅 서비스를 제공하려면 하드웨어 인프라가 갖춰져 있는 데이터센터가 먼저 구축되어 있어야 한다. 주문형 서비스, 동적 자원 할당, 데이터 동기화, 서비스 과금 체계 등의 기술도 마련되어야 한다. 클라우드 컴퓨팅의 핵심 기술을 살펴보면 다음 표와 같다.

표 12-8 **클라우드 컴퓨팅의 핵심 기술**

기술	주요 내용
가상화 기술	가상 하드웨어 인프라를 구축해 공유 자원을 클라우드 사용자에게 나누어 주는 기술
분산 처리 기술	수집된 데이터를 대규모의 분산 처리 환경에서 처리하는 기술
오픈 인터페이스	네트워크를 통해 클라우드 서비스를 이용하고 서비스 사이에서 정보 공유를 지원하는 기술
서비스 프로비저닝	서비스 제공자가 실시간으로 클라우드 자원을 제공하는 기술
과금 체계 시스템	클라우드 자원의 사용량을 과금하는 기술
서비스 수준 관리	계량화된 클라우드 서비스의 품질을 유지, 관리하는 기술
보안 및 개인 정보 관리	중요한 정보를 클라우드 서버에 안전하게 보관하는 기술
다중 공유 모델	하나의 클라우드 자원 인스턴스를 여러 사용자 그룹이 독립적으로 사용할 수 있도록 하는 기술

[출처] 클라우드 컴퓨팅 기술 동향–문화기술 심층리포트, 한국콘텐츠진흥원, 2011. 2.

06 빅데이터 컴퓨팅

1 빅데이터의 등장 배경

최근 스마트폰과 같은 디지털 기기의 보급과 트위터, 페이스북 같은 SNS[Social Network Service]의 부상으로 엄청난 양의 데이터가 생산되고 있다. 다음 그림은 한국정보화진흥원이 2013년에 공개한 전 세계 디지털 정보량 증가 추이를 나타낸 그래프이다. 그림에서 알 수 있듯이 전 세계 디지털 정보량은 2011년에 제타바이트로 진입한 후 2020년을 지나 2030년까지 50배 이상 증가할 것으로 예상된다.

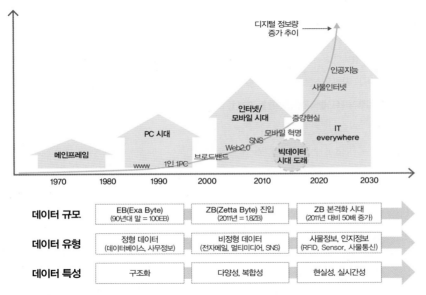

그림 12-27 전 세계 디지털 정보량 증가 추이

빅데이터는 이러한 방대한 양의 데이터를 다루는 기술로, 다루는 데이터가 수십 테라바이트[TB, TeraByte]에서 수천~수만 페타바이트[PB, PetaByte], 엑사바이트[XB, eXaByte], 제타바이트[ZB, ZettaByte]에 이르는 대용량 규모이다. 참고로 1제타바이트는 MP3 곡을 281조 5,000억 곡 저장할 수 있는 용량이다.

여기서 잠깐

데이터의 저장 단위

- 1킬로바이트(KB) = 2^{10}바이트
- 1메가바이트(MB) = 2^{20}바이트
- 1기가바이트(GB) = 2^{30}바이트
- 1테라바이트(TB) = 2^{40}바이트
- 1페타바이트(PB) = 2^{50}바이트
- 1엑사바이트(EB) = 2^{60}바이트
- 1제타바이트(ZB) = 2^{70}바이트
- 1요타바이트(YB) = 2^{80}바이트

2 빅데이터의 개념

빅데이터는 보는 시각에 따라 다양하게 정의할 수 있다. 다음은 빅데이터의 일반적인 정의를 기술한 것이다.

> 일반적인 데이터베이스 규모를 넘어선 매우 큰 규모의 데이터로부터 가치를 추출하고 결과를 분석하는 기술을 말한다.

이외에도 학자나 기관에 따라 다양하게 정의하고 있다.

- 가트너[Gartner, 2012년] : 향상된 시사점[insight]과 더 나은 의사결정을 위해 사용되는 정보 자산으로, 비용 효율이 높고 혁신적이며 대용량, 고속, 다양성의 특성을 갖는다.
- 맥킨지[Mckinsey, 2011년] : 일반적인 데이터베이스 소프트웨어가 저장, 관리, 분석할 수 있는 범위를 초과하는 규모의 데이터를 말한다.
- IDC[International Data Corporation, 2011년] : 다양한 종류의 대규모 데이터에서 저렴한 비용으로 가치를 추출하고, 데이터의 초고속 수집, 발굴, 분석을 지원하도록 고안된 차세대 기술 및 아키텍처이다.

빅데이터 기술은 다변화된 현대사회를 더욱 정확하게 예측하여 사회 곳곳에서 유용하게 사용되고 있다. 예를 들면 마트에서 고객의 쇼핑 패턴을 분석해 쇼핑 동선에 따라 진열대 물건을 달리 배치한다거나 새로운 조합의 묶음 상품을 내놓는 것 등이 빅데이터를 활용한 사례이다. 빅데이터는 앞으로 개개인에게 맞춤형 정보를 제공하고, 이들을 관리·분석하여 과거에는 불가능했던 기술을 실현시킬 것이다.

3 기존 데이터와 빅데이터의 차이점

빅데이터 기술이 등장하기 전에도 기업들은 대용량 데이터를 처리하기 위해 엄청난 시간과 비용을 들였지만 실시간으로 처리하기 힘들었다. 하지만 빅데이터 기술이 등장하면서 의미 있는 정보를 실시간으로 도출할 수 있게 되었고, 실시간 정보를 바탕으로 의사결정을 신속하게 내릴 수 있게 되었다. 구글, IBM, HP 등 글로벌 IT기업이 페타바이트급 대량 데이터를 수집·분석하여 결과를 비즈니스에 이용하려는 추세가 대표적인 예이다.

기존 데이터와 빅데이터의 차이점은 다음 표와 같다.

표 12-9 기존 데이터와 빅데이터의 차이점

구분	기존 데이터	빅데이터
데이터 양	테라바이트(TB) 수준	테라바이트(TB)~제타바이트(ZB) 수준
데이터 유형	정형 데이터 위주	정형 데이터 및 비정형 데이터 모두 포함(비정형 데이터의 비중이 높음)
처리 과정	· 처리 과정이 단순함 · 원인과 결과 관계를 규명하는 데 중점을 둠	· 처리 과정이 복잡하고 분산 처리 기술이 필요함 · 상관관계를 규명하는 데 중점을 둠

[출처] 빅데이터 동향 및 정책 시사점, 제25권 10호 통권 555호, 2013. 6.

TIP 정형 데이터 : 일정한 규칙에 따라 체계적으로 정리된 데이터를 말한다.
비정형 데이터 : 그림, 영상, 문서처럼 형태와 구조가 복잡하고 체계적으로 정리되어 있지 않은 데이터를 말한다.

4 빅데이터의 특성

가트너^{Gartner}는 빅데이터의 특성을 데이터의 규모^{volume}, 데이터의 변화 속도^{velocity}, 데이터의 다양성^{variety}으로 설명하였다.

■ 데이터의 규모

일반적으로 통계에서도 표본이 많아야 정확도가 높아지는 것처럼 빅데이터에서도 데이터의 크기가 일정 수준 이상이어야 의미 있는 데이터를 얻을 수 있다. 특히 빅데이터는 전체 데이터를 처리하지 않고 의미 있는 데이터만 선택하여 사용하기 때문에 데이터의 규모가 매우 중요하다. 일반적으로 100테라바이트 이상의 데이터가 확보되어야 의미 있는 결과를 뽑아낼 수 있다.

■ 데이터의 변화 속도

빅데이터는 잘 가공된 데이터가 아닌 가공되지 않고 계속해서 변하는 원시 데이터에서 가치를 찾는다. 따라서 빅데이터에서 다루는 데이터는 항상 새롭게 생성되고 소비된다는 특징이 있다. 빅데이터의 가장 중요한 공급원으로 데이터의 생성과 수요가 빠른 SNS를 들 수 있다.

■ 데이터의 다양성

빅데이터가 다루는 데이터는 데이터가 만들어내는 정보의 가치가 사실에 가깝고, 사람들이 체감하고 공감하는 내용에 가깝다. 이를 데이터의 다양성이라고 한다. 데이터의 다양성이 확보되지 않으면 일방적인 데이터를 반영할 확률이 높고 데이터의 출처가 한정적일 가능성이 높다.

5 빅데이터 처리 프로세스와 분석 기술

빅데이터는 기존의 데이터 관리 및 분석 기술로는 감당하기 어려운 방대한 규모의 데이터를 다룬다. 따라서 데이터의 생성→수집→저장→처리→분석→표현 형태의 처리 프로세스가 필요하다.

그림 12-28 빅데이터 처리 프로세스

텍스트 마이닝을 비롯하여 시맨틱스, 기계 학습, 자연어 처리, 정보검색, 클라우드, 크롤링, 통계, 가시화 등의 분석 기술도 필요하다. 이러한 분석 기술은 개별적 또는 상호 연동 과정을 거쳐 사용된다.

- **텍스트 마이닝**text mining : 기사, 블로그, 논문, 특허 등의 다양한 데이터로부터 필요한 데이터를 수집하고 분석한 후 시각화하는 기술이다.
- **시맨틱스**semantics : 빅데이터의 의미를 체계적으로 분석하는 기술이다.
- **기계 학습**machine learning : 가능한 모든 경우의 수를 학습하여 최적의 판단을 내리거나 결론에 가까운 예측을 하는 기술이다.
- **자연어 처리**natural language processing : 컴퓨터를 이용하여 사람의 언어를 이해하고 분석하는 기술이다.
- **정보 검색**information retrieval : 필요한 데이터를 데이터베이스로부터 신속하게 검색하는 기술이다.
- **클라우드**cloud : 언제 어디서나 필요한 데이터를 네트워크를 통해 신속하게 제공하는 기술이다.
- **크롤링**crawling : 검색엔진을 이용해 데이터를 수집하는 기술이다.
- **통계**statistics : 빅데이터에서 얻은 데이터를 분류, 정리, 분석하는 기술이다.
- **가시화**visualization : 데이터의 분석 결과를 쉽게 이해할 수 있도록 시각적으로 표현하는 기술이다.

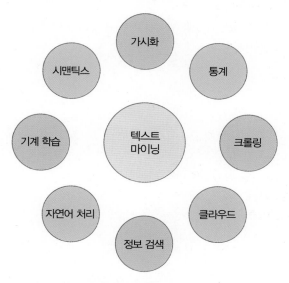

그림 12-29 빅데이터 분석 기술 [12]

1 유비쿼터스 컴퓨팅

마크 와이저Mark Weiser 박사가 제안한 유비쿼터스 컴퓨팅의 핵심 개념은 어디에서나 존재하는 '보이지 않는 컴퓨터'와 사용자가 의식하지 않고 자연스럽게 사용하는 '조용한 컴퓨터'이다.

2 유비쿼터스 컴퓨팅 기술

유비쿼터스 컴퓨팅 기술은 유비쿼터스 환경을 구현하기 위한 기반 기술과 실생활에서 유비쿼터스 기술이 활용되는 응용 기술로 나눌 수 있다. 각 기술의 종류는 다음과 같다.
- 기반 기술 : RFID, 유비쿼터스 센서 네트워크, 증강 현실, 생체인식
- 응용 기술 : 홈 네트워크, U-헬스케어, U-시티

3 사물인터넷

각종 사물에 센서와 통신 기능을 내장하여 인터넷에 연결하는 기술이다. 여기에서 사물이란 사람을 비롯하여 가전제품, 모바일 기기, 웨어러블 컴퓨터 등 다양한 임베디드 시스템을 말한다.

4 클라우드 컴퓨팅

언제 어디서나 필요할 때마다 네트워크, 서버, 스토리지 등의 공유된 컴퓨팅 자원을 최소한의 관리와 노력으로(또는 시스템 운영자에 요청하지 않더라도) 신속하게 서비스할 수 있는 모델이다.

5 빅데이터 컴퓨팅

일반적인 데이터베이스로 수집, 저장, 관리, 분석할 수 있는 수준을 넘어선 매우 큰 규모의 데이터로부터 가치를 추출하고 결과를 분석하는 기술을 말한다.

정오형 문제

1 퍼베이시브 컴퓨팅이란 인간이 감각기관을 통해 외부 환경의 상태를 느끼는 것처럼 센서라는 　[참] [거짓]
장치를 이용해 정보를 획득하고 처리하는 기술이다.

2 바코드 시스템은 국가, 제조업체, 상품명 외에 생산 일자, 유통 기간, 출고/재고 현황 등 다양한 　[참] [거짓]
정보의 입출력이 가능하다.

3 생체인식 기술 중 인체 상태에 쉽게 영향을 받고, 오인식률이 높은 기술은 홍채 인식이다. 　[참] [거짓]

4 유비쿼터스 컴퓨팅은 사물지능통신, 사물인터넷 등의 기술이 더욱 더 발전된 형태로 볼 수 있다. 　[참] [거짓]

5 클라우드 컴퓨팅은 하나의 중앙처리장치가 네트워크에 연결된 여러 자원들을 모두 처리하는 　[참] [거짓]
방식으로 운영된다.

6 빅데이터에서 처리하는 데이터의 유형은 주로 정형 데이터 위주이다. 　[참] [거짓]

단답형/선택형 문제

1 (　　　　　)은(는) 제2의 피부라고 하는 옷이나 안경 등에 액세서리 형태로 착용하여 사람과 같이 숨 쉬
고 느끼면서 주변 환경을 인지하는 기술이다.

2 (　　　　　)은(는) 사용자가 노트북이나 휴대폰과 같은 기기를 외부와 접속하여 유목민처럼 자유자재로
이동하면서 컴퓨터를 사용하는 기술이다.

3 RFID 시스템은 (　　　　　)와(과) RFID 리더로 구성된다.

4 USN에서 (　　　　　)은(는) 센서 네트워크의 센서 노드에서 감지된 데이터를 수집하여 외부 네트워크
로 전달하기 위한 게이트웨이 역할을 담당한다.

5 (　　　　　)은(는) 현실 세계와 가상 화면을 결합해 보여주는 기술이다.

6 (　　　　　)은(는) 살아 있는 사람의 신원을 생리학적 특징이나 행동적 특징을 기반으로 하여 인증하는
기술이다.

7 홈 네트워크 안에 있는 각종 홈 기기와 외부 액세스 네트워크를 연결하는 장치를 (   )(이)라 한다.

8 (   )(이)란 차량 운전자에게 위치 정보, 교통 정보, 긴급 구조 등의 서비스를 제공하는 자동차와 무선통신을 결합한 기술이다.

9 클라우드 서비스는 IaaS, PaaS 및 (   )(으)로 구성된다.

10 빅데이터의 분석 기술에서 (   )은(는) 검색엔진을 이용한 데이터를 수집하는 기술을 의미한다.

11 유비쿼터스에 관한 설명 중 틀린 것은?

① '도처에 있는', '편재하는', '여기저기 모습을 나타내는' 등의 의미를 가지고 있다.

② 미국 제록스의 팔로알토 연구소에서 일하던 마크 와이저 박사가 처음 사용한 용어이다.

③ '보이지 않는 컴퓨터', '조용한 컴퓨터'라는 개념으로 정의된다.

④ '보이지 않는 컴퓨터'이기 때문에 필요에 따라 사용하는 데 불편하다.

12 RFID 시스템의 특징이 아닌 것은?

① 광학 방식으로 물체를 인식한다.

② 물체 인식 거리는 최대 100미터 정도이다.

③ 물건에 대한 다양한 정보의 입력과 출력이 가능하다.

④ 바코드 시스템에 비해 오염에 쉽게 손상되지 않는다.

13 유비쿼터스 컴퓨팅의 특징으로 틀린 것은?

① 센서 네트워크와 인터넷 등의 네트워크가 필요하다.

② 사용자가 컴퓨터를 의식하지 않고 사용할 수 있어야 한다.

③ 사용자 인터페이스가 별로 중요하지 않다.

④ 시간과 장소에 영향을 받지 않고 컴퓨팅 환경을 제공할 수 있어야 한다.

14 사물인터넷의 핵심 기술이 아닌 것은?

① 센싱 기술

② 네트워킹 기술

③ 인터페이스 기술

④ 자연어 처리 기술

15 클라우드 컴퓨팅의 장점이 아닌 것은?

① 사용 빈도가 낮은 자원에 대해 구매 및 운영 비용을 절감할 수 있다.

② 자원 사용에 대한 환경 변화에 낮은 비용으로도 신속히 대응할 수 있다.

③ 클라우드 서비스의 안정성을 확보할 수 있다.

④ 꼭 필요한 자원만 선택하여 구매하고 나머지는 임대하여 사용할 수 있다.

16 빅데이터에 대한 설명 중 옳은 것은?

① 데이터 양은 기가바이트 수준이다.

② 처리 과정에서 상관관계를 중시한다.

③ 처리 과정에서 원인과 결과 관계를 중시한다.

④ 데이터의 유형은 주로 정형 데이터이다.

주관식 문제 --

1 유비쿼터스 컴퓨팅의 정의를 설명하시오.

2 마크 와이저 박사가 주장한 5Any와 5C에 대해 설명하시오.

3 유비쿼터스 센서 네트워크(USN)에 대해 설명하시오.

4 사물인터넷의 구조에 대해 설명하시오.

5 클라우드 컴퓨팅의 핵심 기술 중 하나인 가상화 기술에 대해 설명하시오.

6 빅데이터의 분석 기술에 대해 설명하시오.

CHAPTER 01

01 함채원, 홍영진, 이용아 공저, 『정보 · 응용 · 원리와 함께하는 컴퓨터 개론』 인피니티북스, 2010.

02 강환수, 조진형, 신용현 공저, 『유비쿼터스 시대의 컴퓨터 개론』 인피니티북스, 2008.

03 최윤석, 『플렉서블 액정 디스플레이 기술동향』 인포메이션 디스플레이, 6호, 한국정보디스플레이학회(KIDS), 2010.

04 정제호, 『클라우드 컴퓨팅의 현재와 미래, 그리고 시장전략』 한국소프트웨어진흥원 정책연구센터, 2008. 10.

05 박정호외 5명, 『조선IT현황과 전망』 전자통신동향분석, 제25권 제4호, 한국전자통신연구원, 2010. 8

06 이성휘, 『주요국 로봇 기술개발 동향과 시사점』 IT Insight, 정보통신연구진흥원 정보조사분석팀, 2008. 9.

07 『ETRI 30년 IT Korea 30년』 한국전자통신연구원, 2007. 4.

CHAPTER 02

01 김종훈, 김종진 공저, 『컴퓨터 개론』 한빛아카데미, 2008.

02 한금희, 함미옥 공저, 『컴퓨터 과학 개론』 한빛아카데미, 2008.

03 함채원, 홍영진, 이용아 공저, 『정보 · 응용 · 원리와 함께하는 컴퓨터 개론』 인피니티북스, 2010.

04 김대수, 『컴퓨터 개론』 생능출판사, 2010.

05 최윤철, 한탁돈, 임순범 공저, 『컴퓨터와 IT기술의 이해』 생능출판사, 2009.

06 신동석, 윤석규, 장경수 공저, 『컴퓨터 구조』 정익사, 2009.

CHAPTER 03

01 신동석, 윤석규, 장경수 공저, 『컴퓨터 구조』 정익사, 2009.

02 Kai Hwang 저/정창성 역, 『고급 컴퓨터 구조학』 이한출판사, 1997.

03 한금희, 함미옥 공저, 『컴퓨터 과학 개론』 한빛아카데미, 2008.

04 김종훈, 김종진 공저, 『컴퓨터 개론』 한빛아카데미, 2008.

05 함채원, 홍영진, 이용아 공저, 『정보 · 응용 · 원리와 함께하는 컴퓨터 개론』 인피니티북스, 2010.

06 김대수, 『컴퓨터 개론』 생능출판사, 2010.

07 최윤철, 한탁돈, 임순범 공저, 『컴퓨터와 IT 기술의 이해』 생능출판사, 2009.

08 송정영, 김진일, 문홍진, 신승호, 최상방 공저, 『컴퓨터의 구조』 대영사, 2003.

09 함호종, 『컴퓨터 구조』 도서출판 글로벌, 2005.

10 박재준, 김우완, 최승교, 이종국, 한수환, 오일덕 공저, 『컴퓨터 구조』 도서출판 한산, 2002.

CHAPTER 04

01 구자영, 『C++와 객체지향』 대영사, 1998.

02 김대수, 『컴퓨터 개론』 생능출판사, 2010.

03 원유헌, 『프로그래밍 언어론』 정익사, 1994.

04 김대영 외 2명, 『새내기를 위한 C언어 완성』 이한출판사, 2007.

05 이석호 외 12명 역, 『Norton의 컴퓨터 개론』 학술정보, 2001.

06 한금희, 함미옥 공저, 『컴퓨터 과학 개론』 한빛아카데미, 2008.

CHAPTER 05

01 오상엽, 최현섭 공저, 『운영체제』 이한출판사, 2005.

02 구용환, 『운영체제』 이한출판사, 2002.

03 한금희, 함미옥 공저, 『컴퓨터 과학 개론』 한빛아카데미, 2008.

04 김종훈, 김종진 공저, 『컴퓨터 개론』 한빛아카데미, 2008.

05 함채원, 홍영진, 이용아 공저, 『정보 · 응용 · 원리와 함께하는 컴퓨터개론』 인피니티북스, 2010.

06 이상훈, 국경환 공저, 『리눅스 마스터 : 2급에서 1급까지』 사이텍미디어, 2001.

CHAPTER 06

01 김대수, 『컴퓨터 개론』 생능출판사, 2010.

02 함채원, 홍영진, 이용아 공저, 『정보 · 응용 · 원리와 함께하는 컴퓨터 개론』 인피니티북스, 2010.

03 한금희, 함미옥 공저, 『컴퓨터 과학 개론』 한빛아카데미, 2008.

04 김종훈, 김종진 공저, 『컴퓨터 개론』 한빛아카데미, 2008.

05 정선호, 『데이터베이스 개론』 한빛아카데미, 2006.

06 홍의경, 『데이터베이스 배움터』 생능출판사, 2003.

07 이석호, 『데이터베이스론』 정익사, 2010.

08 이병욱, 『데이터베이스총론』 도서출판 그린, 2009.

09 Korth · Silberschatz 저/석상기, 김기룡 공역, 『데이터베이스 시스템 2판』 희중당, 1993.

CHAPTER 07

01 함채원, 홍영진, 이용아 공저, 『정보 · 응용 · 원리와 함께하는 컴퓨터 개론』 인피니티북스, 2010.

02 차동완, 정용주, 윤문길 공저, 『개념으로 풀어본 인터넷 기술세계』 교보문고, 2001.

03 이재광, 박동선, 김한규 공역, 『데이터통신과 네트워킹 4판』 교보문고, 2007.

04 조한규, 『무선랜 표준화 동향 및 전망』 TTA Journal Vol. 147, 2013. 5.

05 김경식, 신준호, 『NFC기술 및 인증동향』 TTA Journal Vol. 133, 2011. 1.

06 유지원외 2명, 『지그비(Zigbee)』 TTA Journal Vol. 99, 2005. 5.

07 김창환, 『UWB 무선통신 기술 동향』 주간기술동향 통권 1345호, 2008. 5.

08 남윤석, 허재두, 『UWB 기술동향』 정보와 통신, 한국통신학회, 2007. 6.

09 무선 네트워크_http://egloos.zum.com/bloor/v/6127315

10 NFC_http://clien.net/cs2/bbs/board.php?bo_table=news&wr_id=2011719

11 지그비_http://emotelab.blogspot.kr/2010/05/zigbee.html

12 UWB_http://news.joins.com/article/13909665

13 UWB_http://news.kbiz.or.kr/news/articleView.html?idxno=36717

CHAPTER 08

01 한 카네기멜론대학 기술교류협회 저, 『최신 소프트웨어 공학 기법』 브이아이랜드, 2002.

02 최은만, 『소프트웨어 공학』 정익사, 2011.

03 박지훈, 『자바 디자인 패턴과 리팩토링』, 한빛미디어, 2002.

04 토마스얼 저/장세영 외 3명 공역, 『SOA 서비스지향 아키텍처』, 에이콘, 2006.

05 마틴파울러 저/윤성준, 조재박 공역, 『리팩토링』, 대청, 2003.

06 스티브 맥코넬 저/박재호, 이해영 공역, 『프로젝트 쾌속 개발 전략』, 한빛미디어, 2006.

CHAPTER 09

01 함채원, 홍영진, 이용아 공저, 『정보 · 응용 · 원리와 함께하는 컴퓨터 개론』, 인피니티북스, 2010.

02 강환수, 조진형, 신용현 공저, 『유비쿼터스 시대의 컴퓨터 개론』, 인피니티북스, 2008.

03 김대수, 『컴퓨터 개론』, 생능출판사, 2010.

04 이경현, 신상욱, 신원 공저, 『IT융합을 위한 정보보안 개론』, 홍릉과학출판사, 2009.

05 최두진, 류영달, 양희인, 『2010년 정보문화 실태조사』, 한국정보화진흥원(NIA), 2011. 3.

06 인터넷진흥본부 산업정책팀, 『국내외 지식정보보안 산업 동향』, 한국인터넷진흥원, 2011.

07 조규민 외 3명, 『새로운 사이버 위협 : 피싱-파싱에 따른 기술 · 사회 · 법제적 대응 및 시사점』, 정보보호정책자료집, 한국정보보호진흥원, 2005. 12.

08 이학준, 『디바이스 해킹의 종류 및 대응 방법』, 디지에코 보고서, 2015. 5. 18.

09 김범수 외 8명, 『스마트기기 보급 확대에 따른 개인정보보호방안 연구』, 개인정보보호위원회 최종보고서, 연세대학교 정보대학원, 2014. 12.

10 『월간 악성코드 은닉사이트 탐지 동향보고서(9월)』, 한국인터넷진흥원(KISA)의 침해대응단 사이버침해대응본부, 2015. 9.

11 『인터넷 불법 유해정보 실태조사보고서』, 방송통신심의위원회, 2014. 12.

12 미모_http://www.hellodd.com/news/article.html?no=48909

13 모바일 해킹_http://it.donga.com/13938/

14 디도스_http://www.dailynk.com/korean/read.php?catId=nk00900&num=101394.

CHAPTER 10

01 박길철 외 6명 공저, 『유비쿼터스 시대의 멀티미디어』, 사이텍미디어, 2007.

02 함채원, 홍영진, 이용아 공저, 『정보 · 응용 · 원리와 함께하는 컴퓨터 개론』, 인피니티북스, 2010.

03 강환수, 조진형, 신용현 공저, 『유비쿼터스 시대의 컴퓨터 개론』, 인피니티북스, 2008.

04 최윤철, 한탁돈, 임순범 공저, 『컴퓨터와 IT기술의 이해』, 생능출판사, 2009.

05 Tutorial on Mobile Applications & Systems, 『MOBAS Tutorial 2010』, 한국정보과학회 모바일응용및시스템연구회, 2010. 10.

06 장성원, 『차세대 저장장치 SSD의 부상』, 인터넷에서 읽는 임베디드월드 e-Magazine, 2008. 4.

07 김자미 외 5명, 『한국형 MOOC 연계를 위한 온라인강의 활성화』, 연구보고서, 2014년 11월

08 천용석, 『스마트광고 산업에 있어서 디지털 사이니지의 활성화 방향 모색』, 한국지방재정공제회 한국옥외광고센터, 제26권 14호 통권 582호, 2014. 8. 1.

09 Zoetrope_위키백과

10 4DX_위키백과

11 HTML5_위키백과

12 겨울왕국_위키백과

13 CSS_위키백과

14 전자책_http://tech.chosun.com/archives/14767

15 전자책_http://biz.chosun.com/site/data/html_dir/2014/12/31/2014123102302.html?Dep0=twitter

16 디지털광고시장_http://www.dt.co.kr/contents.html?article_no=2014090502101660786001

17 디지털사이니지_http://it.donga.com/22051/

CHAPTER 11 --

01 김지용, 손동환, 김현진, 「소셜 네트워크 서비스 기술 동향」 전자통신동향분석, 제26권 제3호, 한국전자통신연구원, 2011. 6.

02 함유근, 박성민, 「SNS에 대한 4가지 오해」 SERI 경영 노트 제103호, 삼성경제연구소, 2011. 5.

03 장종욱, 「SNS와 스마트 세상 이해」 도서출판 한산, 2011.

04 이승윤, 정해원, 「차세대 모바일 웹 플랫폼 표준화 동향」 전자통신동향분석, 제25권 제3호, 한국전자통신연구원, 2010. 6.

05 김재생, 「모바일 플랫폼 기술 동향 및 제고」 한국콘텐츠학회지 제9권 1호, 2011. 3

06 김현미, 「안드로이드 플랫폼 시장 현황」 저작권 기술동향 BiWeekly(7월 4주), 한국저작권위원회 기술연구소, 2006. 12.

07 이강찬, 「모바일웹 플랫폼과 Device API 표준」 TTA Journal No.128 , 한국정보통신기술협회, 2010. 3.

08 김도형, 류철, 이재호, 김선자, 「스마트폰용 모바일 소프트웨어 플랫폼 동향」 전자통신동향분석, 제25권 제3호, 한국전자통신연구원, 2010. 6.

09 이원석, 「HTML5와 모바일웹」 TTA Journal No.128 , 한국정보통신기술협회, 2010. 3.

10 전종홍, 「차세대 모바일웹 표준과 미래」 TTA Journal No.128 , 한국정보통신기술협회, 2010. 3.

11 「Handset & Smartphone Markets(Q1 2015)」 Counterpoint Technology Market Research, 2015. 4.

12 「세계 스마트폰 운영체제는 안드로이드와 iOS 천하」 Business Post, 2015. 2.

13 「애플, 세계 스마트폰 수익 90% 독식…점유율은?」 전자신문, 2015. 2.

14 「스마트폰 OS시장조사 보고서」 IDC, 2015. 2.

15 「스마트폰 운영체제의 종류와 특징」 IT와 소통하기

16 「구글플레이, 애플보다 앱 개수 늘었지만 수익성은 아직」 연합뉴스 2015. 1.

17 성윤기, 「플러그인을 벗겨라 HTML 표준 기술」 인터넷 & 시큐리티 이슈, Net*Term.

18 이원석, 「HTML5와 모바일웹」 모바일웹과 스마트폰 특집, TTA 저널, No. 128, 2010. 3.

19 「디지털 치매, 머리를 쓰지 않는 똑똑한 바보들」 감이당, 2013. 4.

20 「디지털치매, 진짜 치매로 이어질 수 있어」 The Science Times, 2013. 7.

21 오강탁, 이제은, 「스마트 라이프 혁명의 실제와 스마트폰 중독」 Internet and Information Security 제3권 제4호, 2012.

22 「2014년 인터넷중독 실태조사 결과」 미래창조과학부, 2015. 4.

23 구글 플레이_위키백과

24 윈도우 모바일_위키백과

25 윈도우폰_위키백과

26 앱스토어_http://www.mobizen.pe.kr/tag/1991

27 모바일 플랫폼_http://blog.sktworld.co.kr/4381

28 우분투폰_http://www.itworld.co.kr/news/93569

29 디바이스 API_http://wonsuk73.com/19

30 구글플러스_http://blog.socialmkt.co.kr/284

31 구글플러스_http://giantt.co.kr/4781

32 위치기반서비스_http://blog.sktworld.co.kr/3826

33 디지털 치매_http://health.chosun.com/site/data/html_dir/2014/06/09/2014060901135.html

34 디지털 치매_http://gamidang.com/bbs/board.php?bo_table=0803&wr_id=22

CHAPTER 12 ----------

01 권수갑, 「Ubiquitous Computing 개념과 동향」 전자부품연구원 전자정보센터, 2003. 3.

02 윤훈주, 「유비쿼터스 컴퓨팅의 창시자, 마크 와이즈」 마이크로소프트웨어, 2005. 8.

03 양순옥, 김성식, 정광식 공저, 「유비쿼터스 컴퓨팅 개론」 한빛아카데미, 2008.

04 강장묵, 「강교수의 UC특강」 도서출판 인터비젼, 2006.

05 이동명, 「유비쿼터스 응용시스템」 정보통신부 NEXT사업 교재, 동명대학교 컴퓨터공학과, 2006. 12.

06 류석상외 9명 저, 「유비쿼터스 사회 미래 전망과 과제」 한국정보사회진흥원, 2006. 12.

07 최두진, 류영달, 양희인, 「2010년 정보문화 실태조사」 한국정보화진흥원(NIA), 2011. 3.

08 손용기, 김지은, 조일연, 「웨어러블 컴퓨터 기술 및 개발 동향」 전자통신동향분석, 제23권 제5호, 한국전자통신연구원, 2008. 10.

09 박창수, 「국내외 유비쿼터스 패러다임과 기술융합」 주간기술동향 1366호, 정보통신연구진흥원, 2008. 10.

10 문필주, 「증강현실 아이폰 애플리케이션」 주간기술동향 1460호, 정보통신산업진흥원, 2010. 8.

11 전황수, 「모바일 증강현실」 주간기술동향 1447호, 정보통신산업진흥원, 2010. 5.

12 김학영, 민옥기, 남궁한, 「모바일 클라우드 기술 동향」 전자통신동향분석, 제25권 제3호, 한국전자통신연구원, 2010. 6.

13 최우석, 「클라우드 컴퓨팅 서비스 전개와 시사점」 SERI 경영 노트 제67호, 삼성경제연구소, 2010. 8.

14 민옥기, 김학영, 남궁한, 「클라우드 컴퓨팅 기술동향」 전자통신동향분석, 제24권 제4호, 한국전자통신연구원, 2009. 8.

15 양재수, 전호인 공저, 「유비쿼터스 홈 네트워킹 서비스」 전자신문사, 2004.

16 이성훈, 유재황, 김영우, 「지능형 홈네트워크 서비스의 최근 동향」 주간기술동향 1323호, 정보통신연구진흥원, 2007. 11.

17 김창환, 「유비쿼터스 환경에서의 의료정보화 기술 동향」 주간기술동향 1383호, 정보통신연구진흥원, 2009. 2.

18 김창환, 「유비쿼터스 환경에서의 헬스케어 동향」 주간기술동향 1452호, 정보통신산업진흥원, 2010. 6.

19 채효근, 이인재, 「해외 주요국의 헬스케어IT 시장 동향」 주간기술동향 1453호, 정보통신산업진흥원, 2010. 7.

20 류원옥, 한인탁, 「IT와 의료기술의 융합전망」 주간기술동향 1355호, 정보통신연구진흥원, 2008. 7.

21 박찬용, 임준호, 박수준, 김승환, 「유헬스케어 표준화 기술 동향」 전자통신동향분석, 제25권 제4호, 한국전자통신연구원, 2010. 8.

22 조병선, 정우수, 조항숙, 「u−City 사업전개와 추진동향」 전자통신동향분석, 제21권 제4호, 한국전자통신연구원, 2006. 8.

23 곽진, 고웅, 이동범, 「u−City 서비스 기술 및 국내외 추진현황」 주간기술동향 1351호, 정보통신연구진흥원, 2008. 6.

24 장희선, 「u−City에서의 비즈니스 모델」 주간기술동향 1406호, 정보통신연구진흥원, 2009. 7.

25 배영훈, 「생체인식 산업동향 및 전망」 TTA Journal No. 98, 한국정보통신기술협회, 2005. 4.

26 문기영, 「생체인식 기술현황 및 전망」 TTA Journal No. 98, 한국정보통신기술협회, 2005. 4.

27 이윤철 외 5명, 「IT기반 융합사례 분석 및 시사점」 IT Insight, 정보통신연구진흥원 정보조사분석팀, 2009. 6.

28 강원영, 「최근 클라우드 컴퓨팅 서비스 동향」 한국인터넷진흥원, NET Term, 2013.

29 김학용, 「사물인터넷 개념, 구현기술 그리고 비즈니스」 홍릉과학출판사, 2014. 9.

30 「IoT 현황 및 주요 이슈」 Insight 04, 정보통신기술진흥센터, 2014. 4.

31 노대철, 「KT의 스마트 홈 추진전략」 Smart Home Focus, 2011.

32 장원규, 이성협, 「트렌드 포커스—국내외 사물인터넷 정책 및 시장동향과 주요 서비스 사례, 동향과 전망」 방송 · 통신 · 전파, 통권

제64호, 2013. 7.

33 「클라우드 컴퓨팅 기술동향-문화기술(CT) 심층리포트」, 한국콘텐츠진흥원, 2011. 2.

34 김미점, 「클라우드 컴퓨팅이란?」, 한국통신, 2011. 9.

35 김진택, 「클라우드 컴퓨팅 기술 및 표준화 동향」, 클라우딩 컴퓨팅, 차세대컴퓨팅산업협회, TTA Journal No. 125, 2009. 9.

36 「새로운 미래를 여는 빅데이터 시대(증보판)」, 한국정보화진흥원, 2013. 2.

37 이응용, 「빅데이터(Big Data)」, NET Team, 한국인터넷진흥원, 2013.

38 배동민 외 2명, 「빅데이터 동향 및 정책 시사점」, 제25권 10호 통권 555호, 2013. 6.

39 김정태 외 2명, 「빅데이터 핵심 기술 및 표준화 동향」, 전자통신동향분석 제28권 제1호 2013. 2.

40 범지인, 최성종, 「빅데이터(Big Data) 활용사례와 시사점」, 농협경제연구소, CEO Focus 제312호, 2013. 8.

41 「새로운 미래를 여는 빅데이터 시대(증보판)」, 한국정보화진흥원, 2013. 2.

42 박세영, 「빅 데이터 Analysis」, 방송통신위원회, 2012. 2.

43 임용재 외 3명, 「스마트인터넷 서비스를 위한 클라우드와 빅데이터」, PM Issue Report 2013-제3권 이슈1, 한국방송통신전파진흥원, 2013. 9.

44 클라우드 컴퓨팅_위키백과

45 구글 글래스_위키백과

46 오큘러스 리프트_위키백과

47 구글 무인 자동차_위키백과

48 사물인터넷_위키백과

49 스마트팜_http://www.todayenergy.kr/news/articleView.html?idxno=105576

50 스마트홈_http://view.asiae.co.kr/news/view.htm?idxno=2015082511271951373

51 실시간 차량 관제 서비스_http://it.donga.com/18032/

52 클라우드 컴퓨팅_http://www.ddaily.co.kr/news/article.html?no=50762

그림출처

CHAPTER 01 --

01 https://en.wikipedia.org/wiki/Supercomputer#/media/File:IBM_Blue_Gene_P_supercomputer.jpg

02 https://c1.staticflickr.com/3/2432/5749240980_2b5579870e_b.jpg

  http://letscc.net/detail.php?idx=520702&k=PDA

  https://upload.wikimedia.org/wikipedia/commons/3/3d/Samsung_GALAXY_S4_zoom_(White).jpg

03 https://c2.staticflickr.com/6/5566/15329522312_e01b89f3ac_b.jpg

  https://c2.staticflickr.com/8/7088/7018554309_c5dbf1d89c_b.jpg

04 http://wimages.vr-zone.net/2015/07/Intel.jpg

  http://content.hwigroup.net/images/products_xl/027625/2/transcend-2gb-ddr3-1333-cl9.jpg

05 https://upload.wikimedia.org/wikipedia/commons/thumb/b/b5/Cloud_computing.svg/2000px-Cloud_
  computing.svg.png

06 http://www.kari.re.kr/attach/board/migration/data/uploads/userfiles/120731_1.jpg

07 http://nstckorea.tistory.com/548

08 https://c1.staticflickr.com/1/732/20594966184_aea7b6057c.jpg

09 http://www.melfas.com/new/html/0204.asp

10 해양수산부

11 https://upload.wikimedia.org/wikipedia/commons/c/c3/Laparoscopic_stomach_surgery.jpg

  https://upload.wikimedia.org/wikipedia/commons/0/0d/Laproscopic_Surgery_Robot.jpg

12 https://upload.wikimedia.org/wikipedia/commons/8/8c/Full_Flight_Simulator_(5573996984).jpg

  https://upload.wikimedia.org/wikipedia/commons/6/65/Full_Flight_Simulator_(5573438825).jpg

CHAPTER 03 --

01 https://commons.wikimedia.org/wiki/File:KB_Dubeolsik_for_Old_Hangul_(NG3).svg

  https://commons.wikimedia.org/wiki/File:KB_Sebeolsik_390.svg

02 파나소닉

03 https://www.flickr.com/photos/sparkfun/16135614727

  https://en.wikipedia.org/wiki/3D_printing#/media/File:Wearable_3D_Printed_Shoes.jpg

CHAPTER 06 --

01 http://www.casio-intl.com/asia-mea/en/pa/solution/20101206/taiwan_arktech/

CHAPTER 07 --

01 http://cfile23.uf.tistory.com/image/133D05334EEFFA68365C64

02 https://vec.wikipedia.org/wiki/Telefono_VoIP#/media/File:Voip_illustration.svg

03 조한규, 「무선랜 표준화 동향 및 전망」 TTA Journal Vol. 147, 2013. 5.

04 http://www.zdnet.com/article/what-is-apple-ibeacon-heres-what-you-need-to-know/

05 https://commons.wikimedia.org/wiki/File:Nfc_machine.jpg

06 http://old.zigbee.org/portals/0/images/Zigbee_5icons_rings.jpg

07 http://electronicdesign.com/site-files/electronicdesign.com/files/archive/electronicdesign.com/
files/29/11412/figure_01.gif

CHAPTER 09

01 http://www.ahnlab.com

02 http://www.ebuzz.co.kr/news/article.html?id=20140522800014
http://news.danawa.com/view?boardSeq=60&listSeq=2642845

CHAPTER 10

01 https://upload.wikimedia.org/wikipedia/commons/4/42/Lenovo-X61-Tablet-Mode.jpg
https://pixabay.com/p-579548/?no_redirect

02 https://upload.wikimedia.org/wikipedia/commons/3/3b/HTC_Vive_(16).jpg

03 https://upload.wikimedia.org/wikipedia/commons/a/a4/Flash_memory_cards_size.jpg
https://upload.wikimedia.org/wikipedia/commons/d/d7/Intel_X25-M_Solid-State_Drive.jpg
https://upload.wikimedia.org/wikipedia/commons/thumb/7/7d/Sf-ssd.jpg/640px-Sf-ssd.jpg

04 https://pixabay.com/ko/photos/download/network-cables-494647_1920.jpg?attachment&modal
https://c2.staticflickr.com/4/3380/4564772171_4d91e677e5.jpg

05 https://commons.wikimedia.org/wiki/File:NVidia_GeForce_6600GT_AGP_with_GPU_2009-01-27.jpg

06 https://c2.staticflickr.com/8/7456/13002004715_595347074c_b.jpg

07 https://commons.wikimedia.org/wiki/File:Bitmap_VS_SVG.svg

08 김홍래, 『JAVA 핵심 요약 노트』 한빛미디어 리얼타임, 2013.

09 https://pixabay.com/p-495859/?no_redirect

10 https://pixabay.com/p-115701/?no_redirect

11 https://commons.wikimedia.org/wiki/File:VectorBitmapExample.svg

12 https://pixabay.com/p-32009/?no_redirect

13 https://en.wikipedia.org/wiki/Zoetrope

14 https://c1.staticflickr.com/5/4091/5024146518_4dee55b18e_b.jpg

15 https://upload.wikimedia.org/wikipedia/commons/thumb/8/87/Time-lapse_undercranked_timeline.
svg/2000px-Time-lapse_undercranked_timeline.svg.png

16 https://www.flickr.com/photos/anitakhart/4586879133

17 https://www.flickr.com/photos/u-suke/2781780592
https://www.flickr.com/photos/kisocci/3752837100

18 김홍래, 『JAVA 핵심 요약 노트』 한빛미디어 리얼타임, 2013.

CHAPTER 11

01 https://pixabay.com/p-632394/?no_redirect

그림출처

02 http://wonsuk73.com/19

03 https://farm4.staticflickr.com/3104/2697009828_a8a73e734f_o_d.jpg

04 https://c1.staticflickr.com/5/4059/4436910627_18bc1e5c00_b.jpg

05 https://upload.wikimedia.org/wikipedia/commons/e/ec/Larry_Page_in_the_European_
Parliament,_17.06.2009_(cropped).jpg

06 https://pixabay.com/p-159771/?no_redirect

07 https://farm4.staticflickr.com/3393/3583206888_b02a5946b0_o_d.jpg

CHAPTER 12 --

01 https://en.wikipedia.org/wiki/Microchip_implant_(human)#/media/File:Dr_Mark_Gasson_has_an_RFID_
microchip_implanted_in_his_left_hand_by_a_surgeon_(March_16_2009).jpg

02 https://en.wikipedia.org/wiki/Optical_head-mounted_display

03 https://www.flickr.com/photos/lge/8339589885/in/photostream/

04 https://upload.wikimedia.org/wikipedia/commons/a/a8/A_Google_Glass_wearer.jpg
https://upload.wikimedia.org/wikipedia/commons/7/76/Google_Glass_detail.jpg

05 https://www.flickr.com/photos/bagogames/13944710577
https://www.flickr.com/photos/bagogames/14175415750

06 https://de.wikipedia.org/wiki/Motorola_Moto_360
https://commons.wikimedia.org/wiki/File:Samsung_Gear2.jpg

07 https://upload.wikimedia.org/wikipedia/commons/1/1b/Google's_Lexus_RX_450h_Self-Driving_Car.jpg
https://upload.wikimedia.org/wikipedia/commons/e/ec/Jurvetson_Google_driverless_car_trimmed.jpg

08 KCA 한국방송통신전파진흥원 정책연구본부

09 KCA 한국방송통신전파진흥원 정책연구본부

10 세종특별자치시, LG유플러스

11 김진택, 「클라우드 컴퓨팅 기술 및 표준화 동향」 클라우딩 컴퓨팅, 차세대컴퓨팅산업협회, TTA Journal No. 125, 2009. 9.

12 박세영, 「빅 데이터 Analysis」 방송통신위원회, 2012. 2.